早稻田大学日本史

第三卷
奈良时代

〔日〕久米邦武 著

米彦军 译

华文出版社

图书在版编目（CIP）数据

早稻田大学日本史. 卷三, 奈良时代 /(日) 久米邦武著 ; 米彦军译. -- 北京 : 华文出版社, 2020.1
（华文全球史）
ISBN 978-7-5075-5207-2

Ⅰ.①早… Ⅱ.①久…②米… Ⅲ.①日本—古代史 Ⅳ.①K313.2

中国版本图书馆CIP数据核字(2019)第236001号

早稻田大学日本史（卷三）：奈良时代

作　　者：	[日]久米邦武
译　　者：	米彦军
选题策划：	盛世奇研
插图供应：	029—85504182
责任编辑：	孙念
出版发行：	华文出版社
社　　址：	北京市西城区广外大街305号8区2号楼
邮政编码：	100055
网　　址：	http：//www.hwcbs.com.cn
电　　话：	总编室010—58336239
	发行部010—58336212
经　　销：	新华书店
印　　刷：	三河市国英印务有限公司
开　　本：	710×1000　1/16
印　　张：	19.5
字　　数：	280千字
版　　次：	2020年1月第1版
印　　次：	2020年1月第1次印刷
标准书号：	ISBN 978-7-5075-5207-2
定　　价：	75.00元

版权所有　侵权必究

出版前言

随着中国开放的大门越开越大,关注世界各国尤其是西方国家文明的源流、发展和未来已经成为当下世界史研究的一个热点,为了成系统地推出一套强调"史源性"且在现有世界史出版物中具有拾遗补阙价值的作品,我们经过认真论证,推出了"华文全球史"系列,首次出版约为一百个品种。

"华文全球史"系列从书目选择到人名地名的规范,从书稿中图片的采用到译者的确定,都有比较严格的遴选规定、编审要求和成稿检查,目的就是要奉献给读者一套具有学术性、权威性的高质量的世界史系列图书。

书目的选择。本系列图书重视世界史学科建设,视角宽阔,层级明晰,数量均衡,有所突出。计划出版的华文全球史中,既有通史,也有专题史,还有回忆录,基本上是世界历史著作中的上乘之作,同时填补了国内同类作品出版的空白。

人名地名规范。本系列图书中人名地名,译名规范,重视专业性。同时,在人名翻译方面,我们坚持"姓名皆全"的原则,加大考据力度,从而实现了有姓必有名,有名必有姓,方便了读者的使用。另外,在注释方面,书中既有原书注,完整地保留了原著中的注释;也有译者注,体现了译者的研究性成果。

书中的插图。本系列图书的一个重要特征是书中都有功能性插图，这些插图全方位、多层次、宽视角反映当时重大历史事件、或与事件的场景密切相关，涉及政治、军事、经济、社会、外交、人物、地理、民俗、生活等方面的绘画作品与摄影作品。全景插图与文字结合，赋予文字视觉的艺术，增加了文字的内涵。

译者的确定。本系列图书的翻译主要凭借的是一个以大学教师为主的翻译团队，团队中不乏知名教授和相关领域的资深人士。他们治学严谨，译笔优美，为确保质量奉献良多。

"华文全球史"系列作为一套具有较高学术价值的优秀的世界历史丛书，对增加读者的知识，开阔读者的视野，具有积极的意义。但也要看到，很多西方历史学家虽然也包含着一些正确的即符合事实的观点，但很多都存在错误的历史观，甚至还有较多的史实的歪曲，对于这些，我们希望读者不要不加分析地对它们全盘接受或全盘否定，而是要批判地吸收外国文化中有益的东西。

华文出版社
2019 年 8 月

年轻时的久米邦武

晚年时的久米邦武

出版要旨

　　日本坊间流行的日本史书种类很多，数量很大，堪称汗牛充栋。然而，其中很多史书是教科书，读起来索然寡味。此外，还有各种各样的人物传记、年代记、稗史、杂书。严格来讲，这些书算不上真正的史书。因此，可以说时至今日，还没有一套真正的日本史书。

　　近年来，人类学、语言学、心理学、地理学发展很快，日新月异，而且研究成果很多。这大大推进了历史学的发展。不仅如此，通过利用多学科知识，调查和分析史料，史学家们发现在此之前的日本史书中有诸多谬误。上古的日本史与神话混为一谈。中古以后的日本历史则和小说混为一谈。甄别哪些是信史、哪些是伪造的历史是很困难的。不光日本历史这样，外国的历史也是这样。《古事记》和《日本书纪》都是这样。

　　《古事记》《日本书纪》问世之后，日本史学家也编纂了很多史书。这些史书既有信史，也有伪史，可以说鱼龙混杂。《大日本史》是一套大部头史书，但仔细阅读这套史书可以发现，其中混杂了很多稗史的内容。综上所述，不难发现，日本史学界亟需一套更好、更完善的日本史书问世。

　　近年来，科学取得了长足的进步。史学家不会允许真伪难辨的历史永远存在下去，必定要搞个水落石出。他们必然会利用科学知识，进行彻底调查和分析，去伪存真，否则不会善罢甘休。史学家会从地名、谚语、古代遗物等方面着手，发现历史的真相。

中古以后，日本有大量史料，这对查明历史真相大有裨益。各个领域的科学家也开始研究历史的真相。结果，学界涌现了《史海》《史学会杂志》《史学界》《语言学会杂志》《人类学会杂志》《地学学会杂志》等发表历史学论文的杂志。但这些历史学论文只是日本历史的片断而已。迄今为止，日本史学界还没有一套真正研究日本历史全貌的读物。

前些年，帝国文科大学让重野安绎、久米邦武、星野恒三位教授编纂了《国史眼》这套书。这套书比此前出版的日本史书又前进了一步。然而，这套书是作为教科书编纂的，都是很简短的小册子，读起来非常枯燥。

研究日本上下三千年历史，搞清楚日本历史的真相，是一个人无法做到的。一个人能力再高，搞清楚这些问题也要花费百年的时间。当今社会发展和科技进步日新月异，岂会白等百年时间？因此，编纂日本史的捷径是把日本国史分成几个历史阶段，让各个历史阶段的专家公布其研究成果，然后合在一起，于是全套日本史就出现了。

早稻田大学经过深思熟虑，邀请相关领域的历史学家，将各自的研究成果编成历史学讲义。这些讲义获得史学界的称赞。与此同时，读者和学者都认为这些讲义未完全体现各个时代的历史全貌。

经过不懈的努力，各个时代的历史已经编纂成册，做好了发行准备，希望史学爱好者不吝赐教。现将各个时代的作者列举如下：

一、《弥生古坟时代》，作者久米邦武；

二、《飞鸟宁乐时代》，作者西村真次；

三、《奈良时代》，作者久米邦武；

四、《平安时代》，作者池田晃渊；

五、《镰仓时代》，作者三浦周行；

六、《南北朝时代》，作者久米邦武；

七、《室町时代》，作者渡边世祐；

重野安绎

八、《安土桃山时代》，作者渡边世祐；

九、《德川幕府时代》（上），作者池田晃渊；

十、《德川幕府时代》（下），作者池田晃渊；

十一、《幕末史》，作者小林庄次郎；

十二、《维新史》，作者本多辰次郎。

这套丛书的诸位作者有的在修史局担任编修；有的参加大日本史的史料整理，负责某一时代历史的史料编纂；有的在宫内省掌管着机密古文书。他们知道一些鲜为人知的史料，哪怕只言片语也会对史学研究大有裨益。丛书展现了很多新事实。读者也许会对此感到惊讶，会认为丛书是日本国史的"破坏者"。事实上，丛书以正确的史料为根据，通过严密的考证来论述历史问题，言之有物，有理有据，相信会在史学界大放异彩。

早稻田大学出版部

序 言

和铜三年，元明天皇从藤原迁都奈良。之后，延历三年，桓武天皇迁都山背国长冈。史学家们将这期间七十四年称作奈良时期。有的史学家将元明天皇、元正天皇、圣武天皇、孝廉天皇、称德天皇、光仁天皇这七朝六帝称作奈良七朝。《日本书纪》的记载截止到持统天皇时期。持统天皇八年，持统天皇迁都藤原宫。从藤原宫的文武天皇开始到桓武天皇迁都山背国之后的第七年，即延历十年，这期间是《续日本纪》记载的时代。这样一来，《续日本纪》记载的时代和奈良时期只不过有几年的出入而已。七朝六帝加上藤原朝的文武天皇，就是八朝七帝，总共九十年左右。这就是《续日本纪》时代。

圣德太子在飞鸟的小垦田宫主持朝政。之后，难波朝的孝德天皇、近江朝的天智天皇制定了律令。到了飞鸟净御原朝，文武天皇修改律令。再后来就是藤原朝。前后经过了一百年。在此期间，日本内外的形势变化非常显著。由于唐朝、朝鲜半岛的形势发生变化，日本与海北分离。朝廷采用绥靖和征服两种手段解决虾夷、隼人的问题。为了加强国内统治，朝廷设立国郡、检查版图民籍、开垦荒地、修改律令。日本在政治上、经济上都发生了变化。要研究奈良朝历史并非从一个点就能说清楚的。譬如，虽说奈良朝有七十余年，但这期间首都未必都在奈良。起初，首都从飞鸟迁往藤原，进而迁往奈良、施乐、难波。中间发生了诸多变动。最终，朝廷迁都山背的大内里。只说宫址的变化就已经很麻烦，更何况能够搞清楚迁都事由的究竟有几人？这么单纯明显的事情尚且如此，以此类推，搞清楚其他复杂的事件是非常困难的。

将日本国史和《令》的格式的研究作为终生事业的日本国学家指出，迄今为止，没有比奈良朝的历史更容易让人混淆的了。日本皇室改变历代迁都的惯例，在平安朝以后不再迁都。能按照顺序说明这一沿革的人又有几人？从阿倍、苏我等大臣家族衰落到藤原氏独掌朝权，能够搞清楚这一变化过程的又有几人？在日本国史中，虾夷开拓的过程记载得不太详细，而朝廷设置国郡的实际情况也不太明了，也没有人知道庄园的起源。这样一来，怎样才能知道奈良历史的真相？从日本国史的表面来看，与《日本书纪》相比，《续日本纪》的内容更详细，引用、旁证的书籍也更多。那么，为什么与《日本书纪》记载的时代相比，人们对《续日本纪》所记载时代的研究更不完整？笔者认为其中一个原因就是事情的阴阳表里很多。

阴阳表里是指阳奉阴违，表面的事情和事实真相有所不同。譬如，政治和佛教有明显的区别。表面上，僧侣不参与政治，这就是阳。但从佛教在日本传播之日起，佛僧和儒学家就共同起草政令，如僧旻和高向玄理都是大化时期的国博士。由此可以推知，日本皇室暗地请僧人作顾问处理政务，直到近古时期，情况都是这样。从这个现象可以发现，日本历史表里不一的情况很多。有的人读《续日本纪》，读到诏敕所禁戒的地方就认为这一时期这类事情就是如此。其实这种看法属于很大的误解。因此，研究历史是需要看阳观阴的，也就是说，从表面的历史现象研究现象背后的实质。读历史时如果不洞察历史事实的内容实质，而只是解释文义，是不会有任何发现的。这个方法不仅对阅读或者研究奈良朝的历史有效，也是观察整个日本历史的要领。在奈良时期，朝廷制定了政治纲纪、律令、格式。也是在奈良时期，诸国百姓发生了变化。百姓成为地头、御家人，最后和公卿、领主相争。这一现象后来逐渐过渡到幕府政治统治形态。这一点需要特别留意。因此，在当代历史研究中，我们必须理解其意义。对年月进行注记是非常烦琐的事情。隐藏在年月里面的事情有的经过数年会成为大事件，有的事情到后来发生变化而带来相反的结果。在体量上，仅记录了不足百年历史的《续日本纪》和《日本书纪》大致相同。《续日本纪》里有律令、惯例、诗歌集、古文书。如果将奈良历史分成各种题目进行整理、详述的话，能够写成浩瀚的书籍。笔者在这里尽量进行概括，说其概要，来抓住其实质。

目 录

第1章　奈良迁都前的贵族僧侣 ·· 001

　第1节　宫中府中的权势 ··· 001

　第2节　藤原宫及冠位的修改 ··· 006

　第3节　藤原宫子及其家庭与县犬养连三千代 ······························ 009

　第4节　佛教传播和方术 ··· 014

　第5节　学术的发展和律令的选定 ··· 020

第2章　朝廷贵族的经济情况 ··· 027

　第1节　班田、位田、职田和功田 ··· 027

　第2节　封户及各寺的权封 ·· 032

　第3节　调庸和禄物 ··· 035

　第4节　垦田的占有和盗贼追捕 ·· 040

　第5节　虾夷隼人和唐、新罗的使者往来 ···································· 044

　第6节　士兵和舍人兵卫 ··· 049

　第7节　服饰、仪容、歌舞、音乐 ··· 053

第3章 修建平城 ··· 061

第1节 元明天皇继位和迁都平城 ··· 061
第2节 催铸钱司及蓄钱令 ··· 065
第3节 都城建设的工役与户籍的异动 ··· 069
第4节 整顿国郡制度和《风土记》的编纂 ··· 076
第5节 国司和巡察使 ··· 084
第6节 郡司的职务及义仓出举稻 ··· 092

第4章 奈良朝最初的政治 ··· 097

第1节 宫廷、贵族和外宾的宴会 ··· 097
第2节 文明的程度和佛教 ··· 104
第3节 文明的程度和汉学 ··· 110
第4节 按察使的设置和开荒百万町 ··· 118
第5节 征伐隼人和征伐虾夷 ··· 124

第5章 奈良盛世 ··· 131

第1节 圣武天皇的初政 ··· 131
第2节 长屋王自杀和光明皇后的册立 ··· 138
第3节 天平初期日本对学术艺术的奖励 ··· 147
第4节 抄经传教得度及僧正玄昉 ··· 153
第5节 田籍和税账 ··· 159
第6节 朝廷对隼人的处置及外交 ··· 166

第6章 迁都和创立国分寺 ··· 175

第1节 筑紫的叛乱 ··· 175

第 2 节　恭仁京和紫香乐京 ·· 182

　　第 3 节　国分寺的修建和玄昉贬死 ······································ 189

　　第 4 节　垦田私有、郡司世袭和出举增加 ····························· 195

第 7 章　东大寺大佛铸造及圣武天皇出家 ···································· 203

　　第 1 节　铸造东大寺大佛 ··· 203

　　第 2 节　天皇出家、八幡大神入京和佛寺兴隆 ······················· 210

　　第 3 节　紫薇中台及藤原仲麻吕受宠 ··································· 216

　　第 4 节　京师社会的生活状态 ··· 222

　　第 5 节　地方人民的生活状况 ··· 225

　　第 6 节　藩国朝献、遣唐使及唐僧鉴真 ································ 230

第 8 章　惠美押胜擅权 ·· 237

　　第 1 节　建造戒坛和圣武太上皇驾崩 ··································· 237

　　第 2 节　皇太子的废立和橘氏的大狱 ··································· 241

　　第 3 节　宝字符号和惠美押胜擅权 ······································ 246

　　第 4 节　唐朝大乱和筑紫奥羽的筑城 ··································· 249

　　第 5 节　迎入唐使和准备征讨新罗 ······································ 251

　　第 6 节　对惠美押胜政治的正面观察 ··································· 256

第 9 章　惠美押胜伏诛和道镜擅权 ·· 261

　　第 1 节　道镜受宠及孝谦太上皇出家 ··································· 261

　　第 2 节　惠美氏被诛灭与废帝 ··· 264

　　第 3 节　道镜和藤原氏的官厅组织 ······································ 268

　　第 4 节　天平宝字以后经济的衰敝和道镜的政绩 ···················· 272

第 10 章　光仁天皇整顿朝政 ·················· 279

第 1 节　光仁天皇继位和新政 ··················· 279
第 2 节　日本征服虾夷 ··················· 285
第 3 节　西部边陲的巩固及日本与唐朝等国的往来 ··········· 288

第 11 章　奈良朝末期 ·················· 291

第 1 节　桓武天皇继位 ··················· 291
第 2 节　桓武天皇迁都平安京 ··············· 293

第1章

奈良迁都前的贵族僧侣

第1节 宫中府中的权势

一、对历史的观察

日本天皇以下宫中、府中的官吏和僧侣的权势调整，隶属于宫中、府中官吏的各级官吏的状况，京官向地方豪族进行权力渗透的程度，地方豪族的详细情况，以及朝廷对少数民族的征伐与绥靖等都是重要的问题。要研究这些问题需要观察日本的国情。这是最通常的研究方法。历史研究也是如此。然而，观察近时的清朝、朝鲜时，从日本的立场上来进行研究的话，毫无疑问会得出不合理的结论。此外，在日本和俄国交战过程中，俄国的政治、社会腐败也暴露出来。这些政治、社会腐败的实际情况令世人吃惊。国家的主权会波及朝野上下，因此适度调整政治权力是很困难的。在帝王专制的政治中，必然存在这样的弊端。历史上有很多这样的例子。这是读史者不应该忘记的。在这里，笔者只是在综合史实的基础上作出判断。

二、宫廷的权势

要搞清楚奈良时期宫廷的权势，需要论述皇统的继承问题。天武天皇的儿子草壁皇太子是鸬野赞良皇女所生。草壁皇太子以母后鸬野赞良皇女的妹妹阿闭皇女为妃，生下珂瑠皇子。珂瑠皇子就是后来的文武天皇。文武天皇纳藤原不比等的女儿藤原宫子为妃，生下首皇子。首皇子就是后来的圣武天皇。圣武天皇纳母后藤原宫子的妹妹藤原光明子为妃，生下阿倍皇女。阿倍皇女就是后来的孝谦称德天皇。之后，天智天皇的孙子白壁王继位，史称"光仁天皇"。笔者对以上三代天皇的情况进一步解释如下：在天武天皇驾崩时，天武天皇之子草壁皇太子二十五岁。皇后鸬野赞良皇女想要立姊宫大田皇女生的嫡子大津皇子为皇太子。在贵族、贵僧一派的倡议下，鸬野赞良皇女临朝称制。不久，大津皇子被诛杀。鸬野赞良皇女称制三年，草壁皇太子去世。鸬野赞良皇女即位，史称"持统天皇"。持统天皇和阿闭皇女一起养育皇孙珂瑠。皇孙珂瑠成年后就是文武天皇。文武天皇年仅二十五岁就驾崩。阿闭皇女登基，史称"元明天皇"。元明天皇养育皇孙首皇子。元明天皇七年，元明天皇驾崩。之后，冰高皇女继位，史称"元正天皇"。元正天皇立首皇子为太子。首皇子成年后继位，史称"圣武天皇"。

三、宫廷后妃、女官权力的扩大

在持统、文武、元明、元正四位天皇统治的三十五六年里，日本处于母后继承帝位养育皇太子的时代。由此可以推知，宫廷后妃、女官权势日盛。在日本实行家天下统治之初，采取的办法是男女共同主持政务。这样一来，宫廷后妃、女官权势很大。经过推古、皇极、齐明三位女天皇执政后，百官向宫廷后妃、女官的家属谄媚，歌功颂德。最终，天武天皇发出诏令禁止百官与宫廷后妃、女官及其家属交往。然而，由于母后登基，养育皇孙，宫廷后妃、女官权力越来越膨胀。这是不可避免的。到了圣武天皇时期，宫廷后妃、女官权力膨胀已经成为积习、顽症。在这一形势下，圣武天皇破格立藤原氏之女藤原光明子为皇后。在位二十五年后，圣武天皇禅位于皇女阿倍内亲王，之后出家。光明皇太后虽然没有摄政的名分，但可以想象，光明皇太后的侄子藤原仲麻吕弄权与光明皇太后的支持不无关系。

四、官府的权力

在奈良时期，皇族大臣不断更迭，官府的权力也发生变化。在持统天皇诛杀大津皇子后，大津皇子的庶兄高市皇子成为太政大臣。多治比岛①任右大臣，大伴御行任大纳言。之后，高市皇子被立为皇太子，不久去世。皇孙珂瑠取而代

---

① 宣化天皇后人。——原注

之，开始了文武天皇执政时期。多治比岛、阿倍御主人相继任左大臣。到了大宝年间，高市皇子的弟弟忍壁亲王被任命为知太政官事。石上麻吕、藤原不比等、纪麻吕任大纳言。在阿倍御主人去世后，纪麻吕、藤原不比等任大臣，大伴安麻吕任大纳言。直到圣武天皇初年，亲王任知太政官事成为惯例。以上是直到奈良初期诸家族做宰辅的情况。自古以来，能够担任大臣、公卿的门第是神名、玉名家族，神名、玉名家族与宫廷有姻亲关系。表面上官府和宫廷的职制非常分明。太政官总辖百官，管理内外诸蕃。而在背后，官府和宫廷都属于姻亲关系。这就是家天下统治的实际情况。中国古代诸葛亮的《出师表》中有"宫中府中俱为一体"的说法，警戒宫中府中不要隔离，而日本的官府接近于公私混合。这是中国和日本的国家形成原理不同造成的。公私混合并非好事。中国的帝王宠爱美女，而受宠美女的亲属凭仗外戚身份乱政。

五、妇女上朝

持统天皇五年正月初一，持统天皇赐予亲王、诸臣、内亲王、女王、内命妇等爵位。持统天皇五年正月七日，持统天皇赐予公卿饮食、衣裳。《后宫职员令》规定，在官人职员中，尚侍、典侍、掌侍、检校、女媛内外命妇执掌上朝事宜和禁内礼仪之事。爵位在五位以上的妇女称"内命妇"。外五位以上的男子的妻子称"外命妇"。《后宫职员令》规定，内亲王、女王及内命妇在上朝时，按照爵位排定行列次序。外命妇则按照丈夫的位次上朝。内是指籍贯在畿内的贵族，男女都要上朝为官、共同参与宫廷事务。外是指畿外贵族之妻或准于畿外贵族之妻的一种分类。臣、连家族和皇室结成姻亲关系，累世如此形成习惯。京师贵族男女关系亲密。这一情况看一下《万叶集》就会一目了然。这里抄录两条以作说明。《万叶集》卷四如下写道："坂上郎女者佐保大纳言卿之女也，骏河麻吕者高市大卿之孙也，两卿兄弟之家，女孙姑侄之族，是以题歌送答，相问起居"，又有"大伴坂上郎女之母石川内命妇与安倍朝臣虫满吕之母安云外命妇同居，姊妹同气之亲焉，缘此郎女虫满吕，相见下疏，相谈既密。"《万叶集》中的这些内容都是天平时期的事情。贵族之间相互联姻。主要的贵族有石川、大伴、安倍、安云等。这些贵族都是一二流的高贵家族。

六、大臣家族的衰落

官府召开的会议如同亲戚会议。宰辅从皇族及大臣、大连的门第中推举。在官府会议的议题中,最重要的是如何使皇室及玉名、神名家族存续下去。因此,在皇位更迭之际,动辄就像富豪因争夺遗产而诉讼那样,党派倾轧、皇族相残。这是因为贵族强盛的缘故。在大津皇子之祸发生后,天武天皇的皇子被任命为知太政官事。之后,公卿倾轧绝迹。在母后即位,养育皇孙之后,再也没有争夺皇位的祸乱和非议。虽说如此,也是因为繁荣一时的安倍、石上、石川等大臣家族当时出现颓废的倾向。天智天皇设立了严格的氏族制度。大宝初年,天智天皇制定诸国国造姓氏制度,这些都是甲子年制定氏族制度时没有记录的氏族。天智天皇让赐姓在忌寸以上者提出申请,以此来弄清楚诸氏的本末统属。在国家政治尚不发达的时期,贵族势力压制官廷的权力,撼动朝廷的权力根基。今天,我们还没有听说有这种强势的大臣、公卿。

七、三轮高市麻吕上表天皇

当时有一个美谈:持统天皇六年三月,持统天皇行幸伊势。中纳言三轮高市麻吕上表称:"陛下此时行幸会妨碍农时,故最好放弃这个计划。"但持统天皇不听。留守京师的官员等必须遵命。因此,三轮高市麻吕摘下帽子,手里拿着帽子上朝,再次谏阻说:"农忙时节不应动车驾。"持统天皇不听谏阻,行幸伊势。不过,持统天皇赐予所过神郡及伊贺、伊势、志摩的国造等冠位,免去所过之处当年的税赋。在收录于《怀风藻》中的藤原麻吕的《过神纳言墟诗》中写道:

一

一旦辞荣去,千年奉谏余。

松竹含春彩,容辉寂旧墟。

清夜琵樽笼,倾门车马疏。

普天皆帝国,归去遂宴如。

二

君道谁言易,臣义本自难。

奉规终不用,归去遂辞官。

放旷遁稽竹,沉吟珮楚兰。

天暗如一启,将得水鱼欢。

文武元年,三轮高市麻吕补任中纳言。此事疑点很多。大宝二年,三轮高市麻吕以从四位上的身份任长门守。"天暗如一启"说的只是三轮高市麻吕恢复官位这种程度的事情而已。直到此时,朝廷将公民称作"大御宝"①,班授王田让公民耕作,并让他们缴纳调贡。而在中国古代,夺民农时是禁戒之事。如果天皇在农忙时期行幸的话,那么从国造到公民都要在沿路供应天皇一行的用度,朝廷要役使当地的农民。为此,农民会耽误一年的农时。这必然产生各种损耗。天皇赐位、免役是采纳了三轮高市麻吕的建议。诸国的各个阶层均沾恩惠。

八、神的后裔

在日本,和皇室共享一家荣华的家族本来都是神的后裔。神的后裔是和凡人不同的种族。神的后裔中的高等门第逐代在首都、地方繁衍。因此,在大化二年,朝廷制定官位制度。诏书中说:"王者之号将随日月远流,祖先之名可共天地长在。"朝廷又在大化三年的诏书中称:"神的后裔称'神之御子',从天地之初管理国家。当时,天下大同,不分彼此。后来,神名从天皇之名中分离,称'臣''连''造'。率土之民深解我生汝之意。"由此可知,神的后裔众多,因而其中有的会失去享受荣华富贵的资格。在改姓时,天武天皇赐了真人、朝臣、宿祢三姓。这三个姓是贵族,维持了荣华富贵,男女都是官中、府中之长,和皇室休戚与共。此外,云上人和地上人是不同的种族。云上意味着古代的高天原,意味着神聚集起来进行讨论,以此方式来处理国政。《万叶集》中也称天子为神。"加美"这个词未必都是指神,有时也可以训读为"上"。人们将长官也训读为"上"。从省、府、司到乡、里、驿、牧之长都称作"加美"。这样一来,神的后裔分布在全国各地作君长。民众都认为自己是神的后裔,从而滋生诉讼事端。朝政的基本方针是重视官位,减少争执。

---

① 《万叶集》中称"御民"。——原注

第2节 藤原宫及冠位的修改

一、吏务的实权

百官是指官、省、寮、司的长官。《官位令》中将寮头以上定为五位官。这就是将所谓的"云上人"称作"加美"的原因。自古以来，神的后裔具有无上的地位，将政府部门职务委托给有专业知识的"艺业"人。很多职务由外来的移民来掌管。云上人将外来移民当作陪隶来对待。史、书、秦、汉各姓氏是其中最有代表性的。在制定八姓时，天武天皇专门为这些姓氏设立了忌寸、道师之姓。天武天皇将这些姓赐予纪酒人、东汉、西汉、秦氏等。因此，诸司是技艺职位，专门掌管忌寸以下职务，任六位以下的官。而云上人是不参与这些事务的。太政官、中务省的史官及内外记局等都是艺业人的职务。这些称作"官务""局务"，都是六位官。因此，六位以下的官员虽然官位微贱，但实际上掌握政务实权的正是这些官吏。如果六位以下的官员自此晋升五位以上，就称"地下诸大夫"。一般来说，日本天皇授予这些人"外位"。身居外位的人不断积累资历被朝廷授予内位的情况也很多。由此可知，吏务实权，除云上人的上层外，基本都集中在六位以下的官吏手中。

二、皇宫和宫省

在奈良时期，日本的神宫和皇宫都称"宫"。亲王这一阶层以"宫"作为他们居住地的称呼。自古以来，日本的惯例是每代天皇都更换地点建造宫殿。随着时代的发展，皇宫的规模也不断扩大。在皇极天皇时，朝堂的正殿称"太极殿"。当圣德太子在飞鸟小垦田宫整理朝制后，每代天皇都迁宫的惯例逐渐终结。大体而言，飞鸟成了日本固定的首都。孝德天皇建造了难波宫，扩大了别都的规模。但孝德天皇驾崩后，首都又迁回飞鸟。到了天智天皇时期，虽然天智天皇将首都迁至成务天皇时期的故都近江，但在壬申之乱中，近江首都被废，因此天武天皇又回到飞鸟。皇宫和宫省不在同一处。太极殿之外是否设立了太政官这一点并不确定。大藏省又分离出斋藏。斋藏建在皇宫外面。星川皇子在谋反时夺取大藏省便能说明这一点。诸司设立的技艺之职本来设在便利的地方，因此处处修建省寮。这些省寮大体上位于南山的飞鸟到东山的矶城之间。

三、藤原宫

天武十三年的诏书中称:"凡都城、宫殿非一处,必造两三处。"因此,天武天皇迁都难波。第二年朱鸟元年正月,难波大藏省失火。天武天皇又回到飞鸟。之后,天武天皇又派三野王去信浓,察看营建首都的地形。天武天皇巡行各地决定营建宫室的地方,但不久驾崩。到了持统天皇执政时期,持统天皇巡览藤原宫,并在八年后迁到藤原宫。藤原宫和飞鸟只隔着一个山岗。藤原宫位于西面。这大概是天武天皇决定迁都的地方。当时,在山南有吉野离宫。天武天皇经常在吉野离宫游幸。柿本人麻吕在和歌中写道:"八隅皆知吾大王,治理天下每日忙,各地虽有诸侯国,河内山川最清畅。吉野操劳费心肠,花开花落好时光,秋津野边宫柱长,百矶城内宫人忙。船并旦川来渡江,百舟相竞夕河渡,此川绵绵无绝响,此山弥高令人慌。珠水泷都人徜徉,见此无有不欢畅。"由此可以想象当时的光景。藤原有允恭天皇的别宫。朝廷在别宫为衣通姬后设置了藤原部。藤原部位于天香山以南。天香山以南是一个大平原。大平原上建有藤原氏的宅邸。就后来的藤原宫而言,《释纪》称"师说此地未详,愚按氏族略记云:藤原宫在高市郡鹭栖坂之北"。《万叶集》中记载道:"荒妙藤井原有大御门,在埴安堤上。"由此可见,藤原宫位于天香山以西,和飞鸟有一岗之隔。迁都时,持统天皇拟立高市皇子为储君,最终文武天皇在此宫即位。"在庆云元年,才决定将藤原宫周围的土地住宅圈入宫中,对一千五百百姓分别给予不同程度的补偿。"之后,朝廷大规模扩张宫城区域,将京城分为左右京,达数百万步。京城不仅有宫殿区域。从天武天皇时期开始,京城修建大宫、大寺,药师寺也在藤原宫附近。药师寺原来是围着宫城而建的寺。此外,官省也配置在藤原宫中。详细情况还未考证。

四、平城时期以前的宫殿制度

平城时期以前宫殿的具体情况尚不清楚。在净御原宫中,有太极殿[①]、大安殿、小安殿等。天武天皇十年,天武天皇在小安殿宴饮,让亲王、诸王进内安殿,诸臣皆侍奉在外安殿。天武天皇置酒赐宴。天武天皇十四年,天武天皇来到大

[①] 也称"大极殿"。——原注

安殿,将王卿等唤至殿前,让他们博弈。朱鸟元年正月初一,天武天皇在太极殿赐宴诸王卿。由此可见,天皇在太极殿举行朝廷仪式,在大安殿起居。大安殿有内外两殿,又把对面的小殿作为休息场所。这是宫殿的大致结构。外殿有内外之别,内亲王、女王、命妇等称作"后宫",妇女上朝的地方在后面。其他还有东宫、中宫。官厅省寮建在宫地区域的案例很多。

五、冠位的意义

如前所述,日本天皇在太极殿的活动有贺新年等节日庆典,朝廷典礼,封官,赐爵,商议国家大事等。每当此时,需要确定臣民的秩序,并以臣民秩序作为行使国家权力的基础。因此,圣德太子的朝政整理始于冠位制度。在法令中,日本朝廷将冠位令放在首卷。文武天皇五年,对马向朝廷上贡黄金。因此,文武天皇改元大宝。当时的史书上将当时制定的法令称为《大宝律令》。下面是圣德太子以来冠位制度的沿革,介绍这一沿革有利于了解当时的政治情况。

从大宝年间开始,朝廷停止赐冠,用"位"来分等级,如正几位、从几位。正五位上以下等级为外位。初位有正、从、上、下。养老年间没有有关外位的记载。初位中仅有大、小二级。废除外位是养老年间以后的事情。废除内国、外国的区别而将仕途向全国各地开放是奈良初期的事情。但日本全国统一授位是何时呢?朝廷将畿内、畿外称为内国、外国,意味着给官员分等级。在《养老令》中,外命妇依然存在,因此当时内国、外国这一区别并未废除。这一习俗对郡国的统治是有影响的。这一点需要注意。冠位与政治关系密切。这一点毋庸置疑。原来的德、仁二级相当于后来的三位以上,相当受到重视。起初,朝廷赐苏我摩理势大德,赐中臣国子小德。皇极天皇末年,苏我虾夷私自授予其子苏我入鹿紫冠,让苏我入鹿登上大臣之位。在大化改制后,在中臣镰足临终时,朝廷赐中臣镰足大织冠。这属于十分罕见的典礼。在天武天皇之后,赐此二冠是极其重要的事情。大宝年间,左大臣多治比岛是三朝大臣,七旬耆老。朝廷赐予多治比岛正冠三阶、正二位。因此,三位以上称"公卿"。这一做法一直延续到后世。当时,对官员来说,获授三位以上的正冠是莫大的荣誉。成为直冠以上的大夫是最高位。外位从正五位开始。在这一点上,古今是有差别的。

六、位阶和家族政治

朝廷授予官员位阶、位田是个重要的制度，不容忽视。根据《令》的规定，位田比职田的数量多，并且位田是终身的。因此，得到位田意味着得到了足以维持家族生计的荣华富贵。位田这一制度扩大了社会的贫富差距。位田的内容与封户、班田及垦田关系密切。这一点笔者将在后面详述。朝廷还授予妇女位，称"女授位"。女授位仅限于内国的官员的妻女。内命妇，即有位的妇女，和内亲王、女王一起上朝。朝廷也授予内命妇位田。这样一来，在家族政治中，男女贵族都参与皇室的事务。这一点和后世的武家政治迥异，和今天的政治也有很大不同。可以说，当时的国政就是帝王、贵族的家事。

持统天皇和阿闭皇女一起养育皇孙珂瑠，修建藤原宫。不久，皇孙珂瑠十五岁了。元正天皇十一年丁酉，元正天皇立珂瑠为太子，并禅位于珂瑠。元正天皇十一年八月，珂瑠即位，史称"文武天皇"。迄今为止，新天皇不继承年号只称元年，称先帝为太上天皇。太上天皇之号就是从这时候开始的。对男女一起讨论国政的家族政治来说，婚姻和继承皇位或家业是头等大事。用科学的说法来说的话，人类繁衍是受自然机能推动的。附着在人类繁衍这一功能上的亲情给其儿女分配荣华富贵。这是古往今来的常理。下面讲一下藤原宫中的婚姻及当时男女交往的情况。

第3节 藤原宫子及其家庭与县犬养连三千代

一、中臣和藤原

697年4月20日，文武天皇继位。继位后，文武天皇封藤原不比等之女藤原宫子为夫人，封纪灶门娘、石川刀子娘为妃。据《令》记载，妃是皇族出身，夫人是诸臣的高贵之女。不过，史学界尚不能确定大宝时期是否有此规定。直到此时，纪氏、石川氏两个家族的势力与藤原氏不相上下。但之后形势就变了。藤原氏的三个女儿一起被选为夫人，进入皇宫。藤原宫子首先怀上了圣武天皇，成为国母。藤原氏的其他两个女儿则做了妃或嫔。当时藤原不比等的爵位是直广二位，官尚未做到中纳言。此时，贵族改姓流行。中臣姓改为藤原姓，藤原姓在诸臣中并不占优势。但作为中臣镰足的嫡统，藤原不比等年近五十，名望很高。到了文武天皇二年，文武天皇下诏让藤原不比等接受藤原姓，让专门负责神事的藤原意美麻吕等恢复旧姓中臣。藤原大岛等也恢复了旧姓中臣。也就是说，将藤原意美麻吕家族称作大中臣。中臣镰足获赐大织冠称号，改姓藤原。之后，藤原氏成为首屈一指的大臣家族。史学界有人认为后世藤原氏的飞黄腾达是沾了中臣镰足的光。这是一个很大的认识误区。之后，中臣氏有中臣金被诛一事。在天武天皇时期，中臣三族并称藤原氏，并受到朝廷重视。藤原不比等在朝廷崭露头角是持统天皇末期的事情。在文武天皇的三个妃子中，藤原宫子生了圣武天皇。之后，藤原氏开始飞黄腾达起来。在此之前，藤原氏和其他贵族没有任何区别。

二、藤原宫子后娘的升迁

在持统天皇、元明天皇养育文武天皇时，有一个女人作为内命妇立下大功。这个女人叫县犬养连三千代。后来，朝廷赐县犬养连三千代橘姓。这属于宿祢姓。天平八年，县犬养连三千代的儿子橘诸兄上表，称"三千代从净御原宫时期到藤原宫时期，在大内勤恳做事"。查橘诸兄履历可以发现，本来县犬养连三千代是三野王的妾，在天武天皇十二年和三野王生下葛城王，即橘诸兄。之后，县犬养连三千代作为内命妇在净御原宫任职。县犬养连三千代在春宫侍奉元明天皇，养育文武天皇。《令》中写道："亲王及子皆给乳母，亲王三人、子二人"。由此可见，县犬养连三千代是文武天皇的乳母。因为文武天皇是持统天皇钟爱的皇孙，所以文武天皇登基后对县犬养连三千代记忆深刻。当文武天皇登基后选夫人时，乳母县犬养连三千代主张一定要从贵族中来选。藤原宫子之母是贺茂朝臣之女贺茂比卖。大宝元年，藤原宫子生下首皇子。当时文武天皇十八岁。藤原宫子比文武天皇年长。县犬养连三千代嫁给藤原不比等生下藤原光明子，即后来的光明皇后。藤原光明子和圣武天皇同岁，比葛城王小十七岁。由此可以推算县犬养连三千代的年龄。

三、中臣镰足的妻妾

县犬养连三千代侍奉三野王，后来又嫁给藤原不比等。这实属咄咄怪事。但在上古时期，在云上人的习俗中，崇尚神的人的后裔会繁衍下去，因此对妾婢几乎是没有限制的。《令》记载道："诸氏别中有贡女，诸国郡令以上要向朝廷进贡采女，皆侍奉后宫及王卿家族，成为王卿的妻妾。采女和男人一样也可以走上仕途。"因此，县犬养家的女儿侍奉诸王家，又成为贵卿家的妾，这是因为县犬养连三千代有才媛之誉。贵族女子就有这种风尚。这种例子还有很多。单就藤原氏一族的才女来举例的话，大织冠中臣镰足之子僧定惠、藤原不比等在家谱中都是车持国子之女所生。乍一看藤原不比等之母是朝臣姓的贵女，但据《多武峰略记》记载，"车持国子之女原是孝德天皇之宠妃也，赐予中臣镰足作夫人时已怀孕六个月。诏曰：若男者为臣子，若女者为朕子。四个月夫人生子，男也。"就此，《日本书纪》记载道："轻皇子与中臣镰子意气投合，让宠妃阿倍氏净扫别殿，铺新褥子，一起寻欢。"果真如此的话，中臣镰足的夫人既不是阿倍臣之女也不是车持朝臣之女。藤原不比等出生比定惠入唐还要晚六年，即齐明天皇五年己未出生。按理说，藤原不比等应该是车持氏所生。需要考虑的是当时的才女镜王女的情况。镜王女起初是大海人皇子，即天武天皇之妃，生下大友皇子之妃十市皇女。据《万叶集》记载，镜王女曾跟随齐明天皇西巡。在天智天皇游猎近江蒲生野时，天武天皇和皇太弟大海人皇子有唱和的和歌。大海人皇子的下句是"人嬬故吾恋"。人嬬就是中臣镰足的妻子。在内大臣中臣镰足聘镜王女时，镜王女在赠中臣镰足歌中有"一刻凝眉开玉匣，君名响亮我素闻，时光逝去多可惜，吾名君曾暗记否"。中臣镰足回赠和歌道："玉匣三室山中藏，狭名葛门名族望，废寝忘食把汝想，速结良缘生子旺。"关于镜王女，《日本书纪》中一直记述到她去世。镜王女是有名的才女。她应该是藤原不比等的母亲。这是因为镜王女墓地在城上郡押坂，而这是延喜式二十三墓之一，说明镜王女是中臣镰足之妻、藤原不比等之母。就这些而言，后人有种种说法，但镜王女从大海人皇子之宫出来，侍奉齐明天皇，在齐明天皇驾崩后再嫁给内大臣中臣镰足。县犬养连三千代从三野王家出来，在春宫侍奉天武天皇、持统天皇，后来再嫁给藤原不比等。她们两人都是再嫁。直到近代，这种情况也是经常有的事情。儒家对婚姻非常严格，但这只不过是理想而已。就历史事实而言，日本从古至今绝非这样严格。男女之间最容易因这个儒家的理想而烦恼。日本贵族希望有嗣子。为了子孙繁衍,多娶之风盛行。这是造成婚姻比较紊乱的原因。甚至连奉行基督教一夫一妻说的西方人,生私生子的情况也很多。观察历史要以事实为根据,决不能空论。

四、中臣镰足的子女

在东洋历史中,关于妇女的事情经常被省略。而贵族多娶之风盛行,甚至妻妾难辨。在藤原、奈良两朝,藤原氏一族垄断权势。因此,要想知道当时的历史,首先有必要考虑家谱中的男系及女系。中臣镰足将女儿藤原冰上娘、藤原五百重娘嫁给皇太弟大海人皇子为妃。姐姐藤原冰上娘生下但马皇女,妹妹藤原五百重娘生下新田部皇子。姐妹两个都是藤原不比等的姐姐。在壬申之乱中,虽然中臣金是首谋,但当时藤原不比等年仅十四岁,还在山科,因此没有参与叛乱。在二十岁左右,藤原不比等娶贺茂朝臣之女生下藤原宫子。在家谱中记载着藤原不比等娶了苏我连子之女苏我娼子①。天武天皇九年,藤原不比等长子藤原武智麻吕出生。天武天皇十年,次子藤原房前出生。持统八年,三子藤原宇合出生。当时,在京师贵族中,苏我氏属于大臣家族,贺茂也是朝臣姓。因此贺茂朝臣之女不可能嫁给藤原不比等在苏我娼子之下做小。大概是最初藤原不比等和贺茂比卖结婚,生下藤原宫子。之后,贺茂比卖或死或离婚,于是藤原不比等再娶苏我娼子。

因此,藤原宫子是藤原不比等的第一个女儿。文武天皇元年时,弟弟藤原武智麻吕十七岁,姐姐藤原宫子正当十八九岁的婚期。藤原宫子和纪、石川两家的女儿同日入宫。藤原宫子生的皇子登上皇位,给藤原氏带来了幸运。苏我娼子生下藤原宇合后病故。藤原五百重娘是中臣镰足的女儿,是藤原不比等的异母姐姐,在天武天皇时入宫,生下新田部亲王。这桩婚姻非常奇怪。试想,当时宫廷后妃、女官势力最强盛,才女辈出。在藤原氏等大家族,女性管理内事,辅助家政,来到外面则上朝参与天皇后宫之事,等等,都选择好的配偶。结果,在家族排序中,侍奉天武天皇的异母姐姐藤原五百重娘反而排在苏我娼子之后。如前

---

① 苏我连子是苏我赤兄的兄长,比中臣镰足早死五年。五儿子苏我宫麻吕继承家业,比藤原不比等年长五岁。苏我娼子是苏我连子最小的女儿。——原注

所述，藤原不比等娶了养育文武天皇的内命妇县犬养连三千代。县犬养连三千代和藤原宫子同年分娩，生下藤原光明子。这个藤原光明子就是后来圣武天皇的皇后光明皇后，给藤原一门带来了荣华富贵。

五、改姓的流行和藤原氏

从上古政教合一时期开始，中臣家族专门负责神道，属于宰辅世家。之后，中臣家族位列五大夫。即便是大臣、大连掌权时，中臣家族也和阿倍、春日、大三轮诸家族一起，在群卿中德高望重。到了中臣镰足时期，中臣家族兼修神、佛、儒三道，辅佐天智天皇，为国家建立功勋。因此，在京师贵族里，中臣家族名声一直很好。然而，在中臣镰足去世后，藤原不比等尚幼，中臣金弄权被处斩。在天武天皇时期，中臣金之弟中臣大岛作为日本国史的笔者被任用。中臣大岛兼任神祇伯，称藤原姓。而中臣意美麻吕也作为大津皇子的舍人参与大津皇子的谋反。持统七年，在中臣大岛去世后，中臣家族也称藤原姓，执掌神事。这样一来，在天武、持统朝，中臣分为三门，交替兴起，皆称藤原姓。故中臣家谱中写着"国子大连孙中纳言左大辨兼神祇伯，正四位上，中臣朝臣意美麻吕，糠手子大连孙中纳言直大贰中臣朝臣大岛等，被编御食子大连，长子大织冠内大臣镰足公之列同赐藤原朝臣姓讫，而经二十九年"。这样一来，藤原姓并非只有中臣镰足的子孙才姓。当然，中臣镰足的功劳不能磨灭。从天武天皇末年起，贵族中改姓流行。阿倍改姓布势，苏我改姓石川，物部改姓石上，三轮改姓大神。日本自古以来的有权势的家名突然不见了。有人误认为有权势的家名灭绝了。这一点需要注意。

六、藤原不比等的活跃

藤原氏的繁荣始于藤原不比等。虽说如此，藤原不比等为国家做出的政绩所传非常疏略。究其原因，藤原氏家谱中写道："有所避事，便养于山科田边史大隅家，其以名史也。"史姓始于百济阿直岐。雄略天皇的史部都是史姓。田边史是汉王直总之后，是来自吴地的归化人。田边史出生于文学世家。从汉学的输入到吴地人、韩人的归化，这些归化人在日本属于第二流人物，负责处理政事，掌握官府实权。与此相同，贵族家政也由归化人管理。如苏我氏家政由东汉直管理，中臣家族的家政由田边史来管理。苏我氏因东汉直而获得恶名，衰落下去。

而藤原氏逐渐繁荣，说明田边史对政治敏感。据《大织冠传》记载，中臣镰足奉命制定律令。而田边史是精通律令学的人。田边史大隅大概是中臣家的教头。山科是中臣镰足开设维摩舍的地方，是兴福寺的根据地。山科也是藤原氏的领地。田边史大隅的家也在山科。田边史大隅在山科培养藤原不比等，将家学、史学和明法学教授给藤原不比等。三十一岁的时候，藤原不比等在天武朝任判事。藤原不比等和中臣大岛一起被授予直广四位。这大概是靠父亲中臣镰足的荫护吧。在持统朝末期，藤原不比等晋升为直广二位。如前所述，从文武天皇二年开始，藤原不比等被定为一流姓藤原。中臣氏的他流恢复旧姓中臣。中臣意美麻吕的家族称大中臣。之后，藤原氏负责政治，大中臣负责神事。二者分工明确。中臣、藤原两个家族姓氏虽然不同，但实质是同姓一门，情谊深厚。利用政教两种权力，藤原氏家声兴旺。

第4节　佛教传播和方术

一、造寺和法会

在实行家族政治的日本贵族社会，人们虽然有荣华富贵的竞争，但感觉不到生存竞争。贵族温饱不愁，但担心自己的命运。因此，圣德太子三宝兴隆以来，三世因果说支配着京师男女的精神生活。而今已经过了百年，佛教感化诸国的程度尚浅，而在朝廷的影响力日盛一日。在日本传播之初，佛教的教义尚不明晰。当时，主要流行俱舍宗的教义。百济学僧观勒来到日本，带来了成实宗。推古天皇三十三年，惠灌来到日本，讲三论宗。接着，朝廷设立了僧正、僧都等职位，负责管理僧尼。而后，僧正、僧都似乎暗中辅助日本国政。当时，官立的大佛寺有飞鸟的元兴寺、斑鸠的法隆寺、难波的四天王寺。舒明天皇将根据圣德太子的遗嘱设立的熊凝道场建在百济宫的旁边，称为百济寺。皇极元年，日本全国大旱，大臣苏我虾夷为此忙里忙外。皇极天皇下令在各寺转读大乘妙典，悔过祈雨，结果下了大雨。天下齐喊万岁，称皇极天皇为至德天皇。齐明天皇三年，飞鸟寺始设盂兰盆会。盂兰盆是梵语，意为倒悬。据《盂兰盆经》记载，目连尊者之母堕入饿鬼道。目连尊者见此,为了救母,听从佛言,七月十五日将五味五果放入盆中。由此而起,十方众僧开始修行并供养佛祖。此后,悔过祈雨和七月中元的盂兰盆节便开始流行,成为后世的风俗。

  在大化元年的改革中,朝廷下诏:"伴造建造的寺院不能营运,朕要助其一臂之力。"由此开启佛寺滥建之弊端。天武天皇祭神、信佛并举,祭祀龙田、广濑两神社,祈祷风调雨顺。世间传说祈年祭始于天武天皇朝就是指这件事。天武天皇二年,天武天皇拜造高市为大寺司,迁百济寺。天武天皇九年,皇后鸬野赞良皇女患病。天武天皇发誓许愿要建药师寺。之后,天武天皇下令"而后除了国大寺二三之外,不许官治,但飞鸟寺列入官治之列",以此措施来限制滥造寺院。天武天皇皈依佛教,任命智藏、智通为僧正,请僧尼安居官中。他在飞鸟寺设斋会,到寺门礼拜三宝,亲王、诸王、群卿每人度一人,在大斋相会,禁食牛、马、鸡、犬之肉。晚年时,天武天皇下诏诸国:"每家建佛舍,置佛像及经卷,礼拜供养,月之六斋①开始。"大概在天武朝,佛寺及僧尼已经有了这样的惯例。修建药师寺后,鸬野赞良皇女病体康复。因此,鸬野赞良皇女度百僧予以供养,之后辅佐天武天皇一心崇佛。在天武天皇驾崩后,皇后鸬野赞良皇女穿着天皇的服装,缝制袈裟,捐赠三百僧,在殡宫之奠时做精饭。精饭是指不使用鱼肉的饭食。这是丧事素食之始。鸬野赞良皇女在大官、飞鸟、川原、小垦田、丰浦、坂田等处开设无遮会。这些都是飞鸟宫附近的大寺。飞鸟寺就是元兴寺,又称净土寺。川原寺在齐明天皇的河边官。在天武天皇弥留之际,亲王以下诸臣都来到这个寺,为天武天皇康复而祈祷。小垦田的丰浦寺本来是苏我稻目建的向原道场,在推古天皇时成为官立的寺院。坂田寺是最初司马达等修建的弘扬佛法的寺。此外,在天武天皇驾崩后,朝廷也赐给桧隈寺、大洼寺、轻寺、巨势寺封户。虽然在飞鸟京附近已经有很多大大小小的佛寺,但在持统天皇朝,朝廷进一步弘扬佛教,布施安居的沙门,将《金光明经》百部送给诸国,一直将佛教传播到大隅阿多,将陆奥的城养虾夷脂利古男麻吕及铁折请来作沙门,赐给越虾夷沙门道信佛像。

---

① 即初一、八日、十四日、十五日、二十三日、二十九日、三十日。——原注

二、法相宗传入日本

文武天皇二年，文武天皇任命僧人惠施为僧正，任命智渊为少僧都，任命善往为律师。这些职务应该是僧尼的统领、大政的顾问。起初，天武天皇的僧正智通在齐明朝时入唐，跟玄奘学习法相宗后回国。智通在日本弘扬法相宗。唐僧道荣数次祈雨应验，作梵歌。在天武朝，道荣尚健在。之后，僧人义渊入唐，跟随智周得到法相秘诀，回国后大加传扬法相宗。文武天皇二年十二月，文武天皇褒奖义渊学行，特赐予稻一万束。大宝三年，文武天皇任命义渊为僧正。这样一来，法相宗得到大力弘扬。僧人道昭是河内国丹比郡人船连惠尺的儿子。白雉四年，成为僧人后的道昭随遣唐使到长安，也跟玄奘学习法相宗。玄奘非常赏识道昭，对道昭说："我以前前往西域时，半路饥饿，没有村庄要吃的，忽然有一沙门将手中的梨递给我，我吃完之后气力日增。汝是彼持梨之沙门。"玄奘还教诲说，"经论的宗旨深妙，不可能完全穷尽其意，学禅并在东土日本弘扬吧。"于是，道昭学习禅定，起初领悟稍多。待道昭回国时，玄奘取出舍利、经论，嘱咐"善加弘扬"后授给道昭。道昭拜谢啼泣而别。回国后，道昭在元兴寺之隅建禅院而居。此后学禅者颇多。后来，道昭周游天下，在路旁凿井，在各港口备船架桥，为人们提供很多便利。道昭周游十二余年。在持统天皇下诏召见道昭后，道昭回到元兴寺，住在原来的禅院。文武天皇四年三月，道昭七十二岁圆寂。文武天皇遣中使吊唁，根据道昭遗命将道昭火葬于栗原。火葬始于此时。两年后的大宝二年，持统太上皇驾崩。根据持统太上皇遗诏，大宝三年，文武天皇将持统太上皇火葬于飞鸟岗，在这以后，火葬成为惯例。据《日本书纪》记载，道昭修建宇治桥实际上是道登之误。《桥石铭》记载道："世有释子名曰道登，出自山尻惠满之家，大化二年丙午之岁，构立此桥，济度人畜。"据说，宇治桥的桥石尚存于宇治常光寺。据《日本灵异记》记载："高丽学生道登是元兴寺的沙门，出自山背惠满之家。大化二年丙午建宇治桥。往来之时奈良山溪有骷髅，见为人畜所踏，哀之。道登让从者万侣将骷髅置于树上。其年十二月三十日，有人来寺门，遇见万侣，说虽蒙大德慈顾，如果不是今夜无从报恩。那人陪着万侣到那人家。进入屋里，那人多设饮食共食。到后夜，万侣突闻男声：'杀我的兄长要来，速去。'万侣感觉奇怪发问,那人说:'吾曾与我兄长一起去交易,我得银四十片,我兄长嫉妒,杀我取银。往来人畜踏我头,大德垂慈让我脱离苦难,今宵报答。'这时,那人的母亲和长子共拜诸灵。万侣进来了。他们大吃一惊,问万侣来的缘故。万侣详细说了前事。母亲骂长子:'鸣呼,汝杀吾爱子,并无他贼。'又设饮食招待万侣。万侣回来将这一情况告诉师傅。师傅说死灵的白骨尚且如此,更何况活人,岂能忘恩。"这本来属于灵异记。《日本灵异记》是弘仁年中由奈良沙门景戒编纂而成,是作为道登的轶事而记载的。玄奘去天竺,接受法相宗。法相宗又称唯识宗。玄奘回国后才开始弘扬法相宗。道昭为了亲受此法入唐。接着智通、智凤等弘扬法相宗。禅宗虽然是道昭兼修之业,也从此时开始。起初,圣德太子注疏的《维摩经》是法相宗经卷之一。中臣镰足谋划诛杀苏我氏时,许愿要造丈六释迦像,将丈六释迦像安置在山科陶原精舍,并开启了维摩会。大概因为佛教宏深无涯,正如玄奘所说,笃志者自然倾心于此。庆云五年,藤原不比等在陶原精舍聘请僧人智凤为讲师,让智凤在此主持十七天的维摩会。不久,朝廷迁都奈良,将陶原精舍迁走,修建兴福寺。兴福寺终于成为法相宗的大伽蓝。

三、方术和佛教

在日本,除了佛教外,支配宗教思想的还有方术。方术十分繁杂。日本敬神崇佛,信奉神儒佛三道。儒学中有易、阴阳、纬候。此外还有道教的方术。究其源头,方术中也混杂了印度的思想。佛僧以方便为本,将方术等思想悉数接受,教化民众。在世俗社会,有很多与方术有关的修行、修炼方法和禁忌。阴阳道的起源没有明文记载。在钦明朝,易巫传入日本。在推古朝,观勒将遁甲方术传入日本。直到隋唐时期,人们将纬候作为儒学的经纬而讲解,也有咒禁师。在持统朝,持统天皇赐予医学博士德自珍,咒禁博士木素丁武、沙宅万首,阴阳博士沙门法藏、道基每人银二十两。据《职员令》记载,阴阳师掌管占筮、相地。日本历法、天文同属中务的阴阳寮。咒禁师属于宫内的典药寮。到了平安时期,有人称阴阳师有使役鬼神的秘术,大致与道教兼容。《僧尼令》中写道:"禁止僧尼观玄象、说灾祥,僧尼应依据佛法持咒、救病。除此之外,占卜吉凶、实施小道筮术、治病等应在还俗之后方可为。巫祝、观象、占验、医药等技术另有独立的方师。"中国自古以来敬重神仙。神仙与西洋神圣相同。"仙"如其字义,是指住在山中修道的通神的方士。在日本,早在佛法传播之初就有仙人,或称圣人。人们往往可以在深山中发现仙人修炼的遗址。在很多情况下,方士兼讲佛法。往年我登上丰前国郡邪马溪罗汉寺,发现寺院依天然石窟而建。早在齐明天皇时期,仙人住在这里修道。作为仙人修道的遗址,当地留有一个铜佛,大小八寸左右。从其做工来看,应该是西藏或印度的古物。可以想象,头部与之类似的仙人很多,其遗址仍然有很多。在藤原朝时期,最著名的仙人是役行者。在仙人中,役行者是最通神的,被称为修验道之祖。行者是指修行者,也就是进深山修行的人。

四、役行者

文武三年,朝廷将役行者流放到伊豆。役行者住在葛木山,以咒术而著称。起初,外从五位下韩国广足拜役行者为师。后来韩国广足嫉贤妒能,诬告役行者以妖术惑众。朝廷将役行者流放。世上相传役行者善驱使鬼神,让鬼神挑水砍柴。如果鬼神不听役行者的命令的话,役行者就用咒语来绑缚他们。据《续日本纪》记载,役行者被显宗、密宗两派的修验道尊称祖师。可见役行者地位很高。在当时信徒心目中,役行者的灵异行迹颇多。据《古传灵异记》记载:"役优婆塞是贺茂役公室氏,高贺茂朝臣之家,大和国葛木上郡茅原村人,博学多才,仰信三宝,以此为业。"在俗人信仰佛法者中,男的称优婆塞,女的称优婆夷。接着《古传灵异记》又写道:"役行者吸收养生之气,年卅有余,转而居住岩窟,披葛食松,沐浴清泉之水,洗濯俗界之垢,修行孔雀咒法,证实奇异之验术,驱使鬼神可得自在。"也就是说,役行者修行的是从周末到汉初在中国所称道的仙术,并且役行者还研究印度孔雀王咒法,以此驱使鬼神,可以逍遥自在。大体而言,在日本的中古时期,说起仙人,人们想象仙人们住在山中,飞行自在,神出鬼没。阴阳师中厉害的人号称能用咒语操纵鬼神。仙人和阴阳师都是一种预言者。仙人和阴阳师作为佛门外的高僧,受到社会的敬仰。役行者就是其中的代表人物。

役行者被流放到伊豆是由于韩国广足的谗言。这一点应该是事实。在《藤原武智麻吕传》中,作者列举了当时的人物,其中就韩国广足说道:"咒禁余仁军、韩国广足。"可以看出韩国广足也是当时的名人。《日本灵异记》中将此事看作神迹:"优婆塞怒喝鬼神,让鬼神们在金峰和葛木峰之间架桥,神等皆愁。一言主神向帝进优婆塞的谗言,称优婆塞阴谋造反。帝敕令抓捕优婆塞而不得,故抓优婆塞的母亲。优婆塞为了免除母亲痛苦,自己出来就缚。之后,优婆塞被流放到伊豆。优婆塞遵照敕令白天待在伊豆,夜里在骏河的富士岩窟中修行。这样一直过了三年,大宝元年被召回。优婆塞终于飞天而去。一言主神在役行者面前被咒缚,至今不得解脱。"《役优婆塞传》大致讲了这么多,还写道:"优婆塞升天之后到了新罗,在道昭和尚说法的席上发问。"道昭在役行者被流放伊豆的第二年圆寂。由此可知这纯属误传。

五、佛教繁荣的形势

从佛法在日本传播以来过了百年,其间佛教取得的进步由上述可见一斑。藤原宫和大安寺、药师寺两寺的建造是持统天皇以来的大工程。大宝二年十月,

药师寺供奉的佛像

药师寺大致竣工。僧徒们住进药师寺里。在同一时期，朝廷在大安寺起九重塔。为了实现天智天皇的许愿，朝廷打算造丈六佛像，但苦于找不到良好的工匠。文武天皇对佛合十祈祷，当夜梦中有沙弥告曰："往年的造像者是化人，不能再来。为今之计，应挂大镜子于佛前，拜其映像。"因此，文武天皇如梦中沙弥所说，找来五百僧人。大宝元年，在颁布新令后，朝廷规定造宫官要履行自己的职责。负责造大安寺、药师寺二寺的官员的职位相当于寮。造塔和丈六佛像二官的职位相当于司。与此同时，造宫、造寺的工程还在继续。九重塔和丈六佛像终于竣工。如前所述，玄奘从印度传来法相宗。之后，道昭、智通、智远、智凤、义渊等先后入唐。这些僧人从唐朝回来后，在日本弘扬法相宗。在这一过程中，朝廷建造了藤原宫。在持统太上皇出殡时，朝廷在大安、药师、元兴、弘福四大寺设斋。在持统太上皇的七七日，朝廷又在上述四寺及四天王寺、山田寺等三十三寺设斋。山田寺是由苏我仓山田石川麻吕在自己家中建造的，也是苏我仓山田石川麻吕死的地方。山田寺又叫华严寺。其他三十三寺也与此相同，都有一定来历。之后，京畿佛寺的数量有所增加。

第5节 学术的发展和律令的选定

一、郑玄学的感化

儒学属于现世的教义，包含政治、历史、文学，不适合教化男女和社会。《大学》的讲授始于应神天皇时的博士。钦明天皇朝时，朝廷聘请各类博士。这些博士讲文史、法学。到了圣德太子时期，学问越发兴隆。于是，神、佛、儒皆通的中臣镰足崭露头角。《怀风藻》的序中写道："淡海先帝之受命也，建庠序，征茂才，定五礼，兴百度。"这时，《学令》已经完善起来。据《大织冠传》记载，"帝令大臣撰述礼仪，刊定律令，以通天人之性，作朝廷之训。周之三典，汉之九章，无以加焉。"中臣镰足从礼制、法律方面研究儒学，以此修订《近江令》。天武天皇以后是对《近江令》进行润色的时代。汉晋以来的经学到了唐朝，已经有《五经正义》等著作。日本在制定《养老令》之际，使用了以下著作：《易》使用了郑玄、王弼的注，《书》使用了孔安国、郑玄的注，《诗》《礼》使用了郑玄的注，《左传》使用了服虔、杜预的注。因此，日本主要用了《五经正义》以前的郑玄学。而从天武天皇时期开始，日本暂时中断了遣唐使的派遣。到了大宝二年，虽然朝廷派了粟田真人，但在第三年即庆云二年，粟田真人回国称："初至唐时被问到汝是何处来使？"粟田真人答道："日本国使。"粟田真人又反问："此处是何州？"答道："大周之楚州城县界。"因此粟田真人又问："为何改称大唐为周？"答道："永淳二年[①]，天皇太弟驾崩，皇太后登位，国号大周。"此间二十年，日本朝廷没有派遣唐使。

二、做学术的人的实力

由留存至今的《五经正义》可知，汉唐之学和宋儒理学大相径庭。汉唐之学以讲究礼制为主，以正文为经，以纬候为纬。人们通过汉唐之学的这一机制来窥伺天下人之秘密，以此为学问。这是汉代以来的学风，接近于宗教方术。因此，当时的学者敬重纬书。我们从《日本书纪》中抽出部分年数来推算，制作出从神武辛酉到天智甲子的年历，就可以证明这一点。纬书这一思想与佛教和方术契合，出现诸多灵异之谈。儒学讲究平易，政治性、历史性、文学性很强。因此，从应神朝开始，日本的学问之士开始做云上人即高等贵族的书记和属僚，左右着政治实权。史氏、史部管理郡国之事。日本国史称之为官务。同时，史氏、史部收集史料，书氏掌管官厅政务的概要。日本国史称之为局务。明经家就是政治家。因此，看日本国史时，比起公卿来，更应注意公卿下级五位以下的学问人。在那一时期，学问人左右着官府及贵族的家政，令贵族盛衰消长。寻找这一轨迹至关重要。田边史大隅侍奉藤原氏，培养藤原不比等。在《大宝律令》的撰写人中，田边史排在首位。当时朝廷下诏让僧人通德、惠俊还俗。条件是让通德、惠俊分别剃度一人，赐通德阳侯史姓，名为久而曾，授予从六位下勤广四位，赐惠俊吉姓名宜，授予从七位下务广四位。吉宜是新罗的学问僧。后来，吉宜晋升到正五位下，任图书头，称吉田连宜。吉田连宜的诗文收录于《怀风藻》和《万叶集》中。

---

① 即天武天皇十二年。——原注

三、《大宝律令》的制定

就律令的选定而言,《格式序》中记载道:"至天智天皇元年,制令二十二卷,此乃世人所谓近江朝廷之令也。"圣德太子开创朝制之绪。中大兄皇子诛杀苏我入鹿后,开始实行此令,实行大化改新,以内大臣中臣镰足为主进行编纂整理,到天智天皇时期完成。虽然律令的文本没有流传下来,但结合流传下来的《养老令》和大化以来的政治情况来考虑的话,可以推测律令主要是保障了京师的官中、府中及王公贵族的利益,纠正了秩序。国郡统辖的制度极其粗略,丝毫没有提及民间社会之事。《近江令》内容庞杂,多是没有实施的空文。因此,自天武天皇以来,根据社会实践,朝廷对《近江令》进行修改,逐渐削减。将现在的法令与其历史进行比较来思考的话,往往能够看出一些问题。文武天皇四年三月,文武天皇下诏:"令诸王臣习读令文,进而开始修撰律条。"文武天皇四年六月,文武天皇下诏选定律令。具体执行人是净大三刑部亲王忍壁皇子、直广一藤原不比等、直广贰下田真人、直广三下毛野古麻吕、直广四伊岐博德、直广四伊豫部马养、勤大一萨弘恪、勤广三土师甥、勤大四坂合都唐、务大一白猪史、骨追大一黄文备、田边史百枝、道首名、狭井尺麻吕、追大一锻造大角、进大一额田部林、山口忌寸大麻吕、直广四调老人等。大宝元年三月,朝廷才开始根据新令改革官名、位号,改了诸王十四人、诸臣一百零五人的位号,罢了中纳言。大宝元年四月,朝廷让右大辨下毛野古麻吕等三人讲解新令。大宝二年二月,新令开始颁布天下。大宝二年七月,朝廷让文武官读新令,世称《大宝律令》。以前的律令在京畿实行,如今,在试点修润的基础上,通过这次修订,颁行地方。据《格式序》记载,"文武天皇大宝元年,太政大臣藤原不比等奉敕撰律六卷令十一卷。"保留到今天的十卷是《养老令》。虽说颁行天下,但诸国与律令相关者只有国司、郡司及其他京师直接支配的公民,数量不是太多。

可以说,律令是根据儒学礼制制定的。就律令的起源而言,在日本与晋宋交流时,律令逐渐完善。到了大化年间,律令出现在日本的史书记录中,在《近江令》中得到完善,在天武天皇时期进行大幅重修。《近江令》的文本是六朝的官府体。看一下圣德太子的遗文就可以明白圣德太子对韩文的熟练程度。因此,

《万叶集》用真名①写歌词。题序用的是骈丽汉文。由此可以看出，在颁行律令前，日本文化人就尽心于文章的锤炼。可以想象，当时日本已经在致力于男女所写的文章的一致。虽然排在撰者首位的是藤原不比等和粟田真人，但粟田真人在实行官位后，被赐予节刀，被任命为遣唐使。因此，《大宝律令》是在藤原不比等的统辖下取得成功的。排在第二位的是下毛野古麻吕、伊岐博德、伊豫部马养等人。撰者都受到了封赏。天长三年的《大学寮解》中写着"制令博士六人"，大概是出自这些人之笔。藤原不比等之所以排在首位是因为藤原不比等师从田边史大隅，通晓法律，并不仅仅是因为藤原不比等的父亲中臣镰足的荫庇。

四、日本制定新的度量衡

这一时期，日本学问获得长足的进步。在大宝二年颁布新令时，朝廷首先将度量衡颁布天下。当然这并非日本最早的度量衡令，而是在新令中首次颁布了相关器具。在《杂令》中，度以十寸为尺，以一尺二寸为大尺；量以十合为一升，三升为大升；同时实行十进制。就权衡而言，二十四铢为一两，以三两为大两，以十六两为一斤。度量衡的铜样保存在大藏省，以此为标准。这就是汉代以来的制度。东洋各国都纷纷效仿、使用，没有太大差异。然而，经过九百年的风雨，随着铜样变长、变轻，民间通用之器就出现长短轻重的差别。因此，在大宝以前和以后，朝廷都尝试修改。具体修改的是器的制样，并非尺升斤的称呼。在这一尺升斤制度中，人们对大尺、大升、大斤制作了两种器皿。大小尺类似于今天的鲸尺、曲尺。升有一升、三升两种。两分成一两、三两。这是《大宝律令》的规定还是以后的规定，不得而知。《令》中写道："银铜谷用大。"但当时的米谷一升并非今天的三升，一斛也并非今天的三斛。这是明白无误的事实。

五、藤原京的文学

当时，藤原京的文学正值盛时，《万叶集》的作者中有柿本人麻吕、山边赤人、山上忆良等，歌人辈出。但《万叶集》歌风是万叶集体，属于古风。到了平安朝，万叶集体改为古今集体。日本很早就开始学习诗和文了。《怀风藻》所收的是近江朝以来的作品。这些作品受到陈隋诗风的影响。《怀风藻》所收的主要

---

① 表音汉字。——原注

用的是五言丽偶体。七言只有一两首而已。声调还不是初唐的近体。接近《万叶集》的《古今集》的作者中有藤原不比等、伊豫部马养、调老人、田边史百枝、道首名。文武天皇述怀如下："年龄虽足以戴冕，智不敢垂裳，朕常夙夜叹，何以拙心匡，犹不师往古，何救元首望，然母三绝务，且欲临短章。"这完全是古诗。藤原不比等在《春日侍宴应诏》中写道："淑气光天下，熏风扇海滨。春日欢春鸟，兰生折兰人。盐梅道尚故，文酒事犹新。隐逸去幽薮，无贤陪紫宸。"其中律句颇多。这些作品是初唐以前的风格。僧人辨正俗姓秦氏，滑稽善谈论。大宝年中，辨正留学唐朝时，正值武则天在位。后来的唐玄宗李隆基尚处潜龙之日。因辨正擅长围棋，得到李隆基赏识。在《与朝主人》诗中，辨正写道："钟鼓沸城闻，戎蕃预国亲。神明今汉主，柔远静胡尘。琴歌马上怨，杨柳曲中春。唯有关山月，偏迎北塞人。"这是初唐律诗。在绝句《在唐忆本乡》中，辨正写道："日边瞻日本，云里望云端。远游劳远国，长恨苦长安。"这两首诗至今流传，可见辨正是有文才之人。

六、历术的发展

就历算而言，在推古朝，僧人观勒带来了刘宋的元嘉历。日本以元嘉历为基础制作了推古历，促进了历术的进步。虽说如此，日本尚未建立历法。据《日本书纪》中的《纬书》记载，从神武天皇时期到天智天皇时期，日本推出一部数书。编纪年则是在天武天皇时期。天武天皇五年相当于唐的仪凤元年。在天智天皇甲子年，日本引进了修改过的开元大衍历，称仪凤历。当时，日本又设立占星台。这是为阴阳家占验所设，尚未到实行历法的地步。到了持统天皇四年，朝廷才下诏实行元嘉历和仪凤历。日本国史称之为日本建历之始。自推古天皇以来经过了百年的风雨，历学获得了长足的进步。迄今为止，学问大家多是沙门。大宝三年，僧人隆观涉足艺术，兼通算历。朝廷敕命隆观还俗。隆观本来的姓名为金财。看到金姓二字可以推测隆观是新罗王族之后。

七、新令和叙位

大宝元年，通过新令，日本实施了冠位服制和官制的一部分。这是因为这对朝政来说是当务之急。新令实施之初，朝廷并不滥授位阶。五位以上要比后来的公卿还尊贵。三位以上仅仅授予几位贵族的宿老。在太政官中,任辨官者从高级贵族中选出。大纳言属于权贵,可比后世的大臣。此时的大臣是正二位多治比岛。这一年多治比岛七十八岁。朝廷赐予多治比岛灵寿杖。不久,多治比岛去世。多治比岛的儿子数人都升任朝廷要职。接着是大纳言大伴御行。大宝元年正月,大伴御行去世,享年五十六岁。朝廷任命中纳言从三位阿倍御主人为大纳言。阿倍御主人晋升至正三位,年六十七岁。中纳言以石上麻吕为首位。石上麻吕是物部宇麻吕之子。起初,石上麻吕追随大友皇子①,在壬申之乱中只剩石上麻吕一人逃亡山崎,当年石上麻吕六十二岁。接下来就是藤原不比等。藤原不比等四十三岁,升到正三位。大伴安麻吕是大伴御行的弟弟。纪臣麻吕是御史大夫大人的孙子,叙从三位。朝廷在此令中废除了中纳言,将大纳言增至四人。这四个大纳言分别是石上麻吕、藤原不比等、纪麻吕三人,缺员一人。朝廷让大伴安麻吕、正四位下粟田真人、从四位上高向麻吕、从四位下下毛野古麻吕、小野毛野五人参议朝政。日本国史称之为参议制度之始。官制容易受到人情扰乱。圣德太子的宪法十七条中写道"为官求人,为人不求官",以示训诫。然而,这一点实施起来非常困难。大宝三年,阿倍御主人去世。朝廷任命刑部亲王为知太政官事。庆云元年,石上麻吕晋升右大臣。庆云二年四月,朝廷下诏:"大纳言四人职掌类比大臣,任重事密,很难满员,应废掉二人,定为二人,进而设置中纳言三人,以补不足。职掌敷奏宣旨,待问参议,官封二百户,供给资人三十人。"朝廷任命藤原不比等、大伴安麻吕为大纳言,任命粟田真人、高向麻吕、阿倍宿奈麻吕为中纳言。任重而很难满员一事并非此时才知道,也就是说朝廷制度忽然废除忽然恢复,人为地废置官吏。

八、藤原不比等的优厚待遇

当时晋升公卿的人都出自真人、朝臣、宿祢家族。藤原氏也是其中的一个,但藤原不比等的官位较高。藤原不比等有学问,人格也是优等,并且有其父中臣镰足的荫庇。在文武天皇时期,藤原不比等就是大纳言。庆云四年,朝廷下诏:"汝藤原朝臣作为朕卿,以明净之心助朕。另在难波大宫朝廷,汝父中臣镰

---

① 后世追谥为弘文天皇。(本书中除原注外,均为译者注,不再另行说明)

足为国效劳。故朕封汝为建内宿祢命,赐食封五千户。"藤原不比等坚辞不受,于是朝廷将封户减为两千户,三千户传给藤原不比等的子孙。在当时赐食封中,这是最重的赏赐。朝廷重视中臣镰足的功勋是其中一个因素,而藤原宫子生下首皇子,藤原不比等作为首皇子的外祖父也沾了宫廷后妃、女官的光。藤原不比等的妻子县犬养连三千代受到宠信也是一个原因。因此,藤原不比等才有如此的荣华富贵。

第2章

朝廷贵族的经济情况

第1节 班田、位田、职田和功田

一、田地

朝廷根据官位给贵族男女制定华贵的制服,让贵族男女在公共场合有面子。此外,朝廷还分配给他们足以维持这一品位的财富。我们需要从根本上弄清楚其内容实质。历史记录变化而不记录习以为常的现象,日本国史只在《田令》中记载了贵族的位田、职田等,而位田、职田的起源不得而知。朝廷授予贵族冠位,任命贵族官职,分给贵族相应的田地。在日本,这一惯例很早就有。我们以这一惯例为据,首先要知道班田和田租的概略。为此,我们需要了解下列内容:(一)内国、外国之别;(二)百姓的名称;(三)分辨公田、私田。与此同时,我们需要注意在日本"普天之下,莫非王土,率土之滨,莫非王臣"的理想与事实不符。就(一)而言,史学界将畿内称作内国,其余称作外国。朝廷的管理方法有所不同。这一点笔者在前面已经讲过。就(二)而言,顾名思义,百姓是有姓的士族,称为公民。这和江户时期将农夫称作百姓有很大不同。这一点不能忘记。就(三)而言,在《田令》的《义解》中对公田私田作的解释是:"位田、赐田及口分田、垦田等类是私田,其他都是公田。"这是应该注意的基本的历史概念。其中最混淆的就是"普天之下,莫非王土,率土之滨,莫非王臣"这个概念。这本来是周朝诗人的诗句。在日本,这个概念属于理想,并非事实。"普天之下,莫非王土,率土之滨,莫非王臣"意思是国土一定要在统一的政治之下,接受帝王及国家的管辖。国无二王。按照这个道理来推理,普天之下都是王臣。诗中歌颂的就是这个理想。这是让国人鼓吹唯我独尊的倨傲心理的理想。全国的土地受国家的支配是理所当然的。但被统治者的土地的所有权应该被公认,以此作为私田、私财。这才是历史的实际情况。没有规定所有者的熟田都是公田。下面笔者就这一历史事实进行详述。

二、班田和公田

在大化之初,孝德天皇数次询问臣下如何"以悦使民"。之后,孝德天皇向东国国司发诏:"国家的所有公民,大小领地的民众,皆作户籍及校正田亩,其园池、水陆之利,与百姓共享。"第二年,孝德天皇下改新之诏,称:"朝廷首先在畿内制定户籍、记账办法和班田收授之法。"这项措施逐渐普及东国。到了白雉二年,班田措施完毕。

班田始于大化二年,主要内容是朝廷改革卿大夫、臣、连、伴造、氏人等的旧职,新设百官。百官分位阶,以官位排序,田地均分给公民。分田按公民的居住地进行,必由近及远。班田要改造成能耕种的田。朝廷将登记在官方籍账上的田按人口分配给居住在该地的公民,以此作为该家的基本田产。这是班田的主要内容。因此,史书上将这些田称作口分田。口分田犹如后世士族的知行所。班田属于薄租田,和其他公田一样,种田者要缴纳租子才允许耕作。接受班田的人年年先支付的田的价值称"直",每年收获后缴纳的粮食称"地子",也就是租子。班田的地价根据地点和时期并不相同。即便如此,官田还属于薄赋田。就班田的租子而言,朝廷在大化之诏中称:"田租在京畿地区每町二十二束,在诸道为十五束。"庆云三年,朝廷遣使到七道,规定田租的数目。但一町十五束这一田租与大化时期相同,而一束之稻约合米五升。地租到底有多少呢?根据《弘仁式》举例来说,上等田一段的地租十束,即五斗,中等田八束,下等田六束,下下等田三束。这相当于稻子收获量的四分之一或不到三分之一。也就是说,因为是官授田,所以地租很低。这样做是为了让租田者多获利。当时的一段是三百六十步,而今天一段则是六十步不到。然而,一段的地租仅支付四五斗米的情况在今天是没有的。畿内的租子一般来讲是七把，即三升五合。租子较多。但比较一下物物交换时期的运输费，就会发现租令还算宽松。

《明令》中写道："分配到口分田者，男二段，女减三分之一。公田皆由国司根据乡土的具体情况，估价赁租。"《义解》中写道："限一年时间，春天时取值者为赁。租给佃户，至秋天缴纳稻者为租，即今天所谓的地子。"因此，根据地的估价，地租是不定的。大致来讲，地租和《弘仁式》中规定的大致相同。表面上，班田时，朝廷按照实际家口而授田，但实际上这只是账面上的算法，通过将土地进行平方积等差计算转换为町、段、步。在账面上，与土地面积对不上号。此外，旱田很难按照口分田来计算，更何况是水田。三分之一数等更难计算，实际上是没有适合这个数字的田。在日本古代，国郡的财政由国司、郡司根据原籍来做账，让朝集使报告官府，然后根据这一数字收取税赋。这是当时常用的办法。实际上，这种做法就是承包。即便在今天，一个人要是远离居住地而拥有田地的话，也要将收租一事承包给村民，然后跟这个村民结算。这是通常的做法。

三、朝廷给予口分田的实际案例

朝廷根据户籍六年班授一次口分田。六年期间账面上保持不动。正仓院中保留了大宝二年的残缺户籍。笔者将这一案例抄录如下：

筑前国岛郡户籍川边里——大宝二年：
户主：卜部乃母会，年四十九岁——正丁、课户；
母：葛野部伊志卖，年七十四岁——耆女；
妻：卜部甫西豆卖，年四十七岁——丁妻；
男：卜部久漏麻吕，年十九岁——少丁、嫡子；
男：卜部和哥志，年六岁——小子、嫡弟；
女：卜部哥吾良卖，年十六岁——小女；
女：卜部乎哥吾良卖，年十三岁——小女；
上面二人是嫡女。

叔父弟：卜部方名，年四十六岁——正丁；

妻：中臣部比多米卖，年三十七岁——丁妻；

男：卜部黑，年十七岁——少丁、嫡子；

男：卜部赤猪，年十六岁——小子；

男：卜部乎许自，年二岁——缘儿；

上面二人是嫡弟。

女：卜部比佐豆卖，年十八岁——次女；

女：卜部赤卖，年九岁——小女；

女：卜部麻吕卖，年一岁——缘女；

上面四口嫡女。

凡户口一十六口，一十二口不课税，四口课税，即口二正丁，口二少丁。

这大概是大东寺封户的原籍户口本。筑前国属于太宰管辖范围内，授田的总数要比《田令》规定的多。其中的原因无从考证。但这只是将班田计算在户籍上的例子。此外，看一下户主"追正八位上勋十等肥君猪手①"的户籍就可以看出一户有六十多口。其中有残缺部分。此外，在丰前国上三毛郡塔里的户籍上，户主"勋十一等塔胜岐弥"家里有五十一口，统计数据残缺，相关信息看不到。因此，有位勋的大户的授田数是无从知道的。这样的家族佃户很多，或有奴婢，而奴婢或许会有百口以上，接受的班田数应该有数十町。假如十町的收获量为二百石，根据收获量应该纳租七石五斗乃至十一石，其余的自己吃。朝廷称此为公民的知行地。授产制以此为基础而发展起来。

四、位田制

朝廷向品位在五位以上的官分给位田。《田令》中记载道："位田一品八十町，二品六十町，三品五十町，四品四十町。以上为亲王。从一位七十四町，正二位六十町，从二位五十四町，正三位四十町，从三位三十四町。以上为公卿。正四位二十四町，从四位二十町，正五位十二町，从五位八町。以上是诸大夫。女性

---

① 正丁大领。——原注

减三分之一。"位田这一术语在《养老令》中才开始出现。大宝年间,位田称为位封,用来赏赐封户。位田与位封道理大同小异。位封起源于冠位制定以前,而位封之名记录在《令》中则是在大宝元年停止赐冠、改为位记之后的事情。当时朝廷给予五位以上的人位封。庆云二年十一月,四位以下的位封被替换为位禄。庆云三年二月,朝廷下诏:"准令三位以上已有食封之例,四位以下有位禄之物。而四位是飞盖之贵,五位无冠盖之重,有盖、无盖不应放在相同位禄之列。"朝廷将四位及以上纳入食封之内。当时位封的等级从正一位的三百户到从三位的百户。冠位高食封薄,因此倍增至正一位的六百户到从四位的八十户。最后,朝廷规定五位以上的官员都要给食封。由此算来,一町相当于封户八户左右。

五、职田及官田

班田、位田是终身财产,又称分限。如果担任官职的话朝廷给予职田。《田令》中记载道:"就职田而言,太政大臣四十町,左右大臣三十町,大纳言二十町。"此外,对于在京师以外供职的地方官,太宰帅十町,大贰六町,少二四町,监二町,典一町六段,国守为二町六段到二町,介为二町二段到二町。下等国无介。掾是一町六段到一丁二段,目为一町二段到一町,其他太宰的大、少判事、博士、诸司根据级别相应进行分配。令史分给一町,史生分给六段,郡司大领六町,少领六町,主政二町。在日本,这一规定很早就有了。诸国的职田后来是世袭的。在辖区称职者领有职田。就此而言,少贰氏掌管少贰一职,职田由大内氏、足利氏给予。因此,少贰即便当上大贰也要和少贰争权。诸省以下有官田、诸司田,长官及以下分配其收入。这是事实上的职田,不会另外再给职田。

六、功田和封户

朝廷对功田时时予以裁定,本来没有定数。《田令》记载道:"大功世世不绝,上等功延续三世,中等功延续二世,下等功传于子。"朝廷对赐功田非常谨慎,避免滥赏。天武天皇对壬申之乱中的功臣赐予食封。历史上没有赐予功田的记录,而有可能食封和功田一并赐予。在《大宝律令》制定后,大宝三年二月,朝廷对制定律令的四人论功行赏,赐予毛野古麻吕、伊岐博德二人田十町封五十户。鉴于调老人、伊豫部马养二人已经死亡,其子各赐予十町百户。封户是终身制，田只传一世。死亡者百户减四分之三为二十五户，等同于五十户减半。赐田和封户同例。授田需要和封户一起考虑。

第2节 封户及各寺的权封

一、田户相依

《田令》中规定了田的事项。《禄令》中规定了封禄。二者性质不同。禄主要是赐予绢、布、绵、锹等实用的物品。封户与田地相依存。直到藤原朝时期，史书上只有食封的记载，赐田是罕见的。到了《养老令》时期才出现《田令》。田和户虽然与土地、人民意思截然不同，但不伴有户口的田和不带有田地的户口很少。因此，领地称作版籍。人们领有田地和居民户籍。在这种情况下所说的田、户实质上都是指同一个东西。

二、封户的由来

封户源于日本上古以部曲之法拓殖土地的习俗。从中期开始，有名代子代的部民，一直相沿至大化二年的改新时。之后，朝廷废除部曲之民和田庄，赐予大夫以上田庄，官员百姓赐布帛，开始实施户籍、记账、班田收授之法。在中国，班田及封户早就开始实施。从汉初开始，万户侯、千户侯之称呼经常见诸史书。一户的田籍根据户口的人数来决定。田籍的疏密、广狭因地而异。在这一点上，日本和中国是相同的。

大化时期朝廷赐封户概数不得而知。不过，在白雉五年，当西海史吉士长丹谒见唐朝皇帝时，唐朝皇帝赏给他文书宝物。在吉士长丹回国后，孝德天皇授给吉士长丹"小华下"，赐封二百户。白雉五年正月，朝廷授予中臣镰足紫冠，增封八千户。孝德天皇驾崩。之后，中臣镰足进大紫冠。朝廷又增封中臣镰足五千户。前后共计一万五千户，而起初仅为二千户。但据《日本书纪》记载，直到去世时，中臣镰足才被授予大织冠和大臣位。这应该是事实。这是因为一万三千户的增封似乎过多。天武天皇五年，朝廷赐予亲王以下、小锦以上的大夫及皇女、姬王、内命妇食封，根据级别数目不等。由此可见，直到此时还没有位田，只有食封。在持统朝，高市皇子在立储位前，起初为千户，五六年后增封为五千户。这一等应该是亲王获得的食封的极限。

三、封户的收入

就封户的收入而言，朝廷规定每户授田纳租折半。也就是说，一半租子给官府，一半租和庸调给封主。以此法概算，每户的授田平均二町，段租二束二把①，此米以一斗一升计算，二町的半租为一石一斗，封百户就是一百一十石，千户就是一千一百石，此外还得到全部庸调。每年封户的收入由国司记账，报告官府，根据封主的命令支付现物，通过税赋进行收支结算，得到官府的承认。因为是委任官员折半岁入，所以封主省去征收税赋的麻烦。这种办法极其便利。正仓院收藏的大宝二年的户籍中记录了封五十户的总账。笔者就此说明如下：

大宝二年十一月，御野国山方郡户籍②：三井田里户数五十户——上政户十一，中政户二十，下政户十九。人口数为八百九十九人。其中男性为四百二十二人，都有爵位。在正丁一百五十三人之中，兵丁有三十二人，剩下的一百二十一人属于平民；次丁有十人；少丁有四十一人，少丁中兵士有三人，剩下的三十八人是平民；孩子有一百四十四人。因各种关系暂住府上的有五十二人。残疾人五人，笃疾二人，耆老七人。女性有四百六十三人，有爵位的一人。正女二百二十二人，次女十五人，小女四十人，少女一百二十八人。因各种关系暂住府上的有四十五人，耆女二十二人，奴七人，少奴二人，婢七人，正婢四人，小婢三人。③

朝廷根据上述户籍班授口分田。每户户籍如下：

上政户穗积部牛麻吕户口三十九：正丁三、兵士二、少丁二、少子玉、缘女二、废疾一、笃疾、耆老共十七、正女八、少女三、小女七、缘女三、耆女二。下下户主：牛麻吕年三十七，正丁。收留人口：五百木部国麻吕，年二十五，兵士。收留人口：五百木部黑麻吕，年五十二，二目盲笃疾。五保中政户五百木部身户口十：正丁二、兵士一、小子三、缘儿共七人，正女二、少女一共三人。下下户主：身，年五十九，正丁。嫡子广西，年二十五，兵士。次小广，年二十三。次尼麻吕，

---

① 诸国为一束五把。——原注
② 美浓国山县郡。——原注
③ 人口数与男性人数和女性人数的总和不等，是因为有逃亡人口。——译者注

年十五，小子。次麻吕，年十二，小子。庚西子大人，四岁，小子。嫡子多麻吕，年十，小子。户主母：阿斗部古都女，年六十八，耆女。户主妻：五百木部古卖，年三十二，正女。儿，刀自卖，年十，小女。次小刀自卖，年三，妹女。户主妹：五百木部多麻志女，年三十，正女。儿：五百木部黑卖，年十三，小女。户主侄女：伊福部泉卖，年九，小女。收留人口：秦人部伊波比卖，年六十八，耆女。以下略。起初合计共有五十户的户籍，但由于残缺只抄录了上述几个。将上、中、下的政户三等每等分为九级，总共为二十七级，以示贫富差别。收留人口就是今天的附籍。朝廷将此户籍和田籍合起来确定封户的收入，扣除不收租的田，输租折半交付。这并非账簿的计算比率。封户作为封主的领民，将版籍存在领主家。管理封户是国司、郡司的职责。下面笔者抄录了时代稍晚一些的天平七年相模国封户租子情况，以示其例。

桧前女王的食封收入和高田王的食封收入之比与各自的封户数成比例。这是因为封地的肥瘠、面积及户口的疏密造成的。法律上虽然规定租的比率为百分之二十一至百分之二十八，但有的人可以不纳。而有时候因为歉收还要免租。大宝二年，持统太上皇让伊贺、伊势、三河、尾张、美浓等地造行宫而行幸，于是就免了当年的租子。庆云元年，由于歉收，朝廷免了课役及田租。大宝三年，朝廷免了跟随文武天皇行幸难波的骑兵的庸调及户内田租。就这些临时免除的税负而言，食封如何处理不甚明了，或许可以作为"不必缴纳"的案例来对待。

四、食封制

文武天皇继位后，赐予亲王及五位以上食封，实行大宝元年新令的官位，以此为准赐予亲王以下、皇太妃、内亲王、女王、嫔等食封。此外，文武天皇还通过敕令讨论前朝之功，进行封赏，赐给村国男依一百二十户、当麻国见等十人各百户、若槻部五百濑等四十人各八十户。十五名与若槻部五百濑同功者居于中等。依据《令》的规定，食封四分之一传于其子，再有封功的话可以传子，如果无子则不得传，但以兄弟之子为养子者可传，传其食封的人无子立养子之时也可转授，计算时也与正子相同，不过以嫡孙为继承者的不可传。这就是功封。庆云元年，朝廷赐予二品的四亲王二百户，三品的新田部、四品志纪二亲王各百户，赐予右大臣石上麻吕二千一百七十户，大纳言藤原不比等八百户，给其余的三位以下五位以上的官员增封，又向御名管辖内的亲王、石川夫人各增封一百户。这就是职封。《禄令》中记载道："就食封而言，一品八百户，二品六百户，三品四百户，四品三百户，内亲王减半，太政大臣三千户，左右大臣二千户，大纳言八百户，辞官致仕者减半，正一位三百户，从一位二百六十户，正二位二百户，从二位一百七十户，正三位一百三十户，从三位一百户。"以下赐给禄物。嫔以上根据品位赐封禄。功封大功死后减半传三世、上等功减三分之二、中等功减四分之三传于子。下等功不传。寺院的食封不在普通食封之列。

五、诸寺院的领地、权封

寺院的领地、食封比照神社的神地、神户来进行。神的位阶开始于天平胜宝年间。这也是为了附带位田的阶层而设的，并非给神本身赐予爵位。起初，在持统天皇四年，朝廷班币畿内神祇，增加神户、田地，仅此而已。圣德太子三宝兴隆之初，朝廷将物部守的宅子和家奴的一半作为奴田庄，修建四天王寺，捐献胜鬘说经的布施地，开始修建法隆寺。寺院里附带着田产。田产得到官方允许可以被免除课租，以此为兴隆之本意。大化三年，巨势德太古宣命赐法隆寺食封三百户。舒明天皇在百济大宫旁建大安寺时，赐纪势的田一百六十多町、食封三百户。天武天皇迁到高市建大宫、大寺时，增赐垦田地九百三十二町、食封七百户。大化元年改新之际，伴造所建的寺不能经营下去的，朝廷予以补助。拜寺司负责巡行诸寺，查验僧尼奴婢田亩的实际情况，以此来确定寺籍。其后所建寺院增加。天武天皇七年，除了两三个大寺外，都不再实行官营。食封以三十年为限。朝廷停止了法隆寺的食封。大宝元年，近江志贺山寺①的食封满三十年，筑紫观世音尼寺的食封满五年，都被停止食封。庆云二年，大概是为了为持统天皇追福，京师的诸寺权且实施食封。这就是所谓的权封。

---

① 天智天皇所建。——原注

第3节 调庸和禄物

一、调庸的种类

大化二年，朝廷停止畿内的旧赋役，实行田调。田调的内容如下：根据乡土所产缴纳绢、帛、丝、棉的一种，另外每户要交调。盐赘成为调的副产品。就田调而言，田一町缴纳绢一丈、絁二丈、布四丈。每户的调布要征一丈二尺。盐赘是指赋役令的杂物，赘是鱼。畿内不产铁锹，故省略。铁、锹、镰是主要的禄，当然以前就有。此法按照町别、户别收调，没有庸。庸布即人口的调布，是《近江令》以后的法。到了庆云三年，《令》中规定的京畿人口缴纳调的制度已经废除，朝廷让京畿人口缴纳户别之调。也就是说，与京畿外的"外国"百姓不同，优先畿内人口。缴纳调是根据一户之丁，限制四等户。议定缴纳调的多少让他们制作条例。据《令》记载，正丁收庸布二丈六尺，为了轻岁役之庸，息民之困乏，从而减半。太宰直辖部门皆免收庸。因此，庸布早在大宝以前就开始征收。到了养老时期，这一办法依然实施。户别之调一直是藤原朝之前的法。《赋役令》中规定也对正丁课税。杂物是指根据土产品的实际情况，依据绢布率所收。还有副调物，种类甚多。其中有的随着时间的变化会有所增加。除了盐铁外，还有鱼藻及植物类，没有矿物类。

当时，大倭的经济逐代繁荣起来。工艺、制作等越来越进步。这样一来，人们感觉到物品交换的不便，于是寻找货币原料，也寻找工艺应用品。文武天皇二年，因幡、周防献上铜。朝廷让对马冶炼金矿。文武三年，朝廷设置铸钱司，让丹波献锡。文武五年二月，朝廷让对马提供资金。之后，朝廷改元大宝。这些都是大纳言大伴御行的主张。大伴御行去世后不久，朝廷派忍海郡人三田五濑冶成黄金，授予三田五濑正六位上，封三田五濑五十户田十町及赐绢、绵、布、锹，免杂户之名。朝廷还授予对马的岛司、郡司主典以上出钱的郡司进二阶，授予找到黄金的人家部宫道正八位上，赐绢、绵、布、锹等，终身免其户的课役。与此同时，当地百姓三年间免课役，封赠右府御行之子百户，赐田四十町。然而，就黄金而言，三田五濑欺诈一事日后终于曝光。大伴御行也无从知道被三田五濑欺骗了。此外，土佐、下总献上牛黄，近江献上白矾，伊豫献上锡、白铅，伊势献上朱砂、雄黄，常陆、备前、伊豫、日向献上朱砂，安艺、长门二国献上金青、绿青，下野贡上雄黄。这些属于杂物、副产品，和三田五濑的金矿性质相同，都是因大伴御行购买矿产而产生的一系列欺诈行为。

二、禄物的赏赐

大宝元年，文武天皇行幸熊野温泉，免除扈从骑士当年的调庸。庆云年间的难波行幸也是如此。直到此时，士兵还是课户。调庸的物品，运费都是让课户负担。国司负责运送至大藏省。大概在雄略朝，大藏省分为斋藏、内藏、大藏。苏我氏成为大藏省的检校。这大概是秦氏获赐宇豆浦佐姓以来的传统做法。大宝以后，五位以下改为赐予位禄，四位以上也赐禄物。制度具体内容并不详细。大宝元年三月，朝廷赐予阿部御主人绢五百匹、丝四百斤、布五百千段、锹一万口、铁五万斤、田二十町。大宝三年，朝廷甚至还赐给志纪亲王近江铁矿，赐予在京的从一位以下到初位的文武官员春秋的禄。这应该是大宝以前的习惯做法。大宝元年八月，皇亲年满者无论是否做官，都记入赐禄之额。就在新令中记录的职事官员而言，规定五位以下赐禄当天一定到大藏受禄，否则会受到弹正的纠察。到了庆云三年，朝廷下诏让诸司按成色检校大藏省储存的诸国之调。这是储存在民部省的诸国的庸，没有问题的收藏于大藏省，每年分给民部储藏。直到奈良初年，当时还是钱货尚不流通、物物交换的社会，官府的赠予都是赐给禄物。这是当时经济运行的实际情况。仓库中储藏百物。国郡的正仓有米仓、布帛仓、杂物仓或酒酱仓。这些物品根据规定与命令授予，有时候用驿站挑夫来运送实物，送到大藏省及民部省，因此当时的财政在调庸上容易发生变化。在和铜年间后，朝廷制定《养老令》，到了天平年间，虽然有所差异，但大体上是一样的。下面笔者抄录一些出现在养老天平年间的文书中的内容，以示其概略。

在《赋役令》中规定：庸以正丁的岁役为十日，让不出丁者纳布二丈六尺，两个次丁相当于一个正丁，调绢布为六丁一匹，绯为两丁一斤。平均两丁二斤绯，一匹布。其余杂物准照此类，盐三斗、铁十斤、锹三口每口三斤、鱼鳆十八斤、间鱼三十五斤、乌贼三十斤、螺三十二斤、熬海鼠二十六斤、杂鱼五十斤、杂腊百斤、鳆鲊二斗、贻贝鲊三斗、白贝菹三斗、辛螺头打六斗、贻贝后折六斗、海细螺一石、棘甲六斗、杂鲊五斗、近江鲋、煮盐年鱼四斗、煮鲣鱼二十五斤、鲣鱼煎汁四升、藻紫菜三十八斤、杂海藻一百六十斤、海藻一百三十斤、滑海藻二百六十斤、海松一百三十斤、凝海菜一百二十斤、干鱼六斗、未滑海藻一石、泽蒜一石二斗、岛蒜一石二斗。次丁二人、中男四人，同一个正丁还有调等副产品，每人紫三两、红同茜二斤、黄连二斤、东木棉十二两、安艺木棉四两、麻二斤、熟麻十两十六铢、枲十二两、黄药七斤、黑葛六斤、木贼六两、胡麻油七勺、麻子油七勺、荏油一合、曼椒油一合、猪油三合。脑①一合五勺、漆三合、金漆三勺、盐一升、杂腊二升、鲣鱼煎汁一合五勺、山兰一升、青土一合五勺、橡八升、纸六张、筐柳一把、七丁一张、席苫一张、鹿角一个、鸟羽一只、磨刀石一个、二丁一张帘子、三丁席子一张、十四丁瓮三斗一枚、二十一丁瓮四斗一枚、三十五丁五斗一枚。这些各种各样的土产能够代替绢布而缴纳。大体而言，渔户的产物较多。南海、山阳等海岛的居民蚕织业不便，因此才贡上上述海产品。

三、不课调庸的户口

调庸不同于从土地收益中收的租子，而是课以人头的劳动。因此，不课的户口较多。免课的规定时时发生变动，情况繁杂，不出现在历史记录中。养老时期以前的事情无从考证。下面笔者列举一下正仓院文书的神龟三年山背国爱宕郡云上里的账本。直到此时，一直到丹波国的山南都属于该郡。

户主，从八位下动十二等出云臣真足户，去年账定良、贱人口四十人，包括男十八，女十三，奴六，婢三；账后新附一个依附人口；今年记账定良贱大小口四十一人，包括男十九，女十三，奴六，婢三。不课口三十六人，其中旧三十五，新一，包括男二十人，中有八位二人、授刀舍人一人、兵卫一、缘儿一、小子九、奴六；女十六人，其中妻一人、少女二人、缘女二人、婢三人、丁女五人、小女二人、耆老女一人。不缴纳者一人少丁，缴纳的有四人正丁。缴纳调钱三十六文。

户主，从八位下动十二等出云臣真足，年五十一岁，正丁；母，赤染依卖，年

---

① 马头的中髓。——原注

七十七岁，筑紫国；妻，佐太忌寸意由卖，年五十五岁；丁妻右颊黑痣；男，出云臣田主，年三十一岁，正丁，住筑紫国。以下略。

如上统计从四十一人中除去女性，从男二十五人中除去少子以下，剩下的正丁有九人。一个是户主，二弟从八位动十二等，属于有位之人，三弟是少初位上国上、授刀舍人，四弟是少初位国继右兵卫。剩下的课口五人户籍抄录如下：

男，出云臣田主，年三十一岁，正丁，住在筑紫国；男，出云臣丰滨，年二十一岁，正丁；弟，出云臣楫取，年二十二岁，少丁，眉目间有黑痣；叔父，出云臣法麻吕，三十六岁，正丁，养老二年逃往近江国蒲生郡。

笔者对上述户籍进行分析发现，这一家在筑紫有田宅，男出云臣田主和弟、妹八人及祖母一起生活、居住在那里；叔父出云臣法麻吕的妹妹多理卖以下男女十口自和铜年间以来逃往他处；二弟成为舍人兵卫，住在京师。留在云上里的仅是户主夫妇、弟弟丰足、划桨的、船人、男五人，此外有妹妹、少子、婴孤，合起来不过十九口。从这个例子中可以看出，一般来讲，纳税的"课口"很少，逃亡者颇多。庸调收入实际上比田租少得多。此外，人们生活艰辛，怨声载道。详细情况可以参考《大日本古文书》。

四、官衙的配给粮食

无位庶人每天配给调庸布盐。当时的官衙俸禄支付办法没有一定之规。下面笔者列举天平十二年申请月粮的文书，我们可从中看出端倪。

内藏寮解申请月粮一事，总计二十三人，其中十二人是仕丁，十一人是厮丁，合计其中壮丁米六斛九斗六升，盐六升九合六勺；厮丁米三斛四斗八升，人头每天二升，盐三升四合八勺，每人每天二勺，庸布六段，每人一段。

上述请求包含甲贺官仕丁六人、厮丁六人，合一十二人所需俸禄。米三斛四斗八升，每人每天二升，盐三升四合八勺，每天每人二勺，庸布五段，每人一段。如上请求久尔官仕丁六人、庸丁五人，合十一人俸禄，前来领五月二十九天的料粮。希望按照申请数额分配。年月日署名略。

上面是丁这类雇佣小吏。接受上述月粮后，官衙的事务由这些人具体办理。丁这类雇佣小吏都属于正规的士。只有舍人、兵卫等才有资格晋升为有位之官。

五、薪炭事宜

下面笔者附带讲一下薪炭一事。薪炭称作"御薪"，每年正月举行进献仪式。这一做法始于天武天皇四年正月。百僚诸人初位以上进献薪炭。据《杂令》记载，"凡文武官员每月十五日一起进薪，长七尺以上，二十株为一担。一位十担，三位以上八担，四位六担，五位四担，初位以上二担，无位一担。诸王比照上述标准。在这一账簿内，资人向各本主缴纳。又后宫及亲王之薪炭自十一月一日起至二月三十日缴纳。获悉其薪炭用量，以量配给。"以后改为由诸司及畿内国司供应薪炭。各司进献的薪炭称御薪，视具体情况而定。账内资人向其主人进献，因此，从官中到贵族家庭，一年的燃料有这些就足够用了。究其原因，畿内之地已经开垦遍了。人们占有全部山林，靠山吃山，由此制造薪炭而已。薪虽然是贱价之物，但重量大，需要搬运，价格自然涨了上来。这也是压榨人民、聚敛财物的一种方法。

第4节　垦田的占有和盗贼追捕

一、垦田的由来

租庸调是登记在朝廷的田籍、户籍上的公家的收入。授田封户是租庸调的分配法。此外，京师贵族及诸国豪族拥有的私地、私民仍然很多。藤原和奈良两朝之交是公、私都向诸国竞争垦田、占有垦田的时代。此后发生的历史现象和史学研究关系最紧密，是最有研究意义的重大问题。由前一节内容可知，此前朝廷的大政方针采取了内国、外国相区分的办法，在优待畿内朝廷直属臣民的同时，庸调的课赋采取了内厚外薄的措施。大宝时期以后，诸国的租税也采取了大化时期一束五把的制度。畿内也比照诸国将调减半，实行优惠政策。由此可知，朝廷采取的方针是向诸国寻求财源，减少内国的负担。随着皇室的子孙逐代繁衍，宫殿不断扩大，首都规模不断扩大，变得繁华热闹。天下的目光都集中在京师。王公贵族、臣、连等在京师修建宅邸和寺社。这样一来，畿内人烟稠密，田地开垦殆尽，余利很少。经济逐渐窘迫起来。因此，有实力者向诸国寻求开垦之利，无实力者躲避沉重的赋课，搬迁至赋课宽松的乡下。这样做的目的是过上富裕的生活。在敏达天皇讨论在朝鲜半岛重建任那时，臣、连阶层的家产已经逐渐窘迫。因此，朝廷将达率日罗建议的"以悦使民"之策作为政治纲领。自圣德太子以后，孝德天皇实施大化改新，勘校田亩、户籍，确保王名、神名阶层的家产，让王名、神名阶层均沾垦田之利。

大化改新诏书中写道："大化元年八月，朝廷让东方八道国司勘校户籍、田亩，园池水陆之利与百姓共享。"朝廷以此诏书为与垦田相关的法令之本。大化元年九月，臣、连、伴造、国造因私驱使公民，又割国县的山、海、林野、池田为私财，相互征战不已。臣、连、伴造、国造兼并数万田地。很多百姓无立锥之地。"有势者分割水陆以为私地，卖于百姓每年索要土地价值。从今以后，不得卖地，勿兼并劣弱百姓的土地。"由此可知，当时有权势者竞争垦田领民的情形。法律不上溯既往。"从今以后"意思是说此前占有的私地称作有势者之垦田，有势者卖于劣弱之公民者①的地也应该有很多。从大化二年正月开始，朝廷废除子代、屯仓、部民及官衙的屯田，将脱离寺籍的田和山收归公有。官之户籍、田籍与所属百姓共沾利益，具有公共性质，以班田、封户、禄物形式赐予百姓。就垦田的竞争情况而言，可以说通过上述政令收到了的效果还需要进一步考证。因此，笔者有必要上溯到古代讲一讲日本垦田的起源。

就日本垦田的源头而言，国家的开拓就是垦田的开始。当时地广人稀，开发荒地可称为拓殖。垦田的名称是与熟田相对的。随着拓殖的进展，村邑开始出现，在官府登记田籍。所有权大致可以确定。之后，人们开垦未开垦的荒地而据为己有，称为垦田。这样的开垦地是自古以来拓殖的遗风。为了增加国家的财富来源，起初朝廷奖励有实力者从事拓殖，后来就产生了有实力者先占有荒地后进行开垦的弊端。在应神天皇时期，因治田连征讨北狄有功，所以朝廷将近江国浅井郡的垦田赐给治田连。垦田一词在这个时候就已经有了。诸国的空闲地很早就属于官有。朝廷采取适当的措施将这些地赐给臣、连、百姓，让他们开垦。直到此时，竞争还不太激烈。人们还感觉不到兼并的弊端。随着京畿人口越来越稠密，趋利之本性必然让人将精力放在争夺垦田上。从雄略天皇时期开始，朝廷

---

① 属于租借，年年征收其收获之价，即田租。——原注

在诸国设立屯仓。有权势者以熟田贿赂国司等地方官员,分割水陆成为私地,最终为了争利而互相争战,从那时起,这一现象已经开始了。之后,虽然在历史书上看不到相关记载,但可以推测得知诸国为了侵夺土地而用兵。这种为了侵夺土地而用兵的现象不仅仅限于日本与虾夷、隼人的边界。就开垦的实际效果而言,推古天皇赐给圣德太子的播磨国揖保的布施地就有五十万代。这五十万代地中包括熟田和荒地。到了天平末年,其中的荒地开垦了二百一十九町。天武天皇赐予高市大官大寺的荒地九百三十二町。其中仅开垦了二百一十六町。由此可知,当时人们竞相占有荒地,进行开垦,而登录田籍的数量很少。

二、垦田竞争的加剧

天武天皇四年,朝廷根据大化元年八月的诏书,赐予亲王、诸王、诸臣及诸寺的山泽、岛浦、林野、坡池前后被削除。这样做的目的是让住在那里的百姓获利。这一公平的诏令初衷是堵塞王官权贵的获利渠道,让处于弱势的公民来分享。然而,事实上王官权贵非常强大,对诏令阳奉阴违。

过了二十多年,文武天皇二年,朝廷遣使到诸国,让他们巡查田畴。虽说具体内容不详,但大概是为了检验诏令执行的实际效果。庆云三年三月的诏书中写道:"王公诸臣多占山泽,不事耕种,贪得无厌,空妨地利。若有百姓采柴草者,仍夺其器,令百姓痛苦不堪。自今以后不得如此。"为了趋利,依靠京师权贵的人能采取的违法手段有很多。事实上,天武时期前后的诏令下达后就只出现了这个结果。自此之后,王公诸臣及诸寺的垦田竞争时期到来。事实上,垦田竞争带来了与诏令及《田令》相反的结果。详细情况笔者将逐代论述。而今为了知道这种情况的大体趋势,笔者列举一下奈良朝末期的敕符。延历三年十二月的诏书中写道:"山川薮泽之利公私共享。比来或王臣家及诸司寺院包并山林,独专其利,百姓不能获利,苦不堪言。"由此可以证明,此法被贵族竞争垦田所阻挠,使朝廷的措施变得有名无实。

三、流浪盗贼的增加

在《万叶集》中,诗人们将民称作"大宝"。大宝还是当时京师贵族的习惯用语。荒地通过人力开发可以成为熟田,但熟田失去人力耕种又会变为荒地。因此，从拓殖时期到占有垦田时期，竞争的核心在于土地和人力两个方面。早在以前的难波朝，抢掠公民现象已经可以看到，而国县为了抢掠公民争战不休。在这种情况下，社会上出现了流浪人员。因此，大化改新时规定贵族要和百姓分享园池、水陆之利，禁止诸臣私自役使公民，实行班田封户之制。在天智天皇颁令的前一年，朝廷发出诏令："造户籍，不准盗贼、流浪之徒迁徙。""盗贼""流浪"等字样才见诸史书。流浪起因源于大化二年的诏书："有奴婢欺主贫困，自托有权势家求活路，有权势家仍强留买，不送本主者居多。"由此可知，这就是产生流浪的一个原因。这可以看作贵族间的人力竞争。此外，还有很多其他原因。因此，朝廷有必要制定捕亡令。盗贼与流浪之徒勾结，强行抢夺仇家的财产。上述名称是对这类行为贱叱的称呼。因为事体较小，且该人身份卑贱，所以才有此称呼。事体大、该人身份稍贵，则称为争战。其实都不过是争夺土地和人力的现象而已。

这样一来，朝廷才开始制定律令。到了持统天皇三年，朝廷让诸国司造户籍，"宜限期九月纠捉流浪"。文武天皇二年，朝廷下诏："公私奴婢隐匿于民间，或有收留不肯报官者，制定笞法褫夺其功。"文武天皇四年，因天下盗贼猖獗，朝廷遣使追捕。大宝三年，官府在安艺国发现被掠奴婢二百余人。官府解救他们后，让他们还乡。此外，其他案例也有很多。庆云三年，官府又逮捕盗贼。不久，在京师和畿内盗贼滋生，因此朝廷派强悍之人将盗贼悉数追捕。之后，朝廷给百姓班授熟田，共享水陆之利，将百姓称为大宝，予以优待。尽管如此，流浪盗贼逐代增加，一直蔓延到京畿地区。朝廷这才下令追捕。如前一节中讲过的神龟三年的户籍中所说的那样，到了奈良朝，每户逃亡人数增加。在看这段历史时，我们必须弄清楚这些事情背后的原因。

四、盗贼和地头御家人

据《捕亡令义解》记载："依律而言，盗贼者实属可恶，危害百姓及官府生命财产，非查办不可。"正如上述所说，盗贼属于最令人鄙视憎恶的罪犯。从持统天皇到文武天皇，朝廷进行了数次大赦，但规定"通例十恶""强窃二盗"不在此限。然而，天下盗贼滋生究竟为何？这未必局限于强窃二盗。直到后世，不履行资产契约而逃亡，因为不服而结党争夺、各地争斗不断等等这样的事情屡屡发生。就追捕盗贼而言，就近的官衙、坊里接到捕亡令后会率领兵丁到处追踪、追捕，如果流入本地会积极拿捕，如果流窜他处也会和所管辖的官衙合作寻访踪迹。案发本地的相关官衙人员应该静等案犯行踪暴露。如果盗贼在甲地伤盗乙地的人，而尸体在两地交界处的话，两地的官衙应当合力追捕。无论在什么时代，强窃二盗都是令人鄙视和憎恶的罪人。拿捕他们是各地刑侦人员的责任。履行此令条是各地驻军的任务。应该让追捕盗贼和军防令挂起钩来。因此，追捕一事成为后世武士的主要任务。每国都任命追捕使、总追捕使。国司兼带仪仗官。有的国司还兼检非违使判官，即公检法职责。而流浪盗贼在后世转称地头、御家人。御家人的领主称六十六国总追捕使。幕府掌握全国兵马大权。这一政治变化的缘由在于贵族兼并垦田、因私役使公民、征战不休。此外，贵族还违反法令，收容流浪人员，将盗贼扩散到诸国。其实，早在藤原朝繁荣时期就出现了这些事情的苗头。

第5节 虾夷隼人和唐、新罗的使者往来

一、日本东北地区的拓殖

竞争垦田之风源于近畿土地余利很少，而在东西偏远地区，蛮夷杂居，尚未脱离拓殖时代之风的地方颇多。尽管日本列岛到处都设有国司、郡司，但朝廷的视线只关注近畿地区。内国、外国的区分很严格。朝廷不免保留着以"半化外"的眼光来对待远国的陋习。藤原朝派出征夷、征隼军队就说明国郡政治正逐渐普及东西。当时的国司还不足六十个。大化改新开始于四畿和东八道的国司。东八道是指清见关和爱发关以内的诸国。早在上古时期，四畿和东八道地区就得到开发，属于准内国之地。四畿和东八道以东的坂东是东山道都督管理的要塞之地，有东夷之称。北陆以越前为核心地区。越国造管辖这里。从越前直到越后川一带是北狄之地。在庆云时期以前，朝廷还没有设出羽郡。在菊多、白河、磐川、淳足四关设木栅是因为这里属于边境。当时朝廷将爱发、不破、铃鹿三

关称内栅，重点防守这里。这是因为，一直到伊吹岭一带，北狄强族非常猖獗、跋扈。据传，天武天皇之所以在信浓国筑摩修建行宫是因为天武天皇有迁都之意。之前，景行天皇行幸美浓国后西征东伐。日本武尊小碓命从信浓伊那翻越美浓御坂路。大宝二年，朝廷开通了美浓国岐苏山道。朝廷的这些措施都是为了在东夷、北狄之地进行开拓。在清宁天皇一朝，朝廷设有虾夷隼人的内府。在崇峻天皇朝，朝廷派遣东北观察使。由此可见，朝廷逐渐将势力伸展到东北。到了齐明天皇朝，朝廷征讨肃慎，在鳄田设置郡领。朝廷的这一措施是为了怀柔化外之地。朝廷还用磐船栅预防北狄。天武天皇十一年，朝廷赐予陆奥虾夷人爵位。越狄伊高岐那等请求朝廷以俘虏七千人编为一郡。那个时期，朝廷又将归化的高丽人安置在常陆，将新罗人安置在武藏及下毛野，将百济人安置在甲斐。朝廷给予这些人田地，让他们就业。下毛野麻吕的奴婢六百人得到豁免。朝廷以此来拓殖东北。此外，在文武天皇初期，越狄献上方物。之后，朝廷给一百零六人赐爵，修缮磐船栅。

二、朝廷对西国的控制

西国本来设了须摩关，以针间为吉备道口。神功皇后设和气关，将道口移至此处。吉备以西仍然是半化外之地。《日本书纪·天武天皇八年之条》中记载道："吉备大宰石川王去世。"由此可知，吉备也和筑紫一样设立了大宰。《日本书纪·天武天皇十四年之条》中记载"周防总令所"。在《日本书纪·持统天皇三年条》中写道："田中法麻吕被任命为伊豫总领。"田中法麻吕在讚岐放养白燕。防、豫、讚也有总领。周防总令所设在景行天皇、仲哀天皇巡幸时的沙磨。周防总令所管辖长防、石艺等几个地方。这个总领不同于国司，是带刀的武官，是为了驯服、绥靖化外之民而设置的，同时也是为了控制占据海峡的海盗。文武天皇四年，萨末比卖、衣评督、衣君县助督、衣君氏自美、肝衡难波带着肥前人等率兵劫掠觅国使刑部真木等。因此，朝廷敕令竺志总领，按照罪犯标准予以惩罚。竺志总领是筑紫大宰。朝廷又任命石上麻吕为筑紫总领，任命下毛野为大贰，任命波多牟后闭为周防总领，任命上野小足为吉备总领。起初，西国由这四个总领来分管，但大宝定令之后就断绝了。从此时起，只有筑紫归大宰府管辖。起初，朝廷在吉备、伊豫以西设立总管进行治理,像东夷、北狄一样,称隼人为西蛮。西蛮杂居范围达到南海、广岛一带。朝廷逐渐进行招抚。此时,朝廷已经没有设立总管的必要,因此废除了总管一职。不久,朝廷兴起征隼人之师。

三、觅国使的差遣

觅国使就是朝廷派遣的南岛探检使。就南岛而言,最初见于推古朝掖玖、多祢来朝的记载。天武天皇六年,多祢人来朝。天武天皇十年,朝廷让多祢人拿来地图。奄美、掖玖人也来朝。天武天皇十一年,隼人来朝,贡上方物。从那时起,多祢、掖玖、奄美人都在飞鸟寺西面受到朝廷宴请,并奏乐助兴,一直到后世,这些事情已经成为惯例。藤原氏掌权以后,朝廷进一步招抚南岛。持统天皇九年,朝廷派文博势、下译语诸田到多祢,寻找蛮人居所。文武天皇二年,朝廷又任命文博势等八人为觅国使到南岛。史书记载有"给戎器",说明觅国使大概是率兵前往的。文武天皇三年七月,多祢、掖玖、奄美、度感等来朝,贡上方物。文武天皇三年冬天,文博势及刑部真木等从南岛回来。朝廷赏赐他们爵位。萨末、衣、肝冲人等抢劫刑部真木一事应该发生在南中,不久激起了隼人之乱。

四、日本和南岛的交流

多祢、掖玖、奄美、度感就是今天的种子岛、屋久岛——大隅、大岛、德岛——萨摩。但由于这些岛都是一些小岛,因此史学界也表示怀疑。南岛的地名是根据其经过的地方来命名的。多祢大概是指琉球。向朝廷进贡的南岛人究竟来自琉球、吕宋群岛中的哪一个尚不清楚。但他们将通向日本的便利港口定在隅萨各岛,在该处交流,因而得此地名。地名随着时间的经过而发生变化。今天的种子岛、屋久岛等也未必是古代的名字。到了后世,阿多平氏割据萨摩南部,占有南岛,和琉球、闽越交流。近卫家族的岛津庄将萨摩的坊津作为外国贸易港。从镰仓初年开始,岛津氏庄司凭借这一关系兼领南岛,和阿多一族相争,势不两立。岛津氏兼领琉球的由来就是这样。南岛包括琉球、吕宋等在内。这也不能说是无稽之谈。衣评督助督掌管今天的颖娃郡。

衣评督助督等抢劫觅国使的东西。岛津氏与阿多氏互相争斗。研究这段历史可以发现其中也是有争议的。试想萨摩的豪族与南岛的交流必然由来已久。我前面讲过南岛人将多祢、屋久岛、奄美、度感诸岛的方便港口作为进行物物交换的地方，或借助郡领、县主来向朝廷献上调贡。然而，直接和日本朝廷交流、贸易的话，南岛人的利润就会减少，或许觅国使凭借权力收缴了南岛人献给郡领的物品也未可知。因此，南岛人夺回这些物品反被诬告为抢劫。对此，南岛人不服，终于发动叛乱。郡领在韩语中称作评督。虽说当时的官名屡屡发生变更，但在日本，我们没有听说过"评督""助督"等官名。萨南就是旧吾田国，也是新罗国的殖民地。那津旁边有新罗的伊都县，衣评督助督在与南岛交流贸易的便要之地也占有一个区域，设立长官，子孙世袭。

五、隼人的朝贡

隼人就是古代的熊袭。隼人君长居住赠于郡，称曾君之姓，是枭帅的后裔。以前，难波朝时出现隼人这一称呼。熊袭的称呼自此不再使用。而后，历代虾夷隼人归顺朝廷。虾夷、隼人在史书上并称，属于化外种族时间已久。《日本书纪》和《古事记》中称虾夷、隼人是火阑降命的后裔。其实这是很早就归化的种族在假冒火阑降命的家谱。虾夷和隼人并非皇统后裔。天武天皇十一年，很多隼人来到朝廷，献上方物。大隅隼人和阿多隼人在朝廷相扑。据说大隅隼人获胜。此后日本才开始兴起隼人相扑。持统天皇元年，先皇天武天皇驾崩时，大隅隼人、阿多魁帅分别亲自率人来殡宫吊唁。持统天皇赏赐了三百三十七人。持统天皇九年，持统天皇观看隼人的相扑比赛。自称火阑降命后人的隼人也住在京畿，称阿多隼人大角隼人之姓，日本国史将之后太宰府贡来的隼人称作今来隼人、番上隼人。

六、朝廷讨伐萨摩隼人

大宝二年，萨摩多祢抗命。因此，大宝二年八月，朝廷发兵征讨。太宰所管辖向九神祈祷平定荒贼，最终检查户口、设置官吏后班师。大宝二年九月，朝廷奖励讨伐萨摩隼人的军士，派使者向九个神社奉币报功。朝廷此次用兵意义非常重大。这样一来，朝廷听从唱更国司之言，像预防越狄一样在要害地建栅，在国司置戍，进行防守。这就是直到藤原朝时期的隼人的概况。唱更和隼人同音同义,当时皆称萨摩或萨末,只有一个史料称作唱更。这说明地名尚未固定下来,并非管辖区域有所不同。

七、边防的警备

直到奈良时期,隼人都是朝廷对西蛮的泛称。在丰、筑、肥的山中及住在海岛上的隼人还很多,隼人的状况恰如近时满洲的马贼,台湾的土匪、生蕃之类。文武天皇二年,朝廷命令太宰府管理大野、基肆、鞠智三城。基肆是肥前的郡,位于筑前边界。鞠智就是肥后的菊池。就大野而言,有人解释称,天智四年,朝廷在筑紫国修筑大野和椽二城,称此为御笠郡大野,即水城。但事实上,前一年朝廷就在筑紫筑造大堤,命名水城。二者有所重复。《通证集解》将这两处说成是丰后的大野和丰前筑城郡的捣木。这似乎不是边防之地,但基肆、菊池也不是边防之地。在地图上来找这四处可以发现:这四处都是位于山岭之口的广阔的平原要地。为了防卫隼人或者其他蛮族,朝廷修筑了城栅。如前所述,东国的清见关、足柄关,西国的须磨关、和气关,近畿的逢坂关或铃鹿、不破、爱发三关等的废止年代已经无从得知。但这一定是为了防止杂居的虾夷、佐伯隼人等出没内地而设的关栅。直到藤原时期,这些关栅余类尚存。直到此时,国司的设置尚未结束。当时正处于征服时代。

八、日本和新罗的来往

就海北而言,由于中国的统一,高丽、百济一度成为中国的州县,只有新罗以对马海岔为界维持了独立。高丽文武王即位后,外国移民来投。高丽入侵南界,逐渐强大起来。天武天皇八年,高丽文武王崩殂。文武王之子神文王继位。高丽文武王生前由于害怕日本人入侵,不断向日本进贡,但还是对日本深深忧虑,发誓死后变成龙护卫国家,防卫贼寇。高丽将文武王水葬于东海。高丽神文王仰慕父王文武王,修筑高台遥望东方,看到海中出现大龙。庆州海边有座大王岩别见台,至今尚存。有关记录见诸高丽史。在天武天皇驾崩后,持统二年,高丽王子金霜林来日本,献上金、银、绢布、皮、铜铁、佛像、彩绢、鸟马之类。太宰府在筑紫馆招待金霜林。筑紫馆位于博多。这就是日本的接待外交使者的鸿胪馆之始。持统三年,高丽神文王崩殂,孝昭王继位。

文武天皇元年冬，新罗的金弼德来朝。文武天皇派坂本鹿田大倭五百足走陆路，派土师大麻吕、习宜诸国走海路前往迎接金弼德。文武天皇二年正月元日，文武天皇坐太极殿，接受文武官员朝贺。新罗使者也拜贺文武天皇。文武天皇将新罗的贡物献给诸神社及大内山陵。

大宝三年，高丽的孝昭王崩殂。金福护、金孝元来日本报丧，在难波馆受到日本官员的款待。文武天皇下诏表示哀悼、吊唁，赐予金福护、金孝元布帛。文武天皇派博多广足赐予高丽新国王圣德王锦二匹、绢四十匹。

庆云二年，新罗贡调使金孺吉来朝。文武天皇征发诸国骑兵前往迎接。庆云三年正月初一，位列太极殿朝贺的仪仗队不同往常，奏诸方之乐。文武天皇在朝堂大摆宴席，将贡物献给伊势神宫及七道各神社。文武天皇又派美奴净麻吕、对马坚石到新罗。诏书中写道："天皇敬问新罗国王，新罗王世世操劳，爱护人民，国内安乐，风俗淳和，对日本长修朝贡之礼。"文武天皇派僧人义法、义基、总集、慈定、净远等前往新罗学习，第二年回国。

九、日本和唐朝的来往

百济灭亡后已经过了四十余年。日本和唐朝很久没有使者往来了。大宝元年，朝廷任命粟田真人为遣唐大使，赐予节刀，任命巨势邑治为副使，前往唐朝。遣唐使一行从筑紫入海，遭遇风浪折返。大宝二年夏天，遣唐使再次出发，庆云元年回朝。此时，在日本军队救助百济、战事不利时作为俘虏被编入官户的讃岐的锦部刀良、陆奥的壬生五百足、筑后的许势部形见等被唐朝豁免，和遣唐使一起回到日本。可怜这些日本俘虏在唐朝受罪达四年之久。朝廷赐予他们衣服、杂谷等。日本与唐朝的使者往来再次恢复。

第6节　士兵和舍人兵卫

一、军备的必要性

此时，日本与唐朝、新罗化干戈为玉帛。使者开始往来。人们心向文学、佛教，似乎忘掉了战争。但不能凭这一点就说日本已经开始展现文弱之风。绥靖安抚朝鲜人、将日本国本巩固如磐石等情形说明日本王公大臣尚武、刚健的秉性直到藤原朝一直保持着。天智天皇时期，日本为了救援百济而战。战争中成为俘虏的日本人依然活着，在这一时期回到日本。与唐朝、新罗的战争结束了，现在是日本征定东夷、西蛮的时候了。此外，日本各地为争夺土地而战，京畿盗贼四起，因而日本人的习性仍然好强。比起文学，朝廷更尚武。这样说也不为过。直到大化时期，日本还一直在救护藩国。为了征定东夷、西隼，整饬兵制是朝廷的当务之急。大化元年九月，孝德天皇遣使到诸国，让国司治兵。有的书称从大化元年六月到大化元年九月，朝廷遣使到四方收集各种兵器。因此，田亩和民数的检定和治兵一同开始。大化二年，孝德天皇让郡国修建兵库，虾夷归附朝廷。大化三年，朝廷造渟足栅。大化四年，朝廷修缮磐船栅，选越信之民设置栅户，以防备虾夷、夷狄。朝廷又兴建难波郡，目的是控制遥远的藩国。到了齐明天皇时期，肃慎兴师犯边。不久，日本和唐朝在朝鲜半岛开战。海外形势发生了重大变化。到了净御原朝时，日本和唐朝断绝外交关系，而日本朝廷也有必要绥抚东夷、西蛮，一刻也不能忘记军备。

二、《军防令》《赋役令》的起草

近江朝的《赋役令》《军防令》等是在朝鲜半岛与唐军血战之际起草的。天智天皇从筑紫还京继位当年，在大倭的高安讃吉的屋岛、对马的金田筑城。天智天皇在近江讲武，设置众多牧场养马。敏达天皇皇孙栗隈王拜筑紫帅。在发生壬申之乱时，大友皇子从近江京派佐伯南到筑紫，派樟磐手到吉备国起兵。当时大友皇子对二人讲，栗隈王和当麻广岛本来隶属于皇太弟大海人皇子，如果有不服的迹象，当即斩杀。这样一来，樟磐手到了吉备国授符，让当麻广岛解刀，最终斩杀当麻广岛。佐伯南到了筑紫授符于栗隈王。栗隈王接符后说道："筑紫帅的任务是戍边，临海防守贼寇，并非防守内贼。今受命发兵，万一有外寇，社稷将倾。纵使杀臣百次也是无益。因此，我不能轻易动兵。"栗隈王的两个儿子三野王、武家王佩剑站立不动。佐伯男无法下手，只得回京向大友皇子复命。天武天皇四年，朝廷召回栗隈王，任命栗隈王为兵政官长，任命大伴御行为大辅，整理兵部制度。天武天皇五年，栗隈王去世。大宝元年，大伴御行在大纳言位上去世。上述这些人都是名臣。军防、赋役诸令都是在这些经验丰富的人手上制定的。然而，从门阀世职中发展起来的国家最终将军队、武器全都收回朝廷，废除私兵。朝廷掌握官衙、追捕、边防、征讨的实权在多大程度上获得了成功，这是历史研究上的疑点、难点。

三、朝廷奖励武艺

"内外文武官"一词最初见诸天武七年的诏书。在京的各种政府机构的官员属于内官及京官，其他则属于外官。衙府军团等带剑者属于武官，其他为文官。不带武职者即便是亲王也不得私自带剑，只能将刀放于怀中。这样就形成了常人不得带剑的习惯。这应该是在大化时期废除部曲、将武器收归武库后的事情。天武天皇四年，朝廷让初位以上者每人准备兵器。天武天皇五年，朝廷在京畿按人头授予兵器。天武天皇十年，朝廷检校亲王诸臣百僚人等的兵马。天武天皇十三年，朝廷让文武官员学习用兵、乘马，储备兵马、装束之物。有马者是骑士，无马者是步卒，都应好好训练。朝廷对违抗诏书者进行责罚。当时的兵器有剑、矛、弓箭及弩。为了演习兵马、准备械仗，朝廷还出台奖励措施。天武天皇十四年，朝廷下诏诸国："大角、小角、鼓、旗幡及弩箭之类不应存放私人家里，都应收入郡家，严禁私藏武器。"三善清行称弩是神功皇后制造的。虽然唐朝也有弩，但不及此弩强劲、锐利。当时的弩手就如同今天的炮兵。在壬申之乱中，鸬野赞良皇女，即后来的持统天皇与天武天皇共同谋划。事情成功后，鸬野赞良皇女经常辅佐天武天皇处理政务。持统天皇继位后，继承先帝天武天皇遗志，整顿兵务。从持统天皇三年开始，朝廷在每个国点四分之一的士兵，分为步、骑、弩三种兵演习。持统天皇七年，朝廷派阵法博士到日本各地教习。文武天皇三年，朝廷让无官位者按人头配备弓箭、甲、矛、兵马演习，又在诸国确定牧场，放牧牛马。王公诸臣在京畿演习兵马。

四、征兵和养兵

观察兵制首先要从征兵、养兵这一基本问题来讨论。征兵是指从农夫中指定士兵，训练农夫军事作战技巧。这些人平时耕作，战时从军。所谓兵寓于农就是指这个制度。养兵是指征召乡土之兵，农闲时训练他们，战时带着他们出征。

这就是所谓的武门、武士。《军防令》就此进行分类,将征召之兵分为卒和士两类。在征兵制度衰落后,朝廷实行养兵制度。征来的丁称兵士,作京师卫士、边防军。不过人们并非单身上京作卫士或戍边,不带一个从卒,而是根据每个人家产、地位,允许他们带着家人出征。因此,从一开始,这就属于养兵性质,很难说是征兵。当时,日本的官方文书以直属的公民为基础制定法制。陪同的家人和奴婢受到家主的管辖,因而不登记在官方的文书上。从尚武的日本肇国之初,王卿之家就有养兵这一传统。到了后来,物部守屋发动奴军作战,苏我虾夷在家中发动东汉家族奴军作战,还有苏我入鹿派兵到斑鸠宫时,山背王的奴隶三成率数十舍人抵抗——三成拼死作战,被称赞为以一当千。这些与其说是奴兵不如说是奴将。贵族占有的广大领地的收入一定有很多分给家奴。其中家奴的过半数必然被当作兵而养起来。因此,自天武天皇以来,朝廷致力于鼓励贵族教习这些家奴。可以看出,就当时日本的兵制而言,王公贵族的经济逐渐衰落,希望减少养兵费用而依靠官府的卫士,而地方的豪族通过养私兵来减少政府的兵役。自此开始,日本政治的方针总是向着相反的方向执行法令。而随着征兵人数逐渐减少,朝廷开始使用健儿。健儿制度就是养兵制度,也就是武士制度的雏形。

五、士兵和舍人

应征到日本各地的军队中的兵丁称作士。演习弓马者是骑兵,其余是步兵。强壮者当弩手。士必然有从卒。到京师者成为卫士。戍边者成为边防军。卫士、边防军分别服役一年、三年就轮换。这就相当于今天的征兵。他们的身份类似于卞士。每个郡出一个兵卫。官员从郡司的子弟中选拔。下等称作使部,五位以上者被选为内舍人,未当选者为大舍人、东宫舍人。舍人中随身跟随亲王者叫帐内,由六位以下的兵卫来充任。跟随诸臣者称作资人,由八位以上的兵卫来充任。这都是《军防令》中规定的。舍人、资人、帐内统称舍人,很早就在日本存在了。天武天皇二年,朝廷让地位低的人充任大舍人,然后选择有才能者,委任以相当的职位。将上述几类人总称舍人的做法仅限于内国。这是诏书中规定的。朝廷让内国人专享出人头地的仕途。朝廷还向各贵族家族分配资人。这是日本自古以来的传统。持统天皇十年,朝廷配给右大臣多治比岛的资人达一百二十人,赐给大纳言阿倍御主人、大伴御行各八十人，赐给石上麻吕、藤原不比等各五十人。这是作为职业的资人首次见诸国史记录。

六、傔人和白丁

《赋役令》规定："舍人、使生、使部、兵卫、事力及内外初位以上者免课役。"事力也属于下级资人。傔人之名见诸《神功皇后纪》，因其手中持仗，称为傔仗，如同后来的侍所。和铜元年，元明天皇下诏："太宰帅大贰、三关国守、尾张守等首次给予傔仗，太宰帅为八人，大贰及尾张守为各四人，三关国守为各二人，近江国为二人。"关于傔人的考核及公田都比照使生实施。大化以前，日本就有了健儿。管理健儿的机构类似于后来的武者所。健儿大概是私人募集的士兵，之后逐渐多起来。在武士兴起后，健儿被称为仲间，即伙伴。上述这些都是舍人、兵卫之类，很多是从良家子弟中补选的。下等的就成为使部傔从。所有士兵都到京师作卫士，有的被选为事力。如果认为这是从一般的农夫中募集的兵卒，就犯了一个根本性的历史常识错误。持统天皇七年，百姓穿黄色衣服，奴穿皂衣。据《衣服令》记载，无位者穿黄袍。《义解》认为庶人也穿黄色服装。家奴、婢穿橡墨衣。这属于公私之民的服色的区别。《户令》中写道："坊令从正八位以下选出，里长、坊长从白丁中选出，将黄袍的庶人称作白丁。"白丁并非指穿白布衣服者，而是用来称呼非良家的公民，故将卫士、仕丁等称作白丁。经常将服劳役的贱隶称作夫。苦力说的就是作夫。

七、士兵的职责

卫士属于上等士兵，守卫宫门，负责护卫出行、做仪仗兵等。门卫受左右卫士府管辖。兵卫被分配到宫阁，进行值班守卫，受左右兵卫府管辖。直到藤原朝，朝廷称上述部门为五卫府。所有士兵都在各地形成军团。庆云元年六月，朝廷下诏："诸国的士兵分成团、番。每番各教习士兵武艺十天，一定要军容整齐。除了令条规定的任务，不得让士兵做其他事情。有关隘需要把守的，要斟酌让士兵守卫。"边防军就是轮换守卫东边、北边、西边等有城堡的地方的士兵。后来，这一制度废除了。

第7节 服饰、仪容、歌舞、音乐

一、进贡兵卫和采女

在日本古代，藤原京是历代皇室最兴盛的时期。虽说前难波朝扩展的海北版图超过藤原朝，但内地的治理水平尚低。自圣武天皇以后，国库收支开始紧张起来。这一点由三蕃清行的《封事》可知。因此，在朝廷从飞鸟迁都藤原、奈良时，京师还算平安无事。从宫府到王公贵卿家族皆享荣耀，但可以看出由盛转衰正是在这个时期。

前面几节所讲的水田、封户、调庸、垦田及士兵的分配成为官中、府中、贵族、僧侣竞争的焦点。此外，朝廷还开拓东边、西边，谋求增加财富来源。看到这些足以想象京师的繁荣景象。兵卫的作用虽说在守卫宫阙，但实质是供官中、府中的贵族炫耀荣华富贵。《军防令》中将有品子弟划分等级。仪容端正、工于画算者可选为上等大舍人。擅长弓马者为中等兵卫之选。身材劣弱、不知文算者为下等使者。第一资格是仪容、画算，第二资格是弓马武艺，而兵卫要由郡司子弟、弓马娴熟者中选拔，向朝廷进贡。进贡采女的郡不必进贡兵卫。朝廷规定一国进贡的兵卫与采女的比例为二分兵卫一分采女。大化二年的诏书中写道："采女是指郡少领以上的姐妹、子女，将仪表端正者进贡。从丁一人，从女二人，以百户为采女一人供粮。所需庸布、庸米皆准照仕丁。"后宫《职员令》规定："诸氏按照氏别，进贡年龄在三十以下十三以上的女子。"简而言之，朝廷选拔天下的美男、美女作为舍人、采女，分配到宫中和贵族家庭，做各项杂务。这是古代日本的传统做法，并非从这一时期开始的。

二、尚武之风

古代日本国县的君长选拔体貌完美的男子、妇女环侍左右。这是任何一个诸侯国都有的现象。网罗美男、美女的做法大行其道。此外，日本尚武风气犹存。人们倾心于弓马之术。尽管净御原朝处于太平盛世，但贵族依然不断习射。妇女也像男人一样骑马。妇女也在牧场养马，有时欣赏贡马。在这一时期，白马节会出现了雏形。隼人的相扑也是尚武的游戏。相扑节会始于此时。持统天皇五年三月，持统天皇在御苑观赏公私马匹，奖励兵马。文武天皇博览经史，犹善射艺。此时，京畿地区因为朝廷奖励弓马而盛行骑射。在山背国贺茂神社的节日上，人们举行骑射大会。然而，从文武二年三月开始，朝廷禁止此风。大概是因为禁令难以全面执行，到了大宝二年，除了山背国的人外，朝廷禁止聚众执仗骑射。庆云三年，朝廷制定大射禄法，射中一箭者，二品亲王二品王臣以上者赐予布三十端，初位赐予布三端。射中皮者赏赐半端布。

三、游戏、器具和服饰

天武天皇在大安、小安二殿大宴群臣。天武天皇十四年，天武天皇在殿前唤王卿博戏。《僧尼令》中规定："僧尼搞音乐、博戏者罚做苦役。"《义解》中记载道："博戏是指双六、琴棋之类。"笔者认为琴棋未必属于此类。天武天皇十五年，新罗给日本献上镂金器、金银、霞锦、绫罗、虎豹皮及药物之类百余种。而新罗使者又另外献上金器、屏风。这时，日本各地献上珍奇异物，或是用调庸之物来买贵金属、宝石之类，收集精美的服饰器具。持统天皇三年，朝廷禁止双六博弈。文武天皇二年，朝廷取缔博戏游手之徒。以此可知，当时游戏多么兴盛。随着官位的制定和朝廷修改衣冠制度，贵族的穿着打扮像皇室家族一样。不仅禄物，就连衣物，朝廷也根据时令赏赐。持统天皇五年，朝廷赐予公卿饮食、衣裳。持统天皇六年正月，持统天皇大宴公卿等，又赐衣裳。文武天皇四年，朝廷设置制衣冠司，不久改革官位。《衣服令》规定："男女服装都由衣冠司制造，并由天皇赏赐。"这一做法在天平年间发生变化，改为自制，但直到后世，在朝廷的重大典礼上，王公诸臣的衣服大体上都是官制的。可以说，这种习惯由来已久。大宝元年正月初一，文武天皇在太极殿的朝廷典礼正门建乌形幢。乌形幢左有日像青龙、朱雀幢，右有月像玄武、白虎幢。这些都是用于接见藩夷的使者的。于是，日本的朝廷仪式逐渐得到完善。

四、仪容的改良

就仪容的改良而言，《三国志》中记录了古代奴国，即筑紫傩县的风俗。"倭以蹲踞为恭敬。"大倭朝廷也以蹲踞为恭敬。这一点直到后世都没有变。坐姿是竖起单膝，平坐是以双膝触地。直到二百年前，日本一直有这种风俗。敬礼没有拜手、握手，而是以双手触地，作揖。日本推古时期的制度是跪礼，在孝德天皇时期改为站礼。不知何时开始，朝廷兴起匍匐礼。这大概是新罗的风俗。天武天皇十一年，朝廷废除跪礼和匍匐礼，进而使用站礼。在持统天皇继位时，公卿百僚跪拜、环拜、拍手。在日语里，拍手也叫柏手。这是因为人们在进御膳时拍手敬礼。《周官·大宗伯》中写道："九拜四振动。"《郑大夫注》中将"动"写作"董"，即"以两手相击也"。陆德明的《释文》中写道："今倭人拜以两手，相击如郑说，盖古之遗法也。"清惠士奇在《礼说》中写道："两手相击不知拍手，解为抃。《吕氏春秋》说古者帝喾使人抃云云，乃命凤鸟天翟舞之。"后来的舞蹈来源于此。舞蹈也在朝廷典礼上进行，也属于拍手的仪式。藤原朝使用站礼。庆云元年正月初一，在太极殿的朝廷典礼上，五品以上的座开始设褟。朝廷废除了百官跪伏之礼。就头发而言，《三国志》记载有"奴国被发屈纷"，意思是用垂发弄成末髻。天武天皇十一年，日本的男女都结发。从天武天皇十二年正月开始，人们整体改妆。到了天武天皇十二年年末，女人年龄四十以上者都要结发。巫祝之类属于例外，不必结发。有关妇女的风俗和宗教风俗密切相关。直到后世，妇女的垂发装饰都没有改变。持统天皇六年，朝廷褒奖沙门观成制造的铅粉，赐予绢五十匹、棉三十屯、布十五端。白粉化妆品得到了改良。据说铅粉是古代中国殷纣制作的，用于妇女的肌肤很久了。据说曹魏的何晏善于制粉。日本也很早就使用了。当时，关于化妆粉，中国将吴越之产称作官粉，将韶州产的称作韶粉，将辰州产的称作辰粉。而在此之前，人们使用的或许都是胡粉。

五、歌舞音乐

在上古时期的日本，关于宴会所需要的歌舞，人们需要拍手、跺脚而歌：跺一只脚，然后举手歌唱神语。还有《夷振》《宫人振》等。这些都是出云语部教的歌曲。在久米歌中，手量、声音等都是古代流传下来的，直到后世传到乐府。《显宗纪》中称手量是指用手掌嘹亮地打出的节拍，以此来给舞蹈伴奏。古代日本音乐极其不发达。作为古乐器而言，能够列举的就是和琴、铃、拍子木等等而已。当时甚至没有"乐"这个词。在百济、高丽的音乐传入日本后，日本才有两三种乐器。传来的隋乐中有合奏，传来的吴乐中有伎乐。乐器虽然逐步完善起

日本舞乐

来，但和日本的舞蹈、音调并不合拍。在音乐领域，圣德太子所倡导的文明依然接近于空白。然而，在藤原朝之前，朝廷引进了朝鲜和唐朝的音乐。与此同时，日本的舞乐也取得了很大的进步。天武天皇四年，朝廷让丹波、但马、近江、若狭、伊势、美浓、尾张进贡百姓中善歌的男女及侏儒伎人。天武天皇十年，天武天皇在新宫调试、演奏鼓吹之声。鼓吹是唐朝的军乐。天武天皇十二年，艺人表演小垦田舞，奏高丽、百济、新罗三国之乐。小垦田舞是在圣德太子时期创作的，后来舞谱散佚。天武天皇十四年，朝廷下诏歌男、歌女、吹笛者将技艺教给子孙，流传下去，结果出现了用歌乐技艺来兴家的。天武天皇十五年，天武天皇在御殿前赐予唱优等艺人禄物。此外，隼人的相扑开始流行起来。在天武天皇时期，歌舞、乐曲非常兴盛。就歌舞而言，最典型的例子是公卿百僚诸蕃前往天武天皇殡宫吊唁，在痛哭时奏楯节舞而奉奠。就楯节舞而言，《释日本纪》中引用《私记》写道："师说中称吉士舞，以手中盾牌来打拍子，故有此名。"《职员令集解》记载道："雅乐属尾张净足之说。今寮中的舞曲有久米舞、五节舞、田舞、倭舞、盾卧舞、筑紫舞。"盾卧舞由十个人来跳。五人是土师宿祢等，五人是文忌寸等。右面的人拿着甲并持刀盾，吉士舞大概就是如此。天武天皇七年正月十六日，汉人等奏踏歌。《释纪》中引用《私记》写道："按照现在的习俗称作阿良礼走，《师说》中称此歌曲结束时，必然重复，称万年阿良礼。现在改称万岁乐。这是古习俗的残留。"汉人中吴地的归化姓很多。踏歌是八句诗，每句尾唱"万年靎"。从天平时期开始，日本就有女踏歌。踏歌都举行节会。这是男踏歌节会的起源。《花园天皇御记》中写道："元亨四年正月十五日，千秋万岁掺入散乐如例。"千秋万岁每每出现在后崇光院的《看闻日记》中。直到那个时期，正月里大和万岁歌舞团来到京都的院宫贵卿宅里，歌舞祝福，如同今天的三河万岁歌舞团。这类似一种谐技，是踏歌的遗风。散乐就是散更猿乐，也属于滑稽"道化"戏。千秋万岁歌舞团体结束歌曲本体部分后，表演猿乐。

六、俳优的待遇

文武天皇二年，文武天皇赐百官职事以上及擅长才技者禄物。才技被解释为织锦、缝衣等。其中应该也有歌舞、音乐才技人。这与天武天皇朝赐予倡优禄物的先例是类似的。这时，朝廷募集了种种技艺人及诸国的风俗歌舞，在招待蕃客、虾夷、隼人等时奏乐。由此可知，当时歌舞音乐是如何盛行。日本从上古时期就有俳优。这也是以道化、滑稽为基调的艺术。从技术层面来讲，称俳优，从歌唱角度来讲，称俳倡。俳的意思是谐戏者。在神代，天钿女命在磐户前手持茅缠矛表演俳优。大神听到后好奇"天钿女命到底跳的什么舞"，将磐户打开一个小缝偷窥。世俗称此为神乐的起源。俳优或噱乐是滑稽戏。之后，在神下凡时，猿田彦高鼻子，脸如红酸浆，睁开镜子似的眼睛，站在那里。天钿女命前往，露出胸乳，将衣带系在肚脐下，笑嚎着站在对面。猿田彦问道："汝所藏何物？"因为这一功劳，天钿女命的子女被允许使用"猿女"君号。此后，在日本史书上所看到的俳优都是笑嚎之戏。据《三代格》弘仁四年的符中记载，在奈良朝时，猿女虽然住在近江国和尔村、山城国小野村，但进贡的艺人多数不是猿女子孙。这足以证明俳优在朝廷上的待遇并不低贱。猿女系统外还有隼人俳优。火阑降命对琼琼杵尊说："让我活下去的话，我将生儿八十连属，不离汝之垣边，成为俳优之民。"戴上牛鼻子，将手掌和脸涂成红色，抬脚、踏行学溺苦之状，起初抬脚来回跑，扪腰、将手放在胸前，进而举手，拍掌。直到今天，俳优表演还是这样。这些都是隼人教授的风俗歌舞中的手势和脚的姿势，以谐戏为主。相扑以垂仁朝的野见宿祢为始祖，起源于当时的隼人的相扑。相扑者在牛鼻兜裆裤上用纽系住狩衣。后世将他们召集到近卫府，分为左右，让他们一决胜负。据《江家次第》中《相扑拔出》一条记载："相扑结束后，左右开始奏舞乐。当时必定有舞散手、还城乐、散更。散更中有一足、高足、轮鼓、独乐、咒师、侏儒舞等。"散更就是猿乐，也是隼人系统的艺术。

七、侏儒的培养

日本皇室和贵族享受荣华富贵，以娱乐为主。当时阶级制度非常森严。人们心理压力很大。为了排解身心郁闷，人们必然需要娱乐。除了歌舞音乐外，皇室和贵族还让俳优演笑嚎之戏。这可以说是娱乐中的极品。就算皇室和贵族将美男美女集中在飞鸟、藤原的宫廷里，培养他们俳优才技也不足为怪。其中还有很多侏儒。侏儒是一种残疾小儿。天智天皇十年，常陆国进贡来一个高一尺六寸的侏儒。侏儒叫中臣若子，十六岁。侏儒一事最初见诸史书就是此时。天武天皇四年，朝廷催促下面进贡侏儒。天智天皇十四年，天智天皇观看善射者及侏儒舍人等的射技。文武天皇二年，朝廷赐予备前国人侏儒秦大兄以香登臣之姓。侏儒到底为何物？可以说，从世界上来看，夸示帝王荣耀者就是侏儒这种技艺人。中国从周代时期就有。汉武帝在鼎盛时期将东方朔、司马相如等文学家召集到一起，将他们当作俳优来对待。汉武帝宠爱侏儒。侏儒俸禄和东方朔一样。汉武帝经常让侏儒饲养马。人们对侏儒的解释是"短人""可供戏弄者"，但应该说是有技艺的身材矮小的"短人"。在欧洲，直到近百年前，君主宫中一定豢养着侏儒。君主让侏儒饲养鸟兽，表演技艺，或者当秘书。侏儒中还出了名人。这些并非天然的倭人，是人工培育并授以技能而成。这一奇怪习俗起源于上古波斯的宫中。因此，周代中国是由西域传入侏儒这种娱乐方式，之后又传到了日本。进贡侏儒也就是寻觅侏儒艺人。教授这种技艺的对象必然是人工培育的"短人"。这些侏儒资质很好，其中甚至有些人得到提拔，被赐予姓。侏儒一直盛行到何时？就散更中的侏儒舞而言，后来人们不用矮人，只在猿乐的能①中模仿侏儒的技艺而供娱乐消遣而已。

---

① 艺术形式。

第 3 章

修建平城

第1节 元明天皇继位和迁都平城

一、元明天皇继位

天武天皇寻找迁都的地方，想建两三处首都，但这一愿望没有实现。持统天皇营建藤原京，扩展飞鸟并将飞鸟作为"本京"。这就是持统天皇的意图。庆云元年，都城营建地区大致确定。不久，朝廷商议迁都事宜。庆云四年正月，朝廷让五位以上诸臣讨论此事。从庆云三年冬天开始，文武天皇积劳成疾，庆云三年十一月让位于阿闭皇女，即后来的元明天皇，才得闲治病、养病。起初，阿闭皇女不堪重任，坚辞不受。庆云三年，各地流行瘟疫，死者不计其数。朝廷开始做土牛，举行大傩仪式，设授刀舍人寮——这是近卫府的雏形。庆云四年十一月，朝廷将文武天皇在飞鸟岗火化后，葬于桧隈安居山陵，谥号丰祖父天皇。文武天皇共在位十一年。

二、和铜

元明天皇继位第二年，武藏国秩父郡献上天然而成的铜。铜是神祇显灵的瑞宝。因此，朝廷改元和铜。和铜就是熟铜的意思。大体而言，年号的命名大都起源于宗教。日本的年号起源于孝德天皇的大化。这一年号有政治含义，不久得到祥瑞，改元白雉，而后大化这个年号就不用了。在天武天皇驾崩前，朝廷又改元朱鸟——有人称此前还曾使用白凤年号。文武天皇的大宝、庆云都是起源于祥瑞。至此,朝廷改元和铜,而后改元灵龟、养老、神龟、瑞祥。年号更换频仍。《日本书纪》的纪年稍有紊乱。这是因为年号改元频繁扰乱了年历。这源于当时学者提倡灵异而媚俗的风气。日本在神道的教义中注入了儒家的纬说。而当时佛教信仰盛行,佛教信徒试图从中求得方便。日本人的情绪被灵异支配。当时政治、社会上发生的现象很多与灵异现象有关。看年号思考时代思潮也是一个重要的史学研究方法。

三、元明天皇的初政

和铜元年二月,朝廷设立催铸钱司。元明天皇又下诏营建平城。和铜元年三月,元明天皇任命百官,任命中臣意美麻吕为神祇伯,将神祇伯放于百官首位。这是神国的传统。《神皇正统记》就是这样记载的。此外,元明天皇任命右大臣石上麻吕为左大臣,任命大纳言藤原不比等为右大臣。左大臣和右大臣都是正二位。元明天皇还任命正三位大伴安麻吕为大纳言,同时任命正四位上小野毛野、从四位上阿倍宿奈麻吕、中臣意美麻吕为中纳言,任命巨势麻吕、石川宫麻吕为左右大弁。诸省之卿式部以下有下毛野古麻吕,治部有弥努王,民部有多治比池守,兵部有息长老,刑部有竹田王,大藏有广濑王,宫内有犬上王,造宫有正五位上大伴手拍,共计八省。其中没有中务省。造宫在八省之外。这些官员都是从有权势的贵族中选拔。不过,这应该和藤原朝滥授官位时期的公卿区别对待。

四、迁都平城

朝廷迁都诏书的概要是:"京都乃百官之府,四海所归,方今平城之地,四禽叶图,三山环绕,龟筮并从,宜建都邑,待秋收后,令造路桥,勿劳扰百姓,须措施得当。"太政官商议都城制度、设计后,开始营建。四禽叶图换言之就是四神相应之地。《万叶集》中称上述三山是指香久山、亩火山、耳梨山,但事实上三山应该是藤原三山。因此平城另有三山之镇的名称。在诏书中,迁都的理由甚是泛泛。在每代天皇都以迁移皇宫为惯例的时代,有的天皇是翻修离宫而迁到别处作皇宫。虽然都称迁都,但这一时期的迁都和此前性质迥异。朝廷选定百官之府、四海归附的京城之地,制定坊条的规划。这样一来,和铜元年九月秋收时，朝廷开始策划迁都。元明天皇巡幸平城，观察地形，进而行幸山背国相乐郡的冈田离宫。此处也正在修建行宫。朝廷赐予郡司和加茂久仁里禄物及稻子。到了春日离宫后，元明天皇还都。这就是恭仁宫的起源。此后，朝廷设立造平城宫司。元明天皇任命中纳言阿倍宿奈麻吕、多治比池守为长官，任命中臣人足、小野广人、小野马养为次官，任命坂上忍熊为大匠。坂上是东汉一族。和铜元年十月，元明天皇派犬上王告伊势大神宫。和铜元年十二月，元明天皇举行宫地镇祭。在诏书中，元明天皇将奈良称为平城。平城大致是此时命名的。宫地的起点是磐余彦天皇的橿原，在磐余境内。宫地从开化天皇的春日宫迁至东北方向的原野。自此政治不断改进。在崇神天皇在矶城宫而大彦命在征伐武埴安彦时，才出现那罗山这个名字。那罗山是指跨过山背的山口之地。自景行天皇以后，朝廷在东征北伐中迁都近江湖津。形势逐渐发生变化。京畿不断繁华起来，因此朝廷有必要迁都，但依然受旧习所累，没有离开磐余京。基于要与隋唐交往的需要，日本需要扩建帝都，最终将适合百官之府、四海归附之地的地方定在那罗山南之野。在古代，奈良称那罗，《万叶集》中写作"宁乐"。在这一原野上，朝廷将平城京划分九条九坊的痕迹依然残留在地名中。九条九坊区划井井有条。画这样的地图非常容易。地志中记载了九条九坊明细图，大体上与实际情况是吻合的。与后来的平安京相比，平城京只不过区域狭小而已。平城京与平安京的形制大体相同。

五、藤原不比等夫妻的特殊待遇

先帝文武天皇驾崩时，首皇子七岁。元明天皇的即位要等到首皇子成人后。和铜元年十一月，朝廷课税近江、但马，举行大尝会。从净御原宫到藤原宫，内命妇县犬养连三千代一直供职，当时嫁给藤原不比等，生下女儿藤原光明子。县犬养连三千代又供奉大尝会。在和铜元年十一月二十五日的丰明宴上，元明天皇嘉奖县犬养连三千代的忠诚，赐浮杯橘，下诏："橘乃果之长上，人所好也。凌霜雪而繁茂，叶经寒暑而不凋，和珠玉竞光，和金银相交逾美，以此为汝之姓，赐橘宿祢姓。"当时县犬养连三千代已经晋升从四位上。县犬养连三千代是橘氏之祖。在庆云四年四月，元明天皇以宣命诏的形式赐藤原不比等五千户食封。藤原不比等夫妇受到元明天皇特殊的宠爱。再加上首皇子之母是藤原宫子,藤原氏以外戚而兴隆的兆头已经初露端倪。县犬养连三千代将亲生女儿嫁入东宫之意萌芽于此时。藤原氏、橘氏两家族在奈良朝掌握实权的时间大体与迁都同时。藤原氏之所以在朝廷上根基深、枝叶繁茂,与其说是中臣镰足的功劳,不如说是县犬养连三千代出了大力气。

六、藤原氏的文化功勋

藤原不比等的显贵在于他位居大臣的第二位。与上年纪的其他官员相比,藤原不比等年纪轻轻就身居高位。看一下藤原不比等的履历就可以发现,在偃武之初,藤原不比等凭借家学从法官开始走上仕途。藤原不比等以文化功勋成为当时的名卿未必仅仅依靠父亲中臣镰足的荫护。藤原不比等的儿子藤原武智麻吕、藤原房前也年已渐长。藤原武智麻吕也在学问上有功劳,在大宝元年被选为良家子,成为内舍人,大宝二年升迁判事,和铜四年任大学助。在天武天皇驾崩后,国家事务繁多,百姓劳役很多。迁都藤原时,学校还不完善。藤原武智麻吕认为赞扬圣道歌颂王化是不可取的,于是和长官良处王一起陈情。朝廷聘请饱学之士讲解经史,学者云集。在庆云二年叙位时,藤原武智麻吕和弟弟藤原房前都是从五位下。庆云三年,藤原武智麻吕升任大学头。藤原房前没有人物传。藤原武智麻吕自幼多病,嗜好养生。藤原房前与藤原武智麻吕相反,体格健壮,好文学。藤原房前的诗文、和歌等见诸《怀风藻》《万叶集》。藤原房前的人格优于兄长藤原武智麻吕。在文武天皇下葬时,藤原房前任造山陵使,履历也不劣于兄长藤原武智麻吕。和铜元年,在父亲藤原不比等晋升大臣时,藤原武智麻吕成为图书头兼侍从。和铜二年,藤原房前升任东海东山巡察使。

七、新京的工程

和铜二年秋,在平城京的建设开工后,元明天皇车驾又来,慰问新京百姓。回京后,元明天皇下诏造平城官司:"挖到坟墟后立即埋殓,不得露弃,厚加祭祀以慰藉灵魂。"这个工程涉及范围很大,动静肯定也很大。因此,元明天皇又下诏:"迁都改邑会扰百姓,尽管加以安抚,百姓尚不能安定。每念及此,朕不胜怜悯,全免当年调租。"和铜二年十二月,元明天皇又行幸平城。和铜三年三月,元明天皇才迁都平城。元明天皇任命右大臣石上麻吕作留守，将自己的御轿停在长屋原，回望故京，作和歌道："飞鸟明日香，自此遥相望。君宅看不见，满怀留惆怅。"这是因为新的皇宫已经落成。此时，整个平城京的工程热火朝天。

就从百济大寺迁来的飞鸟大宫、大寺而言，在大宝元年，朝廷设立造塔、造丈六佛的两个官职，建九重塔，在金堂上安置丈六佛像。然而，这些建起来还不到十年，就要迁至新京。之后，朝廷将这座寺改称大安寺。现在的大安寺村就是大安寺的遗址。右大臣藤原不比等的兴福寺也建造于同时。庆云二年，藤原不比等请来僧人智凤，在自己家中举办了早已绝迹的维摩会。过了年，藤原不比等又将维摩会移到厩坂寺。后来，藤原不比等在春日建起兴福寺，在金堂安置了父亲中臣镰足造的丈六释迦像，不久将维摩会移至这里。以此二例大致可以推理其他寺院的情况。王公贵族竞相在九坊九条建宅邸。斩木琢石之声充斥山野。王公贵族修路架桥。工人们从四方云集。田亩山林顷刻化成华丽楼阁。由此足以想象和铜年间新京建设工程的忙碌景象，但从中也可以看出从这个时期起奈良朝由盛转衰。

第2节　催铸钱司及蓄钱令

一、和铜年间的铸钱

日本从上古时期起就没有矿产。天平胜宝的宣命诏中写道："天地开辟以来，黄金是其他国家进贡来的，日本没有。这令人引以为念。"由此可知，不仅黄金从朝鲜半岛输入，银和铜也从朝鲜半岛输入，以供用度。一般来讲，当时日本属于农耕社会。基于这种习俗，日本人对用货币买卖物品的方式非常冷淡。自从将海北纳入版图、在难波津吐纳货物时起，日本才出现用海北的银钱作为媒介的迹象。铜钱也是如此。到了天武天皇朝，朝廷感觉银钱过重。天武天皇十二年，朝廷下诏："自今以后，朝野上下必用铜钱，莫用银钱。"从这一句中可以看出此前银钱、铜钱共用。持统天皇八年，朝廷任命"直广肆大宅朝臣麻吕勤大贰台忌寸八岛、黄书连本实等为铸钱司"。可见此前朝廷也有铸钱司。这是随着社会发展而出现的，理当如此。文武天皇三年十二月，朝廷设铸钱司，任命中臣意美麻吕为长官。和铜元年二月，朝廷设催铸钱司，任命从五位上多治比三宅麻吕为长官。而和铜开珎则是日本最早的古钱。以此为由，迄今为止，学者中有人认为这是日本铸钱之始。然而，《续日本纪》中虽然说"始"，但在很多情况下并非指初始。笔者认为不应将"始"字放在眼中。《官职秘抄》记载道："铸钱司大宝以前有此官，不载令条而已。"可见设置铸钱司一定很早，只不过就像造寺、造佛司那样，铸钱司也是临时的官。在那个时期，日本的铜矿依然缺乏。就铸钱而言，朝廷只不过重铸恶钱、增加一些新钱而已。造佛事业同样也因为缺铜而终结了。史书中没有记录这些官府从事的事业。

飞鸟朝经济繁荣，催生了对铸钱的需求。因此，朝廷搜寻矿藏。到了天武天皇二年，对马开采了银矿。持统天皇五年，伊豫国司田中朝臣法麻吕、宇和郡御马山献上白银三斤八两、𨫤一笼。古代"鉱"写作"𨫤"。文武天皇时期，日本人在因幡、周防发现铜矿，在对马发现金矿。朝廷设立了矿钱司。这一点前文已经讲过。大宝年间贡的金是黄金。当时大伴御行搜寻三金矿，用作钱币的材料。有人将白银加工成黄金。当时人们有办法将白银变成黄色。因此，大伴御行被骗了。但大伴御行在日本的铸钱中是有功劳的。大伴御行是位名卿，这一点毋庸置疑。贡献"和铜"一事也有令人生疑之处。但以此为契机，朝廷设立了催铸钱司，促进了诸国的"和铜开珎"的铸造。迄今为止，人们认为这是日本铸钱的开始。"和铜"是熟铜之意，是大伴御行、中臣意美麻吕铸造的钱。钱币上的文字应该就是"和铜开珎"这几个字。因幡、周防等也练成了𨫤铜。东西诸国大兴土木。有人献上和铜，以求赏赐，因此，朝廷改元和铜。和铜开珎和唐朝的开元通宝一样，并非基于年号而命名的。催铸钱司设立于大宝年间，是督促诸国铸钱的中央机构。

二、铜钱代替银钱

和铜元年五月，"始行银钱，七月，朝廷令近江国铸铜钱，八月始行铜钱"。朝廷开始发行新铸的铜钱——并非银钱和铜钱之始。然而，和铜二年正月的诏书中写道："有司颁银钱以代前钱，和铜钱并行。近来奸盗逐利，私下滥铸钱币，扰乱公钱。自今以后,私铸银钱者,其身没官为奴,其财为密告者所有,行滥逐利者加杖二百云云。由此可知,朝廷要将前朝铸的钱算作旧钱,否则百余日间不可能发生滥铸钱币现象。和铜二年三月,在交给官府的税赋、杂物中,物价银钱四文以上者就用银钱,三文以下皆用铜钱。到了和铜二年八月,朝廷废除银钱,使用铜钱。朝廷赐予河内铸钱司的官属禄物,在筛选后才准入寮。和铜三年正月,大宰府及播磨国都献上铜钱。和铜三年九月,朝廷禁止天下铸造银钱。和铜四年五月,钱一文能买六升谷,缴纳时各得便利。和铜五年年末,五文钱能买布一当——约合一丈三尺。实际上,从文武天皇三年日本设立铸钱司以来,用了十三年时间,日本就产生了这样的效应。

三、货币的比价

和铜年间的银钱直径八分,重量为一匁[1]五分。和铜开珎铜钱有大小两种。大的直径九分,重量为一匁四分;小的直径八分,重一匁。日本和中国的钱币都以铜钱为本位,用一枚铜钱的重量来衡量物价,让全社会流通铜钱。在上古时期,周景王铸造的大钱过重。汉武帝借鉴几百年的历史经验,铸造五铢钱。这一措施使货币轻重适度,人们广为称道。五铢钱圆形方孔,表面有文字,表里有轮廓,并且是在上林苑铸造。如果不是老奸巨猾者,是不能仿造的。这给公众带来了很多方便。此后,一枚钱的重量及形制固定下来。唐朝的开元钱也是按照汉朝的五铢钱样式铸造的,被称为良钱。开元钱十枚的重量二十四铢为一两。因此,在唐朝的账簿上,两的十分之一为一钱,换算为十进制计算。在钱币传到日本以后,铢这一称呼被废除,开始称匁,因此一钱的重量为一匁。这就是日本钱币的通用算法。将和铜开珎与唐朝的开元钱作比较,以一枚一匁为本位,大的为二文。这些钱在社会上通用。明朝的永乐钱和德川氏的宽永钱都与此重量相同。

钱质的优劣在于掺和物如何,这个尚有待分析。通常通过比较钱的重量来定钱质的优劣,使用银钱四文以上者其基准是铜八文折合银二文。按照这个比率,铜价过贵,一文能买六升谷,应该是十文能买六升米的笔误。布一当为五文也说明铜价太贵。据正仓院文书记载,天平宝字六年的物价为米一斛能换六百

---

[1] 一匁约等于3.75克。——原注

乃至九百文，布一段能值一百四十文。当时的钱的重量和质量都很低劣，事实上不到一半的价值。在日本铸钱之初，金银由朝鲜半岛输入。因为铜矿匮乏，铜价昂贵，导致振兴铸钱事业也不得不延期。

四、蓄钱叙位的方法

流通钱币给交易带来便利，但就其在民间开始流通时的状况而言，并不是一帆风顺的。和铜四年八月，钱货交易，互通有无，而当时百姓尚拘泥于物物交换的旧俗，不解其中道理，稍微进行一些买卖，尚无必要存钱。因此，朝廷制定法律规定："从六位以下的官员存钱十贯以上者晋升。"由此可知，当时蓄钱或者存钱者很少。士民将钱当作交税的券牌来使用。在不需要银和铜的时代，这种想法也是情有可原的。同时，因为可以凭存钱进位阶，所以家家有意存钱。为了达到逐利的目的，可能会有很多贪婪的人偷着铸钱。《律》中称"私铸"属于轻罪，但朝廷想权且用重刑防私铸于未然，制定种种严刑峻法，将私铸者处死，从犯没官为奴，家属、佣人都流放远岛，将铸造假钱者处以死刑等。此外，朝廷还制定铸钱、叙位之法。正六位以上的官员有十贯以上者根据实际情况决定。借别人的钱来充数者没收其钱，和借给他钱的人一起判处徒刑一年。其他规定与以前的法律相同。朝廷又制定新法，如果无爵位者蓄钱七贯，白丁蓄钱十贯的话，就能进入仕途。和铜五年三月，朝廷又规定："郡司少领以上者，尽管秉性清廉，精通时务，但蓄钱不足六贯者以后不得选任。"当月，朝廷将权、度、量、衡等颁行天下诸国。这应该属于大宝改制的结果。

五、货币的流通

在大化时期以前，服劳役之民自己负担米粮，或在路头做饭，或借别人的瓦锅来焖米饭。因此，服劳役之民被路边的人家、瓦锅主人勒索财物。在付钱住店和食宿还不普及的年代，旅行的困难程度可以想象。当朝廷在铸钱事业上成功后，钱币逐渐在各国普及。和铜六年三月，朝廷下诏："全国各地江山阻隔，负担税赋苦于运输很久了，路上消耗粮食导致纳贡的总数欠缺。而纳税者为了减损消耗，半路挨饿者不少。不仅如此，士兵的行装也让马及挑夫负担资粮、搬运，途中消耗，到达京城时，不足纳贡之数，或虐使人、马，至中途累死。如果纳税人各拿一囊钱作盘缠，省去诸多麻烦，来回得便。因此，朝廷让国司、郡司等向豪富人家募集，让豪富人家在路头放上米，任意买卖。一年内卖米百斛以上者将名字报上来。"旅行者买米，在提供做饭设施的旅馆，即木贱屋住宿的习惯也是开始于此时。此外，买卖水田也要以钱作价。如果以其他物品为水田定价格者，将其他物品和水田一同没收，买卖双方都判以抗旨罪，同时郡司、国司因失察而在政绩考核中降等级。即便不用钱，愿意通商者也是允许的。此后，形成了水田以钱定价的习俗。

在临时铸钱司铸钱尚不发达的时期，在日本，市场上使用的钱多为滥恶货色。因此，朝廷铸造和铜开珎并鼓励流通。然而，因为和铜开珎价格甚贵，所以为了逐利，私铸滥造盛行。有因为私铸滥造处以重刑者。良钱、劣钱鱼龙混杂是必然趋势。于是，当时社会上产生挑拣钱币之弊。和铜七年九月，朝廷下诏："自今以后不得挑拣钱币，若明知是官钱不愿接收者，处以杖责一百之刑。如果是滥钱，主客进行比对，形迹败露者即送市司。"和铜八年，朝廷让诸国每国将货殖者二十户迁至京师担任京职。这也是蓄钱令的结果，促进了新都的繁荣。

第3节 都城建设的工役与户籍的异动

一、造都的劳役

大化以来，迁都及离宫修建等工程逐代次数增加，规模加大。文武天皇时期，朝廷在河内、摄津、纪伊、伊贺、伊势、美浓、尾张、三河等地营建新宫。大概在藤原京修建时期，朝廷设立了造营省。元明天皇时期，朝廷在平城大都外建起春日、冈田两座离宫。由此可知土木工程如何兴盛。由于迁都平城，从王公的宅邸到贵贱京民，不得不一起迁来。由此可以想象和铜以来百姓和服劳役者的工作是多么繁重。和铜二年十月的《禁制》中写道："畿内及近江国的百姓等不畏法律，隐藏收留流浪及逃亡的仕丁等，私自驱使仕丁。仕丁留在彼地，不还本乡和本土。这不仅仅是百姓触犯法律，也源于国司不加惩处，损害了朝廷利益。这一弊端无以复加。自今以后不得如此，应明示所管辖地区，予以检点，在十一月月末前上报。命令下达五日内,不问逃亡还是隐匿,都应前来自首。日限以内不自首者依律科罪。知情隐匿者与逃亡者同罪。国司不究者依法惩处。"实效如何颇令人怀疑。和铜四年九月,朝廷下诏:"诸国役民为营建都城疲于奔命者犹多,虽禁不止。今官垣未成,防守不备,应权且设立军营,严守兵库。"因此,朝廷任命石上丰庭、纪男人、粟田必登为将军。和铜五年正月,朝廷废除河内高安烽火台,设置高见烽火台和春日烽火台,与平城相通。高见位于生驹山岭。这就是所谓的飞火野守。和铜十年初,朝廷下诏:"诸国役民还乡时,粮食绝乏,导致半路饥饿。饿殍填塞沟壑者不少。国寺等要尽量抚养,予以赈恤。若有死者予以埋葬,记录姓名,报知本属。"和铜十年十月,朝廷又下诏:"诸国役夫运脚还乡之日粮食匮乏,无计可施。应割郡稻在便利地方储存,役夫所到之处任其交易,又让行旅之人带钱以作盘缠,因而省去重担之劳。各地国司也应让行旅之人知道用钱之便。"这都是因为营建新都兴起公民、私民徭役给道路带来滋扰,出现饿殍,结果出现上述情景。和铜十一年,朝廷制定法令,悬赏在路旁卖米者。

二、移居和逃亡者的增加

日本历代迁都已成惯例。京师规模越来越大。飞鸟成为推古天皇以来的首都。自孝德天皇扩建以来,难波成为别都,都设京职。到了藤原京时期,首都分为左右京职。京师面积很大,是难波京的一倍。到了平城京时期,畿内户口猛增。京师人口迁徙诸国,开垦占地,竞争激烈。朝廷税源膨胀,比以前翻倍。因此,贵族骄奢淫逸,在京师修建馆所、住宅。与此同时,从诸国来的人口逐渐增加。人口不断繁衍。实际上这属于太平盛世的大变动。这一时期,随着平城京的营建,日本全国经济发生了重大变化。下面笔者以正仓院文书中神龟三年的户籍为据,列举移居、逃亡者多的一户来证明其变动之大。

男,出云臣人吉,年十三岁,小子,左颊黑痣;
男,出云臣岛成,年五岁,小子;
男,出云臣广成,年三岁,小子;
女,出云臣岛卖,年十九岁,小女,右颊有瘊子,养老六年逃走;

女，出云臣倭虫卖，年九岁，小女；

弟，出云臣乎多须，年四十岁，正丁，和铜二年逃往武藏国前玉郡；

妹，出云臣乎奈卖，年四十岁，丁女，右手有黑子；

姑，出云臣志多布卖，年八十七岁，耆女，左颊黑痣；

白发部佐万麦，年四十六岁，丁女，左颊黑痣；

白发部长卖，年十七岁，少女，左目下黑痣；

出云部志祁良卖，六十一岁，老女，左目下有瘊子；

户出云臣宿奈麻吕，年三十八岁，正丁，左腕有黑痣；

妻，出云臣刀自卖，年三十三岁，丁妻，口边有黑痣；

男，出云臣乙主，年五岁，小子；

女，出云臣子虫卖，年十二岁，小女，额头有黑痣；

女，出云臣真成麦，年十四岁，小女，灵龟三年逃往摄津国岛上郡；

女，出云臣广滨卖，年十四岁，小女，无记号；

女，出云臣真刀自卖，年十二岁，小女；

女，出云臣真虫卖，年九岁，小女；

姐，出云臣若卖，年三十八岁，丁女，逃往讃岐国；

妹，出云臣子足卖，年三十三岁，丁女，在丹波国多关郡草上乡；

弟，出云臣多代，年二十一岁，正丁，左颊黑痣；

弟，出云臣国麻吕，年三十四岁，正丁，下巴有黑痣；

母，秦前贺久美卖，年六十四岁，老女，左颊有黑痣；

秦前结卖，年五十一岁，丁女，额头有黑痣；

秦前大结卖，年三十四岁，丁女；

秦前稻结卖，年三十四岁，丁女，上面二人，和铜四年逃往播磨国忠磨郡；

出云臣伊须贺卖，年四十四岁，丁女，左颊黑痣；

日下部酒人连小足卖，年七十六岁，耆女，和铜二年逃往播磨国；

奴，麻吕，年三十六岁；

婢，忌日卖，年三十九岁，项上有瘊子；

黑卖，年十三岁；

宿奈卖，年三十九岁。

上述四口随小足卖奴婢在播磨国。

户主，大位下出云臣君麻吕。

以下为别户：

去年账定良口三十四人。男十三人，女二十一人。

账后，破除一人正丁。

新来二人，丁女、亲戚女孩。

今年记账定见大小口三十五人。男十二人，女二十三人。

不课税口三十人。旧十八人，新二人。男七人，包括舍人一人，小子四人，笃疾一人，耆老一人。女二十三人。以下同。

上述这些数据应该结合前文出云臣真足户考虑。如果探究藏在背后的原因的话，有必要来梳理诸国的历史，观察时局变化的趋势。这些都是非常重要的问题。

人口逃亡使户籍和调庸制度紊乱，产生了流浪、盗贼的萌芽。这是众所周知的。这起因于逃避课役，是由于迁都而造成的。如果究其原因，十分复杂，绝不能归于简单的理由。大化以来，朝廷的政治宗旨是"以悦使民"。为了让臣、连以下百姓过上殷实的生活，租税很薄。然而，流浪、盗贼逐世增加。这其中肯定有原因。能够列举的理由很多。下面，笔者首先要看一下户籍调查的沿革。

三、违背常理的户籍

从大化改新开始，户籍的检定就出现在日本历史上。人们将天智天皇朝制定的户籍称作庚午年籍。之后，持统天皇四年，朝廷根据户令而改造的称作庚寅籍。就律令而言，在天武天皇时期，朝廷制定《近江令》。在大宝年间，朝廷修订律令。养老年间，朝廷也修订律令。政治都是逐代积累经验，逐渐发展起来的。随着时间的推移，政治制度变得详密。这是历史的发展趋势。然而，只有户籍违背常理。大宝三年七月,朝廷下诏:"设立籍账是国家的大政方针,由于籍账变更频繁,必然引起欺诈。因此,以庚午年籍为准,不准改易。"也就是说,朝廷不准与时俱进地检定户籍。这句话有违常理,令人不解。其中必有隐情。

四、逃口赋课

日本大宝、养老以来的户籍上记录了不住在原籍的两种人:其一写作"在某国",这一类应该是按照正常手续移居他地的人;其二写着"逃到某国",这就是所谓的"逃口"。这些人在原户上存有户籍,所课的调庸杂徭让户主来缴纳。"在"和"逃"是以事实为依据的。追究其缘由可以发现,这是自古以来户口集中在京畿而造成的结果。随着时代的发展,人稠地窄,在远国占有土地而移居京畿者逐代增加。为了获得利益,人们必然会采取一些规避租税的方法。这样就产生了"在"和"逃"的区别。因此,朝廷督促户主赋课逃口貌似苛酷,但如果该户主将逃口派到其他占有地,由此而得到丰厚利润的话,那么朝廷的政策也算不上苛酷。只不过是将乙国的产出在甲国征税而已。人们在他处获取利益、增加财富未必会产生抱怨。这是法律无法阻止的。因此,两地结合就出现了逃口、流浪。这些情况对研究奈良时期的财政至关重要。和铜八年五月,朝廷在赐予朝集使的敕语中说:"天下百姓多离开原籍,流落他乡,规避课役。其流浪逗留三个月以上者,根据该国法律,就其土地根据当地政府的判断缴纳调庸。京人流浪畿外达八个月乃至以上者,算作该国户籍,一切按照该国法律办理。"就当地政府对流浪人口做出的判断而言,据《文献通考》记载,"天下之民不必让地方政府作出判断,而土著不更版籍而得其虚实。"据《通雅》记载,"晋以后流寓者多为侨户,后行法不便,以土著论之。"这恰似今天的"寄留籍者"。这些人要和在该地有户籍者一样遵守法律。这里专指在原籍有名字者。大体上,户籍混淆产生在原籍和"寄留"之间,在用实物纳税时期最容易产生紊乱。上述措施根据的是理所当然的理法,但针对上述的"在他""逃他",经过数年之后,仍然课以调庸杂徭。结合这些例子来分析,我们可以认为事实上朝廷敕语根本没有实施。

五、厌恶别籍的风气

通过从其他角度分析，笔者可以发现，移居他地、占有土地者属于原籍而非别籍。这是因为当时阶级制度严格，涉及身份关系。譬如今天的华族、士族子弟，如果有别籍的话，则编入平民籍。这和古代是不同的，而这也是导致逃亡人口多的原因。天武天皇五年，朝廷下诏："在砺杵郡的纪臣阿佐麻吕之子迁至东国，就成为该国百姓。"即纪臣阿佐麻吕在畿外有户籍，降格为臣姓，其子迁往东国，成为百姓，但仍然享受特殊待遇。通常降为百姓后应该被编户。从此时开始，朝廷努力开垦远国的荒地，将百济、新罗、高丽的归化民迁到这里。持统天皇三年，朝廷下令将下毛野古麻吕的奴婢六百口豁免。大宝三年，安艺国被掠奴婢二百口被豁免，回到原籍。朝廷又将贱民编为公民。养老三年，朝廷赐予纪臣龙麻吕等十八人、巨势斐太臣大男等二人、中臣习宜连笠麻吕等四人、中臣熊凝连古麻吕等七人、夏井连岭麻吕等朝臣姓。朝臣一族子弟因为划籍分家，被朝廷降为等级低的姓。而今朝廷又让朝臣一族子弟升格。同样是百姓，其中也有尊卑。有良家子弟，有普通公民，有白丁。贱民中有家人、奴婢之别。这关系到家族的荣辱和仕途的难易。此外，为了逐利，朝臣一族让家口逃亡，又爱惜名分，将名籍存在原籍，打算名利双收。这是社会的常态。由此可知朝廷整理籍账有多么困难。

六、畿外人的仕途

在奈良时期，仕途与户籍有关。在上古大倭奠都橿原时，国君县主在日本列岛割据。朝廷称此为外国。天神一族集中在畿内，独占利益和名誉，被称作内国直臣。随着时代的发展，朝廷不允许再存在这一狭隘的界限。大化时期，朝廷规定了四畿的疆界。与此同时，朝廷向东方六国发布新令，开启了畿内扩张的端绪。不久，朝廷不得不废除了内外国的区别。天武天皇五年，朝廷规定："臣、连二造之子和有才能的庶人即便是外国人也允许走入仕途。"自此，朝廷开启开放仕途门户的端绪。虽说如此，到了和铜三年，上述措施导致内国人因此失去仕途专有权。大概是为了挽回这一局面，在原则上，朝廷禁止用畿外人作帐内资人，而后改为等待官方的意见来做出决定。这一规定颇有逆时代潮流而动之感。然而，畿内户口已满，经济窘迫，仕途艰难。这一压力足以阻挠法令的实施。因此，和铜元年的《制》中写道："贡人、位子无选考之日随意入选，白丁冒名入贡人之列者颇多。"根据《令》中规定："位子只有嫡子可以录用，庶子无此资格。"当时二者兼用。这都属于式部违背命令。贡人严格按照资格录用、庶子授位要还原本色。其才能能堪时务者按照贡人之例实施，否则不可。大体而言，外国人的仕途只有兵卫和贡人两类可以选择。因此，人们趋之若鹜，压力陡增。这也不足为怪。但要关闭这个大门的做法也不可取。和铜四年五月，朝廷规定帐内、资人可以进入式部，但不仅限于预选者，已经叙位者也有资格。职分不在此列，帐内为整体的三分之一，资人仅为整体的四分之一。这一制度虽然出台了，但果真能否实施颇令人怀疑。此外，朝廷解除了将畿外人充作帐内、资人的禁令，这样就对畿外人开放了仕途。虽然形势上如此，但习惯的压力依然根深蒂固。一直到天平年间以后，日本还有内外位之分，一直到延喜时期还称内国、外国。因此，有京畿户籍者如果转籍，不利之处很多，一般不这样做。这必然导致逃亡人口增多。这也是需要注意的一个要点。

七、旧习惯和新令的冲突

此外，有钱有势的家族掠夺逃亡者和流浪者，或者收留隐匿逃亡者和流浪者。这一点笔者已经讲过。迁都工程造成的徭役也导致这类人的出现。大化以来，朝廷修律令经历了净御原、藤原、平城时代，在东方八国的国司进行试点，渐渐普及到吉备以西和坂东的边陲。但这一民政的发展宗旨在于给予诸国名门望族、公民以田产的公认，却导致产生失去田产的现象。这在逐利竞争中是不可避免的，决不能奢望时局变化之弊端会自然而然地消除。因此，旧习惯和新令之间的冲突必然会碰撞出危险的火花，结果产生了逃亡人口、流浪汉、盗贼、战乱。毋宁说这是时运的必然。这样一来，奈良荒野上建起九条九陌的平城京，王公宅邸鳞次栉比，贵族们讴歌盛运。朝廷在边陲兴起讨隼、征夷之师，撤销内外国的限制和区别，在京城集中了全国的财富。这绝非易事。因此，下面笔者将目光转向对诸国实际情况的观察。

第4节　整顿国郡制度和《风土记》的编纂

一、国郡的设置和名字

世人常说国郡制度始于大化时期。这一说法只不过是一种不经慎重考虑的臆测而已。诚然，在圣德太子的十七条宪法中确有"国司""国造"字样，但其内容和奈良时期的国郡制度迥异。景行天皇西征东伐，成务天皇设置了郡县，应神天皇将郡县普及到朝鲜半岛。在仁德天皇时期，郡县改称国郡。其后，国宰、国造共存。土地开垦发展起来。随着臣、连、伴造、国造家族的繁衍，设置的国郡不断增加。最终，到了和铜年间，朝廷对国郡进行整顿。国郡的疆界是根据自古以来割据的实际情况而划定的。国郡的广狭肥瘠参差不齐，没有一定之规。人们实际探查该地，随着山川的脉理来划分区域。时至今日，很多地方尚未改变。这就是割据的痕迹。国郡的名字是根据自古以来的习惯。使用的汉字的通假字未必固定。譬如"河"与"川"，"形"与"方"，"岛"与"志麻"这些词互用。人们按照各自的想法随意来写，直到最近也是如此。和铜六年，朝廷分割国郡：其一，和铜六年五月，朝廷让畿内七道的诸国郡乡用吉祥字来命名；其二，朝廷让各郡将郡内所出产的银铜、颜料、草木、禽兽、鱼虫等都予以记录，将土地的肥沃贫瘠，山川原野的名称、缘由以及古老的传说、旧闻逸事载入史籍并呈上。全国各地编纂并向朝廷呈上《风土记》。自此以后，日本的国郡之名大致固定下来。

就第一种中的地名而言，大化二年朝廷下诏："各国要勘定疆界，或画或图，拿来给朝廷看，届时国县的名字要定下来。"从那时起，朝廷都希望各郡有固定的名字。直到《近江令》变更为《大宝律令》，经历了六十八年的风雨，依然有国郡没有定下名字来。朝廷对国、郡、乡的管辖尚不统一，这是因为朝廷忙于根本性改革，并且习惯所使用的日文假名多种多样。在《民部式》中，诸国内的郡、里等的名字一定要用两个字，必定取吉祥的字。据僧人先觉的《万叶集抄》记载，在郡、乡、村、里的名字使用两个字的做法始于撰写《和铜风土记》之时。这也属于不深入思考而得出的结论。将国郡的名字改为两个字并选择吉祥的字的做法是汉文的传播带来的必然结果。从大化以前，朝廷就在逐渐改。"津""纪"

等的一个字的国名改成"摄津""纪伊",或将"凡河内""近淡海""远淡海"简化为"河内""近江""远江",将"无邪志""多迟摩"写作"武藏""但马",将"上毛野""下毛野"的"毛"字省略,或将"道口""道后"改为"前""后"。这些改称时间很早。在日文假名不固定的时候,《续日本纪》中将筑紫写作"竺志",将甲斐写作"歌斐",将周防写作"周芳",将萨摩写作"萨末",或写作"唱更",将三河、伊豫、土佐、讃岐分别写作"参河""伊与""土左""讃吉"等。这也都是同样的做法,都是人们信笔填充汉字。在正仓院文书中,麻吕写成"万吕",自己的署名有多种写法。这样的例子可以发现很多。如果是地名的话,这种现象不太严重。就用汉文来编纂的日本国史而言,国郡名字的沿革很难搞清楚。保存在正仓院的大宝二年的户籍中写着"御野国味蜂郡""本簀郡""山方郡""筑前国岛郡""丰前国上三毛郡",即美浓国安八郡、本巢郡、山县郡、志摩郡、上毛郡。养老五年的户籍中写着"下总国仓麻郡""千托郡",即相马郡、香取郡。近江国志贺郡在《续日本纪》中写作"志我",在神龟、天平的户籍中写成"志何"。和铜年间以后,地名也并非完全固定下来。和铜年间,朝廷修改国郡乡的名字,编纂《风土记》。当时比较这些名字的异同相当繁琐,并非易事。整顿国郡制度是一个大问题。下面笔者阐述国家组织机构的发展问题。

二、国家的官员

日本的国家形成于酋长部落中。国郡制组织机构的形成经过了漫长的岁月。其中有诸多波折。国郡制组织机构的形成也必然是流血和残酷斗争的结果。在此期间,因统治国家的君臣的德智情况不同,国家的品位也有优劣。皇室尊荣的源头实际上也在于政绩是否显著。如果不做此方面的分析,只是拘泥于"普天之下莫非王土、率土之滨莫非王臣"的理念,就会主观臆断地认为国家一开始就是统一的。这是一个误解。和铜年间的确是朝廷整顿国郡制度的一个关键时期。笔者在这里稍微概括一下其顺序。国宰训读为"御事持",从前面的难波朝开始就有。文武天皇在藤原宫继位的诏书中称:"国宰等遵守天皇的敕命和国法。"大宝元年六月的诏书中写道:"国宰、郡司处理税务必须如法。"直到这时,国宰、国司混用。国司这个说法使用很久了。此外,还有首、介、掾、目及史生等不同等级。这些称呼从大化时期就开始了，都是朝廷任命的为执行国法而前往各国的京官。国司并非国守的替换称呼。国司的下级是目。朝廷将国分为郡乡来执政。当郡乡的人员不足时，朝廷差遣替代之人，称替代之人为目代或者代官。代官是国司任命的，不属于朝官①，但也是地方的官员。国司一开始就是有一定任期的官。但如果国司任期满了后仍然住在该国执掌厅务，则称为"任国司"或"在厅"。其他作为常任在国厅执掌政务的官吏数目很多，分担各科。国司是总管各科的大官。就国厅的吏员而言，根据统治地人民的多寡，会有一百人乃至数百人。在国郡制实施之初，有国司和国造。国司统治的区域狭小。随着时间的推移，国司统治的区域逐渐增加，形成大官厅。这属于国郡管理的进步。自大化以来，这一点特别显著。

三、国宰统治地区的增加

直到大化时期，朝廷发出诏书，将地方官员分为臣、连、国造、伴造、百姓各等级。这一做法成为惯例。到了天武天皇末期，有诸国司、国造、郡司及百姓等。臣、连、伴造的称呼消失。这是八姓改革的结果。和铜年间，有诸国国司、郡司——或称畿内七道。国造的称呼也消失了。这是国郡制度进步的结果。臣、连、伴造、国造因私事驱使公民，分割国县，相互争战。这是大化时期以前的诸国的状况。之后这种现象逐渐消失。大宝二年四月，朝廷规定诸国国造姓氏。这些姓氏见诸《国造记》。需要注意的是不要将此《国造记》与《旧事记》的《国造本纪》混同，《国造本纪》是平安京之初出版的，并非官撰。和铜三年四月，朝廷将国君的姓赐予陆奥虾夷等，同样编户。我们将二者参考分析即可发现诸国县邑割据已经结束，进入了国郡管理地方时期。对这一沿革进行溯源可以发现：国宰之名最初见诸史书是任那国宰。任那府是垂仁天皇初期新设的。任那府在庆尚道中部、西部，管辖辨、辰等十二个国家。任那府逐渐开设官家。从应神天皇时期起，任那府设立国宰，让国宰管理屯仓。这就是国宰的起源。孝灵天皇赐给其三皇子针间一地为道口。三皇子开拓吉备。吉备包括播磨、三备，面积是任那的两倍。吉备分为三区，每区的国造、县主也如辨、辰十二国那样，划分各个区域。

---

① 大体而言，代官这一职位比正式官员地位要低。这成为后世的习惯。——原注

之后，在朝廷将播磨从吉备分离时，官家的支配土地逐渐增加。以此例来类推，其他诸国也都是分为国造的领地和国宰的领地，犬牙交错。从雄略天皇末期开始，任那各国遭到新罗的侵略。官家的统治产生动摇。到了钦明天皇时期，官家终于灭亡。圣德太子再兴官家，并将官家托付于新罗，让官家交纳调贡。最终，在天智天皇时期，官家被唐军灭掉。之所以出现这个结果是因为任那各国衰微，不能自立。日本本土的国县也遭遇了和任那相同的命运。吉备臣挑唆星川皇子反叛是清宁天皇初期的事情。筑紫国造兼管丰、肥二国。反叛朝廷一事发生在宣化天皇时期。这都是新罗侵略任那前后发生的变故。自宣化天皇朝以来，朝廷频频在诸国设立屯仓，国宰支配地区扩大。这和任那各国逐渐削弱、被新罗和百济侵扰是相同的现象。也就是说，由酋长部落发展起来的国造、伴造互相割据而成国县，逐代扩张，最后被实力雄厚者吞并。两种变故所处时期相同。于是朝廷才开始实施大化改新。

四、国县君长的编户

自古以来，日本的国造、县主就进行割据，如今失去了凝聚力，与其说是争战的结果，不如说是继承分配的结果。官位继承没有限制，这是近古的惯例。作为田产分配的结果，一个氏族繁衍起来，氏族分成数十、上百。从允恭天皇时期开始，朝廷就已经改革姓氏。自雄略天皇以来，国县衰败的趋势越来越显著。这样一来，随着时间的推移，臣、连、伴造、国造的家族扩散至诸国。一家仅有数町水田，以此来维持生计，举步维艰。最终，臣、连、伴造、国造的家族和部民一样被朝廷编户。对朝廷来说，国郡组织到了非整顿不可的时候了。这是由于户口繁衍，被自然淘汰的结果。虽说如此，朝廷因势利导实行改革、巩固国家的统一需要依靠当时朝廷宰辅的智慧。在国造割据制度崩溃后，原来的国造被朝廷编入郡乡。值此之际，郡乡之间必然会发生竞争。可以想象各地争战有多么惨烈。一波平复一波又起、诸国武士兴起也是因为这一变化。大宝年间，朝廷定国造姓氏。和铜年间，朝廷将虾夷君长列入编户。这些都是古代割据势力崩溃造成的。通过当时的户籍对此进行印证就可以发现，在正仓院文书、大宝、养老的户籍中，每户姓称某部的伴造的部民很多。其中也有臣姓、连姓和朝臣姓，还有国造县主及其一族，纷繁错杂。这些都是国县君长衰落、沦为公民的缘故。在大宝二年肩县郡的户籍上有如下记录：下政户国造川岛，户口二十六，男女二十三，奴婢三；上政户国造大庭，户口九十六，男女三十七，奴婢五十九。同味峰郡春部里户籍上有如下记录：上政户国造族石足，户口十三；中政户国造族丰岛，户口二十九；伍保中政户国造族与利，户口十九；上政户国造族加良安，户口五十一，男女三十八人，奴婢十三人；上政户国造族稻麻吕，户口十九；上政户国造族文得，户口二十六，男女二十四，奴婢二；上政户务从七位上国造族甥，户口三十一。该国加毛郡半布里户籍上有以下内容：上政户县造吉事，户口三十四，男女三十一，奴婢三；中政户县造荒岛，户口十三，男女十二，奴一；中政户县主万得，户口二十一，男女十九，奴二；五保中政户县主族岛手，户口三十；中政户务从七位下县主族都野，户口十八；上政户县主族安麻吕，户口二十一；上政户县主族牛麻吕，户口三十一；五保上政户县主族安麻吕，户口十七；中政户正八位上县主族津真利，户口二十三；下政户县主族比都自，户口三十；上政户县主族安麻吕，户口十二；上政户县主族与津，户口二十八；五保中政户县主族安多，户口十三。君与国造县主相同。该国本簀郡栗栖太里户籍上有以下内容：上政户栗栖田君族广麻吕，户口三十二，男女三十一，婢一。此外，在刑部户籍上有妻阿苏君族刀自卖；在筑前国岛郡川边里户籍上有造主追正八位上动十等肥君猪手——注解中写着大领，有氏主进大初位上肥君梨麻吕。这都是国君、国造、县主一族繁衍生息成为姓氏的结果。《大宝国造记》中记录了国君、国造、县主的姓氏。之后，经过朝廷的征夷、征隼，东西边境的国君出现在历史上，其姓氏得到朝廷认可。在地位上，这些国君并非能够与古代朝鲜半岛的国王相比较。国君、国造、县主、县造和国君族、国造族、县主族、县造族是有区别的。随着旁支繁多起来，朝廷要区别本家和旁支，于是采取措施，规定氏长，将其统一起来。一姓繁衍百支，将有限的一郡一乡的田地分光了。其间经历同族争讼，异族掠夺。人们依附于国宰、郡司，或强夺田地，或逃亡。社会上出现了土匪、海盗。因此，地方上必然出现纷争。

五、废除内外国的分别

自从上古时期以来,随着不断东征西讨,日本皇室的势力逐代加强。日本全国的关注焦点集中于畿内。如今,户口充斥到畿外,于是朝廷废除了内外国的限制。大宝元年八月,朝廷在河内、摄津、纪伊建造行宫。大宝元年十月,文武天皇行幸纪伊的武漏温泉。可以说,朝廷将纪伊当作畿甸已久。近江是成务天皇、天智天皇两朝的首都,在湖西湖东有行宫。大宝二年九月,朝廷又在伊贺、伊势、美浓、尾张、三河建造行宫。大宝二年十月,持统太上皇从三河行幸尾张,到达伊势,逾月还京。不久,朝廷开通岐苏道。东六国也相当于畿甸的地位。淡路是皇家游猎之地。阿波讃岐是忌部筹措斋物之地。有时天皇游幸伊豫温泉。上述诸国的待遇也比照畿甸之国。播磨虽然和畿内接壤,但本来属于吉备道口。尚未听说播磨建有行宫。到了圣武天皇初年,朝廷在印南建造了顿宫。国郡不断经营和扩张,增加了财富来源,于是朝廷又将这些国郡的待遇比照内国。与此同时,货币流通促进了奈良京的繁荣。

六、畿内七道

直到大宝时期,日本国史上才出现畿内七道这个称呼。某些学说认为这并非行政区划,是观察使走的道路。大概这也属实吧。以京畿为中心向东到达东海、东山、北陆,向西到达山阴、山阳、南海,各有三道,这是根据山脉、海滨等自然地理所定,再加上镇西一道,共有七道。崇神天皇时的四道将军中的"四道"是指东海、北陆、山阴[①]、山阳[②]。区域仍然狭小。崇峻天皇的观察使只有东三道有。天武天皇末年,朝廷遣使六道。这是日本七道的起源。在文武天皇让巡察使检查国家治理情况时,臣、连、伴造、国造已经废除了,国郡制度取得进步。因为这是新令颁行的时期,所以七道之称从这时开始。从大宝年间到和铜年间,为了整顿国郡,朝廷还动了兵。可以看出,这是一个大变动的时期。《日本书纪》和《古事记》中诸臣、诸皇子称是某君、某造、某首、某直之祖。究其原因,是因为在天武朝修史之际,编修官以今注古。这些虽是那时的臣、连二造

---

① 即丹波路。——原注
② 即吉备。——原注

的姓氏，但臣、连的实权已经被废除，变成了畿内七道诸国司。很多只不过是姓氏，名存实亡。

七、边国的巩固

奥羽是化外的夷狄，而坂东、信、越都是边国，这点众所周知。吉备、伊豫以西也都是未完全沐浴皇化的边国。因此，直到天武天皇时期，朝廷都在吉备设置太宰。大宝以后，只有镇西残留太宰府，归总督管辖。朝廷并未在奥羽设置太宰府。这足以证明西国比奥羽难以控制。本来吉备、伊豫的海峡是海盗的根据地。大江生野的山岭构成广岛一带的脊梁。当地的山地是山贼的巢穴。天智天皇六年，朝廷修建了讃岐国八岛城和对马岛金田城。这并非为了防御唐朝和朝鲜半岛而修建的要塞。大宝年间，朝廷废除了伊豫、吉备以西的总领。灵龟二年，太宰府在丰后、伊豫边界设往来要塞，不许行人往来。太宰府称这样做的理由是要有高下尊卑之别。五位以上的差使要通过奏请朝廷才允许往来。这一海峡后来成为藤原纯友劫掠西国的根据地。结合这一点考虑可知，与东北相比，朝廷控制吉备以西的诸国更加困难。北陆也未完全沐浴在日本的皇化中。越前、美浓、伊势三关的地位与太宰府相当。和铜元年，三关国守被朝廷赐予仪仗。待遇等同太宰府。和铜五年，朝廷禁止将三关人录为帐内、资人。在元明天皇驾崩时，朝廷固守三关。这种做法从此成为惯例。在大丧、大的变故之际朝廷派遣固关使这一做法一直持续到室町时代。为何巩固关隘？从伊吹山绵亘飞驒越中的峻岭十分险峻。这里是蛮夷的巢穴。关于这一点，通过日本武尊在伊吹山战败的事实可以得到证明。峻岭被生蕃占据着。现在的安南、马来半岛也有很多生蕃。从这一事实可以理解这一点。到了和铜年间，朝廷逐渐整顿国郡制度。通过推测当时日本列岛的情形可以得知，在东山、北陆交界和山阴、山阳交界及四国西部，生蕃、土匪巢穴依然很多。控制他们十分费事。这样一来，朝廷动用讨隼征夷之师来开拓边境，在五畿七道设置了国郡。阿倍御主人、石上麻吕、藤原不比等、大伴御行、中臣意美麻吕等名臣辅佐持统天皇、元明天皇这两个女天皇迁都、铸钱、颁布律令及建立国郡组织。这些工作绝非易事。由于这些业绩，日本列岛才实现了统一，才能建立东洋出类拔萃的国家。迄今为止，世人以"普天之下莫非王土,率土之滨莫非王臣"这一空想为基础,认为日本从神代开始就是统一的国家,这样理解是对历史犯下的深重罪孽。

八、《和铜风土记》

就《和铜风土记》而言,《续日本纪》中的记录并不完整,《扶桑略记》中有"朝廷令作风土记"一句。在履仲天皇时期,朝廷让诸国修史,作各国地志。这就是编修《日本书纪》的起源。当时史氏的史和国志成为圣德太子修史的材料。苏我家族继承了这些资料。在苏我虾夷之变中,史氏的史和国志化为灰烬。之后,《和铜风土记》散佚,流传至今的有出云、常陆、丰后国等的《风土记》,寥寥无几。《肥前风土记》是《延喜式》的续撰。虽然这些《风土记》都写作《和铜风土记》,但并非都是良品,不必拘泥于名字。近代虽然发现了《播磨记》,但笔者认为这属于伪作。《风土记》是千余年前的古籍,其体裁遵从诏文,记载了姓名、地名的由来和古老的传闻。然而,《播磨记》中对自履仲天皇以来流行的地名、人名附会之说颇多,往往让人喷饭,让人难以相信这些属于珍贵的文字材料。

九、诸国献上产物

日本各郡所产的金银、颜料是在大伴御行大兴铸钱时诸国频频发现而献上的。这一点笔者已经在前文讲过。和铜年间,朝廷下了此诏。之后,大倭、三河献上云母,伊势献上水银,相模、信浓献上石硫黄、白矾,近江献上磁石,美浓献上黄矾,飞驒、若狭献上矾石,上野献上金青,陆奥献上白石英、云母、石硫黄,出云献上黄矾,讃岐献上白矾。上述这些都是颜料。因为金、银、铜、铁、锡等矿产可以用于铸钱和制造农具,所以朝廷让诸国采掘并发现。此外,锦、绫、絁、布等纺织品用于军装和禄物,因此朝廷鼓励诸国生产,并让新设置的出羽养蚕。其他宝玉和宝石的沽卖见诸古文书。《赋役令》规定:"金银珠玉、皮革、羽毛、锦绣、谷、绣绫、香、药、颜料、服色、器用及诸多珍异之类皆准布为价云云。"就铜铁而言,《杂令》中记载道:"任凭百姓私采折充庸调。"而在当时的官矿中,近江的铁矿是朝廷最大的财富来源。

十、服饰

在奈良时期,日本的工艺相当发达。由于风气不够开化,除服饰和佛具外,日本人不用精美装饰。但日本列岛内的产物可以用于制作很多精美物品。日本阶级制度森严。和铜五年，朝廷规定："六位以下官员用白铜及银装饰革带，衣服用苏芳色，并禁止买卖。"和铜八年，朝廷规定："在朝会之外，禁止使用虎豹熊皮装饰鞍具及刀带。"因此，工艺品需求面还很狭窄。此禁令是否如实履行尚存疑问。随着迁都平城、京师繁荣，人们开始追求宫殿和服饰之美，导致华奢之度大增。由此可以证明上述疑问。根据正仓院御物等，笔者就详细情况进行了实际印证。

第5节 国司和巡察使

一、国司的设置

就国司而言，在大化初年，朝廷在东方八国实行了新制度。自那时以来，守、介、判官、主典等职制完善了。随着《近江令》的制定，守、介、判官、主典等职制普及到了七道。天武天皇五年，朝廷规定："任国司的除了畿内、陆奥、长门之外，均为大山位以下。"因此，直到《持统纪》问世，记录国司的事情非常少。到了《续日本纪》问世，从大宝年间开始才看到国守之名。在和铜元年的补任中，列记了五位以上的国守。当时的五位相当于后世的三位，是从颇有名望的贵卿中选拔。因此，国守的职责重大，特别是国守政绩令人瞩目。这是在奈良初期的情况。我们不得不假定这是国司弊端最少的时期。因此，笔者在这里以和铜元年的补任为据，将前后的国司包括在内，列举一下畿内七道的国司的配置情况。▲代表和铜以前首次看到，△代表和铜元年以后更替。

（一）畿内

1. 京职，从大宝时期起，分为左京、右京，迁都藤原京之后有所扩大。

2. 摄津职，和铜末期废除。大夫▲大宝布施朝臣耳麻吕，和铜二年，正五位上；和铜元年，高向朝臣色夫知，从三位；大神朝臣安艺八月代，正五位下。

3. 大倭守[①]，▲大宝三年，大伴宿祢男人，从五位下；佐伯宿祢男从五位下。

---

① 以下同。——原注

4. 河内①,▲庆云四年,多治比水守,石川朝臣石足,正五位下。

5. 山背②,▲大宝三年,黄文连大伴,坂合部宿祢三田麻吕,从五位下;△高向朝臣色夫智。

6. △和泉③。

(二)东海道

1. 伊贺。④

2. 伊势,▲大宝时期,佐伯宿祢石汤,大宅朝臣金弓,正五位下;△和铜七年,津岛朝臣真镰。

3. 志摩。⑤

4. 尾张⑥,▲大宝三年,多治比水守,佐伯祢太麻吕,从四位下;△和铜七年,平群朝臣安麻吕。

5. 三河⑦,▲庆云三年,坂合部宿祢三田麻吕;和铜六年,榎井连广国。

6. 远江,▲文武四年,漆部造道麻吕,美努连净麻吕,从五位下;和铜三年,大伴宿祢牛养。

7. 骏河⑧。

8. 甲斐。

9. 伊豆⑨。

10. 相模。

11. 上总,上毛野朝臣安麻吕,从五位上。

---

① 凡河内。——原注
② 也称山代。——原注
③ 灵龟二年,割河内和泉日根两郡设置珍努官。——原注
④ 据《倭姬传记》记载,天武七年,割伊势四郡,设立伊贺国。古来这里是阿倍家族的领地,是小国。——原注
⑤ 伊势的岛郡,也称岛津国,小国。——原注
⑥ 也称尾治。——原注
⑦ 河也作川。——原注
⑧ 也称珠流河。——原注
⑨ 原来属于骏河,在飞鸟朝设置,不详,是小国。——原注

12. 下总，▲大宝三年，上毛野朝臣男足，贺茂朝臣吉备麻吕，从五位上；△大宝三年佐伯宿祢百足。

13. 安房，养老二年，割上总四町而设置。

14. 常陆，▲文武四年，百济王远贺，直广三；阿倍貘朝臣秋麻吕，从五位下；△和铜七年，石川朝臣难波麻吕。

（三）东山道

1. 近江，多治比水守，正五位下；△和铜三年，采女朝臣比良夫。

2. 御野①，▲大宝二年，石川朝臣子老；笠朝臣麻吕，从五位上，庆云三年。

3. 飞骅。

4. 信浓，小治田朝臣宅持，从五位下；和铜七年，佐伯宿祢佐祢麻吕。

5. △諏方，养老五年，割信浓而设，后废。

6. 上野，田口朝臣益人，正五位上；△和铜二年，平群朝臣安麻吕。

7. 下野，多治比直人广成，正五位下。

8. 武藏，▲大宝三年，引田朝臣祖父，从五位下；当麻真人樱井，正五位下；△和铜八年大神朝臣貊麻吕，正五位上。

9. 陆奥，上毛野朝臣小足，从四位下；△和铜二年，上毛野朝臣安麻吕，从五位上。

10. △石城，养老六年，割陆奥的六郡而设。

11. △石背，伊贺，割陆奥的常陆多珂而设，后废。

（四）北陆道

1. 若狭。

2. 越前，高志连村君，从五位下。

3. △能登，养老二年，割越前四郡而设。

4. 越中。

5. 越后，▲庆云三年，猪名真人大村，阿倍朝臣真君，从五位下。

6. 出羽，和铜五年，割越后而设；灵龟二年，管辖陆、奥二郡。

---

① 也称三野，即后来的美浓。——原注

7. 佐渡。

（五）山阴道

1. 丹波，大神朝臣貊麻吕，从五位上；△和铜三年，佐太忌寸老，从五位上。

2. △丹后，和铜六年，割丹波五郡而设置，中等国。

3. 但马多迟摩，△和铜八年，安倍朝臣安麻吕，从五位下。

4. 因幡，▲文武四年，船造秦胜，动六一①。

5. 伯耆，△和铜二年，金上元，从五位下。

6. 出云忌部宿祢子首，正五位下。

7. 石见。

8. 隐岐。

（六）山阳道

1. 播磨，巨势朝臣邑治，正五位上；△和铜八年，石川朝臣君子，从五位下。

2. △美作，和铜六年，割备前六郡而设置；△和铜七年，守连通，从五位下。

3. 备前，▲大宝三年，猪名真人石前，正五位下；百济王南与，从四位下。

4. 备中，吉备中县，多治比吉备，从五位下。

5. 备后，吉备下道同道后，佐伯宿祢麻吕，正五位上。

6. 安艺。

7. 周防，▲庆云三年，引田朝臣秋庭，从七位下；△和铜三年，山田史御方，从五位下。

8. 长门穴门，▲大宝二年，大神朝臣三轮高市麻吕，从四位上；引田朝臣尔闭，从五位上。

（七）南海道

1. 纪伊。

2. 淡路。

3. 阿波。

---

① 官职名。

4. 讃岐，和铜年中，大伴宿祢道足，正五位下；和铜六年，大神朝臣兴志，从五位下。

5. 伊豫，▲大宝三年，百济王良虞，从五位上；△和铜二年，阿倍朝臣广庭，正五位下。

6. 土左。

（八）西海道

1. 筑前。

2. 筑后，△和铜六年，道君首名，从五位下。

3. 丰前。

4. 丰后。

5. 肥前。

6. 肥后。

7. 日向。

8. 大隅①，和铜六年，割日向四郡而设立，中等国。

9. 萨摩。

10. 对马岛。

11. 壹岐岛。

12. 多褹岛，大宝二年，新设。

以上共计五十国，其他小国及岛二十个，共计七十个。设置国司的地区属于和铜年间朝廷整顿的行政区。之后，经过种种废、设、合并，最终为六十六国和二岛。这个局面一直持续到明治时期。上述所列的内容中除太宰管辖之外，骏河、相模、越中、因幡、伯耆、石见、安艺、纪伊、阿波的守缺失。这是因为没有五位以上的人补任。其中，也有因史书疏漏而缺失的现象。国守的选任以此为始。从国守的姓氏可以看出，国守都是由京中最高贵的家族的公子中选出。

二、国司的权势

国司是每国之君长，有威望，受尊重。因此，在大化时期，东国任命国司时，

---

① 也称大角。——原注

压制国司权势，不让国司在国中执掌司法；国司上京时不得带诸多百姓；公事往来管辖区内不得骑马。就国司的从者人数而言，长官仅限九人，次官仅限七人，主典仅限五人。由此可知，与以前作为"御事持"执政的时候相比，国司所辖国的供应、送迎杂费还要多。大化以来，朝廷将臣、连及伴造、国造的领地归国司支配。随着国的领地逐渐增加，国司权势越来越膨胀。因此，一开始国司就从爵位低的人中选任，后来国司逐渐成为高爵位之官。这也是自然的趋势。国司作为天皇的代理来统治每国的臣民，掌管着朝廷的财富来源。国司在辖区内积蓄家产，执掌富贵权柄，在社会生存竞争中处于优势地位。因此，大化初年，朝廷严禁国司收取贿赂，鱼肉人民。朝廷设立举报箱受理密诉。违令的国司达八分之二。加之朝令内容笼统，督促不利，导致民怨沸腾。但如果顺应民意就会伤害朝官。此外，国司自私自利。指望国司取得好的政绩很困难。

三、国司的职责

国司的职责繁杂，概括其内容如下：（一）教务，向神祇供奉神币，保佑管辖区内风调雨顺，无水旱灾害，没有瘟疫流行，五谷丰登，息灾延命。国司还举行尝祭祈祷。（二）崇敬三宝，保护僧尼，鼓励修法说经，规劝众人善修功德，安于现状，祈祷后世幸福。（三）奖励学术、艺术。学指的是经学，培养德治的根本。随着律令的颁布，文章、明法、书、算成为必要的学问。总之，当时奖励学问的目的是培养官吏。术是医药、卫生所必需的。此外，还有占筮阴阳、咒禁等占侯、拘忌之类。占筮是政治、军事不可或缺之术。艺是工巧之技艺，可以制造衣服、器材。艺对振兴产业不可或缺。以学、术、艺为标准，国司有必要奖励有特殊贡献的百姓，推举有才能之士。国司要做的第二项政务是：（一）劝课农桑。依靠民籍、田籍班授公田，佃作收租，收获很多地租，将旱田改成桑田、麻田，增加絁、布、丝、绵之调。（二）收支租调。国司年年将记账报官，将租调之物藏于各地的动仓和不动仓。国司将动仓之物运输到京师，或者根据指令来支出。在一年中的庶务中，收支租调是最繁忙的。（三）开垦闲地荒地。此时，日本的拓殖几乎进行到一半。公私竞相垦田。国司要增加公领地的熟田，补充居民的田产，限制有势者的兼并。处理这些事情都相当困难。此外，国司还要在牧场繁殖马，为驿站、道路交通提供方便。在军事上，国司要减少士兵，整饬武器，修缮城栅。这些都是国司的任务。在官民中，国司几乎是万能的。为了完成各种任务，国司的各种职责都有分工，都有主管者，即分为宫司、寺纲、博士、导师、技师、在厅吏、郡司、乡长、牧监、驿长、军人等，种类繁多。上述这些职务大都是住在当地的人的世袭职位，都是国司任命的终身官。国司有剥夺他们官职的权力。这样一来，可以说国司是万能的。每国的官员编制仅有六七人至九人。而起初国司等地方官员是一年一考的有任期的官员。按照惯例，国司等的任期以六考为限。庆云三年二月，朝廷规定："百官选任年限太长，按照级别减二年，也就是说今后国司、介改为四年任期。"国司工作繁忙，职员工作很少，任期又太短。因此，国司无望搞好政绩，只好将庶政委托给郡司等下属。国司只是名誉长官，负责重要的事情而已。

四、国司的就任

国司的人选非常少。由此可以推测国司的名望。譬如，大神高市麻吕从左京大夫迁至长门守，是否真的离开京师前去上任令人怀疑。国司年年做账，作为朝集使，待在京师官邸。国司和中央机关的交涉很多，在京师处理业务。因此，一开始国司就未必赴任。这已经成为惯例。很多国司委托介来处理吏务。后来，介打着国司名号做事。据《官职秘抄》记载，在权帅在位时朝廷不任命太宰、大贰。原因是权帅大贰是其中的一个，主要负责吏务。这或许是后世的习俗。本来守、介、掾就没有必要一起处理国厅事务，只需派代理人到郡乡进行处理即可。国司一开始就是名义而已。因此，户令规定国司每年巡行一次属郡，观风俗、录囚徒，写成报告即可。虽说如此，因为国司是四位或五位的高官，所以即便进行形式上的巡回，公私供应的花费还是很多。实际上国司巡视也不常见。

五、国司和巡察使的差遣

在藤原朝，朝廷任命国司整理国郡制度。国司治理的实际情况如何也是朝廷担忧的事情。文武天皇二年，朝廷遣使到诸国巡视田畴。文武天皇三年，朝廷遣巡察使监察违纪行为，第二年又遣使东山。大宝元年，朝廷废除田领，委托给国司巡检。朝廷又遣使诸国巡察产业，赈恤百姓。大宝二年，朝廷废除税司的该项职权，委托给国司，让国司常驻该国。此后，朝廷开设官仓，也委托给国司管理。大宝三年正月，朝廷又分别派藤原房前、多治比三宅麻吕、高向大足、波多余射、穗积老、小野马养、大伴大沼到东海道、东山道、北陆道、山阴道、山阳道、南海道、西海道。巡察使各带录事一人，巡察政绩，审理冤情。巡察使都是名门公子，都是六位或七位，是年轻有为的人才。差遣下位之人巡察地方官的政绩是汉代出现刺史以来的惯例。大宝三年七月，朝廷任命从五位上大石王为河内守，还任命了其他五个国守。巡察使所记录的诸国司、郡司等的有治理才能者被荐举入式部，有过失者则让刑部问罪。到了奈良朝，国司越来越用心于辖区的统治。从和铜五年开始，朝廷每年派遣巡察使，检查国内的丰俭得失。派遣巡察使的目的主要是视察郡司的治理状况。朝廷又规定在国司巡行时，当地供给粮马、脚夫。就国司的随从而言，次官以上三人，判官以下二人，史生一人，每人一日一升米，酒一升，史生酒八合。国司、巡察使每年巡查一次，十分繁忙。可见，国郡设置初期是很重视民政的。

六、国司的政绩

奈良时期出现了口碑好的国司。据文武四年巡察使的奏状记载，诸国司根据能力进阶。因幡守船秦胜、远江守七部道麻吕等赐封二十户。和铜末年，筑后兼肥后守道首名是修订律令者之一，通晓吏职，奖励生产，重视修教，在田亩种植果菜，奖励养殖猪和鸡。律令中都有详细的章程规定。在检查时，如有不遵守者，筑后兼肥后守道首名就将其赶出家门。老少私下怨恨者不少，但到了收获时人们都很高兴。国中受益匪浅。肥后味生池及筑后坡地都是筑后兼肥后守道首名兴业之处。后来，朝廷赐予筑后兼肥后守道首名的孙子广持当道朝臣之姓，表示对他祖父业绩的肯定。味生池就是今天的饱田郡池上村之田。筑后坡地就在御井郡，是河水猖獗之地，现在已经不留任何痕迹了。畿内开垦已经没有余地，因此历代政府都造了坡池。在稻田造坡池、沟渠类似于工厂配备气罐、铁管，功效显著，带来诸多利益。虽说如此，如果今天将治水费也算作兴业资本的话，那么水田收获的水稻得不偿失。不过，古代不知道劳力的价值，没有将兴业费算作资本。筑后上妻郡黑木环绕矢部川的溪水到了尽头后，飞跃到对面山谷，灌溉逐级水田。工艺十分精巧。这是土著领主历代经营的结果，并非国司在两三个任期所能做的事情。之所以将日向的旷野称作西国的北海道，是由于当地治水事业不完备导致开发较晚。

第6节 郡司的职务及义仓出举稻

一、郡司的任命

仁德天皇在百济设立国郡并划定疆界。这是郡的起源。郡是县的韩语名称，在日本本土有国造、县主之别。在与伴造领地地界交错之中有官方的屯仓地，设屯仓长。因此，此外没有必要设郡司。从宣化天皇时期开始，屯仓数目增加。随着国造、县主、伴造等势力的逐代衰退，日本产生设郡的需要。朝廷首先从畿内开始设郡。郡领之称呼见诸大化元年的诏书——难波也有大郡。当时也有"倭国六县"字样。"郡"和"县"互用，分开写成不同的字，但区别不太确定。大化二年正月的改新诏书中写道："初修京师，置畿内国司、郡司，严守关隘，设边防军、驿马、传马。郡以四十里为大郡，以三十里以下四里以上为中郡，以三里为小郡。郡司为人要清廉。堪时务者为大领、少领。强干聪敏、工书算者为主政、主帐。"郡司制度并非从新政之初就完善起来，一定是以前就有此制度。只不过大领、少领、主政、主帐始于此时。郡司是国造演变来的，起初是终身官吏。文武天皇二年，朝廷任命诸国司、郡司。诸国司等在选任郡司时禁止拉帮结派，在郡司任上必然要遵守法律，以后也不得违反。郡司由国司推荐，朝廷任命。和铜六年五月，朝廷规定郡司的大领、少领以终身为限，并非有任期之官。向来有心术不正的国司，因为个人爱憎混淆是非，强以致仕名义将郡司解职。后来朝廷下诏"不得如此。如果是衰老、重病等于时务无益者，如有闻其吐露心声归国养命者，具手书呈出，待处理后替补"。终身官吏容易成为世袭官吏。地方上的政务都是由郡司来处理。在某地有势力的家族转任他地多有不便，最终很多成为世袭官吏。这是各地出现诸侯的起因。

二、郡的新设

大宝年间，朝廷开始将越中国四郡归属越后。和铜以来，朝廷新设数国。与此同时，朝廷新设了很多郡。和铜元年，朝廷建出羽郡。和铜二年，因为远江国长田郡面积很大，朝廷将其分为长上、长下二郡。备后国苇田郡甲努村因为和郡家山谷阻隔，因此朝廷建甲努郡。和铜四年，朝廷割上野国甘良郡的六郡，建多胡郡。和铜五年，朝廷将陆奥国的最上拆分为二郡，归属新设的出羽国。和铜六年，朝廷将摄津国河边郡玖左佐村①命名为能势郡，又在陆奥国建丹取郡。和铜八年，朝廷将尾张国席田君迩近及新罗人七十四家划给美浓国，建席田郡②。

三、郡司的职责

民政实务由郡司办理。国厅只办理高等判决。因此，以民间的疾苦痛痒来问责国司只不过是表面上的浅见。和铜五年，太政官上奏称："（一）禁止郡司增加户口调庸，要求郡司追捕盗贼、簿账确实、裁断合理、无冤狱、在职不懈怠、要清廉；（二）严禁郡司贪污、怠慢公务、贪赃枉法；（三）郡司要鼓励百姓农桑、帮助贫困、孝悌有才。符合此三条者，国司要报告朝集使予以举荐。"将此与巡察使的举荐相比较就可以发现，民政是在郡里办理，而国司的职责是负责监督。不过，国司掌管财务，通过记账来管理租调的收支。这是国司的权限。郡司接受国司命令并付诸实施。郡所提交的公文中必须有国司的印章。这一点在当时的文书中可以证实。后来，日本国史中记录此事。而郡领就是从原来的国造、县主等该国的豪族中选任。郡领属于良民之首，和国司位置相当。和铜二年，朝廷授予筑前国宗形郡大领外从五位下、宗形柿以外从五位上，授予尾张国爱知郡大领外从六位上，授予尾张乎已志外从五位下。此外，朝廷还授予筑前国御笠郡大领正七位，授予宗形部坚牛、岛郡少领从七位，授予中臣部加比等从七位。其他虾夷、隼人之君及郡领被授予外从五六位者很多。

四、调庸的收缴和储藏

大宝之初，朝廷规定："将田粮寄存于国，储存在国宰郡司，必须依法办理。若有怠慢，因事科断。"朝廷遣使七道，依照新令施政并宣告其他情况，颁布新的印章，收缴租税。庆云元年，朝廷让锻冶司铸造诸国印，规定了租调庸的收缴

---

① 远隔险难，已于大宝年间建馆舍，准郡。——原注
② 在筑前国糟屋郡之南也有席田郡，小郡。——原注

和储藏方法。庆云三年九月，《令条》规定的租子比实际收成有所增加——因为尺子的伸缩。此外还有规定："民之丰饶十分重要，定为一束五把。对于水旱虫霜歉收之地免去调庸。三十九户以下由国司调查实际情况进行处理，五十户以上上报，三百户以上上奏朝廷，以九月三十日为限进行申送。"和铜七年，太政官上奏："诸国租子与文案有所差距。这是因为国司更迭之际没有进行检查，缺少很多，因此建立虚账，没有实数。这都是国司、郡司不检查所致。"之后，朝廷让诸国造三等仓，大的四千斛，中等三千斛，小的两千斛。这是正仓院的起源。每郡建有一个。大概以前的仓库由国郡出资，随处而建。《赋役令》规定调庸之物运输到京师有一定的期限：每年八月起运，离京师近的十月三十日，中等距离的十一月三十日，离京师远的十二月三十日前抵达并验收。但由于国司等的怠缓，导致妨碍农耕，烦劳运输之民。和铜八年五月，朝廷对此类过失进行重罚。调庸之物以絁、布、丝、绵、铁、盐为主。其他种种杂多物品笔者前文已经讲过。这也归国郡支用。其中一定比例布帛储藏在杂仓。由于随时要有减免，所以收支繁杂，但实际执行时年年根据惯例进行，在处理上也不至于太困难。不过，朝廷规定运往京师的一定要走陆路。事实上很多走的是海运，因为这样更方便。因此，和铜八年五月，朝廷下令："走海路运输调物，漂失湿损是由于不遵先制造成的，此后如果不改者予以处罚，损失物品让国司赔偿。"这一海运禁令又持续了四十年，最终解除。

五、设置义仓

朝廷设置义仓是为了救荒赈贫。从天智天皇、天武天皇时期开始，日本模仿隋唐之法，设置义仓。大宝二年二月，"义""仓"二字始见诸史书。庆云三年二月的诏书中写道："令中一位以下官员及百姓杂色人等皆缴纳粟，充实义仓，预先储备，以给养穷民。取贫户之物给养匮乏之家于理不合。以后取中中以上户之粟为义仓，给养贫穷者，不得挪作他用。若有官员私自侵吞一斗以上者，即日罢官，根据官厅的决定处理。"和铜以来，由于通用钱币，社会运转非常便利。和铜六年二月，朝廷制定义仓九等之户。这也是和铜八年五月更定的。由于输入义仓之数很少，导致遇到歉收之年不足以赈贫。于是，朝廷规定将义仓的粟用钱来缴纳。上上户缴纳三十贯钱以上，按照等级递减。中中户缴纳十贯钱以上。缴纳的粟米数因地而异。保存于正仓院文书中的天平二年安房国的义仓账本如下：

六人小子、二十人正女、二人小女共计二十八人赈济粟二斛八斗，每人一斗。遗留旧粟七十一斛六升五合①，新输粟十三斛三斗②，共计粟十四斗三斛六升五合。见户四百一十五，包括二户中中、二户中下、三户下上、十一户下中、六十九户下下③；下下以上八十八户见输义仓粟，一户平均不到一斗四合；三百二十七户不在输限④。仓库一间⑤。以前义仓收纳相同。

正仓院只残存四郡中的一郡的数据。观察这一新旧粟及赈济的数可以发现，义仓的粟米数量很少，在歉收之年由官粟赈济。《续日本纪》就此都有所记录。

六、出举稻

日本史书上也有将出举稻称作利稻的。出举稻意思是借贷稻子加利息归还，是一个官府术语。大化二年，朝廷禁止官府处处屯田，禁止皇祖母，即皇极天皇之母处处借贷稻子。这一内容首次见诸史书。在钱币不通用的时期，借贷稻子是常有的事情。这种现象应该出现得很早。《日本灵异记》记载道："在天智天皇时期，大和国添上郡有一凶人，字瞻保，在难波时期学习《书传》，但不赡养其母。母借其稻没有偿还之物。瞻保让母跪地，自己坐胡床上责骂。有人看不过去，说善人如何有违孝道，为人应该为父母建寺造塔、造佛像、抄经、请僧人，让其安居。你家稻谷甚多，为何违背学问之道，不孝顺亲生母亲? 瞻保不听这些。众人替瞻保母亲还债后很快离去。母亲露出乳房，一边哭泣，一边诉说：'我养你之日，夜不能寐。看见其他人的孩子报恩之时，吾子反而逼迫欺辱母亲。如果你要我还你稻子，你还我乳汁的钱。母子之道就此断绝，让天地知晓。'瞻保站起，将出举券取出，在院中烧毁，入山后，发狂不归。三日后火起，屋仓烧失。瞻保妻儿不能生活下去而饿死。经上说：'不去众恶必堕地狱。孝养父母，往生净

---

① 这是以前赈济公积粟的残留数。——原注
② 这是本年收缴的粟数。——原注
③ 和下面的郡数合起来对照发现，二户中下是三户中下之误。——原注
④ 共计七百四十六户，不输之户是不入下下的贫户。——原注
⑤ 一郡各设仓一间，安房四郡有四仓。——原注

土。如来所说的就是大乘的戒言。'"社会贫富差异很大,因此借贷事情常见。任何时代都是如此,本来不足为怪。因此,官方出举稻一事很早就开始了。出举稻大概是以春初借贷稻种及其他播种用物资的名义来进行的。本来,在大化时期,朝廷将五十代之地改为一段三百六十步,一步收稻一把。一口一日食用能吃一年。这征收的是二十分之一的税。耕种的利润也可以得出。但民间贫户的实际情况如前所述。如果稻种用于春耕的话,就苦于粮食口粮不够。朝廷劝业是为了增加国家收入,尽量增加耕种面积,避免耕种面积的减少。值此之际,国郡拿出仓中的粮食,用于稻田的播种。保证春耕的话,秋末收获会有数十倍的收入。民众不必拿出自己的稻谷而能播种,也能获得一段二三升之利,还可以增加国郡公厅的收入。公私两便,各得其利。《杂令》中记载道:"财物出举之利,每六十口有八分之一。四百八十日可翻一倍。稻粟出举一年一倍,官为半倍。"朝廷基于上述理由而出举稻。财稻利息并不均一,不久滋生了弊端。

七、出举稻的弊端

出举稻之利在于可以增加国郡的经费,但产生了强行借贷稻种的弊端。因此,天武四年,朝廷下诏:"诸国的贷税可知百姓之贫富,简定为三等,贷于中户以下。"前文笔者所举的户籍上有上政户、中政户就是这一等。细目上有上上户主、上中户主是前面的义仓出粟等级。和铜二年十一月的敕令中写道:"私稻的出举不得过半倍",对利息是有限制的。和铜四年,诸国税赋借贷三年,勿收其利①。到了和铜六年,公私出举的稻粟尚未偿还者皆予以免除。直到此时,由于扩张国郡制度,朝廷的经济逐年改善。朝廷遵循让臣、连、百姓富足的政治宗旨,财政在整体上比较宽容。自此,财政支出逐渐增加。国郡官吏开始逐利,开始怠慢租庸的收支。特别是出举稻弊端百出,从奈良朝一直延续到平安朝。这是历史上的重要事件。

---

① 私稻出举不得过半倍。——原注

第 4 章

奈良朝最初的政治

第1节　宫廷、贵族和外宾的宴会

一、宫廷的安泰

为了培养皇孙珂瑠、皇曾孙首皇子传承大统，持统天皇、元明天皇都是作为皇祖母登极的。和铜七年，首皇子十四岁。和铜七年七月，首皇子元服，被立为皇太子。和铜八年，元明天皇五十六岁，下诏："朕忧劳庶政已达九年，精华衰倦，为求安逸，欲将神器让与皇太子。然而，太子尚年幼，不能离深宫。一品冰高内亲王宽仁、沉静，故我将传位于冰高内亲王。"和铜八年九月，冰高内亲王继位，改元灵龟，史称"元正天皇"。元正天皇是文武天皇的姐姐，当时三十六岁。在天武天皇驾崩后，有大津皇子之祸。自那以来，皇祖母持统天皇养育皇孙珂瑠，已经过了三十年。皇亲谋叛之事渐渐熄灭。天武天皇皇子长亲王、穗积皇子相继过世，只剩下舍人亲王和新田部亲王在世。养老三年，皇太子珂瑠尚幼，不谙政道。舍人亲王和新田部亲王是宗室年长者，受到重用。元正天皇赐舍人亲王和新田部亲王内舍人二人、大舍人二人、卫士三十二人。此外，元正天皇封舍人亲王八百户、新田部亲王五百户。其他宗亲还有天智天皇的皇子志贵亲王。大宝年间，朝廷赐志贵亲王近江铁矿，予以优待。灵龟二年，志贵亲王过世。志贵亲王就是光仁天皇的父亲，谥号田原天皇。皇室王孙数目很多。其中高市皇子嫡子长屋王最有学问，很有名望，任中纳言。养老二年，长屋王就和阿倍宿奈麻吕一起晋升大纳言，辅佐朝政。天武天皇的皇女有以斋宫、多纪二内亲王，泉、水主、长谷部三亲王。和铜末年，各增封百户。其他尚有数个内亲王下嫁诸臣，事迹不详。

二、亲王和内亲王

朝廷分别称皇子、皇女为亲王和内亲王是大宝以后的事情。此前朝廷敕定律令，有"净大参刑部亲王"字样。此外，朝廷让託基皇女侍奉伊势神宫。新田部皇女、大江皇女、明日香皇女过世。这里笔者补充说明一下刑部亲王的事情。内亲王的称呼最初见诸《续日本纪》大宝元年十二月之条"大伯内亲王去世"。皇亲反叛遭遇惨祸的事情与世俱增，直到大津皇子也未绝迹。皇室皇胤并不繁荣。在帝王系谱上，敏达天皇以后诸王的记载脱落很多。宣化天皇的后代被朝廷赐予真人姓。敏达天皇的后代仅存葛城王、佐为王兄弟二人。《大宝律令》规定"五世王不在皇亲之列"。庆云三年，朝廷下诏："准令五世王虽有王名，断绝皇亲户籍，列入诸臣者，念及亲亲之恩，不胜悲痛，改为直到五世王仍为皇亲。"葛城、佐为两王是县犬养连三千代与前夫生的。和铜七年正月，朝廷给二品长亲王、舍人亲王、新田部亲王、三品志贵亲王增封，全部给予封租。

三、宫廷的政治

日本皇室选立女天皇以来经历了一百二十年的风雨。如今宫廷后妃、女官权势正盛。贵族妻女中有的当上了内命妇，掌握宫廷要职。此外，卿大夫之妻也在家里辅佐政事。在第一章，笔者讲了当时官府的状况。和铜五年，故左大臣多治比岛之妻家原音那、右大臣大伴御行之妻纪音那都在丈夫活着时学习治国之道，丈夫死后坚决不再嫁。天皇感叹她们的贞节，各赐邑五十户，赐家原连姓。音那是对老女的称呼。这时，左大臣石上麻吕是五朝元老，和右大臣藤原不比等一起在府中辅佐穗积皇子执掌大政。藤原不比等之妻县犬养连三千代升至从四位上，在宫中颇得元明天皇的信任。藤原不比等还是元正天皇的外祖父。藤原不比等夫妻总揽内外大权。宫中完全被藤原宫子的势力压倒。和铜六年，石川、纪二嫔被贬，不得称嫔。曾几何时红得发紫的苏我家族失势，藤原氏得势。这应验了树有枯时这一谚语。在穗积皇子离世后第三年的灵龟三年，石上麻吕过世，享年七十八岁。这样一来，大臣只剩下藤原不比等一人。养老元年，县犬养连三千代升从三位。藤原氏凌驾于诸大臣家族之上就是从这个时候开始的。表面上藤原氏发迹是大织冠中臣镰足的功劳，但其实是内命妇县犬养连三千代起了关键性作用。

四、发现醴泉和改元

灵龟二年，朝廷割河内二郡供养珍努宫，设立和泉监。灵龟三年二月，元正天皇从难波宫行幸和泉宫，赏赐工匠、役夫。返回时，元正天皇到了竹原井顿宫，赐予河摄二国的造行宫司等禄物后还幸。之后，美浓国奏报发现醴泉。醴泉应该是矿泉。持统天皇七年，近江国益须郡都贺山也出现醴泉。持统天皇派沙门法员、善住、真义等试饮。一时间住宿益须寺的病者痊愈者颇多。人们称这为太平祥瑞。至此，美浓又发现了醴泉。灵龟三年八月，元正天皇派多治比广足造行宫。灵龟三年九月，元正天皇行幸行宫，到近江观赏淡海美景。山阴、山阳、南海的诸国司等来到元正天皇的行在所，奏土风歌舞。在元正天皇到达美浓后，东海、东山、北陆的诸国司来拜见，同样奏风俗杂伎。之后，元正天皇行幸当耆郡多度山的美泉后还京。灵龟三年十一月，元正天皇到美浓国不破行宫，观览当耆郡多度美泉。据说，用多度美泉的水盥洗手面会皮肤滑润，洗痛处皆痊愈，而饮浴者白发变黑发，颓发再生，盲人复明，痼疾痊愈。《符瑞书》写道："醴泉美泉以养老。"元正天皇的诏书中写道"此符合大瑞"，改元养老。此后，每年立春之晓，人们打来醴泉水上贡京都，称醴泉。因此，后人将此养老泉作为小说题材，称酒泉，或称清泷，但这其实是碱性的矿泉。

五、新式建筑

朝廷开始营建平城京以来已经过了十余年。寺塔建筑比较宏伟壮丽，通常需要花费很多时日。一般来讲，旧式的建筑竣工时间较早。此前，在和铜二年，朝廷设立造杂物法用司，后来朝廷又将法用司改为板屋司。到了养老年间，营建工事还在进行。养老七年，元正天皇下诏："朕巡视京城，远望郊野，芳春仲月，草木滋荣，丁壮耕于垄亩，时雨渐润，蛰虫浴灌之悦。"元正天皇赐户头百姓稻子二斛、布一当、锹一口。以此可以推测新都的光景。养老八年，元正天皇又下诏："京师作为帝王之居所，为万国所朝拜，如不壮丽何以表德？板屋草舍是中古遗留的建筑方式，修建困难，容易毁坏，白白花费民财，五位以上官员及庶人应该营建瓦舍，涂红白色。京师宜建瓦屋。"由此可以看出，日本建筑方式比较质朴。

六、服制的改良

衣冠服饰强调礼仪秩序，是文明的象征。因此，日本和中国极其注重这一点。日本也因此从很早就改进了服制。当时流行装饰金银、绫锦，样式还不固定。朝堂之会上人们最用心，频频采用华美之服。礼服由装束司来制作，便服由人们随意制作。和铜初年，衣服领口宽八寸乃至一尺，衣领不得细窄。之后，领狭、裾长，衽浅。这种衣服行步易开，过于无礼，后来被朝廷禁止。此外，朝廷派挑文师到诸国，教授绫锦的纺织方法，伊豆以西、安艺以东二十国开始纺织绫锦。河内国志纪郡献上晕间色①。朝廷奖励诸国织绢、𫄨。到了养老三年，朝廷让天下百姓着右襟，让主典以上持笏，规定诸国进贡短绢、狭𫄨、麁狭绢、美浓𫄨。各长六丈宽一尺九寸。朝廷的《衣服令》规定了妇女衣服的样式。因此，奈良朝兴盛时期改良最显著的是衣服和裁缝。绘画与裁缝技术的发展关系密切，也取得了长足的进步。法隆寺墙壁上画的净土图是稀世的古画。以此可以推测当时的画法。器材之工犹存于古寺。其中横刀、鞍等用于正式的朝廷仪式，表现了武器之美。这也源于缙绅大夫的尚武精神。

七、制定卫士制度

和铜八年正月初一，元正天皇坐在太极殿接受朝贺。皇太子首皇子首次穿礼服朝拜。虾夷及南岛的奄美、夜久、度感、信觉、球美人等进贡方物。骑兵在朱雀门左右列阵打鼓。在元旦朝会使用铮鼓这还是首次。官卫士兵是表现天子威仪的主要象征。当时的五卫有左右兵卫、左右卫士及门卫。兵卫分布在宫中，地位与舍人相同。卫士就是兵士，地位相当于使丁。兵卫、卫士都是从诸国选拔来的，上京成为官府及王公贵族家族的内外守卫，处理所有杂事。当时京师的奢华逐日加剧。和装饰马一样，军装也要华美。因此，和铜四年八月，朝廷下诏：

---

① 即锦纹。——原注

"卫士必须勇健,能堪兵务,而今卫士都很文弱,不习武艺,徒有虚名,不堪大事。故应委托长官挑拣勇敢武便之人,每年更换。"然而,无论朝廷如何督促,依然收效甚微。实际上,比起卫士的武艺,朝廷更重视资产。这一点需要注意。和铜八年,朝廷营造六道诸国兵器,发现不够牢固,命每年进贡样式,让巡察使仔细检查。当时有逃亡的卫士和使丁,时时补充非常繁琐。养老二年,朝廷规定每国卫士之数,开始让畿内的士兵把守官城。养老三年,朝廷减少京畿及七道诸国的军团及士兵的数量。可想而知,远国的卫士都有所减少。养老六年,兵部卿阿倍首名上奏:"卫士逃亡不绝于后是因为壮年服兵役,白发还乡,不堪辛苦,只能陷入法网。因此,减少卫士使丁的服役年数为三年,根据规定轮换。"这是京师卫士轮换制度的起源。

八、舍人和兵卫的私用

按照当时的制度,良家的子弟被选为舍人、兵卫,走上仕途。其中地位高贵者称授刀舍人。这是近卫的起源。其他子弟分给贵族,从事家务,称作资家,也就是资人。灵龟二年,朝廷规定:"王臣五位以上、散位六位以下要分配资家者每家六人。"养老元年,朝廷下诏:"百姓流浪,躲避课役,希望侍奉王臣或愿为资人者,有的要求入僧籍,王臣不经朝廷允许擅自使用流浪者,私下嘱咐国郡满足自己的愿望,因而百姓流浪天下,不归乡里。如有此辈,酌情定罪。"王公贵族将舍人兵卫挪作私用是古来的习惯。随着阶级制度逐渐完善,三位以上公卿家族随着时间的推移降为五位家族。做家务的资人离职,产生了王臣将这些资人挪作私用的弊端。于是,朝廷废除了以前的制度。此外,当时也产生了百姓巴结权贵成为资人的弊端。

京师的荣华不仅仅是因为皇室住在这里,攀比富贵的贵族集中在这里也是一个原因。官内用卫士撑门面。臣民奢靡之风渐长。王、卿士、富豪之民多蓄养马匹,竞相攀比,损耗家财乃至互相争斗。养老五年,朝廷下诏:"限制马匹,亲王大臣准养二十匹,以下官员逐减,六位以下不得超过三匹。设立马匹账簿,让专人进行检查。"神龟五年,朝廷下诏:"诸国司、郡司等部下中,有骑射、相扑技艺和有膂力者,侍奉王公、卿相的家宅。今后有诏才能寻找,人不得主动进贡，而后不得如此。"除了充作帐内、资人外，朝廷禁止将部下归贵族私用。对于违反此令的国司、郡司，朝廷予以惩罚。私自寻求资人者将被逮捕问罪。究其原因，京师承平日久，贵族以下攀比骄奢，以示尚武风气。这其中包藏着盗贼滋生的隐患。

九、元明太上皇驾崩和元正天皇让位

首皇子逐渐长大。养老三年正月二日，首皇子参加太极殿朝贺。外舅藤原武智麻吕和多治比县首二人辅佐首皇子。从养老三年六月开始，首皇子处理朝政。右大臣藤原不比等因为是首皇子外祖父，所以得到首皇子加授刀资人三十人。然而，从养老四年八月开始，元明太上皇患病。朝廷度三十人为僧人、大赦天下、让郡下四十八寺读经来救元明太上皇的命，但效果不大。元正天皇任命舍人亲王为知太政官事，任命新田部亲王为知五卫及授刀舍人事。养老四年十月，朝廷设造兴福寺佛殿司，派大纳言长屋王到右大臣藤原不比等宅邸赠太政大臣正一

藤原武智麻吕与其弟藤原麻吕

位。从养老五年五月开始，元明太上皇病情进一步加重。于是，朝廷大赦天下。右大辨笠麻吕、正三位县犬养连三千代出家。到了养老五年十月，元明太上皇病重，下遗诏给长屋王、参议藤原房前："火葬之际，你等勿让百僚追从丧车，以免荒废公务，让五卫府严防不测的发生，禁止丧具刻镂金玉，在藏宝山甕良岑造灶台火葬。该地植常叶树，立刻字之碑。令藤原房前为内臣，办理内外事务，辅佐帝业。"养老五年十二月，元明太上皇驾崩，春秋六十一岁。过了两年，养老七年，元正天皇让位于首皇子。首皇子登基，改元神龟，史称"圣武天皇"。

十、朝廷宴会

在奈良新都建成后，朝廷整备官府仪卫。养老三年，朝廷制定妇女衣服样式，又规定外六位内外初位及勋七等之子为资人。五位以上家族赐以防卫之用的资人。养老四年正月初一，元正天皇在殿上宴请亲王及近臣，尽欢而散。养老四年的六月和十二月，元正天皇让文武百官率领妻女姐妹参会。以这些节会仪式为契机，王公贵卿频繁举行宴会。直到此时，和兵卫一样，朝廷向诸国征集采女，分配给诸家族，并让诸国将舞姬、歌女等和采女一起上贡，还募集其他骑射力士来装点京师的太平盛世，光彩无限。大体而言，宴会是社交的机构，而政治在于整顿社交秩序，委托有关部门施行吏务。然而，就贵族政治而言，要讲究仪式。贵族常常在宴会上沟通感情。这一点很有必要。在政治发达的今天也是如此，更何况古代实行的是家族政治。宴会实际上是朝廷的要事。人们将朝廷的宴会称作"常世之光"。这是丰明节会的起源。就丰明节会的起源而言，在上古时期，日本每年举行新尝会祭天，在国中大会、大排筵宴。这一风俗在朝鲜半岛也有，在高丽称作东盟，和丰明节会相似。丰明节会应该出现在推古天皇以后。大化元年的贺正始见诸史书。睦月之游以"丰明"为始。天武天皇时期经常举行宴会，而在奈良迁都之后记载很少。大概是没有大型宴会而是小宴游幸很多。大内的丰乐苑如同虚设。丧事相会、载歌载舞也是日本古来风俗。天武天皇国丧时，连虾夷、隼人等也以各方歌舞祭奠。持统天皇实行火葬。此后佛式葬礼流行。丧事相会、载歌载舞的古代风俗有所衰落。到了元明天皇遗诏大葬以简朴为宗旨，上述丧事相会、载歌载舞的古代风俗才完全绝迹。

十一、接待外宾

设飨宴和舞乐招待外宾是中国的古代习俗。这一习俗被日本沿用日久。天智天皇以后，海外使者有唐朝使者和新罗使者。和铜二年，新罗使金信福等来贡。当时，朝廷在朝堂设宴。右大臣藤原不比等将使者请至官厅内。以前没有执政大臣会见使者的先例。但如今，执政大臣会见来使表示以结两国友好情谊，在话语之间表示亲睦。使臣在本国地位卑微，既然来到大都应该坐在下垂手，表示幸甚。和铜二年贺正，隼人、虾夷等来朝。日本的将军在朱雀门外的路上陈列骑兵，让使者观瞻，然后将使者引入宫中。元明天皇坐在重阁门，赐宴文武百官、虾夷、隼人，奏诸方音乐。接着，日向隼人曾君细麻吕改良野蛮风俗。朝廷让日向隼人服从皇化，授予曾君细麻吕外从五位下。曾君细麻吕是熊袭枭帅的后裔。灵龟二年，朝廷任命多治比县守为遣唐押使，任命大伴山守为大使，任命藤原马养为副使。灵龟三年，朝廷赐押使节刀，命遣唐使出发去唐朝。阿倍仲麻吕、吉备真备二人被选为遣唐学生，和留学僧玄昉一起赴唐。当时是唐玄宗开元四年，即716年。唐玄宗开元五年，多治比县守等归国。养老三年正月，多治比县守穿着唐朝授予的朝服上朝。养老元年，朝廷让大隅萨摩隼人奏风俗歌舞。当时元正天皇在西朝御览，向大隅萨摩隼人授位赐禄。养老二年①，朝廷任命小野马养为遣新罗使。养老三年，小野马养回朝。新罗贡调使金长言等来朝。养老三年闰七月，朝廷赐金长言宴。金长言又被邀请到大纳言长屋王的宅邸。参议藤原房前、从四位安倍广庭、大学头山田三方等当时的文学士大夫等聚集一堂，开诗文会，宴请金长言。之后，金长言等回国。

第2节 文明的程度和佛教

一、垂迹说的萌芽

从圣德太子的三宝兴隆到奈良朝初期，经过了百余年。在这期间，神佛各有区别。本地垂迹说尚未兴起。祈年及祈祷风调雨顺由神祇官及诸司奉币。在佛

---

① 遣唐使回朝之年。——原注

寺中，僧人也诵经祈祷。大体而言，日本列岛拥有温和的沃土。人民依靠农耕过活。虽然干旱、台风、地震等灾害频仍，但由于祭祀很多，恐惧神威的民众得到心灵的慰藉。民众年年将新谷奉奏产土神，祈祷国土安稳、五谷丰登。这是日本上古以来的风俗。民众将天皇作为神的后裔来崇拜、信仰。在无文字、无宗教的情况下，这些习俗巩固了君臣之间的纽带。因此，日本国民的宗教热情并不高，只是个人在遇到疾病、灾难时，祈求安身立命，容易倾向于琐碎的禁忌。即便是佛教在日本传播后，民众与其说倾听佛教因果之理、迎来来世的福分，不如说称佛教为李释之道，在儒学中混入道教，进而在佛教中加入风水之说。日本民众的信仰极其纷繁复杂。神佛两部之说以信仰八幡宫大菩萨的垂迹为起源。《神明帐头注》中有"大隅国正八幡宫是南面的应神天皇、若宫、大御前比留女"字样。《吉田兼右案》中记载有"神功乎、钦明五年显座"。八幡宫《童训》中写道："到了钦明天皇十二年正月，大神比义断五谷，精进，捧御币，祈神时。两岁小儿显立竹叶上，我日本誉田天王也。神明第二宗庙也。丰前国宇佐郡马城峰石体乃最初之垂迹所也。"这些事情很难确认真实性。文中"钦明天皇"大概是"元明天皇"之误。《宇佐缘记》中有关于八幡宫的种种说法，不能深究。在马城峰祭祀广幡八幡宫是在圣武天皇神龟五年。也有一种说法是将应神天皇与圣父、圣母合为一体，称作三体。这或许是混入了基督教的思想。

二、寺僧占有土地

随着佛法在日本的传播，国政上也出现了弊端。日本人假托建寺、得度、施济之名占有土地。这些事情已经在中国经历过了。在日本，到了奈良朝，这种弊端更加显著。和铜五年，任近江守的藤原武智麻吕皈依三宝，在公务闲暇时好听妙法。和铜六年初，藤原武智麻吕进入该国一寺，看到堂宇颓败，问国人。国人答道："这是檀越等统领寺院的财物田园，檀越不予僧尼钱物。不仅限于此寺，其余皆然。"其后，藤原武智麻吕上奏："郡内诸寺多割疆区营造，徒有虚名，自己专有田园之利。方今，人情稍薄，佛教传播迟缓，不仅限于近江国，余国亦然。望陛下下诏诸国革除弊端，更张弛纲。"灵龟二年五月，朝廷下诏："闻诸国占据寺院田亩，建草堂应付，不修房舍，群聚牛马，寺院门庭荒废，荆棘弥生，多年不修。故今将数寺合为一区，通力营造。国司等要明告众僧、檀越，修录寺院、奏闻。又闻诸国寺院、堂塔已建成，但僧尼不住，不闻礼佛之声。檀越子孙管理田亩，养妻子，不供众僧。因兴诉讼喧扰国司。今后严禁此行为。寺院所有财物、田园由国师众僧及国司檀越等检阅，分明案记，檀越不得专制。"自此，诸寺有了资财账。然而，寺僧和王臣勾结占领田园现象逐年加剧。表面上佛法兴隆，实际上是竞相占有土地。

三、僧人行基

《僧尼令》中记载道："私度、冒名顶替、还俗后穿僧衣者依律治罪。"这时，百姓中有肆意剃发穿僧衣，貌似沙门而实为奸盗的。《令》中写道："僧人乞食者需要三个部门连署，得到国司、郡司的许可，不在寺院居住、聚众教化者，应让其还俗。然而，小僧行基及其徒弟等在衢卫讲罪福之事，结党，焚剥指臂，挨门挨户宣传邪法，乞讨余物，称圣道，喧扰道路。因此，四民弃业者颇多。又有僧尼皈依佛道，持神咒救病，施以汤药，得以治病。此类虽是僧尼，但向患者宣传幻怪之事，用巫术占卜吉凶，恐吓老幼，强求钱财，并无道俗之别。"养老元年，太政官上奏："布告村里，共同禁止。"行基是和泉国大岛郡的高志氏之子，出家后和元防、道慈、良辨等跟着僧正义渊学习法相之学。行基在德光法师那里接受具足戒，好行化。道俗追随者数以千百计。行基所过之处遇到险难就架桥、修路。行基在能耕作的地方修建池塘。他的计划没有不成功的。行基在畿内建寺四十九座。行基从播磨的室津经韩泊、鱼住、大轮来到河尻，共五日行程。这一年行基五十岁。佛法东传动摇了帝王贵族的信心，受富贵者崇拜。不到百年，寺塔矗立。寺院拥有田产，导致国帑缺乏，成为权门逐利的机构。这时，道昭弘扬禅宗宗旨，行基主要从事行化，离开京师的奢侈社会，不厌劳苦，济度众生，颇有口碑。后世荣西发扬禅宗，以及源空、亲鸾倡导念佛而获罪。这些和行基的做法如出一辙，对后世的影响很大。

四、优待僧侣

朝廷任命僧人辨正为少僧都，任命神睿为律师。大宝元年，僧人道慈入唐，研究三论宗而归，提倡空宗。这时，朝廷要重建大官寺，让道慈做规划。道慈画了唐朝西明寺之图带回日本，献给朝廷。道慈被朝廷任命为造寺监护。朝廷将元兴寺迁至左京六条，二年而成。养老二年，太政官告诉僧纲："以智鉴为法门之师范，如果后继有人能够成为领袖者，希望举荐。"道慈又研究五宗三藏①。诸家之说也有不同。朝廷要求每个宗要记录达宗义者，或是论众理学诸义，或是诵经文、修禅行。分工来得其宗者予以表彰。禁止不居精舍、有悖练行、任意入山造庵堂者。养老四年，朝廷下诏："转经唱礼应遵常规。此时的僧尼用自己的方法妄自提倡别派，如果积习恐污法门，以唐之沙门道荣、学问僧胜晓等为准绳，停止其他学派。是年始授僧尼公职。滥吹极多，成学业者仅有十五人，其余停学不授公职。"养老五年，朝廷下诏："沙门行善，负笈修行，历尽苦难，悟得三五之术而归。故修行者，诸寺应恭敬供养，依照僧纲之例而行。"百济沙门道藏是法门领袖栋梁，年过八旬，耆老之年。朝廷四时赐絁、绵、布，还赏赐僧人的亲属。

五、佛教兴隆

元明太上皇患病时，皈依三宝。为了痊愈，元明太上皇度净行男女百人，让这男女百人修行。在藤原不比等一周忌时，朝廷建北园堂，安置弥勒、菩萨、四天王像。在县犬养连三千代金堂内，造弥勒净土，予以供奉。金堂在迁都之初由厩坂迁来。在元明太上皇驾崩后的一周忌时，元正天皇从京畿诸寺请来僧尼两千六百三十八人，设斋法，奉写《华严经》八十卷、《大集经》六十卷、《涅槃经》四十卷、《大菩萨藏经》二十卷、《观世音经》二百卷，又为净御原宫天皇造弥勒像、为藤原宫太上皇造释迦像，御愿缘起用金泥抄写，安置佛殿。大概直到此时，黄金还是十分缺乏。用藏青色纸金泥写经尚未流行。崇敬佛教源于所谓的"云上"的王公贵族，之后逐渐兴盛。僧徒从中得到富贵，而民间信仰程度很低。随着僧尼的增加，寺院内部越来越紊乱。养老六年的官奏中写道："僧纲在京者很少，肆意横行，尺牍案文尚不能决断，漕务滞留颇多。本来僧纲是僧人之栋梁，然而居处不一，法务不专，有违令条。兹规定今后药师寺为僧纲常住之处。"官奏又写道："此时右京僧尼以浅薄知识宣扬罪福之因果，不尊戒律，诱惑京都民众，让

---

① 据《大织冠传》记载，五宗是指禅、宗、密、律、净。其中之一就是禅。三藏指经、律、论。——原注

人妻剃发剥肤，动辄称皈依佛法，离开家屋，不顾亲夫，或负经捧钵，街道乞讨，宣传邪说，在村邑中讲法，妖言惑众。今后严令禁止。"当时，朝廷严禁行基等人的活动。尽管如此，情况依然没有改观。这是因为僧侣的教化为富贵者专有，与贫贱者无缘。朝廷禁止云游宣扬佛法是建造寺院的主要原因。而实际上，建造寺院成为贵族、僧侣檀越牟取私利的机会。不久，圣武天皇建造了寺塔。

六、杀生之禁

在元明太上皇患病期间，朝廷下诏："周孔之教化注重仁爱，道教、佛教禁止杀生。放鹰司的鹰狗、大膳职的禽类、诸国的鸡和猪，都要放回本处，遂其性，若有需要，上奏等待敕令。废除司职官长，将所辖的百姓改成公户。"唐朝道教盛行，但不为日本所崇敬，不像唐玄宗所说的如佛法般兴盛。阴阳、方术、咒禁等混入了道教。称李释之道也是这个原因。儒道释三教合一主要是为了元明太上皇的痊愈，之后留下善根。古来京师贵族有尚武风俗，在山野猎场宰杀鲜肉、一起饮酒，以此作为他们的娱乐活动。圣德太子曾经药猎。天武天皇夏秋禁肉食。至此，朝廷下上述诏书。好杀生之风逐渐衰退。然而，此诏书中所说的鹰狗之猎、鸬鹚打鱼等京师贵族的娱乐并未就此绝迹。直到后世，鹰狗、鸬鹚仍然存在。四条家的庖丁杀鱼鸟举国闻名。这是古代肉人部的遗风。

七、佛葬仪式

就丧葬而言，天武天皇之殡长达两年。祭奠、歌舞、音乐、念悼词，这些都是日本古代的习俗。当时，僧尼在殡宫举哀，诸寺也设斋，举行无遮会。从持统太上皇的葬礼开始，日本依照遗诏简约行事，仅仅举行佛葬。到了元明太上皇时期，朝廷规定实行佛葬仪式。佛法在日本传播已经百年。佛法教义逐渐渗透到朝野上下。日本社会变成了敬神崇佛的社会，随之也滋生了佛教的弊端。

八、佛家的灵异说

在日本，神怪不可思议之说从神话时期就有，从佛法在日本传播时期开始逐渐盛行。一般认为由佛家传播的神怪不可思议之说很多，但其实很多内容出自儒学。佛家只不过随声附和而已。佛家之说以因果报应的灵验为主。下面笔者根据《日本灵异记》讲三四个奈良时代的事情。

"藤原京有一凶悍妇人，已经出嫁，住在婆家，平时对亲生母亲没有丝毫孝心。父母家贫，过年、过节都无米下锅。母亲抱着吃奶的孩子来到女儿婆家，希望女儿给一碗饭吃。然而，女儿冷眼相对，恶语相加：'现在我男人去寺庙了，我自己也得吃饭，没有饭给你吃。'母亲迫不得已饿着肚子回到家里，看到家门口有个竹筒，里面盛着米饭。母亲想这大概是佛陀相助，于是拿起来吃了这些饭。由于长期的饥饿和疲劳，她不久就沉睡过去。到了半夜听见有人敲门，敲门人说：'你女儿胸口扎了针，快要死了，你赶紧去看看她吧。'母亲内心十分焦急，但精疲力尽，没有去女儿那里。"

又有"石川沙弥，收留了一个沙门。这个沙门心生歹意，或诈称造塔，向人乞讨财物。一天，这个沙门住在摄津国岛下郡的舂米寺，砍灯塔柱子，违背佛法，诓骗他人。最后，这个沙门患病，嘴里喊着'热'，跳了起来。有人问这是何故。沙门回答说：'地狱之火焚烧我身。'沙门当天死去"。

又有"备中国小田郡人白发部猪麻吕，有偏见，不信三宝。僧人来乞讨，猪麻吕不仅不给饭吃，而且辱骂僧人，摔破其钵，赶了回去。猪麻吕去往他乡，遭遇风雨，寄身仓下。仓库倒塌。猪麻吕被压死"。

《井经》中有"一切恶行邪见为因"，说的就是这个道理。"庆云二年九月庚申，丰前国庚子郡少领膳臣广国俄顷而死，第三日苏醒过来。原来，膳臣广国到南国去了一趟。膳臣广国见到国王。国王曰：'召你前来是因为一女子讲了忧愁之事。一女子被一颗铁钉从头顶钉至尻，四肢用铁绑缚。'男子一看说：'她是我妻子。'王问：'汝知她犯何罪？'膳臣广国答曰：'我不知。'国王问女子，女子答曰：'我为了私欲，舍弃丈夫，离家出走。'王对膳臣广国说：'你无罪且回，请勿讲黄泉之事。如果想见你父亲，向南走。'膳臣广国向南走，发现父亲被三十七颗铁钉钉在热铜柱上，早中晚用铁杖各打三百次。父亲说：'我之所以受此苦难是因为为了养妻儿，借出八两之棉，让人还十两，或用小斤借出，让人用大斤来还，或者强夺，或者犯奸，或者不孝养父母、不恭敬师长，或者对方不是奴婢而我像对待奴婢一样谩骂对方。你速为我造佛、抄经，为我赎罪。'《经》曰：'现在甘露未来，铁丸是也。'"

"沙门行善游学高丽，河桥毁坏。沙门行善站断桥边念观音。老翁乘舟来迎沙门行善共渡。沙门行善弃舟登岸之后，老人不见。老人乃观音之应化。沙门行善因发誓愿：'我要到大唐造像，日夜敬佛。'沙门行善号河边法师，受到唐朝皇帝器重。"养老二年，沙门行善回到日本，住兴福寺，讲解佛法。从上述可见当时佛家灵异说之一斑。

第3节 文明的程度和汉学

一、道德政治

从中国输入日本的学术、学问甚是复杂，分为经、文、法、算、历、易、阴阳、方术、医药、咒禁及工艺等各科。这些学问类似宗教，在精神上支配人心，影响深远。在日本大学里，主要设置的科目之一就是明经。学习明经的人称博士。

明经是当时日本政治伦理的根本内容。和铜末年，添下郡的倭果安孝顺父母，友爱兄弟，以自己的粮食接济百姓。又有添上郡奈良许智麻吕被继母说坏话，被父亲逐出家门，但毫无怨色，越发孝顺。又有智郡的日比信纱女，在丈夫死后，抚养亲生子女及丈夫的妾的子女八人，一视同仁。日比信纱女侍奉公婆，尽妇礼。因此，朝廷决定让日比信纱女终身免课役，并旌表日比信纱女的孝义。养老四年，漆部司令史丈部路石胜因偷漆被处流放之刑。丈部路石胜的儿子中大的十二岁，两个小的分别七岁和六岁。三个儿子到官府说："我们父亲为养活我们而偷盗，我们兄弟三人希望替父流放。"朝廷下诏："人禀五常，仁义颇重，士有百行，孝敬为先。特加怜悯，如其所请，没为官奴，免其父罪。"牧宰公平引用《吕氏春秋》和孔子之言，评论道"善哉祁黄羊之论也，外举不避仇，内举不避子，可谓至公矣"。这类观点属于儒学的基本教义。由此可见日本当时道德政治的一斑。

二、经纬说的盛行

日本的释奠大学寮始于大宝元年，是模仿唐朝贞观之治而成。藤原武智麻吕任大学助，在庆云二年的释奠中作了垂范后世之训的祭文。庆云三年，藤原武智麻吕升任大学头，召集儒生，奖励文学之士。和铜初年，藤原武智麻吕升任图书头，兼侍从，寻找图书经籍，并进行抄写。由此可见当时汉学之兴盛。《学令》中写道："要教授正业，《周易》要用郑玄、王弼的注，《尚书》要用孔安国、郑玄的注，《三礼》及《毛诗》用郑玄的注，《左传》用服虔、杜预的注，《孝经》用孔安国、郑玄的注，《论语》用郑玄、何晏的注。"这些都是汉学，并非唐朝的《五经正义》。后世称此为唐学，以和宋学区别。郑玄是后汉的大学者，精通经纬，据称能窥知神秘。纬书在唐代衰败，没有流传后世。纬书的学说加入了巴比伦、迦勒底、波斯等的天文学，讲佛教以外的灵异、运数，特别投合当时人们的迷信心理，在很大程度上能够左右政治。就纬书的宗旨而言，日本的三善清行精通纬书算术，非常有名。三善清行在《革命勘文》中写道："易纬以辛酉为革命，以甲子为革令。郑玄曰：'天道不远，三五而反，六甲为一元。四六、二六交相乘，七元有三变，三七相乘，二十一元为一部，合一千三百二十年。'春秋纬云：'天道不远，三五而反。'诗纬云：'十周参聚，气生神明，戊午革运，辛酉革命，甲子革政。'"由此可见纬书之一斑。从天武天皇称制的辛酉年逆推二十一元一部一千三百二十年为神武天皇的元年辛酉。《日本书纪》的编纂者相信神秘的运数，以此编造了纪年历。因此，日本的纪年必定是在天智天皇和天武天皇两朝形成的。然而，关于辛酉革命中的改元，直到平安京之初也没有过。三善清行由纬算推出并向朝廷奉上这一勘文，才开启先例。当时明经是正业。可以推测，纬书受尊信的程度并不高。

三、汉学和祥瑞说

汉学、佛教及兴起于内外典之间的神怪不可思议的思想支配着当时的日本人的思想。其中的祥瑞之说由汉学首倡。大化五年，穴户国造猎获白雉献给朝廷。据百济君说，后汉明帝永平十一年有人见到过白雉。道登法师以前在高丽寻找营建伽蓝之地时遇见白鹿。因此，道登法师在该地建白鹿国寺。道登法师又看到白雀。遣唐使带回了死去的三足乌也合乎祥瑞的标准。得白雉是因为王者是仁圣之君。僧旻向朝廷禀奏了下述故事：周成王时，越裳氏三次来朝，称中国有圣人，献上白雉。百官拜贺，周成王大赦改元。改元始于此时。其后年号中断。

天武天皇九年和天武天皇十年，有人看到朱雀。因此，天武天皇十五年，朝廷改元朱鸟元年。朱鸟元年，天武天皇驾崩。于是，年号又中断了。

从文武天皇大宝开始，庆云、和铜、灵龟、养老等都是因为祥瑞而改的年号。因此，这一时期诸国献上了云气、醴泉、甘露、嘉禾、珍宝或者异色畸形的动物，竞相讨朝廷的欢心。和铜五年七月，伊贺国献上玄狐。以前相传子年五谷丰登，然而那一年并没有丰收。而今献上玄狐后终于获得了大丰收。伊贺的玄狐符合上等祥瑞。《文》中有"王者之治可见太平之时"。于是，朝廷大赦天下。养老五年正月，武藏上野献赤鸟，甲斐献白狐。尾张的小鸟生出大鸟。之后，日本再三发生地震，日晕有珥。世谚说"申年有事故"。刚刚过去的庚申年水旱灾害并举，秋稼不登，藤原大臣去世。而直到如今，风云气色反常。朝廷让百官直言意见。养老五年，左京人献上白龟。《援神契》引用《孝经》写道："天子孝则天龙降，地龟出。"《熊氏瑞应图》中写道："王者不偏不党，尊敬耆老，德泽流洽，则灵龟出。"称白龟是国家之大瑞。于是，朝廷决定次年改元神龟。《援神契》是纬书。《熊氏瑞应图》是熊理。这些都是儒家学说。干支源于西域。这些学说与佛家的因果报应之说相呼应，在日本掀起学术热潮。

四、文章家辈出

当时，在日本的博士中，文章备受重视。后来称作纪传道。纪传道是以文章为主的历史学。"敏达天皇爱文史"说的是文章纪传，由来已久。奈良朝已经分出文章博士、明经博士。考试中，在文章中给出对策者称作大业人或者秀才。此时的大业儒有百济倭麻吕、刀利宣令、下毛野虫麻吕。他们的对策文已经收录在《经国集》中。下面笔者举一个例子来说明。

问：周孔名教兴邦化俗之规，释劳格言致福消殃之术，为当内外相乖，为复精粗一揆，定其同不覆此真讹。

下野毛虫麻吕对道："窃以少观列辟，绕履翼之皇，远听风声，洞有八连山之帝，虽历代千古而源乃划一，但随时之不便齐，救济之术亦异，原夫玄涉，清虚气归于独善，儒抱旋折理资于兼济，是以泣麟降迹。刻鲁册之秘典，狼跋垂教，阐周编之雅篆，至如白毫东辉，演打剥之道，紫气西泛望，疑玄之，斯诚索隐探愿之际，理味钩深之间，然详搜化俗之源，曲寻消殃之术，既浅淄渑之疑，亦有泾渭之派。但学谢篆金，徒迷同之不义，词瞑屑玉，宁述真讹之旨，谨封。"

上面的文章融会经史，堆积四六骈偶华辞、文藻，以此为学问之能事。这是中国六朝以来的风尚。自古以来，日本也有好歌词的习俗。京师贵族乐此不疲。藤原不比等成就其父大织冠中臣镰足的律令，以明法家而著称。藤原不比等之子藤原武智麻吕、藤原房前、藤原宇合、藤原麻吕都善文章。阿倍家族文学家辈出。在灵龟二年的遣唐使中，阿倍仲麻吕为大使，藤原宇合为副使。当时，阿倍仲麻吕十六岁。右卫士少尉国胜之子吉备真备二十二岁，从八位下，都被选为遣唐留学生。阿倍仲麻吕在唐都一举成名。阿倍仲麻吕、藤原一族能够长久在朝廷保持名声是因为文学之力。自古以来，日本从百济输入汉学。唐朝以后，日本从新罗输入汉学。在藤原朝，硕学之士多在新罗留学。大宝年间，朝廷重启遣唐使的派遣。养老年间以后，日本直接输入唐朝文学。学风为此一新。养老三年五月，新罗贡调使金长吉等来日本。到了养老四年六月，皇太子首皇子才处理朝政。当时长屋王任大纳言。养老四年闰七月癸酉，金长吉等回国时，长屋王在王府宴请他们，然后送别。参加宴会的有正四位阿倍广庭、参议藤原房前、大学头山田三方、图书头吉宜、大学助教下毛野虫麻吕、明经博士背奈行文、训古麻吕、刀利宣令、百济倭麻吕。在座的人都赋五言诗。山田三方起初是僧人，游学新罗，持统天皇六年还俗。山田三方被选为明经第一博士。这一日，山田三方和下毛野虫麻吕一起作诗序，在席间讲解。文章如下：君王以敬爱之冲襟，广开琴樽之赏，使人承敦厚之荣命，欣戴凤莺之仪。于是琳琅满目，辟罗充筵，玉俎雕华，列星光于烟幕，珍馐美味，分绮色于霞帷，羽爵鹰飞，混宾主于浮蚁，清谈振发，忘贵贱于鸡窗，歌台落尘，郢曲与巴音杂响，笑林开麝，珠辉与霞彩相依。于时露凝宴序，风转商郊，寒蝉唱而柳叶飘，霜雁度而芦花落。小山丹桂，流彩别愁之篇，长坂紫兰，散馥同心之翼。日云暮矣，月将继焉。醉我以五十之文，既舞踏于饱德之地，博我以三百之什，且狂简于叙志之场。清写西园之游，兼陈南浦之送，含毫振藻，式赞西风云云。

上述宴席诗文都载于《怀风藻》中。作者都是当时的文学家。其中阿倍广庭后来任参议中纳言,和藤原房前一起辅佐圣武天皇的初政。养老五年正月,朝廷任命长屋王为右大臣,任命藤原武智麻吕为中纳言。朝廷下诏佐为王、伊部王、纪男人、日下部老、山田三方、山上忆良、朝来贺须夜、纪清人、越智广江、船大鱼、乐浪河内、大宅兼麻吕、土师百村、盐屋古麻吕退朝后侍奉东宫。山上忆良是《万叶集》中的歌人。纪清人是文章博士,参与和铜年间的撰史工作,从灵龟年起学业数次被褒奖。纪清人和山田三方一起被称为优学之师范。盐屋古麻吕是《怀风藻》中的作者。

五、国史的编修

国史编修开始于天武天皇时期。和铜七年二月,朝廷下诏纪清人、三宅藤麻吕编撰国史。到了养老四年五月,舍人亲王奉诏编修的《日本纪》成书,奉上纪三十卷、系图一卷。从和铜七年开始至此已经七年。《日本纪·弘仁私记》序中记载道:"舍人亲王、太安万侣等奉诏所撰。"序中称与和铜年间的撰者不同,是在和铜年之后编撰的。《河村秀根集解》中记载道:"从神代上纪到天武帝元年的纪,在天武十年由中臣大岛平群子首等修改。从天武二年开始一直到持统天皇纪,由纪清人、三宅藤麻吕等人修改。舍人亲王在形式上任修国史大臣执行,称并非自己修改。"但形式是此后规定的。天武时期的川岛、忍壁两皇子和养老时期的舍人亲王都是编纂总裁。当然,执笔之人另有其人。正如《集解》中所说,纪清人、三宅藤麻吕补撰了《天武纪》《持统纪》。到了养老年间,朝廷下诏舍人亲王,由太安万侣等校补全部。至养老四年,功成奏上。在《日本书纪》中加注或记入《百济史》等就是这些史书的内容。《集解》有不正确之处。在编纂过程中认为校注是后人的篡改而删去这一做法过于武断。如果仔细推究,圣德太子的原撰止于《用明纪》《崇峻纪》。《推古纪》以下是由苏我家族续补。有很多迹象表明史料是后来加上的。和铜年间,太安万侣晋升从五位上。起初,天武天皇诸家的帝纪及本辞有诸多虚构之处,而今要修改错误之处,讨论撰录帝纪,修改错误之处,还原本来面目。当时舍人稗田阿礼二十八岁,聪明、记忆力好。朝廷下诏暗诵帝皇日记及先代旧事。天皇更迭后,暗诵帝皇日记及先代旧事一事没有进行。和铜四年九月,朝廷下诏太安万侣,撰录阿礼暗诵的旧

太安万侣

事。和铜五年正月,太安万侣完成三卷并献上,史称《古事记》。灵龟元年,太安万侣晋升从四位下,并且当上了氏长。太安万侣家族与大和春日家族同祖,属于皇别大族。氏长太安万侣比纪清人、三宅藤麻吕身份高贵。在舍人亲王修史时,太安万侣是编修官之首。将《古事记》和《日本书纪》相比,《古事记》时间稍晚。《日本书纪》中没有一处引用《古事记》的内容。直到近世,本居宣长等认为《日本书纪》的汉文修饰成分过多,古语使用有诸多错误,而《古事记》弥足珍贵。太安万侣的本意在于编撰《日本书纪》,在《日本书纪》中采用的史料比《古事记》要早,没有道理以自己前面撰录的为准,以后面编撰的为非。太安万侣是民部卿,养老七年七月卒。

六、制定律令

从朝廷颁布《大宝律令》开始，人们更有必要研究明法道。和铜四年，朝廷下诏："制定律令已久，仅执行其中一二，其余皆不能实施。重论远犯互相庇护一事。"和铜五年，朝廷下诏诸司主典、诸国朝集使："制法已久，不熟律令，过失颇多。律令家在律中科断，让弹正每月三次巡察修正。"养老二年，朝廷下诏右大臣藤原不比等进一步刊修律令。删定员是博士大倭长冈、阳胡真身、矢集虫麻吕、盐屋古麻吕、百济人成、大倭小东人、山田白金等。大倭长冈好刑名之学，兼善文章。灵龟年间，大倭长冈入唐学习。当时的法令都向大倭长冈咨询。大倭长冈时年三十，删定的法令有二十四条。山田白金也精通法律。此时删定的律令各十卷，《令义解》后来对此施以注解。史书没有记录完成的年份。养老三年十月的诏书中写道："法令在日本实行久矣，治于中古。然而，有的未彰纲目，到了近江时期，进行删改。在藤原朝，颇有增损，以为恒法，由是稽远祖之正典，考历代之皇纲，彰纂洪绪，此皇太子也。然年齿犹稚。"舍人、新田部二亲王接到褒奖，感到不合适。彰纂洪绪前后应该有脱落的文字。前一句很明显是修订律令之事，之后颁布律令。

七、朝廷赏赐从事学问艺术的人

养老五年正月，朝廷下诏："文人武士乃国家所倚重者，医术、卜、方术古今崇尚，百僚之中学业优秀者可为师范，特对此加以奖赏，以激励后生。"赏赐明经第一博士锻冶大隅、越智广江各絁二十四、丝二十捆、布三十端、锹二十口；赏赐第二博士背奈行文、调古麻吕、额田千足、町法矢集虫麻吕、盐屋古麻吕、文章山田御方、纪清人、下毛野虫麻吕、乐浪河内各絁十五匹、布三十端、锹二十口；赏赐算术山口田主、志斐三田次、私部石村、阴阳大津首、津守通、王仲文、角兄麻吕、余泰胜、志我闲阿弥陀、医术吉宣、吴肃胡明、秦朝元、太羊甲许母、解工惠我国成、河内人足监部石前、买取君、胸形赤麻吕各絁十匹、丝十捆、布二十端、锹二十口；赏赐和琴师文广田、唱歌师大洼五百足、记多真玉、螺江夜气女、茨田刀自女、始志祁志女各絁六匹、布十端、丝六捆、锹十口；赏赐武艺佐伯武麻吕、凡海与志、板安犬养、置始首麻吕各絁十匹、丝二十捆、布二十端、锹二十口。此外，沙门法运、法梁最精通医术，医治民间疾苦，受到奖赏。法运、法梁的三等亲以上赐予宇佐君姓。解公是指土木工。景云三年，尾浓界的鹈沼川泛滥，淹没道路。朝廷遣解公去疏浚河道。宇佐君这一姓氏才见诸史书。菟狭津彦一事记录在《神武纪》中。这个姓大概自古就有。后来，八幡大菩萨宫的宫司定为大神宇佐二氏。法莲也是与八幡宫的出现有关系的僧人。

八、学艺职员

据《职员令》记载，式部大学寮有博士一人[①]、助教二人[②]。这里有明经第一、第二博士，又有文章、明法博士。大宝元年八月，朝廷派明法博士到六道，讲解新令。因此，文章、明法博士出现得必然更早。这也是理所当然的。养老年间，多治比池守、巨势祖父、大伴旅人都是中纳言。藤原房前虽然是参议，但他们一样，都是令外之官。《义解令》和养老的历史不相符之处颇多。音、书、算博士各二人。音根据律令之训。直到此时，日本用的是吴音。《义解》中称，书以笔迹巧秀为宗旨，不讲字体。图书寮挑选了二十个抄书手。算指的是五曹、九章、海岛、六章、缀术、二开、重差、周髀的九司九经。算生有二十人。就画而言，在画工司中有画师四人、画部六十人。养老三年，画师和雅乐寮的诸师及算师、医师、马医一同都是持笏之官。阴阳寮中设置阴阳、历法、天文、漏刻四博士。典药寮里设置医、针、按摩、咒禁四博士及药园师。有乳户长挤牛奶作药用。卫府有医师。马寮有马医。养老六年，朝廷开始设立女医博士，口授女医。朝廷从官户的婢女中挑选三十人作女医，口授案文、安胎、难产、创肿、伤折、针灸之法。雅乐寮中有歌师四人、笛师二人、唐乐师十二人。高丽乐师、百济乐师、新罗乐师、伎乐师、腰鼓师等指定各乐生来教习。唐乐有横笛、合笙箫、尺八、筌篌、筝、琵琶、方声、鼓及歌舞。因为乐器多，所以人员也多。伎乐与腰鼓并称吴乐，由乐户来演奏。兵部没有兵学。武器指的是弓马技艺。造兵司有杂工。鼓吹司有吹部。养老六年，在朝廷奖赏撰律令有功人员时，各类有学问者得到朝廷赐田。之后，国司推举伊贺的金作部东人、伊势的牟良、忍海汉人安得、近江饱波的汉伊太须、

---

① 正六位下。——原注
② 正七位下。——原注

朝鲜锻冶百岛、忍海部太须、丹波的朝鲜锻冶法麻吕、弓削部名麻吕、播磨的忍海汉麻吕、朝鲜锻冶百依、纪伊的朝鲜锻冶杭田、铠作名妆等杂户七十一人为公户。忍海汉是神功皇后征朝鲜时从新罗草罗城抓的俘虏。忍海部是忍海汉同类。这都属于造兵司的杂工。隼人司的歌舞也是官习的风俗歌舞。国学生取自郡司子弟。人数不足的在国司子弟中补足。郡司让解经义者作其教授。国学生通二经，结业后还想学者，报考式部。如果考中，补大学生。其他文章、明经、阴阳、医生都在诸国的学校教授。诸国风俗歌舞在诸国教习。

第4节 按察使的设置和开荒百万町

一、按察使的任命

在国郡设置大体完成后，为了督促国司、郡司的政务，检校版籍，朝廷有必要开垦广阔的荒地。起初，朝廷派遣巡察使。到了养老三年七月，朝廷设按察使。这一职务由国守兼任。伊势守门部王管理伊贺、志摩二国；远江大伴山守管理骏河、伊豆、甲斐；常陆守藤原宇合管理安房、上总、下总；美浓守笠麻吕管理尾张、三河、信浓；武藏守多治比县主管理相模、上野、下野；越前守多治比广成管理能登、越中、越后；丹波守小野马养管理丹后、但马、因幡；出云守息长臣足管理伯耆、石见；播磨守鸭吉备麻吕管理备前、美作、备中、淡路；伊豫守高安王管理阿波、讚岐、土佐；备后守大伴宿奈麻吕管理安艺、周防。管理这些地方的国司距离并不远。如果有国司侵害百姓利益的事情发生，按察使等进行巡视，酌情惩处乃至罢黜。要判处流放罪以上的需要上奏朝廷其具体情形。如果其中有声教条修、内部清廉者，按察使记录典型案例上奏。朝廷设记事一职。条修是指此时按察使访查的事项：（一）为官公平，洁身自好；（二）判断合理，狱讼无冤等。巡历、访查管理的有十件事：首先是教本弃末、精务农桑；其次还有幼标孝悌，有感通神等八条。按察使列举百姓中有善恶情状者，记录详细情况并宣布，详细分类。养老五年六月的官奏写道："国郡官员，渔猎黎元，扰乱朝宪。故朝廷设置按察使，追究其罪状，肃清奸诈。"按察使为准正五位官。朝廷支付按察使公麻田六町、仕丁五人。记事为准正七位官，配置二町二人。朝廷下诏："按察使是朕之股肱，民之父母，任重道远，与群臣不同。"因此，按察使俸禄加倍①。朝廷用当地的产物来支付按察使俸禄。养老五年八月，朝廷设长门按察使，管辖周防、石见，将备中隶属于备后按察使，将诹访、飞驒隶属于美浓按察使，将出羽隶属于陆奥按察使②，将佐渡隶属于越前按察使，将隐岐隶属于出云按察使，将纪伊隶属于大和守。这样一来，按察使的设置工作完毕。

二、按察使的政绩

按察使的设置类似于大宝以前朝廷在西国设置的总管，在朝廷和国司之间设置这一耳目，可以整肃政治腐败。其利弊如何？按察使的权限在于罢黜掾、目以下的厅官，不涉及有关朝廷的事情。史书上看不到相关记录。不过，山田三方在任周防前守时，监守自盗，被革职。后来，山田三方得到恩赦，但由于依法受到惩处，家无余财。养老六年四月，朝廷下诏"山田三方游学藩国，归国后传授学生，文馆学士颇解属文，如果不怜悯这等人就会有辱斯文"，判处山田三方罚没财产。按察使又奏诸国罪人总四十一人，将他们处以流放之刑。朝廷特下诏予以赦免。这都是按察使的政绩。这些事情发生在皇太子首皇子听政之初到右大臣藤原不比等年事已高、长屋王取而代之任右大臣期间。因此，这属于圣武天皇新政之初的举措。然而，大概因为按察使不太必要的原因吧，后世没有这一职位。到了宝字五年，惠美真光、藤原御盾等各兼任三国的按察使。这是因为接受其公廪禄物的已经成了空位。不过，只有陆奥、出羽按察使直到后世还存在。神龟元年，陆奥设置镇守府。据《职原抄》记载："府国相并，行国事。"这也是因为讨伐虾夷而发生的变化。因此，陆奥、出羽按察使后来成为从四位下官，惯例是由大纳言兼任，但这只不过是俸禄及资格的关系而已。

当时，日本还是以物物交换为习惯的时代。诸国贡、调的征收和支付情况非常混乱。这是按察使的政绩变得模糊的主要原因。灵龟二年四月，朝廷下诏："贡调脚夫入京之日，有关部门亲临检查实际情况，列举国司的功过，予以奖

---

① 令规定正五位官禄絁五匹、绵五屯、布十二端、银二十口；正七位官絁二匹、绵四屯、布四端、银十五口。——原注
② 养老三年新设按察使时没有陆奥，养老四年陆奥按察使被虾夷所杀。——原注

惩，还要推定记账之物数。按理说入京服劳役者有足以遮蔽身体的衣服。然而，入京服劳役者衣不蔽体，面有菜色者居多，这是国司、郡司在公账上计空账，好大喜功，利用职权重课所致。"之后，按察使记录诸国丰俭和农桑增益，上报朝廷。这是设立按察使的原因之一。脚夫是指运送税粮的纳税户。不过这些纳税户应该是宰领人等相当有实力的人。

当时，朝廷设置驿站、夫马，供官吏、奉使往来使用。物品的运输由人民来负担。纳户自办夫马，困难可想而知。私人不得使用驿站夫马，这是一直到明治以前的惯例。就养老二年六月调庸的运脚而言，衡量路程的远近和货物的轻重来算出纳税户运输费的平均数，以此来充当行人的劳务费。其他杂物进京尚无一定之规。而运送货物进京后，毕竟还要回家，人民回来时无粮，非常困难。养老四年二月，朝廷在京城储藏官物。因公事而送物到京者，回程道路上支给粮食。由于钱币通用以来已经过了十五六年，采矿、铸造数量增加，所以钱币价格下跌。二十五个铜钱换一个银钱，一两银子换铜钱一百。从养老五年九月开始，朝廷让伊贺、伊势、尾张、近江、越前、丹波、播磨、纪伊等诸国缴纳钱调。朝廷很早就允许远国缴纳钱调，而近国杂物贡调很多。远国将𬘬、布、丝、绵等换成钱调，需求很多，造成钱荒。养老六年二月，朝廷下诏："制定市头交易价格之际，违法者很多，有放弃本业而废业之家，如不禁止末流，会有严重后果。"为了百姓的利益考虑，朝廷将银一两定为钱二百。价钱多少随时变动。这时银钱突然涨价一倍，说明铜钱滥多。

三、逃口复籍

前文中，笔者通过列举户籍讲述了养老年间逃口很多一事。王臣、寺僧收留流浪人员，以此为资人。来求得度的流浪人员也很多。这一点笔者已经讲过。灵龟元年，流浪土断诏书已出。到了养老四年三月，朝廷发下官符，称"百姓违法条章，为躲避徭役而逃亡，偶有后悔、回到本乡者，家业散失，无以为继。逃亡后六年以上而回乡者，免一年税赋，让其继续产业"。朝廷又在养老五年四月发令："流浪者悔过而回本乡者，本想护送，但路途麻烦，只好根据情况而发遣。"户口和田亩相辅相成，才有财富。当时渴望户口增加一事从禄物的锹数的增加也可见一斑。可以推知其背后必然隐藏的田地、人口。护送逃亡人口回原籍、免除当年的租役，朝廷这样规定是为了增加户口。虽说如此，这种做法未免带来户籍法的紊乱。朝廷这样做反映了有人希望攀附权贵作为资人或者求僧人得度这一弊端。

四、奖励旱田

在设立按察使的同时，朝廷在诸国奖励垦田。本来，田指的是旱田，而日本农业以水田种稻为主，不利于旱田种植。而畜牧是中国北方地区人民的职业。朝鲜半岛南部与日本习惯相同。日本当时能够畜牧的草野还很广阔，大体上是官方养马的牧场，有牧监、牧长，很多是世袭的。他们专门牧马，进贡朝廷。此外，牧监、牧长占有私人垦田之利。就牧牛而言，官方有乳户。牛还用于诸国的农耕。以前挹娄人好养猪。东北虾夷也养猪。据说天平四年日本畿内放猪。这应该是野猪。日本人并不屠杀食用牛、羊、猪。日本人的主食是水稻。种植水稻是南方热带地区的风俗。就水田而言，不利用坡地河渠的话，是开拓不出来的。在日本，距离水源较远的原野、荒废之地颇多。持统天皇七年，朝廷下令天下奖励种植桑、纻、梨、栗、芜菁等草本，以助五谷。这属于奖励旱田的政策。五谷是指黍、稷、高粱、麦子、菽，都产于旱田。梨是水果，芜菁属于副食，以备荒年。从那时开始，朝廷就督促垦耕旱田，但收效甚微。因此，灵龟元年十月，朝廷下诏："天下百姓尚未用尽生产之术，惟喜爱耕种水田，不知旱田之利。遇到旱涝，没有余谷。如果秋天不耕种就会遇到饥荒。这不仅是由于百姓懈怠造成的，也因为国司不进行教导。应该麦禾兼种。男子每人种二段。粟能够经久不腐烂，在诸谷中最好，应该尽力普及耕种。还应该种其他杂谷。允许缴纳粟代替稻谷。"养老三年九月，朝廷下诏："给予天下民户每户旱田一町以上，二十町以下。地租按照土地面积上交粟三升。"养老三年六月夏，无雨，苗稼不登。朝廷让国司劝课，种植晚禾、荞麦、大小麦，储藏起来，以备荒年。养老三年八月的官符中称："救饥民者莫过于麦。在过去，割官物播植天下。近来多缺耕种，遇到饥馑，困难非常。"之后，朝廷劝百姓勿失农时。耕种的面积、收获量年年记录，记账上报。朝廷奖励耕种旱田，以补充凶荒之年。旱田比水田费工多、收获少，且旱田作物作主食非常不便。日本人民动辄只用心耕种水田。因此，朝廷奖励耕种旱田，但收效甚微。这是因为日本国民当初养成了这个习惯，至今仍然如此。

五、公私田和有司之私利

笔者前面讲过了当时诸国对属于官有的土地的处理问题。朝廷将赐封班授剩下的称作公田，由国司依据《田令》根据估价租赁出去。赁租以一年为期限。园地，即不能做水田的地根据地的多少均分。如果绝户，还给官方。《义解》中写道"不论户口多少，人均给付。种植桑漆者一定是园地"。由此可见，旱田主要课桑漆。因此，《令》中写道："任凭租赁和买卖。"《令》中又称："公私田荒废三年以上者，如果有佃租者，允许租种。虽然距离远也要准许。如果是私田，三年还与主人，如果是公田，六年还官。"在京的士大夫在诸国的赐田如果没有耕种者，则荒废无收获。人们可以租佃其荒废之田，三年而还，避免浪费。因此，国司、郡司让人耕种公田、私田，不让其荒废是其政务的主要部分。同时，国司、郡司弄权欺瞒，由此生利。现在的人想象一下将距离很远的地委托给别人的情况便可知晓。诸国的地头、家人日渐强势，与领地主人相争的发端早在这时出现了。灵龟三年五月，朝廷下诏："根据《令》的规定，如果田有水旱、虫霜不熟之处，国司检查实情，记录报官。而今国司检查实情时，本未遭受水旱，妄自录上减少五分，失去充仓之实，或明明全部耕种，却欺瞒朝廷算作未耕种的田地，做假账报官。这都是因为国司事前检查不细，而后不检查，只得瞒报。情节严重者可以解职。"这就是"检见"，直到后世都是农政中的棘手事情。隐瞒欺骗现象不绝于后。当时地租很低，荒地广阔，巧诈之事不太多。但这里面厅吏有利润可图。就凭一纸敕令消除其弊端是不可能的。

六、利稻出举之弊

诸国利稻出举逐渐变得繁琐。养老四年的官奏中写道："近来百姓贫困，公私不辨者很多，如不努力家道难存。因此，数年之内，年年春季借贷以继续产业，到了秋熟之后依数征纳，其稻不生利息，当年纳定，不得迟延。"无息稻种始于此时。租税之外的公稻收归国用。一旦所有地区都这样做，则唯恐此法无法实施下去。因此，朝廷让诸国每年出举十束收三束之利，必须当年还付本利。朝廷这样做旨在减少利息，不让负债延期。《杂令》中写道"以稻粟出举者，以一年为限，不得因旧本而令生利，及用利为本"，说的就是上述情况。迄今为止，百姓负债者很多，不能还债。日积月累，债台高筑。以养老二年为限，以前的债皆予以免除。此事果真能否实施需要日后观察。在同样的官奏中写有"和铜出举稻的利息仅限半倍，近来出举稻滥多。因此，百姓不能偿还临时征索的稻子，更名子侄，重举稻子。凭此奸计取利稻，胜过本金，积习成俗，有悖道理。虽经多年，利不能过本之半倍"。养老二年，因为负债更换姓名、漏掉免除债务的特殊恩惠者要予以宽待。到了养老六年，公私出举之利只能取十分之三。利稻是征税之外的明确的收租，类似于今天的附加税。朝廷的这一减利措施意味着减少国司、郡司的利润。能否禁止国司、郡司鱼肉百姓令人怀疑。

七、开垦的烦扰

朝廷将非公田、园池的荒地称作空闲地。将空闲地以开垦之名而占有叫作垦田。这一点笔者已经讲过。和铜四年，朝廷下诏："亲王以下豪强之家多占山野，妨碍百姓耕种。今后要严格禁止。能够开垦的空地经过国司由官方处理。"养老六年，朝廷又规定："诸寺院多占田野的数目庞大，而后超过规定者都要归还。"从前朝以来，朝廷禁止王公贵族及寺院多占田野，这可以反证其背后竞争的激烈。在伴造、国造衰落后，国司的设立和普及正是占有山林、田野的时期。因此，养老六年四月的官奏中写道："民以食为天，临时制定政策是治国之要政。因此，劝农积粮，防止水旱，委托有关部门征发服劳役者，开垦膏腴之地良田百万町。其劳役以十日为限，支给粮食，所需工具以官物借给，秋收之后可以造备。若国司、郡司阳奉阴违，不肯开垦者，当即解职。即便经恩赦也未必得免。管辖内的百姓应在荒野闲地多下功夫。收获杂谷三千石者赐勋六等，收获千石以上者免终身徭役。酬赏之后稽留不经营者追夺爵位。"开垦良田百万町是个令人惊讶的数字。十几年前，笔者对日本古今的田数进行了统计。《弘仁格》记录的田数总共不过八十六万町，在九百年后的享保年间检地时为一百六十四万町，到明治十九年达到二百六十五万町——除去岛屿，那么就是当时的所有田数也不足一百万町。期望短期内开垦良田百万町一事非常可疑。之后，对朝廷来说，垦田的烦扰在于权门、势大者、神社、寺院等占有庄园。这件事可以追本溯源至大化时期以前。当时虽然朝廷设置了国郡，并在这一过程中尝试进行完善，但不可能一开始就有完整的法律条文。在《田令》中，针对庄园垦田一条写道："买卖宅地，经所属政府部门批准实施。"仅此而已，并无限制。又有："其官员及所管辖界内，有空闲地愿佃者任听耕种，解约之日还公。"这里说的是国厅占有地界内的空闲地，连这都没有限制。解约还公的规定到天平年间被废除。人们在经济上对《养老令》的研究还很薄弱。就开垦百万町的数字而言，在太政官中右大臣长屋王、大纳言多治比池守、中纳言巨势祖父、大伴旅人、藤原武智麻吕、参议藤原房前等有国司经历的知名人面前，由右大辨安倍广庭向外史宣读时，诸卿难道不觉着奇怪吗？这些事情靠谱吗？考虑当时的时局，正是朝廷征隼征夷之际，因此可以想象，当时移民至关东、北越者很多。就此笔者以后再讲。

第5节　征伐隼人和征伐虾夷

一、隼、夷的对照

国郡管理要取得成绩有必要抓好开垦荒地的工作。开垦需要驯服居民，有必要征服化外之民。这二者关系密切。养老年间朝廷兴起征夷、征隼之师本来也是因为这个原因。从难波朝开始，虾夷、隼人归顺朝廷这一现象屡屡见诸史书。虾夷、隼人的名称是用来指占据日本列岛的东边、西边的化外的酋长部落的。查阅相关地图就可以明白，虾夷占领的地方从本州岛的东北到北海道。这片地方都是虾夷的杂居地。而隼人占据的地方仅限于大角、吾田，只不过是今天的隅萨的一部分。因此，虾夷和隼人是不可相提并论的。进一步细究可以发现，萨摩的吾田国是上古高千穗宫的所在地，至少南半岛角很早就归化朝廷了。吾田国是火阑降命的领地。就大角而言，在和铜六年，朝廷设立大隅国四郡，大角已经归朝廷管辖。因此，残余的隼人部落居住在很狭小的区域。与征夷相比，朝廷兴起的征隼之师可以说微不足道。这里有必要考察隼人占据地区的情况。笔者研究发现，迄今为止，关于熊袭隼人的事迹，地方史上一片空白。

二、隼人的入侵

隼人之称开始于上古火阑降命时期。作为火阑降命子孙的有大角隼人、吾田隼人。火阑降命子孙的姓氏记录在《姓氏录》的神别上。之后有现在的新隼人之姓。这些都是贵民的门阀,并非化外的夷民。将萨摩大隅称作隼人是一种贬称,正如将坂东称作东夷、将越路称作北狄一样。本来隼人这一蛮民的根据地在萨隅以外,是侵扰萨隅国郡的生蕃。因此,在前文中,笔者将他们总称为西蛮。就征服隼人的始末缘由而言,日本国史记载得极其简略,无从查找。如笔者在第三章所讲的那样,直到大宝时期,朝廷将重点放在对西国的镇压上,在讚、备二国也修筑城寨,由总管进行军事管理。大宝年间,由于朝廷征讨隼人,这一方向的危机解除了。但为了治安,太宰府的武装还是保留。设置太宰府不仅仅为了防卫朝鲜半岛,也是为了征讨隼人更加方便。到了天平时期,危机暂时缓解。隼人是熊袭的遗类,与今天栖息于文莱国的山中的索族这一蛮夷习俗相同。本来隼人是渡海移居的蛮族。在高千穗宫时期,朝廷夺取了萨摩的港口,将隼人驯服。但仍有从隅日港口到南岛内地以海盗、山贼的身份对日本进行侵扰的,蹂躏西国。隼人魁帅在日向雾岛山麓的广原到赠于郡一带。就景行天皇征伐熊袭而言,是从两丰的山脉相连之处开始战斗,翻越诸县的山险,攻下球磨,截断熊袭的归路。然而,隼人剽悍,因此以诸县君和熊县主的力量是无法制服他们的。从诸县球磨米良高知尾到两丰的深山是隼人出没的要害之地。历代太宰府管辖内用力征服隼人。据史书上记载,太宰府有时也取得战果,隼人会归顺朝廷。在海上,隼人自由往来于琉球、台湾、吕宋等。隼人的危害蔓延到九州南海及安艺地区,进而入侵并杂居在这些地区,造成隐患。自古以来,这一带的国县就很努力去镇压、驯服隼人。人们征讨隼人的次数比征讨东夷、北狄还多。如今,南岛也归顺朝廷。隼人被逼到九州的山岳中。大宝以来,只有太宰管辖区内在征服隼人上下了大力气。

三、隼人的驯服和入朝

和铜二年十月,萨摩隼人郡司以下一百八十六人入朝。朝廷从诸国征集骑兵五百人以表示威仪。和铜三年正月,隼人、虾夷等到太极殿参加朝贺。左将军大伴旅人、副将军穗积老、右将军佐伯石汤、副将军小野马养等在皇城门外将骑兵陈列左右，然后领着隼人、虾夷入殿。佐伯石汤是前一年的征越后虾夷将军。大伴旅人是征隼人将军。史书上没有记载这些。和铜三年正月丁卯，元明天皇在重阁门赐宴文武百官及虾夷、隼人，奏诸方乐，给隼人、虾夷等授位、赐禄。授位、赐禄是有差别的。日向隼人曾君细麻吕教谕荒俗、驯服隼人、沐浴圣化。朝廷下诏授予曾君细麻吕外从五位下。曾君是姓氏。上述日向隼人是自称火阑降命后裔的吾田、大角，不应跟这个时期的隼人混淆。关于曾君，如同朝廷将百济王称百济君的例子一样，是为了教谕荒俗服圣化，是朝廷对藩国之君的外交辞令。这一时期，朝廷也赐给陆奥虾夷国君的姓，允许编户。曾就是袭，细麻吕是熊袭魁帅的本宗。细麻吕此时归顺，首次来朝，因此在朝廷受到殊遇。这样一来，熊袭隼人的首长就服属日本，但隼人余类仍然很多。和铜六年七月的诏书中写道："讨隼将军及士卒等有战功者一千二百八十余人，根据功劳授勋。"但以前很少见讨隼之事。此后两年，大伴旅人前往征讨隼人。论功行赏也很晚。或许是曾君细麻吕回国之后，隼人又发动叛乱。这次朝廷不靠太宰府的力量，而是派将军率大军前去征剿。史书上没有相关记载。和铜七年三月的记载中写道："隼人尚未习宪法，迁丰前之民二百户，进行劝导。"这是朝廷再征隼人之后的处理办法。历史上没有记载，无从查证。移民的地方应该是日向萨摩之间。以此可以断定丰前和隼人的关系。和铜七年十二月，太远建治等率领南岛的奄美、信觉、球美等岛五十二人来到朝廷。灵龟元年正月，在皇太子首皇子首次参加朝拜时，隼人和陆奥、出羽的虾夷一同献上方物。这是朝廷为了征定隼人而招来南岛人。由此可知，隼人是从海上侵扰近国。

四、进贡人和南海的交通

在曾君细麻吕来朝时，日向贡来采女，萨摩贡来舍人。就此事而言，以前景行天皇从熊袭枭帅那里纳了二女，应神天皇纳了诸县君之女，可以进行参考。灵龟二年，太宰府请示道："萨摩、大隅二国进贡已经八年，道路远隔来去不便，父母年迈患病，妻儿缺吃少穿，请求每六年交替。"这一请求得到朝廷批准。朝廷又允许五位以上的差使往来伊豫、丰后边界。此前，公私使往来土佐经过伊豫，但因为又远又危险，改为走阿波。养老三年，朝廷废除备后国的安那郡茨城和苇田郡当城。就安那而言，日本武尊在征伐熊袭回来的路上诛杀穴海恶神。在日语中，"安那"就是穴的意思。之后，朝廷在当地修筑城镇。这些变化说明由于朝廷征定了隼人，安艺、四国海路安全平稳了。

五、隼人的再叛和平定

养老四年，隼人又发动叛乱。隼人杀死大隅守阳侯麻吕。养老四年三月，朝廷任命中纳言大伴旅人为征隼人持节大将军，任命授刀助笠御室、民部少辅巨势真人为副将军，前往平定隼人。不久，大伴旅人等凯旋。养老四年六月，朝廷下诏："西隅之贼好乱，顽固不化，谋害官吏、良民，故派持节大将军前往讨伐其罪，寻其巢居，剪除凶徒，酋帅望风披靡。将军行军原野，迁延旬月，时盛夏艰苦，遣使慰问。"养老四年七月，朝廷赐物给征西将士。在大伴旅人入京后，副将军以下因隼人尚未平定，驻扎在那里。养老五年七月，征隼副将军授刀助笠御室、巨势真人等回京，斩首获虏共一千四百人。这是大宝以来朝廷第三次征讨隼人。《扶桑略记》记载道："养老四年，大隅、日向两国叛乱，公家祈请宇佐宫去征讨该国，平灭该敌。"大神谕宣称："战斗之际，导致多杀生，宜修放生会。"放生会始于此时。大概八幡信仰在那时已经出现胚胎。

六、征隼的结果

"萨摩国人希多随便合并"这句话有脱漏之处，意思难解。养老六年四月，朝廷授予征讨陆奥虾夷、大隅、萨摩隼人等的将军以爵位。太宰府管辖内的大隅的萨摩、多祢、壹岐、对马等的缺员中暂且补充太宰府的官员。养老七年四月，太宰府上奏："日向、萨摩、大隅三国的士卒征讨隼贼，兵役负担频繁且常年五谷不登，饥寒交迫。历史上，战争之后必然流行瘟疫。"因此，朝廷免税赋三年。养老八年，大隅、萨摩二国的隼人等六百二十四人朝见。朝廷赐宴。隼人各表演其风俗歌舞。朝廷对酋帅三十四人叙位、赐禄，各有差异。这都是养老四年征讨之后见到的成果。史书缺误太多，不太详细。令人怀疑的是五六年间有第四次征隼，后来隼人逐渐平定。在九州，日向的面积最广阔。诸县郡分为四郡，山岭很深，原野很广。可以称此为西面的北海道。峰岭绵亘至肥后米良五家，从阿苏可以望见与丰筑相连。可见隼人活跃的区域并不狭窄。

七、首次征夷征狄

虾夷以绵亘于日光、浅间的山岭为界，占据东北之地。朝廷进入该地设置国县、与虾夷进行杂居的时间应该很早。虾夷同样也杂居于坂东、北越，或出没于这些地方劫掠农户。从上古开始，朝廷就驯服、驱逐虾夷，开辟东方之地。朝廷的这些活动就是从坂东、北越开始的。可以说朝廷是逐渐占领虾夷地区的。因此，征夷、征狄和征隼是相反的，并非朝廷内部的骚乱，而是朝廷向外部拓殖，将土人逐渐驯化、进行管理。因此，直到后世，日本一直将东北土人称作虾夷。坂东、北越是边国。直到大宝以前，朝廷在边境设立栅户，以防守为主。朝廷不像征讨西国隼人那样使用大军。文武天皇时期，朝廷修建磐船栅。和铜元年九月，在越后上奏后，朝廷新设出羽郡。和铜二年三月，陆奥、越后二国的虾夷粗野，屡屡侵害良民。朝廷向骏、远、甲、信、上、越前、越中征兵，任命左大辨巨麻吕为陆奥镇东将军，任命民部大辅佐伯石汤为越后虾夷将军，任命内藏头纪诸人为副将军，分两路出兵征伐，授予节刀和军令。这是征隼之师发动之时。和铜二年七月，朝廷任命上毛野安麻吕为陆奥守，下令诸国将兵器运送至出羽栅，命令三越佐渡将百艘船送往征狄所。和铜二年八月，佐伯石汤等人在战事结束后入朝。此时陆奥战事也已结束。史书对此没有记载。之后，上毛野安麻吕又恢复了平时的职务。朝廷命令骏、远、甲、当、信、上、奥、三越等地经历战役达五十日的士兵休整一年。朝廷派遣藤原房前到东山、东海二道检查关隘，巡视风俗。和铜二年十二月，式部卿大将军下毛野古麻吕卒。大概最后下毛野古麻吕当上了征夷大将军。在和铜三年正月元日的朝贺中，虾夷在和隼人列席的时候，佐伯石汤用骑兵引路。后来，朝廷允许陆奥虾夷称君姓。编户之后，朝廷军队凯旋班师。这就是第一次征夷、征狄。

八、东北的拓殖

和铜五年九月的官奏中写道："北道的虾夷、北狄凭借着地远和地形险要，屡屡惊扰边境。由于官军进袭，狄部平静不再惊扰皇民。因此，设立司宰，永久保护百姓，设立出羽国，割陆奥的最上、置赐二郡，归出羽国管理。"此后，奥羽两国才开始分置。朝廷招抚夷民，敦促开垦。和铜七年，朝廷让出羽国开始养蚕。和铜七年十月，朝廷割尾张、上野、信浓、越后之民二百户分配给出羽的栅户。和铜八年五月，朝廷将相模、上总、常陆、上野、武藏、下野六国的富户千户分配给出羽。奥羽之地设郡领很久了。在齐明天皇时期，朝廷越过海峡，在渡岛设置郡领。虾夷有生熟两种，杂居在一起。当地地广人稀。有的虾夷侵扰边境，有的虾夷则很安分生产。元正天皇初年，陆奥虾夷第三等[①]邑良志别君、宇苏弥奈等称死去亲属的子孙数人经常害怕狄徒侵扰，请求朝廷允许迁到香阿村，建设郡家，成为编户之民。这一请求得到官方认可。邑良志别属于出羽。香阿就是陆奥稗贯郡乡沼村。虾夷须贺郡古麻比留称先祖以来就在此地采昆布[②]，岁时不缺贡献，距离国府之地很远，往来数旬，非常辛苦。朝廷允许古麻比留迁往闭村，建立郡家。须贺是昆布的产地，大概在渡岛地区。闭村就是南部的闭伊郡。灵龟二年，朝廷将骏、甲、相、总、常、野六国的高丽人一千七百九十九人迁至武藏，设置高丽郡。灵龟二年九月，中纳言巨势麻吕上奏："建出羽国已经数年，吏民稀少，狄徒尚未驯服，其地膏腴，田野宽广，迁近处的国民教谕夷狄，兼保地利。"因此，朝廷命信浓、上野、越前、越后四国的百姓各遣百户，隶属出羽国，灵龟三年又将各百户分配给出羽栅户。自两道出兵以来，朝廷频繁拓殖东北。养老二年，朝廷分置石城、石背二国，功效显著。此时，海北肃慎兴起了粟末靺鞨，从松花江以南占领高丽的旧地，东至黑水部。波动必然会动摇虾夷。朝廷之所以在和铜以来频频经营东北是由于粟末靺鞨的影响。养老三年，首皇子听政的第二个月，东海、东山、北陆三道之民二百户被分配至出羽国。养老四年正月，朝廷将渡岛、津轻、津司、诸君、鞍男等六人派到靺鞨国，观察靺鞨国风俗。

九、抚恤边民

不久，西国发生隼人叛乱。养老四年九月，陆奥虾夷也发动叛乱，杀死按察使下毛野广人。因此，朝廷任命播磨按察使多治比县守为持节征夷将军，任命左京亮下毛野石代为副将军，任命从五位下阿倍骏河为持节镇狄将军，并授节刀，从两路进讨。养老五年四月，朝廷军队凯旋。养老五年六月，朝廷下诏："陆奥、

---

① 赐予虾夷俘虏的等级。——原注
② 即海带。——原注

筑紫边塞之民劳于戎役，父子死亡，家室离散，深以矜怀，免去当年调庸。军众杀获追击逆贼者免税二年，冒箭石死者免税一年。"养老六年，朝廷授予征虾夷隼人将军以下有功的虾夷译语人勋位。陆奥按察使管内的百姓免调庸，奖励农桑，陆奥按察使教习百姓骑射，进而课以驻边税。陆奥按察使赐禄给夷人。夷人放还了授刀、兵卫、卫士、防阁、仕丁、采女、侍女之类的人。除旧租外，陆奥之租都用于边防。养老六年八月，朝廷让诸国司挑选栅户千人，分配给陆奥镇所。养老七年，常陆那贺郡大领治部荒山将三千斛粮食献给陆奥镇所。朝廷授予治部荒山从五位下。在出羽国司的申请下，根据功勋、业绩，朝廷赏虾夷五十二人，予以抚慰。西国已经得到整顿。朝廷开始拓殖东边荒地。自此以后，虾夷成为朝廷的大问题。朝廷逐渐称豪族崛起的东国为东夷，对豪族的强悍表示担忧。

第5章

奈良盛世

第1节 圣武天皇的初政

一、圣武天皇继位

养老八年二月,听政五年后,首皇子在二十四岁时接受元正天皇禅位,在太极殿登基。在宣命诏中,元正天皇称:"宣化天皇在藤原宫治理天下,为天下兢兢业业。天皇驾崩后,亲王年龄尚幼,不堪重负。皇祖母即位,治理天下。后又将皇位授予文武天皇,依此而是。灵龟三年,元明天皇将皇位赐让与朕。今将神龟二字定为年号,改养老八年为神龟元年。而将皇位赐让皇太子。"这样一来,从和铜年间到养老年间,经过元明、元正两朝十六年的统治后,首皇子终于成人继位。这就是天玺国押开丰樱彦天皇,史称"圣武天皇"。

二、经济的膨胀

就弘仁时期制定的"淡海""御船"等历代天皇的二字谥号而言,将大倭肇国的天皇称为神武天皇,将在净御原宫的天皇称为天武天皇,将藤原宫的天皇称为文武天皇,将平安宫的天皇称为桓武天皇。朝廷将净御原作为近江勘定之地,将藤原宫作为修订律令之地。在宝字年间,为夸耀自己辅佐建立太平盛世,惠美押胜,即藤原仲麻吕颂扬圣武天皇的三宝兴隆、平定内乱。因此,圣武天皇才得此谥号。其实这并非圣武天皇的本意。大倭皇运在神武、天武、文武三武时期非常强盛，自神龟以来达到高潮。而在迁都山城后，外观上似乎是盛运，但其实已经出现衰运的兆头。就这一点，延喜四年三善清行的《意见封事》中如下写道："佛法才传日本就很兴盛，上自群公卿下到诸国黎民，不建寺塔者不能算人，倾家荡产，建造浮屠。竞相舍弃田圃，成为佛地。多买良人成为寺奴。佛像高大，工艺精巧，庄严奇特，如鬼神之笔，人力所不能为也。朝廷又让七道、诸国建国分二寺，工程费用用诸国正税来支付，于是天下之费十分之五。"直到天平初期，日本国运昌盛，国家富足。而从天平末年开始，朝廷建造国分寺，铸造大佛，财富减半，日渐穷困。后来，到了桓武天皇时期，朝廷迁都长冈。迁都工程完毕后，朝廷进而经营上都，再次造太极殿，新建丰乐院。此外，宫殿楼阁、百官曹厅、亲王公主宅邸、后妃嫔御的官馆等土木工程浩大，极尽庸调之用。于是，天下的费用花掉五分之三。在平安迁都时，日本朝廷营建皇宫大内。连贵族也纷纷效仿，造宅邸官馆。用度不断增长。以往的财富减半，而今又在半上减半以上。财富减耗至不过十分之二。本来经济膨胀是无法抑制的，但生产和消费应该成比例，而今消费的比例过大，是生产的一倍。因此，在勤俭持国、开源节流之际，奈良朝的盛运已经过去。尽管奈良朝外观上还很强盛，但衰运已经不远。这是历史的常态。奈良盛世本来正是国计还有进步希望时，不料已经由盛转衰。

三、奈良时代日本的强盛

这时，天武天皇的皇子中还有舍人亲王、新田部亲王。圣武天皇继位时，增封舍人亲王五百户，授新田部亲王一品，任命舍人亲王为知太政官事。长屋王晋升左大臣，而元老多治比池守任大纳言，加封五十户。中纳言是巨势邑治、大伴旅人、藤原武智麻吕。参议是藤原房前。阿倍广庭也任参议。不久，巨势邑治去世。从圣武天皇还在东宫时期起，圣武天皇的舅舅藤原武智麻吕就一直是太子师傅。藤原武智麻吕的弟弟藤原房前是内臣。兄弟二人都被托孤，教导圣武天皇学习文学。圣武天皇自然崇敬学问，废除田猎，实行善政，怜悯百姓，崇敬佛法。当时恰好先朝西讨东征余尘未静，而京都承平日久。朝廷营建宫殿宅邸，修饰仪仗、服装，春花秋月，君臣宴游娱乐。藤原武智麻吕升为从三位中纳言，兼造宫卿。藤原武智麻吕率工匠等翻修宫内。新都公馆巍巍壮观，让人皆知帝王的尊贵。允许京师庶人建造瓦屋也是圣武天皇继位之后的事情。自迁都以来，时间已经很长了，收录在《万叶集》中的鸭足人描写香具山的和歌中写道："云蒸霞蔚香具山，形如天降之神仙。春意盎然心情好，松风声声好心欢。樱花盛开多鲜艳，树木遒劲香里边。鸥妻声声把偶唤，鸟儿群噪在津边。百丈大官人往返，游船摇桨酒正酣，周边无人好安闲。"由此可以想象旧都的荒凉景象。在吉野离宫游览山水是旧都时的惯例。养老七年冬天，元正天皇游幸时的情景见诸《万叶集》。在即位的第二个月，圣武天皇行幸吉野离宫，大概是为了观赏弥生的樱花。中纳言大伴旅人在奉敕歌中写道："吉野行宫在三吉，山高水清好气质。天长地久人不老，行幸之宫万代遗。"神龟元年五月，圣武天皇行幸重阁门，御览装饰齐整的骑兵。平民富家子弟及京畿内近江的国司、郡司的子弟、士兵、庶民中勇健而不堪装饰者都侍奉猎骑之事。这是近卫府的萌芽。

四、圣武天皇行幸纪伊

神龟元年十月，就在继位当年，圣武天皇行幸纪伊，从那贺郡玉垣勾顿宫到玉津岛顿宫。圣武天皇驻辇十余日，在冈东造离宫，下诏道："登山望海，此间最好，不劳远行，足以游览。"于是，圣武天皇将弱滨改名明光浦，设守户，不让其荒废，春秋二时派遣官员祭奠玉津岛之神、明光浦之灵，让忍海手人大海兄弟六人放弃手人之名，从其外祖津守连通之姓。圣武天皇此次行幸的目的是赏红叶。他翻越亩旁山，沿着纪伊川顺流而下。在《万叶集》中，作为从驾人的笠金村写的《赠与娘子之和歌》留了下来。和歌如下："天皇行幸好山川，八十伴绪物部伴。出去往来有爱夫，天翔轻路春烂漫，遥望亩火麻裳炫。进入木道真土山，越山君见红叶散。风吹飘飘入眼帘，草枕便旅把汝念。"这首和歌写的应该是接近岸边的地方。玉津岛就是玉出岛。若滨就是弱滨。明光浦就是明浦，后来又改称弱滨、和歌浦。这是因为玉津岛神社祭祀衣通姬的缘故。这是个传说。其实，玉津岛明神后来也被朝廷授位了。所祭神不明。纪伊川口淤泥阻塞千年之久，地形发生了变化，早就失去岛的形状。《日本书纪》中称衣通姬是允恭皇后的妹妹，也写作轻皇女，但未听说她是歌人。纪贯之《古今集序》中写道："小野小町是古代衣通姬的流派，颇有哀思，不算强劲。"直到那个时候，歌集是否相传还是个问题。寿永年中的《显昭注》中写道:"神主国基①对显季卿说,住吉四社中供奉的神灵之一就是衣通姬,称作若浦津岛明神,留有歌集,在庙留有遗迹。"这个说法可疑。后来接受编纂《敕选集》的诏命后,编者说参拜住吉玉津岛成了当时的日本人的惯例。在《增镜》的编者之一御子左为世编撰的《续千载集》中也可以见到这个惯例。这些只不过都是迁都平安京以后文学家的杜撰之说而已。

五、圣武天皇行幸难波、播磨

圣武天皇车驾经过和泉国,到达取石顿宫后还京。神龟元年十一月,圣武天皇在朝堂宴请五位以上官员,赐宴主典以上官员,赐予诸司、备前、播磨的郡司及妻子酒食。圣武天皇又在中宫赐宴诸司长官及其秀才、勤公人员。神龟二年二月,圣武天皇行幸甕原离宫。神龟二年十月,圣武天皇行幸难波。神龟二年十一月,圣武天皇在大安殿接受冬至贺词。侍臣等奉持奇玩珍宝进贡。典铸、播磨兄弟从唐国带来橘子,据说是由中务少丞佐味虫麻吕种植的。作为赏赐,圣武天皇赐典铸、播磨从五位下。和铜初年,为图吉祥,朝廷赐予县犬养连三千代橘姓。从这时起,这种水果开始流行。自此京师产橘子。神龟三年,圣武天皇让京官、史生及坊令穿朝服、持笏,任命六人部王、藤原麻吕、巨势真人等二十七人为装束司。圣武天皇又任命门部王、多治比广足等十八人为造顿宫司,在播磨国印南野营建行宫。神龟三年五月,圣武天皇行幸行宫,接着赐近旁的明石贺古二郡的百姓年七十岁以上者谷各一斛。在还幸途中,圣武天皇行幸难波宫,任命式部卿藤原宇合为造难波宫事。藤原宇合在和歌中称:"昔日难波为乡村,而今行幸成陪都。"前朝在东国造顿宫,而今在纪伊造宫。近江地为准畿内。畿甸不断扩张是近国不断开拓的佐证。

六、藤原氏的势力

继位的第三天,圣武天皇尊母亲藤原宫子为正一位,称太夫人。据说,自圣武天皇出生后,藤原宫子就患了抑郁症。母子见面机会很少。藤原宫子的妹妹藤原光明子是县犬养连三千代所生,与圣武天皇生于同年。藤原光明子很早就入宫,至此成为夫人,叙从三位。自允恭天皇以来,日本都是立皇女为皇后,以皇

---

① 即住吉神主。——原注

女所生皇子为太子,已经成为惯例。苏我家族的两个女儿成为钦明天皇的嫔,生下了用明天皇、崇峻天皇、推古天皇。此后,时局发生变化,产生了苏我外祖、外舅的势力。皇族群卿尽量压制苏我氏的权力,终于诛杀苏我虾夷、苏我入鹿。从天智天皇、天武天皇到文武天皇,都是皇女所生。他们的母后也登基。日本再次恢复先例。而到了圣武天皇,圣武天皇是藤原氏的女儿所生,最终继承皇位。臣下再次出现外祖、外舅。直到奈良迁都时期,多治比石上任右大臣,阿倍、石川、大伴、巨势诸卿任大纳言、中纳言,出现权势平衡的迹象。在圣武天皇听政时期,如同苏我马子在小垦田宫一样,藤原不比等一人作大臣。藤原武智麻吕、藤原房前身居要职。圣武天皇纳藤原武智麻吕的妹妹作夫人,而县犬养连三千代在宫中的权势最大。诸王贵卿相互倾轧,形势可想而知。这一时期,朝廷注重名器。五位以上的家族补以资人,待遇与后面的三位以上类同。设立知家事的家族屈指可数,享受富贵荣华。国郡给私门提供骑射、相扑、力士。人们竞争攀比

相扑手

豪奢，其光景不难想象。其中，即便在藤原不比等去世后，作为太政大臣家族，藤原氏仍然存续。朝廷没有收缴藤原不比等的职田、位田、食封、养户。藤原不比等的遗孀县犬养连三千代依然是正三位，藤原不比等的儿子藤原武智麻吕、藤原房前、藤原宇合、藤原麻吕都在神龟末年升为正三位，分为南、北、式、京四家，藤原氏的女儿被立为太夫人、夫人，无限荣光。藤原家传中称藤原武智麻吕已成朝廷喉舌，赞颂帝献，出则奉乘舆，入则掌枢机，在朝议中有发言权。因此上下安静，国家无怨。然而，藤原兄弟四人中只有藤原武智麻吕的诗歌没有收录在《怀风藻》和《万叶集》中。但藤原武智麻吕的祖父的家风是收揽文人、硕儒、名僧，以此作为耳目爪牙，因此名望兴隆一时。

七、奈良的文学

大倭的文运和奈良都一起获得了发展。因此，不仅仅是藤原氏兄弟，辅佐圣武天皇初政的长屋王、大伴旅人、阿倍广庭等都擅长诗歌。神龟二年冬，群臣致献贺词已毕。圣武天皇率文武诸司长官、大学博士等宴饮终日，尽欢才罢。神龟三年秋，圣武天皇让朝野道俗献上诗赋，献诗赋者达一百二十人。圣武天皇给定等级，一等到三等赐絁、布、绵，不第者赐絁、绵各一端，布三端。因此，私人宅邸也频繁举行诗歌会。据《怀风藻》记载，在藤原宇合的七言《秋日与左仆射宅宴》中写道："帝里烟云乘季月，王家山水送秋光。沾兰白露未催臭，泛菊丹霞自有芳。石壁萝衣犹自短，山扉松盖埋然长。遨游已得攀龙凤，大慈何用觅仙场。"大伴旅人征隼后任太宰帅，在筑紫任上。此时，歌人柿本人麻吕已经去世。山边赤人、山上忆良、大伴家持①等继起。山上忆良任筑前守，和大伴旅人竞赛诗歌。太宰府的官员在芦城驿站迎送往来官员。应酬之歌很多收录于《万叶集》中。据《藤原武智麻吕传》记载，"正当此时，舍人亲王知太政官事，新田部亲王知总管事，二弟壮卿藤原房前知机要事。其间参议高卿中有中纳言丹比县守、三弟式部卿藤原宇合、四弟兵部卿藤原麻吕、大藏卿铃鹿王、石川君子、阿倍臣麻吕、置始工等十余人。宿儒有守部大隅、越智广江、背奈行文、矢彙虫麻吕、盐屋吉麻吕、楢原东人等。文雅中有纪清人、山田御方、葛井广成、高丘河内、百济公、

---

① 大伴旅人之子。——原注

柿本人麻吕

倭麻吕、大倭小东人等。方士中有吉田宜、御立吴明、城上真立、张福子等。阴阳有津守通余、王仲文、津连首谷、那康受等。历算有山口田主、志纪大道、私部石林、志斐三田次等。咒禁有余仁军、韩国广足等。僧纲有少僧都神睿、律师道慈。这些人一同辅佐时政。于是，国家殷实，仓库充盈，天下太平。街衢上朱紫辉映，车马络绎。朝廷装饰京邑及诸驿站，瓦屋红紫。每到秋季，文人、才子聚集习宜别墅，举行文会。时之学者竞相参加，取名龙门点额。"这是在长屋王被诛之后。藤原武智麻吕任大纳言时叙述了掌握京师文卫之事。龙门点额就是登龙门，比喻门第不高，但实现了荣华富贵，像鲤鱼跃龙门一样。

第2节 长屋王自杀和光明皇后的册立

一、圣武天皇整肃纲纪

神龟四年五月,诸王、诸臣、公达等聚集到春日野,打球娱乐。突然阴天,雷电交加。尽管如此,宫中没有侍从、侍卫。圣武天皇下诏谴责"授刀舍人皆不得到街上",进而愤而歌道:"梅柳季节正当时,过季不观真可惜。佐保之内有胜景,被囚宫中思游戏。"由此可见,当时京师升平日久,贵族游兴很浓。神龟四年二月,左大臣长屋王宣敕,具奏主典以上奉职者的善恶,进而巡察诸国司的治理情况。神龟四年三月,长屋王上奏其具体情况。圣武天皇坐在正殿,赏赐善政官员绝,中等的不赏赐,下等的解职。圣武天皇在南苑,参议阿倍广庭宣敕,让卫府人宿卫阙庭,不得离府去他处。

二、圣武天皇立太子违反常规

从三位藤原光明子怀孕,神龟四年闰九月生下皇子。圣武天皇大喜。神龟四年十月,圣武天皇在中宫宣布大赦天下。天下与皇子同一天出生者赐予布一端、绵二捆、稻二十束。圣武天皇赐禄给王臣以下左右舍人、兵卫、授刀舍人、杂工舍人、太政大臣家族的资人、女孺。神龟四年十一月,圣武天皇坐中宫。百官祝贺皇子出生,献上好玩之物。圣武天皇仍在朝堂赐宴。当日圣武天皇立皇子为皇太子。僧纲、僧尼九十人上贺表。大纳言多治比池守率领百官史生以上在太政官官邸拜皇太子。此时,圣武天皇赐藤原光明子食封千户,应县犬养连三千代之请求,称县犬养连五百依、安麻吕、小山守大麻吕等是一祖之子孙,甚亲,赐宿祢姓。将尚未出襁褓的皇子立为太子属于违反常规之举。太政大臣官邸设在县犬养连三千代的宅邸。太子在此处养育。皇子出生以来的大型庆贺都是出自县犬养连三千代对皇子的爱。

三、规定资人选考的规格

就官厅而言,虽然舍人亲王知太政官事,但左大臣长屋王才是太政官的主要负责人。神龟四年冬,巡察使就国司的治理业绩复命。圣武天皇对上等政绩者赐位二阶,中等进一阶,将犯法情节严重的丹后守羽林兄麻吕处以流放之刑,将周防目川原石麻吕除名。当时,渤海国来使,并在神龟五年正月参加朝贺。圣武天皇赐宴,大射雅乐寮奏乐。神龟五年三月,圣武天皇在鸟池塘饮宴,召来文人作曲水流觞诗赋,各赐絁布。《怀风藻》中收录了诗《箭集虫麻吕百济倭麻吕大津守等春日饮宴长王宅》,说的应该是这时候的事情。神龟五年三月,圣武天皇下诏制定选考资人的规格。内位资人八考,外位资人十考。在征得主人同意的前提下,资人才能参加选考。朝廷又在官奏中制定内外五位之别。外位分姓之高下,内位选家族之门第。子孙历代世袭。明经、秀才等国家大儒能够胜任后生的领袖的即选为内位,其余晋升外位。积累功效能进入内位者当即叙位。被叙外位者允许奴婢住在街市做买卖。位禄、位田、赐物均为内位的一半。资人正五人,从四人,其父免课役,妻得外命妇称号,不得上朝。朝廷制定荫子之例等作为制度。圣武天皇又下诏:"郡司五位以上者,如果遇到该国主典以上者不论贵贱要下马,官员在本部遇到国司同位以下者要下马,不然要敬礼而过。"神龟五年七月,朝廷始设内匠寮、斋宫寮及主神、舍人、藏部、膳部、酒部、水部、殿部、扫部、采部、药部十司。神龟五年八月,朝廷设中卫府。人员包括从四位上大将一人,正五位上少将一人,将监、将曹各四人,府生番长各六人及日来舍人,舍人人数三百人,使部以下也有人数规定,常在大内作护卫。

四、皇太子过世

这时,皇太子患病,过了很长时间不见痊愈。为借助三宝的力量,圣武天皇命造观世音像及抄经卷各一百七十七卷,礼佛转经,实行大赦。但在神龟五年九月,皇太子还是过世了。圣武天皇哀悼、惋惜,废朝三日。因为太子年幼,朝廷不举行葬礼,将太子葬于那富山。畿内三日素服。神龟六年正月初一,圣武天皇在中宫宴请群臣内外命妇,下诏称"孟春万物和悦",赐予京师官员酒食,宴饮终日。圣武天皇遣使到五位以上的高龄官员府上进行慰问、赐物。

五、长屋王之变

神龟六年二月十日,左京的漆部造君足、中臣宫地东人密告左大臣长屋王私下学习左道,想要颠覆国家。当夜,圣武天皇命人巩固三关,让式部卿藤原宇合、卫门佐佐味忠麻吕、左右两卫士率六卫之兵包围长屋王宅。神龟六年二月

舍人亲王

十一日，舍人亲王、新田部亲王、大纳言多治比池守、中纳言藤原武智麻吕、右中辨小野牛养、少纳言巨势宿奈麻吕等到长屋王宅究问长屋王罪过。神龟六年二月十二日，圣武天皇让长屋王自尽。长屋王死时年仅四十六岁。就对长屋王家庭的处置而言，文武天皇的妹妹二品吉备内亲王和长屋王的儿子膳夫、桑旧、葛木、钩取四王同样自缢。神龟六年二月十三日，圣武天皇遣使将长屋王葬于生马山。圣武天皇下诏称吉备内亲王无罪。按照惯例，当天停止娱乐。虽然长屋王是罪人，但葬礼也不能太寒酸。剩下的安宿、黄文、山背①等三王和女儿教胜是藤原不比等的外孙，免去一死。长屋王的昆弟、姐妹、子孙及妾等都得到赦免。圣武天皇给告密者漆部造君足、中臣宫地东人叙以外从五位下，各封三十户，赐田十町。学左道颠覆国家是一个很奇怪的罪名，大概是指诅咒皇太子吧，或者是诅咒圣武天皇或藤原光明子。这应该属于谗言。后来，又过了十年，中臣宫地东人任右兵库头，和左兵库少属大伴子虫是同僚。二人下围棋时忽然提到长屋王一事。大伴子虫受到长屋王恩遇，愤怒地骂中臣宫地东人，进而拔刀杀了中臣宫地东人。史书记录此事，称中臣宫地东人是诬告长屋王之人。据《万叶集》记载，在长屋王被赐死后，桥部女王歌道："大皇命令人恐，有时云隐大荒城。"膳部王歌道："世上皆是空，似月有盈亏。"由此可以推测时人对长屋王的哀惜之情。东国人丈部龙麻吕与父母妻儿分别，任摄津班田史生，结果自尽。判官大伴三中写诗悼念。这也属于受到连累而死的。这一惨事发生在太政大臣家族内部。汉朝有巫蛊之乱。后世一条天皇立中关白藤原道隆之女藤原定子为皇后。在藤原道隆去世后，藤原道隆的弟弟藤原道长任关白。藤原道长的女儿彰子被立为中宫皇后。藤原道隆之子藤原伊周、藤原隆家相互倾轧。长德二年三月，女院②患病时，《小右记》中写道："或人诅咒云云，人之厌物自寝殿板敷下掘出云云。"藤原伊周、藤原隆家射花山法皇，诅咒女院，私自行大元法，被朝廷下旨流放。最终中关白家族受到排挤。摄关大权归藤原道长所有。上东门院的势力压倒了定子皇后。以此例来思考长屋王被诛杀后册立光明皇后一事可以发现，长屋王的诅咒一事是圣武天皇为了清除破格立后的障碍而设的圈套。

六、藤原光明子被立为皇后

神龟六年六月，左京职藤原麻吕献上大龟甲背上的《天皇贵平知百年》一文。因此，神龟六年八月，圣武天皇改元天平元年。圣武天皇授予捕获大龟的鸭

---

① 后改名藤原弟贞。——原注
② 已故太政大臣藤原为光之女三君。

子虫从六位上。僧人道荣训导大龟后献上。为了进行褒奖，圣武天皇授予道荣绯色袈裟，赐予从五位下的位禄。在鼓吹儒佛道祥瑞的时代，这种事情不足为怪。至于道荣、鸭子虫有何企图要捏造龟背文字，后面笔者将会讲到。不久，圣武天皇立正三位藤原光明子为皇后。知太政官事舍人亲王的宣敕中写道："圣武天皇说王祖母天皇起初将藤原夫人赐予朕之日下诏说，藤原夫人父亲作为大臣辅佐皇朝，夜半不曾休息，遂不得忘。依照宣赐大命，成婚以来已过了六年，故授藤原夫人皇后之位。而且不仅在朕之时有此事，在难波高津宫治理天下的大鹪鹩天皇也有此先例。"以臣下之女为皇后的例子自神武天皇以来并不少。葛城皇后就与诸王地位不相上下。之后葛城家族多次犯罪，被雄略天皇诛灭。之后，为了避免这种祸端，皇室开启了立皇女为皇后的先例。圣武天皇的做法并非好例子。近世的苏我氏时就是如此。立后不用说了，就是太子也不能是妃嫔所生。如果长屋王在的话，事情不能如此顺利。这时，舍人亲王、新田部亲王大概是服从了圣武天皇的意愿。尽管阿倍、大伴、石上、石川、纪、巨势等诸族必定不服，但在县犬养连三千代将自己的女儿藤原光明子扶持到天皇夫人、独断专行此事以前，兴起了左府长屋王之狱。京师是一派白色恐怖的光景。

七、名臣去世和官员的举荐

长屋王死后，圣武天皇没有任命大臣。藤原武智麻吕晋升大纳言，和宿老多治比池守一道参与大政。在征隼之后，大伴旅人兼任太宰帅。《万叶集》中写道："神龟元年十月，在对马结石山的梧桐倭琴，作歌送于藤原房前。藤原房前回赠诗歌，让梧桐倭琴来使带回。"神龟二年正月，大贰纪、少贰小野老、粟田、筑前守山上忆良、丰后守大伴、筑前守葛井大成等官僚聚集到大伴旅人的家中，歌咏梅花。神龟二年六月，大伴旅人脚上生疮，派人骑快马叫来弟弟大伴稻公、大伴胡麻吕二人，奏请圣武天皇要留遗嘱。圣武天皇遣使来慰问。数旬，大伴旅人身体康复。二人要回京时，大监大伴百代及大伴旅人的儿子大伴家持等到夷守驿站来送行。只有大伴旅人留在镇西，感觉不到立皇后的氛围。神龟二年九月，在多治比池守去世后，圣武天皇任命大伴旅人为大纳言。神龟二年十二月，在大伴旅人上京时，太宰府的官员在芦城驿站为他饯别。大伴旅人走海路从备前

大伴家持

鞆浦经敏马崎回京还家,作了以下和歌:"人空家空好凄凉,以草为枕旅途忙。两个妹妹作吾宿,枝叶繁茂心惆怅。吾妹植梅枝叶长,睹树思人好悲凉,不禁两眼泪汪汪。"这首和歌收录于《万叶集》中。神龟三年七月,大伴旅人去世,享年七十六岁。于是,圣武天皇将诸司主典以上召入宫中,下诏:"执事卿等或去世或老病,不堪梳理公务,请举荐熟悉之人。"过了一天,三百九十六人来到阙下上表举荐人才。迄今为止,参议只有藤原房前一人。通过举荐,圣武天皇任命藤原宇合、多治比县守、藤原麻吕、铃鹿王、葛城王、大伴道足六人为参议。葛城王是藤原皇后的异父兄。兄弟五人联袂在官厅供职。藤原武智麻吕兼任太宰帅。大伴旅人征服隼人后经营多年的镇西地区也落到了藤原氏的手中。在下毛野宿奈麻吕被流放后,坂东也落入藤原氏手中。下面笔者讲一下征讨虾夷的事情。神龟四年,中纳言阿倍广庭去世。阿倍广庭是阿倍御主人之子,阿倍家族的正宗。藤原武智麻吕娶了阿倍家的女儿。阿倍广庭兼任造宫长官河泉国事,和藤原武智麻吕兄弟共事,在朝廷很有名望,在北狄方面不至于失去威势。《万叶集》中记录了以下和歌:"好玉在何处,让人无处寻。命短不悲凉,命长不过喜。"这首和歌就是阿倍广庭在神龟四年作的,堪称辞世之句。

八、县犬养连三千代去世

天平五年正月,正三位内命妇县犬养连三千代去世。当时,县犬养连三千代长子葛城王四十八岁。据此推断,县犬养连三千代已经接近七十岁了。天平五年十二月,圣武天皇派舍人亲王、藤原武智麻吕、藤原宇合、铃鹿王及大伴道足到县犬养连三千代家中赠从一位。此外,圣武天皇下诏不收走县犬养连三千代的食封和资人。县犬养连三千代是东人之女。由于数代女天皇连续登基,宫廷后妃、女官实力不断膨胀。县犬养连三千代是其中的核心人物。县犬养连三千代嫁给齐明天皇宠爱的女儿所生的藤原不比等,在皇室之下扶植了藤原和橘二门。县犬养连三千代是国史上很重要的一个女性。由于深藏宫中,县犬养连三千代的性情品德不得而知。可以推测她是个慧敏、有辩才的女性。在以门阀为主的家族政府中,县犬养连三千代让富贵荣华集中在自己喜爱的儿子、女儿及一门身上,足见她的老练。这一点颇让人寒心。在丈夫藤原不比等去世后,县犬养连三千代将自己亲生的小女儿立为皇后,将权势集中于藤原氏。这一点笔者前面已经讲过。县犬养连三千代又将自己家的县犬养由连姓升到宿祢。造宫卿筑紫卒于神龟元年。这一年,石次晋升为从五位上,被圣武天皇任命为中卫士,天平四年任右少辨。在县犬养连三千代死后,石次任少纳言,身居政要。石次是筑紫之子。从东宫时期开始,县犬养唐的女儿县犬养广刀自侍奉圣武天皇,生下安積亲王、井上内亲王和不破内亲王。因为圣武天皇没有后嗣,如果县犬养连三千代还活着的话,或许会将井上内亲王和不破内亲王中的一个立为皇储。偏向内亲几乎是妇女的通性。县犬养氏晋升为宿祢,子孙受到朝廷重用,推动藤原氏和葛城王、佐为王相结合。此外还有葛井氏和藤原、橘二家族结为姻亲,让藤原一门获得荣华富贵。

九、光明皇后的崇佛和藤原房前的飞黄腾达

据《续日本纪》记载，从光明皇后册立后的第二年五月开始，光明皇后在官职中设施药院，让诸国用职封及大臣家族的封物、庸物每年收购草药进献。据《编年集成》记载，光明皇后以此设立悲田及施药院，以治疗天下患有疾病者。宝字二年八月，百官上表："大慈至深建药院而普济，弘愿潜运，设悲田而广救。"《续日本纪》中落掉了"悲田"二字。《续日本纪》记载道："皇后年幼聪慧，早播声誉，十六岁入东宫作妃子，引众誉来尽其欢，礼训雅娴，崇信佛道，仁慈救物。"这些赞词很难令人相信。但因为光明皇后是藤原不比等和县犬养连三千代的女儿，所以这种淑德和禀赋还是有的。然而，说圣武天皇崇佛、光明皇后内助则言过其实。据《兴福寺缘起》记载："是年四月二十八日，皇后发愿，自临兴福伽蓝，持箕运土，公主、夫人、命妇、妹、女都跟从，中务卿兼中卫大将藤原房前等文武百官率领四部之众，下杵筑基，建造木塔，一岁之内丹青完毕。"据《注》记载："塔四方垂，画四方净土。"在藤原不比等去世时，朝廷设立造兴福寺佛殿司。这说明金堂是官立的。直到天平二年之前，五重塔都是私立的。在施药院寺塔修建后，到了天平四年，朝廷收回已故太政大臣的职田、位田、养户。这是藤原不比等去世十二年后的事情。里面有很深的背景。据《扶桑略记》记载："天平六年正月，为了造皇后先妣从一位的往生菩提，在忌日在兴福寺内建西金堂。"藤原房前以参议而终，晋升迟缓，将荣华留给后世。虽说如此，藤原房前的位阶也和兄长藤原武智麻吕相当。藤原房前的妻子是三野王与县犬养连三千代所生，是葛城王之妹，光明皇后的同母姐姐。元明天皇遗诏藤原房前"作为内臣辅佐天皇"。因此，藤原房前任中务卿，领授刀舍人，后兼中卫大将。藤原房前很早就在政厅作参议，文学成就很高，有很多诗赋和歌传世，比兄长藤原武智麻吕优秀，并且名望很高。在宫中，藤原房前受到县犬养连三千代的信任和宠爱。元正天皇托孤的正是此人，所以他不可能不显达。这一时期，五位以上的宅子由资人掌管家务，三位以上的家族也由资人执掌家政，与诸司无异。神社寺院都是如此。这里笔者列举保存在正仓院的皇后职及藤原氏的公文来看一下诸司和家宅的文书照会的情况。

大初位上船花张善，上日一百一十九，夕四十，抄写纸四百三十张；少初位上安子儿公，上日一百六十一，夕五十，抄写纸七百四十四张；少初位下秦双竹，上日一百三十二，夕三十七，抄写纸五百七十九张。右起去年八月一日尽今年七月三十日，上日夕并抄写纸如件，注狀故移。天平三年八月十日正八位下大属勋十二等内藏伊美吉。

同一类的文书有三个，抄写了各种佛经及《文选》《同音义》《汉书》等，是由图书寮委托皇后职的抄写人员抄写的。此外，《家启》中写着"北大家经写所启"，请奉经四帖："右缘到牒，数请奉已讫，但到牒先后，并六十帖者。斯误亡前日请奉经五十帖之中，第三十帖之第八九十并三卷缺，亦返抄如何申送讫。今具状还史申送以启。天平十一年五月十八日资人石村布势麻吕。"

北大家是指藤原房前家族。天平九年，藤原房前去世。藤原房前的嫡子藤原永手是从五位下，分配资人。藤原房前作为赠左大臣赐予食封，设写经所。除此之外，藤原南家、藤原式家及多治比家、阿倍家等也各有执政场所，相互之间往来文书，与诸衙门相同。

十、橘诸兄的执政

天平六年，藤原武智麻吕晋升右大臣。天平七年，舍人亲王、新田部亲王过世。天平八年，葛城王、佐为王等上表："在天平五年，两亲王的宣敕中问赐予诸王、臣、连姓后是否愿意事奉朝廷。臣等本来就怀此意，幸而遇到恩敕，乃冒死而闻。葛城的亲母县犬养宿祢从净御原宫到藤原宫，累代尽力，和铜元年，因其忠诚，而受嘉奖，赐姓橘宿祢，且今无继嗣，希望奉先帝之原命，将橘氏之名相传千载。"于是，圣武天皇下诏："其志在于显亲，辞皇室，用外家之姓。"依表行事。于是，葛城王改称橘诸兄，任左大辨。天平九年，痘疮流行，藤原房前、藤原麻吕、藤原武智麻吕、藤原宇合相继去世。橘诸兄任大纳言，辅佐铃鹿王执掌朝政。藤原氏杀掉长屋王，立光明皇后，在天平九年前确立了藤原氏在朝廷的地位。下面笔者讲一下藤原氏执政的情况。

第3节　天平初期日本对学术艺术的奖励

一、权势和文人的结合

天平以来，藤原武智麻吕、藤原房前兄弟二人在内外辅佐圣武天皇。当时的奈良京逐年繁华，贵族男女游宴取乐，造宫馆，讲究服饰，诸国缴纳的调、庸、絁、布、绵、丝及其他财物年年增加。此外，除了平时的赐禄外，还有种种恩赐。上下都沾恩泽。奢靡之风日盛。当时，君臣所做的事情就是崇佛、崇文，以此来粉饰升平。第二流的士也能获得荣华富贵。依附权贵是必然趋势。在中国，早在战国七雄时期，贵族就有养食客之风。汉代开始出现了故吏门生、朋党之争。日本虽然没有中国那么严重的积习弊端，但在门阀制度下，这种现象也在所难免。作为贵族的资人进而走上仕途，必然与主人结为主从缘分。在古代，由于汉学的传入，史、文、秦、汉诸氏执掌政务。东汉氏和苏我家族勾结，集权势于一身。在东汉氏被排除后，苏我氏也衰落了。如今，藤原氏集中权势于一身，文人必然趋之若鹜，来辅佐藤原氏的家政。

二、学问艺术和藤原氏

当时学问艺术逐渐兴盛。关于有名之士，笔者前文已经讲过了。其中代代侍奉藤原氏者居多。譬如田边史培养了藤原不比等，属于时代很久的主从家族。此外，葛井连广成降至从五位上，在天平二十年左右以散位居家。圣武天皇行幸葛井连广成府邸，率群臣宴饮，日暮住在这里。第二天，圣武天皇将葛井连广成及县犬养、八重都叙正五位下，之后回宫。县犬养是县犬养连三千代的娘家姓。八重是县犬养连三千代的侄女，又是内命妇，嫁给葛井连广成。葛井连广成也在藤原家做事，其实他们是一家人。此外，还有与此类似的艺人。藤原不比等父子是圣武天皇的外祖父和舅舅。利用这一亲戚关系，藤原不比等父子让藤原氏比苏我家族势力更稳固。天平九年，京师奖励学艺，向东西边境用兵，奠定了后来藤原氏全盛的基础。

三、优待有学问的人

天平二年，阴阳、医甲七曜、历史乙博士年事已高，不能再教授技艺而导致绝业。圣武天皇让吉田宜大律首、御立清道、难波吉成、山口田主、私部石村、志斐三田次等人收弟子——称大学生，教授技艺。同时，圣武天皇让诸蕃的舞蹈通事粟田马养、播磨乙安、阳胡真身、秦朝元及文元贞五人各收两名弟子，让他们学习汉语。虽说大学生因为穷困不能完成学业的不少，但朝廷对聪慧、学问优秀者给予冬夏衣服费用及粮食。天平四年，天旱，五谷不登。到了天平五年春天，诸生饥肠辘辘，衣不蔽体者颇多。于是，圣武天皇将其中二百三十人召至殿前，赐予米盐，责成其中的懒惰者自谋出路。诸生就是出身艺业的候补者。本来学生应该专心学习，无暇谋生。由此可以想见，当时为了在京师谋个一官半职，人们四处奔走，结果学业完成后也不能够做官，导致游手好闲的贫穷之士颇多。秦朝元是僧人辨正之子。父亲辨正死于唐朝，只有秦朝元回国。天平四年，秦朝元任遣唐判官，到了唐朝。因为父亲辨正的原因，秦朝元受到唐玄宗的厚待，其后被藤原氏收留。

四、阿倍仲麻吕和吉备真备

就当时日本的学问而言，主要引进了六朝的学风，并且多数经由朝鲜传来。经史、诗文都只不过模仿陈、隋之风。大宝遣唐使时期恰逢武周建立时期。于是，到了灵龟年间，日本再次派遣唐使，送去了阿倍仲麻吕和吉备真备两名留学生。当时已经经历了十几年的风雨，正值唐玄宗在位时期，文学活动非常兴盛。这些标志着盛唐的昌运。阿倍仲麻吕文才卓越。唐玄宗封他为仪王之友，任命他作秘书监，改名晁衡。阿倍仲麻吕和当时有名的诗人王维、李白、储光羲、包佶等交往，在唐都名声赫赫。吉备真备学识渊博，兼通艺术，在唐十九年，天平七年三月和遣唐使多治广成一道回国。天平七年四月，吉备真备献上《唐礼》一百三十卷、《大衍历经》一卷、《大衍历立成》十二卷、测影铁尺、铜律管、铁如方响、写律管声十二条、乐书要录、纮缠漆角弓、马上饮水漆角弓、露面漆四节角弓一张、射甲箭二十支、平射箭十支。由此可以略知吉备真备所学。同时，唐人袁晋卿归化日本，年尚弱冠，通音韵，获赐净村宿祢姓，任音博士。袁晋卿诵唐音，正吴音之讹。今天日语的汉音就是袁晋卿教授的。相传吉备真备作五十音图。后来僧人空海与袁晋卿之子为友，交往甚密，精通印度的声学和悉昙学。世上传言伊吕波歌是空海所作只不过是推测而已。总而言之，吉备真备和阿倍仲麻吕一起在唐朝很久，使日本的汉学得到了发展，并且在唐朝声名显赫，为国争光。到了天平胜宝年间，阿倍仲麻吕要和遣唐使一起回国。当时阿倍仲麻吕有诗道："衔命将辞国，非才忝侍臣。天中恋明主，海外忆慈亲。伏奏违金阙，骖骣去玉津。蓬莱乡路远，若木故园临。西忘怀恩日，东归感义辰。平生一宝剑，留赠结交人。"由此可见阿倍仲麻吕文才之一斑。到了明州浦，出船时，阿倍仲麻吕吟诗道："俯视青海原，霞照三笠山。头上一轮月，照我好山川。"此诗译成汉语后，令唐人感叹不已。然而，当时突然狂风大作，阿倍仲麻吕漂流到安南。唐京风传阿倍仲麻吕溺死。李白闻言作哭诗："日本晁卿辞帝都，征帆一片绕蓬壶。明月不归沉碧海，白云秋色满苍梧。"不久，阿倍仲麻吕和藤原清河一起又赴唐朝，就这样留在唐朝没有回国。阿倍仲麻吕请求唐玄宗准其回国，就此在诗中称"海外忆慈亲"。王维诗序中写道："游宦三年，愿以君羹遗母。"怀念老母亲是真切的孝顺之情，唐玄宗也不能相留。据推算，阿倍仲麻吕入唐时十六岁，胜宝壬辰五十二岁，当时阿倍仲麻吕的母亲接近七旬。当阿倍仲麻吕漂流再次入唐时，恰逢安史之乱爆发，唐玄宗逃往蜀地。阿倍仲麻吕最终没有回国的机会。藤原清河也没有回国。大历五年，阿倍仲麻吕卒，享年七十岁。后来日本朝廷赠阿倍仲麻吕正二位。

五、两个留学生的性格

阿倍仲麻吕和吉备真备性格迥异。阿倍仲麻吕并非阿倍的宗家，但门第比吉备真备高贵。当时的文学相当于今天的哲学、美术，是与国家的品位关系很大的学问。唐朝有王维、李白等古今受到敬爱的大诗人。从这一点可以想象阿倍仲麻吕人品高尚，具有人格魅力。阿倍仲麻吕在唐朝任秘书监，死后获赠潞州大都督称号。这一点对日本来说是可圈可点的闪光之处。吉备真备是学究型的人物。吉备真备回朝后正值藤原氏一族把持朝纲，但吉备真备能掌管文武事务，晋升到大臣职位，足以证明他才干很高。试想天平以后，貌似文运昌盛，但旧派学者占领要地，与僧徒相互附和，与权门相互勾结，暗流涌动，污浊不堪。值此之际，纵然阿倍仲麻吕回朝，以文质彬彬的阿倍家族的贵公子的身份，能否被众人认可并鼓吹唐朝的新学问，同时在引进中国文明上取得吉备真备大臣以上的成功，还是个疑问。不如说，作为文学巨擘的阿倍仲麻吕在唐朝给国家争光更能获得成功。

六、当代的昌运

前朝以来，日本朝廷向东西用兵。这是为了诛杀强悍的夷族，开拓财富来源。海内貌似是多事之秋，但公私仓库存粮逐年增加。因此，学艺工技、金石珍宝等越来越多，为娱乐、宴会增趣不少，粉饰昌运。天平二年正月十六日，圣武天皇在大安殿宴请五位以上者。之后，圣武天皇行幸光明皇后宫。百官主典以上陪同、踏歌，且奏且行。进入宫中后，圣武天皇赐酒宴，让人找短籍。短籍上写着仁、义、礼、智、信五个字。根据上面的字，仁字赐予絁、义字赐予丝、礼字赐予棉、智字赐予布、信字赐予布。

七、踏歌陪同短籍

史书记载中最初的踏歌是在持统天皇七年正月十五日，奏汉代的踏歌。汉人中，吴的归化姓很多。因此，这一踏歌是吴地风俗，是上元节歌唱的歌曲。《释纪》中写道："私记曰，今俗曰阿良礼走，此歌曲终必重唱万年阿良礼，今改曰万岁乐，是古语之遗也。"踏歌是先韵八句诗，每句结尾有万年二字。从歌调来看，每句唱两次，祝正月快乐，直到后来日本称作千秋万岁。千秋万岁是一种歌曲。踏歌节会在十六日举行始于天平年间。到了天平十四年，圣武天皇在大安殿上让年少的童女踏歌。有男踏歌、女踏歌两种。男的在十四日、女的在十六日举行。男踏歌最终停止。女踏歌出现在唐睿宗时期。太上皇上元观灯时让内人踏歌，让百僚观看。这件事情在《旧唐书》中记载着。遣唐使回国后，将这一风俗传入日本。陪从是指主典等陪从天皇的人，后来称作近卫府生。当时尚无近卫。圣武天皇将授刀舍人改称中卫。随着近卫府兴盛起来，圣武天皇让府生学习歌舞音乐，在朝会上由两府来演奏。这形成惯例。因此，日本朝廷不再称陪从。到了藤原摄关时期，府生成为专修歌舞管弦者的称呼。在后来叙位、申请官位时，人们将纸张裁成细细的纸条写上去，称作短册申文。这就是短籍。分歌题的时候取出，称之探题，将和歌写在上面，出现了和歌短册。

八、诸乐之制

天平二年四月，圣武天皇让天下妇女换掉旧式服装，使用新样式。天平三年，朝廷规定雅乐寮雅乐生员编制：大唐乐三十九人，百济乐三十六人，高丽乐八人，新罗乐四人，度罗乐六十二人，诸县舞八人，筑紫舞二十人。度罗、诸县、筑紫的舞生从乐户中选拔。《令》中所说的杂乐是指吴乐等，在这种情况下指度罗乐。这是因为列于新罗乐以上的是大倭歌舞，称作雅乐。继体天皇时"南海中耽罗人初通百济国"说的就是这个国家。《今昔物语》中称在相当于镇西未申的遥远的海面上有个大岛叫度罗，是南洋群岛之一。在吕宋以南、波罗尼西亚以东有塞莱卜斯岛。塞莱卜斯岛由四个小岛形成，中央是陀罗普湾，即多罗。天平宝字七年，土罗、林邑、东国、隼人等奏乐。林邑后来叫占城国，就在今天的法属西贡附近。隼人就是熊袭。有的学说认为熊袭与住在波尔耐奥山中的生蕃索奥族是同种。而多罗林邑之乐有鼓师、舞师。吴乐有腰鼓师。用鼓的节奏来歌舞是南方普遍的艺术风格。隼人歌舞中有琴、笛、击百子、拍子，用琴舞，与大倭新罗乐相同，也是南方的艺术风格。吴、多罗、林邑舞中也有笛子，和其他音乐相同。因此，日本没有设专门的笛师。乐户是吴乐以下的伶工，演奏雅乐的乐户乡在大和国城下郡杜屋村。有的学说认为后来的今春、观世等猿乐都是继承了乐户的流派。诸县指日向国的诸县郡，与大隅的赠于郡相连，因此诸县舞类似于隼人的艺术风格。不过，此后歌舞音曲的变化相当大，仍需要逐代考察。

九、歌垣天览

天平六年二月，圣武天皇在朱雀门御览歌垣。男女二百四十余人，五位以下相貌端庄的混合站在一起。其中以长田王、粟栖王、门部王、野中王为首，以本末唱和，形成难波曲、倭部曲、浅茅原曲、广濑曲、八裳刺曲之音。圣武天皇让都中男女纵览。天平六年三月，圣武天皇行幸难波宫，由摄津职奏吉师部乐。歌垣是一种遗风。上古时期，男女以歌来通情意、定婚约。后来大倭在海石榴市设歌垣场，武烈天皇时期，平群鲔为争女而被诛杀。摄津有歌垣山。在春花秋叶之时，坂东男女担着酒食登上常陆的筑波峰相会，唱很多歌。有一句谚语说："筑波会上不得币帛者不成儿女。"这些都见诸《风土记》。《宝龟歌垣》中写道：

"供奉者穿青褶细布衣，垂红长纽，男女相并，分行徐进、歌唱，在每首歌的曲折处，举袂为节拍。日本之歌弹琴，歌中打拍子而舞，其曲子各种各样。风俗歌曲教习诸国司而存留。存于朝廷乐府中的也很多。"上述难波曲等皆属此类。吉师部乐就是笔者之前讲过的吉士舞的乐节，而粟栖王就是此时的雅乐头。

十、书写的字体

藤原武智麻吕任图书头，负责抄写书籍。为了祈祷追善而抄写经书之风盛行。当时盛行讲学、崇教。京师贵族间以设立文库为美风，特别值得嘉奖推行。在没有印刷本的时代，用抄写本来输入知识的光景和今天有所不同。日本古书中有很多讹字、坏字。应长时期的印本多受其害。追本溯源，六朝时期字学废弛，《千字文》流行。在字形、字音不正确的时代，日本输入了书籍。这导致一开始在抄写者的字形中就没有正体。书博士是抄书之师，并不懂字学。《令义解》中写道："惟以笔迹巧殊为宗，不以习解字样为业，与唐法异。"唐法是指兴于唐而改六朝之弊，选五经文字、九经字样，刻石经，纠正经典文字。唐朝的这一新学风通过天平时期遣唐学生、学僧的往来而得到提倡，但最终没有实施。"与唐法异"这几个字值得注意。看一下法隆寺本尊铭[①]、正仓院文书等的字体就可以发现：楷书带有行体，字样不正；草书等夹杂行草。此风积习已久，深深影响着日本人。直到如今，用正楷写正形字几乎不可能。这就是那时留下的病根。

十一、图书寮的职责

就图书寮的职责而言，《职员令》中写道："经籍、图书、内典、佛像、官内礼佛、校写、装潢、纸笔墨等事。"其中，抄书手二十人，装潢手[②]四十人，造纸、造墨各四人，造笔十人。这类似于各科科长的职责。抄书是指找字写得好的人每天配给粮食和笔纸墨，让其抄书。图书寮归中务省管辖，是天皇的文库。此外，写经、造佛所等事业在官府、宫院、家中都有，相当兴盛。神龟五年九月，圣武天皇下诏规定："藏于图书寮的佛像、内外典籍、书法、屏风、拉门及杂图绘之类以上

---

① 隋陈之字。——原注
② 装是线，潢是染。——原注

不得借与亲王以下庶人。如果不经奏闻而私自借出者，处抗旨之罪，以防滥贷散佚。"就当时的图书头而言，天平三年是阿倍粳虫，天平五年吉田宜取而代之。吉田宜是还俗的医生，本来称吉士。吉士是韩语"宰"的意思。吉田是古代垂仁天皇时期任那府太宰盐乘津彦的后裔，住在朝鲜半岛称吉士。天智天皇时，吉大尚来归。因擅长文学医术，天智天皇让吉大尚住在奈良田村里，赐予吉田连姓。吉田宜是吉大尚亲戚，从养老、天平时期得到信任，承袭其遗迹，改姓吉田。此人大概也是侍奉藤原氏的艺业人之一。

第4节 抄经传教得度及僧正玄昉

一、抄经盛行

抄经、造佛盛行说明佛法兴隆。养老末年，朝廷为了给元明天皇、天武天皇及持统天皇追福而组织抄经。神龟二年七月，由于在诸国神祇社内放养杂畜，秽物颇多。因此，圣武天皇让国司长官自执币帛，经常清扫，以此为每年必做的事情。圣武天皇又让国司派人扫干净寺院，让僧尼读《金光明经》，如果没有此经，可以转用《最胜王经》，祈祷国家平安。神龟二年九月，圣武天皇通过有关部门让三千人出家，在左右京大倭管辖内的各个寺院转经十七日，以此消除灾难。天平三年，元正太上天皇患病，诸国放生，抄写《释迦像法华经》，在药师寺设斋。天平四年，《金光明经》六十四帖共六百四十卷抄写完毕。朝廷将此颁发诸国，以弥补不足，命令人们送到后立即转读，为国家平安祈福。抄经及转读之事逐渐盛行。正仓院文书这一年的抄经料纸账上如下写道：

（一）大般若经分麻纸五千三百八十张，缺一千二百张，定四千三百六十张；端续分纸二百张。神龟四年三月二十三日老人。

（二）同年十二月四日受大般若料一万张。又二十九日，接受麻纸一百六十张、法华经料。

（三）神龟五年正月十七日，受大般若之端织纸三百六十张，又二月十二日,《唯识论》二卷、《辨仲论》三卷、《杂集论》十六卷合二十一卷、料纸三百三十二张。二十二日,收到上野纸七十张、广方经料。

(四)三月六日,收到纸四百八十张、端继纸二十三张。又二十七日,自高屋赤万吕手收到纸五百八十张。同日收到麻纸二十张,又论表纸二十张。四月二十四日,收到卖纸的纸百张。五月二十二日,收到直纸二百张,又过了四日收到纸二百张。

(五)五年九月二十六日,收到大般若分麻纸七百张之中,杂纸五百张、观音纸分标纸六十张。

其中麻纸杂纸是指以麻为原料而制造的纸张和以楮为原料制造的纸张。天平六年,造佛所的作物账上写着"用纸捣麻二百三十五斤五两",说的是其原料,称此为黄麻、白麻。这些是上等的纸张。卖纸的就是纸户。上野纸大概是上州所产。在流经山城国葛野、爱宕两郡交界的纸屋川产薄墨论旨的料纸。从奈良朝开始,已经有纸户住在这里。

二、僧正义渊

当时的贵僧义渊僧正是高市郡市往氏之子。据说市往氏是百济人的后裔。义渊在天智天皇官中长大,出家跟随智凤法师学习《唯识论》。后来义渊入唐,师从智周法师。回到日本后,义渊大力提倡法相宗,名噪一时。从大宝末年开始,义渊任僧正。义渊的徒弟中有的成为名僧。僧正僧都和国博士地位同等,有帝师的名望。义渊从圣武天皇监国时期开始就进行辅导圣德。圣武天皇继位后,在神龟四年末下诏"义渊从先帝时期就在官内做事,没有过错,年龄、德行都很好",改赐义渊俗姓为间连,让义渊兄弟也称此姓。虽然僧人出家,但日本门阀习气很重,欣赏高僧的智德,因而赐予俗姓。因此,僧徒借助法权攀附贵族,和艺业人一起成为一个势力。由此可以推测操纵富贵的背后的势力。天平七年十月,义渊圆寂。圣武天皇遣治部官员监督料理丧事,赐絁、丝、绵、布。法相宗盛行,以兴福寺的藤原一门为檀越,势力在南都无人匹敌。这些都依仗义渊僧正的名望。

三、抄经的实证

今天如果发掘奈良时代的经冢的话，就会发现有白铜造的筒。经卷在里面已经炭化。古书法家鉴定了荒废寺院藏青色纸张和金泥经的断片，笔迹遒劲，世上称是圣武天皇的字迹。字迹秀丽的是光明皇后的字。其实这些是抄经手的字迹。其中也有天平时期的字迹。天平十九年的大安寺资财账写道："《金光明经》八卷、《金刚般若经》百卷于持统天皇甲午年奉上。一切经一千五百九十七卷于养老七年癸亥奉上。"这些很早就废弃的经卷散佚了。法隆寺资财账上记录道："《金光明经》一部由天武天皇所赐，《金刚般若经》百卷于养老六年、《仁王经》二卷于天平元年仁王会时由天皇所赐，《大般若经》一部、《华严经》一部七年由法藏知识造，《观世音经》百卷、《心经》七百五十卷为圣武天皇抄写。"这些现在还在该寺保存。由此可证明当时抄经盛行。

图书寮中藏有内外典和佛像。同样，在抄经所也抄写汉典。抄本时期的文库中采集了很多图书，将奖学崇佛作为要务。在正仓院文书中有天平二年的《抄书杂用账》的残简，上面写道："《白虎通》一帖①、《离骚》三帖②、《方言》五卷、《论语》二十卷、《北三礼仪宗》和《新仪》需要纸轴五十五个、《汉书》表纸九十张、《晋书》分麻纸三百零九张、净衣二十三领之中后加衣服四件、裤子九条，后加裤子四条。天平二年七月四日高屋连赤麻吕。"当时的各政府部门根据纸张、衣服、米、盐等需求而供给。由此足以看出抄写书籍的实际情况。

上述正仓院文书的料纸账中写着"老人"二字就是前文后官职移中讲的内藏伊美吉。内藏伊美吉也是负责造佛所的重要人物。而今还有天平六年的造佛所作物账残简，上面写着"自芳野持石来丁十三人，食米一斗五升六合。自伊贺国持云母来丁三人，食米七升八合。自近江国持麻纸来丁十八人，食米七升四合。自山背国持水精来丁十四人，食米八升四合。卖薪炭和炭等服劳役者五百八十七人，食米二斛三斗四升八合。给木工猪部多婆理粮米八斗，给佛师将军万福粮米六斗，给画工秦牛养粮米五斗，给装潢椋椅小滓粮米三斗，给铜工穴太小广粮

---

① 十五卷。——原注
② 二别十六卷。——原注

米四斗，给铃工锦部足桙粮米三斗，给铁工野家苇人粮米三斗，给近江纸工敢石部胜麻吕粮米一斗六升，给近江辘轳工二人粮米一升五斗、酒糟二十二斛七斗、醋十一斛六升、酱三十九斛五斗六升、滓酱十一斛、薪五千七百五十八束、炭一百八十六斤、絁三尺、调布四端二丈三尺、商布六段一丈九尺、磨石一个。天平六年五月十一日，大属正八位下动十二等内藏忌寸老人，大夫从四位下兼催造监勋五等小野朝臣牛养"。根据上面所记可以想象诸司给校写制造的工手粮米、运来材料让婢女下厨做饭的情景。同样，在作物账中卷记录的物件中有玉、炼金、水银、琉璃、珊瑚、珍珠、朱砂、绿青、麒麟血、黑铅等。这些用于装饰图书。其中从唐朝、朝鲜半岛、南岛进口的东西很多。小野牛养就是镇狄将军，和藤原宇合一样，在军中。册立皇后后，小野牛养任皇后宫大夫。天平七年，朝廷设催造司。小野牛养和葛木王一起监督。朝廷在催造司设抄经、造佛两个部门。

汉学和儒家思想大概是同时在京师贵族之间流行的，并且已经很久了。不仅如此，一直到《万叶集》时代的假名都是汉字假名。妇女也读汉典，跟博士、僧徒等学习句读。艺业家主动攀附宫廷后妃、女官势力。这导致藤原氏扩充了权势。在光明皇后册立后，后宫兼管催造司。这显示了光明皇后的学问，也表明藤原氏崇文、崇佛的家风。

四、佛化本来不普遍

在朝廷上，文明之光如此璀璨，堪称昌运，但中等官员以下依然蒙昧。儒学更是如此。佛教的济度还很幼稚，不足以讴歌安康无事。这也是门阀政治的常态。天平二年九月，圣武天皇下诏："京师及诸国盗贼颇多，或劫掠人家，或在海上戕害百姓，让官府严加捉拿。"因此，藤原朝频频追捕盗贼，但其害仍然未除。海路不稳，南海地区海盗横行的情形此时已经非常严重。佛法教化尚未渗透到下层民众。长屋王之变后，圣武天皇下诏："内外文武官员及天下百姓不得学习异端、幻术，诅咒惑众，违者斩首，胁从者流放，诈称佛法教化民众、传习授业、封印书符、配药造毒等种种作怪者同罪。"可以说亡羊补牢为时不晚。然而，这一事态并没有好转，大倭出现大龟祥瑞足以说明这一点。由此可以看出当时的人们的知识水平。天平三年，圣武天皇下诏："将众人集合到京师附近的山野妖言惑众者颇多，没有一万也有几千。又在安艺、周防等地妄自讲祸福，集结众多民众，妖祀死魂祈祷，因循为害，滋生祸端。今后不许如此。"这都说明佛法教化尚未渗透到下层民众。就日本人的性情而言，好以野猎为娱乐，此时尚武风气依然很盛，猎获野兽而食。即便是京师贵族也残留这一风气。从天武天皇时期开始，朝廷规定戒杀生。天平三年，圣武天皇又下诏："挖陷阱捕获禽兽是前朝禁止做的事情，而擅自发兵马也是当时不允许的。然而，诸国造陷阱，妄自发兵，捕杀鹿和野猪，不可胜数。后来不仅伤害很多生命，实际上违反了章程，应颁布诸道予以禁止。"天平四年，圣武天皇下令："可以商议购买畿内百姓养殖的野猪四十头，放到山野让其活命。"诸国甚觉繁琐。这样的法令频繁发出，结果屠杀禽兽之风丝毫没有衰减迹象。诸国领主发兵狩猎也是为了讲武，兼做娱乐。直到近世，这一风俗依然保留。原因在于国人尚存尚武之血性。因为吃野猪和鹿，反而不会再有畜牧屠杀之风。在日语中，野猪和肉是同一个词，就是这个原因。

五、勘检僧尼

防止僧尼得度之滥也是妨碍庶民教化的一个原因。圣武天皇继位当年，治部省奏："检查京师及诸国的僧尼名籍发现，有的陈述入道理由不详，有的名字在僧尼簿上但做了官，有的形貌与记录不符，共计一千二百二十二人。根据相关制度进行检查，但不知如何处理。希望天皇陛下予以裁决。"于是，圣武天皇下诏："在白凤以来朱雀以前，年代久远，很难搞清楚。而有关部门的记录也很粗略，定下名字再进行检查。"僧人行基的教化收效显著。天平三年，圣武天皇下诏："追随行基法师修行优婆塞、优婆夷等佛法者，男六十一岁以上、女五十五岁以上者都允许入道。其他行路持钵者让有司严格捉拿。"天平六年官奏："近时出家者不好好修行学业，多应付委托，度人只暗诵《法华经》或《最胜王经》一部。净行三年以上者得度。"下面列举正仓院文书中天平十四年优婆塞进贡解一通：

秦大藏连达①从六位下秦大藏连弥智庶子；梵本陀罗尼、佛顶陀罗尼、千手陀罗尼；般若陀罗尼、如意陀罗尼。

读经：《涅槃经》一部，《法华经》一部，《最胜王经》一部，《梵网经》一卷，疏二卷，《理趣经》一卷，《瑜伽菩萨地》中论一部，肇论一卷，文选上帖音，修行十二年。

天平十四年十一月十五日大安寺僧菩提

以这样的内容为本经，由有关部门在治部试点，给予度牒。这是一种制度。其中要进行委托。寻找枪手等事情时有发生。这在奏文中可以知晓。

六、玄昉的荣华显达

在僧正义渊死后，他的徒弟行基逐渐得到世间的认可。此外，玄昉的名望也很高。玄昉和阿倍仲麻吕、吉备真备一起，作为遣唐留学僧在唐朝待了十九年，得到唐玄宗器重，封准三品，赐紫袈裟。天平七年，玄昉和吉备真备一起回国，献上经论五千余卷和佛像。玄昉还穿紫袈裟。当时辨净任僧正，神睿任僧都，道慈任律师，被称为桑门之秀。此外，唐朝僧人道詹一起来到日本，著述禅律。因为日本缺乏戒学，所以道詹当了戒师，在大安寺以西的唐院住。天平八年二月，玄昉获封百户，赐田十町，和道慈律师一起各教导童子八人。天平八年七月，波罗门僧菩提和林邑国的僧人佛哲一起来日本。行基恳请官员一起到难波迎接波罗门僧菩提和林邑国的僧人佛哲，并用梵语与他们相谈，让他们住在大安寺东坊。天平八年十月，圣武天皇赐僧人道詹、菩提等人日本的服装。林邑乐及菩提的披头等舞都是此时由佛哲传来的。天平九年八月，玄昉任僧正，良敏任大僧都。玄昉被圣武天皇安置在内道场。内道场就是禁中的寺院，是天皇、后妃、皇子、皇女的礼拜堂，修建年代已久。吉备真备在回朝后任大学助，天平十年正月叙外从五位下，后转任中宫亮。中宫是藤原宫子之宫。藤原宫子得了抑郁症，很久不省人事，生下圣武天皇以后还未曾和圣武天皇见面。因此，圣武天皇请玄昉给她看

---

① 二十七岁，右京四条四坊户主。——原注

病。一经玄昉看病，藤原宫子顿时开悟。天平十年十二月，圣武天皇与太夫人藤原宫子见面。圣武天皇喜出望外，向玄昉布施絁、绵、丝、布各千。中宫职六人进位。吉备真备是其中之一，晋升从五位上，兼任右卫士督。这都是此时发生的事情。吉备真备和玄昉从唐朝归来，投合京师的昌运，进入中宫皇官就得到藤原氏的重用。天平九年，藤原武智麻吕兄弟去世。天平十年，橘诸兄执掌政权。藤原氏的权势依然在扩大。看一下在藤原氏家族中服务的人物可以发现吉备真备得到荣华富贵，而玄昉失败了。这都与藤原氏家族的家事有关。此外，玄昉住在内道场，给太夫人藤原宫子看病并开悟藤原宫子，而迄今为止人们对这一事实有很大的误解。《元亨释书》记载有"通花鸟使于藤堂，故与藤氏有隙"。误解之因在于盲目相信僧人善珠是藤原宫子与玄昉私通生出来的。《释书》的作者称"史法正岁时不即为蛊焉"，却相信养老七年出生的善珠是私生子，前后矛盾。这固然是出自兴福寺的不实的传闻。天平九年，圣武天皇二十七岁，当时藤原宫子不会小于五十四五岁。这样来推算时期的话，旧时之说无异于群盲评价古器。玄昉、吉备真备受到藤原氏重用，在唐朝留学十九年，提倡新学，很快在僧徒学士之间获得荣华富贵。这让世人惊羡不已。很久以来，宗教、学问就有党派之争。两个人都被卷入镇西之乱，可以推测原因之一就是新派、旧派僧徒学士之间相互倾轧。

第5节 田籍和税账

一、垦田的私有

圣武天皇即位之初，发布百万町开垦令。当时正值诸国纷纷竞争占据开垦土地时期。开垦令成功的程度姑且不论，但缴纳京师的调物、地租等的数量年年增加，可以让贵族贵僧享有荣华奢靡的生活。当时主要开垦的是稻田。要开垦水田需要池沟灌溉。如果不投入固定资本，很难奢望成功。开垦令的宗旨在于让住在当地的百姓获利，但实际是拥有开垦荒地的资金、势力的家族兼并了该地。这是必然趋势。发出开垦令的第二年，即养老七年四月，官奏中写道："顷者百姓渐多，田亩狭窄，劝告天下开垦田畴，若新造沟池、经营开垦者，不限多少，拥有该处三世。如果寻找旧沟池而开垦，终身拥有这块土地。"不限多少一句其意极其模糊。此后形成了在垦田之际申请开沟池的惯例。于是，这为有权有势者和地方居民相互勾结、占有私田提供了便利。在神龟、天平之交，占有垦田、变动田籍一事记录在正仓院的文书中。天平神护三年的民部省牒中写道："伊贺国田一町七段六十五步，然而百姓胆敢将自己的垦田假意捐赠寺院，逃脱税赋。国司等不查，天平元年、十一年合二岁图，为百姓垦田也。"公田就是登记在田籍之上，课以正租。垦田尚未登记田籍，或者是登记了但属于私田，或者在检查地租减租的基础上予以允许。直到天平年间，田籍还不这么混乱。因为发布《垦田令》，私地占有增加，导致田籍及图纸非常乱。天平神护二年十月二十一日，越前国称："以天平三年七月二十六日国司介正六位上大藏伊吉美石村等判给丹生郡冈本乡户主佐味公入麻吕等已讫。然不为开垦，是依天平或宝元年四月一日诏书。"在这段文字中，朝廷给该国居民垦地，经过了几年尚未开垦，于是收回后又给他人。

　　神龟年间，在长屋王还是大臣时，国史中很少记载地方政绩。但在天平元年十一月，京畿任命班田司①。据官奏记载，亲王、王、臣等的位田、功田、赐田等不得改易寺院神社之地，给付本地，职田要计民部数，取中上田。一分在畿内算作一分，在诸国收授，不得争抢膏腴之地。诸国司等在前任之日开垦的水田按照养老七年的规格来，无论是本家人还是转卖之人都要给当地人，如果其本人尚不得迁替者则允许其出租。此外，阿波、山背的旱田无论高下还公，分给当地人，但开荒地为熟地者不在此限。就这些而言，朝廷是让在京师有官位者失去了便利，尽量将土地之利让诸国的当地人享受。这就是以悦使民的宗旨所在。但随着京师的繁荣，王公贵族竞争私地越来越激烈。藤原氏、阿倍氏、橘氏等已经奠定了富贵荣华的基础。占领庄园的形势在这一时期已经形成。仔细阅读古文书可以推测里面的趋势，譬如《东寺文书》中写道："甲贺郡依智、香贺两庄大宝以前本愿。"由此可知很早就有庄园了。

---

① 前面的民部省牒中说"天平元年之图"就是这一年的计田。伊贺属于畿外，似乎和任命班田司没有关系。——原注

二、正税账的例子

登记在诸国各郡田籍上并征收正租的部分制作正税账，年年由朝集使交给主税寮。这是规定。但私田不在规定范围内。这里笔者列举一下记录在正仓院文书中的天平初期的一两个案例来解释其实际情况：

> 合定稻谷三百六十二斛六斗五升五合；颖稻一千四百零五束四把一分①；古酒二腹，品九斛五斗五升七合，杂用四斛二斗七升四合；遗二腹，受五斛一口；仓库三间，谷仓一间、酒窖一间、空仓一间；郡司，少领外从八位上动十二等海部点大伴。
>
> 周吉郡天平元年见定稻谷九百一十八斛三斗五升九合；颖稻六千零一十四束八把一分，其中杂用七百九十三束三把五分；出举一千五百三十束，利七百六十五束并二千二百九十五束；遗留三千六百九十一束四把六分；合定稻谷九百一十八斛三斗五升九合。颖稻五千九百八十六束四把六分；古酒五腹，遗留一腹。

由此可以看出一郡的正税定稻及颖稻、出举稻及利稻在正仓的数目。颖稻是从国郡领的公田佃作的地租中准备的籾。此外，关于详细情况，同年畿内大倭国正税账上注记着颖稻的详情。为了供读者作参考，抄录了其中一个郡——添上郡——的情况。详情如下：

> 天平元年定大税谷八千八百二十斛二斗二升二合；五年以上谷六千六百九十八斛四斗六升一合②，消耗一百三十一斛三斗四升一合，定六千五百六十七斛一斗二升；三年以上谷一千七百九十三斛四斗三升一合，消耗一十七斛七斗五升七合，定一千七百七十五斛六斗七升四合，用四百斛，残留一千三百七十五斛六斗七升四合；二年以下谷

---

① 一束舂米五升。——原注
② 神龟元年以前为六千五百一十八斛四斗六升一合，神龟二年增加一百八十斛。——原注

三百二十八斛三斗三升；颖稻一千一百五十八束，出举二千五百三十五束七把，定纳本一千九百三十五束七把，利九百六十七束八把半，以稻四百九十七束一把半替，依神户谷四十九斛七斗一升五合，残三千六百九十七束一把，轻税钱直稻四百四十八束五把，输租八百四十七斛四斗二升，公纳八百三十斛九斗二升，以六千三百二十八束五把替，依十市郡屯田稻谷，定纳颖稻一千九百八十束七把。

灵龟二年所盗谷二百七十四斛三升七合七勺；养老二年检缺谷二百五十三斛五斗九十三升五合六勺，颖稻一千九百五十八束，合稻谷八千三百二十斛八斗三升九合，颖稻六千五十一束五把，酒一十三甕①，正仓一十六间②。

二所神户谷五十斛七斗九合③，消耗九斗九升四合，定四十九斛七斗一升五合替，依稻四百九十七束一把半，颖稻五百一十一束三把，租一百六十五束，合一千一百七十二束四把半，用五十八束④。

以前收纳大税谷颖并神户租等数，具录如前，谨解。

天平二年十二月二十日，从七位上行大目勋十二等动中臣酒人宿祢古麻吕、从四位下行守大宅朝臣大国、正六位上行兼侍医勋十二等城上连真立、正六位上行介勋十二等许会倍朝臣津岛、正七位上行少都浓朝臣光辨。

因为是次年十二月，所以应该是结算账目。前面记录的是秋天收纳的定稻数，如同今天的预算，后面详录了消耗的大概数字。明细支付另外有账本，没有登记在这里。此外也要参考延喜式等。消耗是仓中的量的减耗。五年以上每斛减损二升，三年以上每斛减损一升。这是指过了两年的陈米。以一升二升的定率控除账簿上的消耗，这是一种制度，实际上是给掌管仓库的官吏剩的米。一直到德川时期，日本还有类似于这样的习惯。

---

① 一甕为五斛。——原注
② 谷仓三间，颖仓五间，杂色稻纳仓八间。——原注
③ 神龟元年以前。——原注
④ 祭神八束、神尝酒料五十束。——原注

三、出举稻制度的弊端

为了讲出举稻的起源，前面笔者说了稻籽的事情。在这一税账上注解称种稻三町六十束，也就是一段一斗的种子，可谓过多，可见钱谷的数目中有很多虚数。大税外的公稻充作国用。养老四年减少出举之利以来，时间还不到数年。神龟元年三月，圣武天皇让诸国根据国的大小，拿出税稻四万束以上二十万束以下，每年出举，将其利息用作朝集使的在京及偶尔的差使、担夫的上京等的粮料。表面上看，朝廷只允许大税稻，即正税稻的出举，其实不然。在天平年间的正税账中，仅将颖稻用于出举。一般来讲用束来计数。记录税稻几束的看不到正税稻。因此，从神龟元年开始，加上了出举用于朝集使一项，实际上增加了赋敛。税账上记载着"小麦一斛值二十束"，这属于米麦换算的价格，大概是为了奖励旱田种植，将课桑漆之地称作园地。这一办法开始于难波朝。据《田令》记载，朝廷以树干为基准进行征税。天平二年，诸国所做的桑漆账只不过将旧案改了年份，进行任意增减，并非实际数目。而后进行严查。每年巡检进行实录、申报，复查时如有不实之处，解除郡司的职务。这件事在《三代格》中有所记录。这一时期大概还不知道漆树是有寿命的。桑漆以树木数课税之法并非根据经验来的，在树木枯死后还在账上，因此弊端很大。将新种的树木按照法规登记也是很困难的。出举稻属于高利贷，其利润用于官吏的行政花销，这本身就有很多弊端。因此，在天平三年的官奏中写道："出举收纳应由国司来出纳，不得由长官一人来处理此事，不得任使不辨菽麦的官吏。不懂出纳者不得署名，如犯过失，予以惩处。"天平六年，因为天平四年大旱以来，百姓穷困，朝廷仅限一年将大税借给左右京、芳野、和泉及四畿内的百姓。天平九年，由于瘟疫流行，到了秋天，该年的租赋及百姓的旧账公稻仅限八年以前、私稻仅限七年以前予以免除。天平九年九月，圣武天皇下诏："臣家之稻储蓄诸国，出举百姓而获利，进行交割。无知的愚民不顾后面的害处，轻易借稻米来吃，忘记农务，终于陷于穷困，逃亡流离。"因此，之后朝廷禁止出举稻，劝告百姓搞产业，违反者以抗旨论处，将其财物没官，官员抗旨者免官。这也形成了制度，一直到后世都予以实施。朝廷仅允许出举官稻，禁止臣家出举稻子。这实行起来很困难。因此，之后的天平六年，大倭国的百姓竞相借公私出举稻，甚至还进行倒卖，屡禁不止，结果资财丧失，只得以旧宅还债。然而，每年出举的利息超过了本钱，父亲欠的债不知情的妻儿必须偿还，不知情的父母必须偿还子债。而后，虽然朝廷禁止了这种做法，但其宗旨是禁止利稻超过本稻。既然有公私稻的字样，那么显然允许私稻出举。

四、设置总管、镇抚使

自从开始整顿国司、郡司以来，为了督察国司、郡司政绩，朝廷出台了种种措施。大宝以前，朝廷废除了西国的总管。不久，在养老年间，朝廷任命按察使。按察使机构并非常设机构。经过了十余年，在天平三年，朝廷设置了总管、镇抚使。这属于带剑的武官。朝廷在畿内设置总管，在诸道设置镇抚使，任命新田部亲王为大总管，任命从三位藤原宇合为副总管。山阳道镇抚使是从三位多治比县，山阴道镇抚使是从三位藤原麻吕，南海道镇抚使是正四位下大伴道足。这些都是朝廷在西国设置的。与以前的总管相比，镇抚使任务更重。就其制度而言，大总管带剑等待敕命，副总管也是如此，下属判史二人、主事四人。镇抚使的职责与总管相同，下属有判官、主典各一人，且内外文武官六位以下，负责兵卫、记录，让仪仗、随身①背着弓箭早晚侍候，并且任用能够听主人话的人。允许总管带着骑兵三十人进入办公场所。当时京师结党聚众，仗势劫掠老少，压迫贫贱，或者非议时政，贬低人物，还有一些歪门邪道、让好人蒙冤的事情，或者盗贼横行，妖言惑众，也有不是卫府而带兵刃者。总管的职责是差遣京师及畿内的兵马搜捕这些歹人，禁止非法持有武器。镇抚使和总管职责大致相同，所不同之处是镇抚使不能差遣兵马。当时畿内结党聚众的现象严重，多者达万人，少则数千。盗贼劫掠人家和海上的事情常有发生。随着国造、伴造的衰落，地方上的结党盗贼颇多。西国情况非常混乱。隼人蔓延至四国、安艺地区就是其中的典型案例。诸国武门、武士兴起的原因也在于此。就此应该和征隼一起考虑。

五、设置节度使

镇抚使无权差遣兵马。天平四年八月，圣武天皇任命正三位藤原房前为东海、东山两道的节度使，任命多治比县守为山阴道节度使，任命藤原宇合为西海

---

① 大总管十人，副总管六人，镇抚使在三位者随身四人，在四位者随身二人。

道节度使。每个道都配备判官、主典各四人，医师、阴阳师各一人，并且让节度使所管辖的军团如果缺帐篷、锅等物品者以当年应入京的官物来弥补、置办。四道的兵士根据令条来查点，能够满足要求的达四分之一。朝廷仅在东海、东山、山阴、西海设节度使，而山阴节度使由镇抚使兼任，西海节度使由畿内副总管兼任。到了天平六年，节度使的任务已经结束。朝廷将节度使的业务委托给国司的主典以上。就中国的制度而言，在六朝之初，实施曹魏时期以来的都督州军事。中国朝廷将这一称谓授予外国的王。由此可知，这是一个重任，也就是元帅之职。到了北周改称总管。镇抚之职务与此相比稍微逊色，设在有可能发生叛乱的地区。节度使是唐朝的制度。唐朝将全国的州县分为诸道，每道设使节来统治，有贼寇的地方授予旌节，称节度使。按察、巡抚是督察州郡治理状况的文职。镇抚、节度是镇压动乱的武职。此时，日本地方上盗贼滋生，因此朝廷临时应用了唐朝的制度，但不能确保平安无事。之后，朝廷每两年停止征发诸国的边防军，五年全部暂停诸国的兵士征发。不过，三关、奥羽、越后、长门、太宰管内经常征发士兵。天平六年十一月的敕符中写道："命士兵三百人为健儿，一人配备马子，国司以下军毅以上配以护身士兵。"于是，诸国的军防令发生了变化，略微倾向于养兵。在奈良朝之初，京师的太平盛世仅仅表现在上层贵族的荣华富贵上。就国郡的士民而言，臣、连、国造、伴造衰落，陷入骚乱之中，特别是在东海、东山、安艺、西海，有必要派军队去镇压。因此，朝廷才临时设置镇抚、节度使。藤原氏在诸国占领庄园，从中产生了武士势力。其根源就出现在此时。追捕山贼、海盗和垦田开发相结合，是造成当时京师贵族兴替的主要原因。这一点应与上述这些措施结合起来研究。

六、国郡的治理业绩

为了督察国郡的治理情况，以前朝廷就设有按察使。神龟四年，朝廷又遣使到七道，巡察国司的治理情况。朝廷根据官员奏状进行罢黜、处罚。天平二年，主典以上的国司有各种职责，但行事未必透明。国司私造税账、不肯署名，账目经常对不上。此外，国司隐匿国内产的珍奇物产等，或者说数量很少不进贡朝廷。朝廷只好下诏根据情况要求适当进贡。朝廷规定国内处理的杂事让主典以上知道，史生处理事情有失误的话予以责罚。每三年国司更迭。新任国司未到任之际前任国司就上京，或虽然新旧交替但交割还未完成的例子颇多。国司虽然被朝集使戒告，但长年置之不理。因此，还任之人不得居官，无职之人不得在寮中值守，空耗时日。到了天平五年，迁替之人必然履行相关手续，国司交接问题从此时开始产生。天平七年，朝廷规定，畿内七道诸国除了国拟之外，要选择难波朝以来的世袭的重量级人物四五人，如果没有世袭的，也要选拔武艺绝伦、勤劳服众者为副手，通过朝集使进行申送。国拟是指国司任命的在厅官。难波朝云云是指大化二年任郡领以来的世袭的家族。在整顿国郡后，郡领更迭频繁，产生了国司弄权的弊端。因此，朝廷禁止国司任命前一年七十岁以上的人，但国拟官未必仅局限于郡领。天平七年十二月，圣武天皇临朝召来朝集使，下诏多治比县守："朕任命卿等为国司，但尊奉条章者只有一两人，或者沽名钓誉，或者背叛公家，经营私业。以后奉法者褒奖，懈怠者贬黜，各自努力。"从整顿国司之初，国司的政绩已经浑浊不堪。向权门谄媚、公衰私盛等现象由来已久。

第6节　朝廷对隼人的处置及外交

一、处置隼人

养老末年，大纳言大伴旅人征隼，之后留在太宰府镇守。当时多治比县守任太宰大贰。大伴旅人和多治比县守都是当时的名卿。由此可知，在征隼之后朝廷是如何重视对隼人的处置问题了。天平元年，多治比县守入京任参议。天平元年六月，萨摩隼人等进贡调物。圣武天皇在太极殿的阁门根据惯例御览隼人的风俗歌舞。在授位赐禄上是有等级差异的。天平元年七月，大隅隼人进贡调物。圣武天皇授予蛤郡少领外加志君多利及佐须岐君夜麻等久久卖外从五位下。其他都有叙位赐禄。此外，圣武天皇以旧来外附之例接待他们。天平二年，太宰府报告："百姓建国以来未曾班田，所有田都是垦田，相承佃作，不好改动，若实行班授，恐生骚乱。"于是，大隅、萨摩两国田制仍旧不改，允许各自佃作。因此，萨摩、大隅的田地一开始就是垦田，归隼人及国人所有，收纳佃租。天平五年六月，圣武天皇赐予多祢岛熊毛郡大领安志尼等十一人多祢后国造之姓，赐予益救郡大领加理伽等一百三十六人多祢直姓。能满郡少领粟麻吕等九百六十九人因为所居地方而获赐直姓。

二、萨摩、大隅的班田

因为萨摩、大隅没有实施班田，所以貌似没有正税，只有颖稻。其实未必如此。早在高千穗宫以前，萨摩就有国郡县主，也有归附日本朝廷的隼人。大隅也是如此。太宰府汇报称："建国以来隼人是指熊袭国的居民。"当时的差别很明显。据《主税式》记载，两国的出举稻八万五六千束，公廨各四万束。正仓院文书中有萨摩国天平八年的正税账残简。郡别税额残缺。笔者举例如下。

> 定实一千二百九十四斛八斗二升①；籔振量定粟谷四百三十六斛九斗三升②；定实三百九十七斛二斗九合二勺③；颖稻三万七千六百零七束八把十分把之九；颖粟三千二百二十六束六把十分把之一④；备米一千二百六十一斛；盐七斛七斗三升九勺；酒四十五斛五斗五升七合；杂用颖稻四千七百二十七束八把十分把之四；酒一十六斛二斗七升七合。以下略。

上述内容虽然也有正税，但颖稻较多。这说明班田较少。令人遗憾的是，这个账本不知道属于哪个郡。大体上全萨摩的税谷、颖稻是上述的十倍。最后看一下用酒来分配给隼人的注可以发现，隼人有资格上京接受朝廷的飨宴，即便在郡里也有接受飨宴的惯例。这本账上有佐证，上写"萨摩天平八年正税目录账、从八位上 吴原忌寸百足"，而账末署名是大领外从六位下萨摩君福志麻吕、少领正七位下勋八等前君乎佐、主政外少初位萨摩君宇志志、主帐外少初位上勋

---

① 据税账例讲，这是正税籔振量的定数。——原注
② 振入三十九斛七斗二升九勺。——原注
③ 定数之外有定粟属于例外。——原注
④ 以上三项由佃作所出，比定税多。——原注

十二等肥君广龙、主帐外初位下勋十等曾县主麻多。因此，这个账本属于大郡或者萨摩郡。

三、藤原氏占有垦田

前文讲述了征隼之后的萨摩、大隅及南岛的状况。此等处置出自大伴旅人之手。从藤原武智麻吕接替大伴旅人任太宰帅之后，式部卿藤原宇合兼任西海道节度使。之后，藤原宇合兼任太宰帅，不久去世。其后，藤原宇合之子藤原广嗣任少贰，诱使隼人等发动叛乱。即便如此，太宰府大体上由藤原氏兼任。在镇西，藤原氏占有大量庄园，特别是藤原氏在萨摩坊津与南岛、闽浙进行贸易，还拥有宰府的要港筑前志麻郡。查阅一下正仓院大宝二年志麻郡的户籍就可以发现，户主中卜部姓①很多。这些也是一种因缘。从藤原宇合等开始任太宰帅时候起，藤原氏占有垦田，利用与宇佐君及大神氏的自古以来的亲缘关系互相勾结。随着宇佐八幡宫垂迹的信仰逐渐传播，藤原氏采取种种手段在镇西培植势力。

四、藤原宇合征夷

养老年间，日本朝廷曾经征伐东北虾夷。圣武天皇从继位那年起兴起征夷之师。神龟元年二月，大伴南渊麻吕、锦部安麻吕等十二人将私谷献给陆奥镇所，被圣武天皇授予外从五位下。此外，镇守府的军卒等除掉本籍，落户北部，率领父母妻儿，希望在这里谋生。这得到圣武天皇的允许。这是为了奖励屯田开垦。神龟元年四月，圣武天皇让七道诸国制造军械、帐篷、锅等。这是为了镇压诸方狂暴之徒。不久，圣武天皇任命式部卿藤原宇合为持节大将军，任命高桥麻吕为副将，征讨海道虾夷，教习坂东九国三万人骑射，演练军阵，将帛絁布绵运往陆奥。神龟元年五月，圣武天皇任命小野牛养为镇狄将军，镇压出羽的虾夷。日本国史没有两军的战绩记录。到了神龟元年十一月，圣武天皇派内舍人到近江慰劳藤原宇合。藤原宇合与小野牛养经过十余日一同班师。朝廷用兵是在夏秋之交。神龟五年，应陆奥请求，朝廷新设白河军团，又将丹取军团改名玉作军团。天平二年，田夷村的虾夷等改掉贼心，服从教化。朝廷在该村建郡家，将虾夷编入百姓。田夷与山夷并称，是指住在田野的虾夷。天平五年，朝廷将出

---

① 属于中臣氏。——原注

羽栅移至秋田村，又在雄胜村设郡，在奥羽口驻扎军团，进入内部设立栅户，以招抚教化夷狄，进行开垦。天平八年，圣武天皇赐予陆奥出羽的有功郡司及俘囚二十七人爵位。俘囚是在栅之兵征服的俘虏。朝廷将他们编入该地，设长从事开垦。因此，奥羽有俘囚长一职，属于豪族。

五、藤原麻吕和大野东人等的征夷

大野东人任陆奥按察使，建言朝廷："从陆奥到出羽栅经过男胜，路途遥远，征男胜村的话就能修一条直路。"经过商议后，天平九年正月，圣武天皇命持节大使藤原麻吕、副使佐伯丰人和常陆守坂本宇头麻佐一起到陆奥。天平九年二月十九日，藤原麻吕等到达多贺栅。圣武天皇任命镇守府将军大野东人为平章，发常、总、武、毛骑兵前往开辟山海两道。夷狄等对此满腹狐疑。圣武天皇派田夷远田郡领远田雄人到海道，派归降的狄和我君计安磊到山道进行劝说抚慰。这样一来，圣武天皇让健兵一千二百人中的一半镇守多贺栅，其余分配到五栅。副使坂本宇头麻佐镇守玉造，判官大伴美浓麻吕镇守新田栅，大椽日下部大麻吕镇守牡鹿栅，其余依旧镇守。天平九年三月月底，大野东人从多贺出发。天平九年四月初，判官纪武良士从色麻栅出发来到出羽国大室驿。国守田边鸡波在此等候，和大野东人等一起进入贼地，边开辟道路边行军，但贼地雪深，粮秣匮乏，只好等待雪化之后草长。天平九年四月十一日，大野东人迂回来到多贺栅，亲自巡检新开辟的道路。从贺美郡到出羽最上郡玉野的三百二十公里虽然山野险阻，但人马往来没有太大困难。从玉野到贼地比罗保许山三百二十公里平坦，没有危险。朝廷都是用木头和石头填山涧，开凿山峰，开通六百四十公里的道路。从狄俘所说的比罗保许到雄胜的五十余里是平坦的，但中间有两条河，水位上涨需用船渡河。起初，大室驿国守难波汇报称雄胜村的俘长投降了，但大野东人不相信，说道："狄俘诡诈多端。"难波说："军入贼地是为了教化狄俘，修筑城堡，让人民安居乐业，不应杀害顺服者，穷兵黩武。而不纳降，长驱直入的话，他们会害怕，遁走山野。不如只是宣扬官军威风而撤军，然后怀柔、驯服他们。"大野东人听从了这个建议。原来大野东人早就打算在贼地耕种，积蓄粮谷，以此省去运粮的费用。然而，这一年下大雪，计划落空。因此，大野东人奏请圣武天皇:"藤原麻吕等班师,待后年筑城郭。"于是,圣武天皇任命大野东人为将军镇守多贺栅。天平九年六月,藤原麻吕患病而去世。藤原麻吕是藤原氏京家之祖。难波是培养藤原不比等的田边史的一族。本来,毛野氏继东山都督之后负责东夷方面的工作,阿倍氏作为越国造家负责北狄方面的工作。多年之后,而今毛野氏势力逐渐衰落。到了圣武天皇时期,藤原宇合持节。后来,藤原麻吕持节,征伐海道羽越之狄。最终,佐藤一族盘踞野州奥羽,安藤氏在出羽坐大。这些沿革现在已经无从知道。总之,藤原宇合、藤原麻吕的东征必然有其缘由。

六、朝廷暂停征发诸国的边防军

天平二年九月,圣武天皇暂停从诸国征发边防军。天平九年九月,圣武天皇暂停从筑紫征发边防军,让筑紫人把守壹岐、对马边防,让从坂东来卫戍的人返回本国。这件事情和征隼、征夷关系密切,并非为了放松对边防的守卫。不过,日本国史的记录文字过于简略,无法做出解释。诸国的边防军是指来自诸国而守边的人。《军防令》中写道:"兵士上京者名卫士,守边者名边防军。东边、北边、西边,诸郡人居,皆于城堡内安置。"边防军在奥州防御东夷,在羽越防御北狄,在筑紫防御西蛮。此外,诸国没有边防。日本朝廷让坂东边防军卫戍筑紫是古来的习惯,每两年轮换。到了天平九年,这个制度也废除了。边防军和卫士一样,是诸国豪族的义务。卫士期限为一年,边防军期限为三年。去戍边者"若有家人、奴婢及牛马,欲将行者听"。率领家人、奴婢和牵马的边防军士前往边防驻地时,还要带上自家粮食,回来时朝廷给予公粮。边防军在营中进行屯田。这是一种制度。东、西、北三边有边防设施,可以由其附近的诸国人来把守。然而,唯有筑紫尽管有诸多不便,却派坂东人来把守。这是因为迄今为止,西国之地隼人强硬,不服教化,不稳定。防备很困难。如今要征伐隼人,需要解除安艺、南海来的边防军,将国郡恢复到平时状态。因此,朝廷让远国的边防军留在筑紫,轮番防卫,省去麻烦。这种习惯形成已久,很难改变。从天平二年开始经过七年,朝廷才让坂东的边防军回到原籍。东、北两边设有栅户,并且可供开垦的荒地很多,有种种卫戍设施,不需要远国的边防军。《军防令》是在天智天皇征朝鲜前后制定的。之后朝廷也有必要派遣东、西征讨军。与其他命令相比,

《军防令》规定得比较详细，但在朝廷征隼、征夷成功后，《军防令》中不需要的条文过多。

七、渤海国的入贡

渡岛肃慎之事在史书上没有记载。在和铜时期，靺鞨的粟末部任大祚荣崛起。粟末部吞并辽东高丽的故地，国号丽国。粟末部征服肃慎、扶余的后裔，与西边的突厥结盟，和唐朝保持往来。唐宣宗封粟末部任大祚荣为渤海郡王，任大祚荣子大武艺继承王位后进一步开疆拓土。渤海国强盛起来，以粟末为中京，以伯咄为上京，从辽东窥伺登州。神龟四年，渤海国派宁远将军高仁义等二十四人出使日本，进入虾夷境内。渤海国使者中的十六人被杀。神龟四年八月，渤海国使者的首领高齐德等八人到达出羽国。日本朝廷派使者慰问渤海国使者。神龟四年十二月，日本朝廷让渤海国使者入京。神龟五年正月一日，因下雨，圣武天皇没有上朝。神龟五年正月三日，圣武天皇在太极殿召见渤海国使者，接受他们的朝贺。神龟五年正月十七日，高齐德等在中宫献上国书、方物。国书的大意如下："武艺当列国，总诸蕃，恢复高丽旧居，犹存扶余遗风，路阻海远，音信不通，经过几番努力，今日才得以与日本通好。"圣武天皇赐宴奏大射雅乐。神龟五年二月，圣武天皇任命引田虫麻吕为送渤海客使。神龟五年四月，圣武天皇赐高齐德等人帛、绫、绵，赐渤海王玺书、帛、绫、絁、棉、丝，差送使发遣。神龟五年六月，高齐德等使臣等拜辞圣武天皇回国。天平二年八月，引田虫麻吕等回国，献上渤海国的信物。圣武天皇遣使将此供奉于诸国的名神社。渤海国就是靺鞨。钦明天皇末年，渤海国国使来到越国，之后谒见敏达天皇。

八、渤海国的最盛时期

天平九年，渤海王大武艺殂。大武艺的儿子钦茂继位，回到肃慎的故地，进一步扩张，设置五京、十五府、六十三州，重新命名地名。对此无须多作考虑。钦茂以上京龙泉府为王都，将今天的宁古塔称西沙岭。中京显德府是粟末部的故地，就是今天的吉林。东京龙原府就是豆满江口的庆兴。钦茂将此作为日本道，管辖沃沮、秽貊，即咸镜道。南京南海府统辖新罗道。西京鸭绿府统辖朝鲜道及营州道。在今天的中国东北全境建国的以粟末部的渤海国为最盛时期。但渤海国的使者将军在虾夷境被杀，逃过一劫的使者到达出羽国。由此可以判断，渤海国使者对渡岛和津轻不熟悉。黑水桦太①地区尚未纳入渤海国的版图。

九、日本和新罗的关系

新罗圣德王继位之后过了三十年，改国号为王城。天平七年，新罗使者金相贞来到日本。中纳言多治比县守在兵部曹司问新罗使者入朝的动机，因为新罗改国号而斥责新罗使者。天平八年二月，圣武天皇任命阿倍继麻吕为遣新罗使。天平八年六月，阿倍继麻吕从太宰府出发。此时好友惜别。他们讲述海路旅情的和歌非常多。天平九年，阿倍继麻吕归国。天平十年二月，阿倍继麻吕上奏圣武天皇新罗失去常理、不接受使者的情况。于是，圣武天皇将六位以上官员召到宫中，让他们陈述意见。诸司上表多主张征伐新罗。天平十年四月，圣武天皇遣使奉币到伊势神宫、大神社、筑紫的住吉、八幡二社及香椎社，诉说新罗无礼之状。之后，未听说日本征新罗之事。据《韩史》记载，"圣德王三十年②，日本兵船三百艘袭击东边。圣德王命大将出兵大破日本兵"。此时，新罗和日本两国尚未交恶。因此，该记载应该是一种误解。从天平七年夏天开始，患豌豆疮而死的日本人颇多。起初，豌豆疮从筑紫开始流行。从天平九年四月开始，日本发生旱灾，更加重了疫情。参议民部卿藤原房前去世。天平九年六月，太宰大贰小野老、中纳言多治比县守去世。天平九年七月，参议兵部卿藤原麻吕、右大臣藤原武智麻吕去世。天平九年八月，中宫大夫橘佐为、参议式部卿藤原宇合去世。因此，日本对海外用兵自然受到影响。当时，日本承平日久，而新罗、渤海国都处于鼎盛时期。唐朝正处于唐玄宗中兴的开元天宝之交，正逢终止兵戈的时期。这也是日本没有征讨新罗的主要原因。

十、遣唐使的派遣和归朝

灵龟末年，多治比县守等出使唐朝。自那以来，遣唐使的派遣已经中止十余年了。天平四年八月，圣武天皇任命从四位上多治比广成③为遣唐大使，任命中臣名代为副使，在近江、丹波、播磨、备中制造船舶。天平五年三月，多治比广成

---

① 即库页岛。——原注
② 即天平三年。——原注
③ 多治比县守的弟弟。——原注

张九龄

辞别圣武天皇。圣武天皇授予其节刀。天平五年四月,四艘遣唐船出发,遇到恶风,相互失联。当时,唐朝张九龄任宰府。收录在张九龄《曲江集》中的敕书中写道:"丹墀真人广成等入朝东归,初出江口,云雾斗暗,所向迷方,俄遭恶风,诸船飘荡。其后一船在越州界,其真人广成寻已发归,计当至国。一船飘入南海,即朝臣名代,艰虞备至,性命仅存。名代未发之闲,又得广州表奏,朝臣广成等飘至林邑国,既在异国,言语不通,并被劫掠,或杀或卖,言念灾患,所不忍闻。然则林邑诸国,比常朝贡,朕已敕安南都护,令宣敕告示,见在者令其送来,待至之

173 | 第5章 奈良盛世

日,当存抚发遣。又一船不知所在。"乍一看这件事和阿倍仲麻吕从明州浦出发漂流到安南一事非常类似。其实不然,平群广成的船上乘坐一百一十一人,漂流至昆仑国①,被贼兵围困。船上的人或被杀或逃散。剩余的九十余人死于瘴气。平群广成等四人得免。在平群广成等四人谒见昆仑国王后,昆仑国王给予平群广成等四人升粮。平群广成等四人被判关押七年。唐朝钦州人到昆仑,将平群广成救出来后回到唐朝。之后,平群广成遇到阿倍仲麻吕,才能谒见唐玄宗。天平十年,平群广成从登州经渤海回国。阿倍仲麻吕此时没有上船,而是被唐玄宗挽留了。天平六年十一月,大使多治比广成等到达多祢岛。笔者前文列举的天平八年萨摩正税账上有遣唐使第二船供给颖稻十五束六把一事,说的就是这时候的事情。灵龟年间的入唐留学生吉备真备、僧人玄昉都是乘此船回国。天平七年三月,大使多治比广成复命,进节刀。天平七年五月,圣武天皇在北面松林御览骑射,召见入唐回来的使者和唐人,奏唐乐、新罗乐,弄枪。平群广成献上《请益生秦大麻吕问答六卷》。天平八年,副使中臣名代回朝。天平八年八月,中臣名代率唐人三人、波斯人一人拜朝。圣武天皇授爵位给唐人皇甫东朝、波斯人李密医其。昆仑国,即林邑,在安南南部。前面笔者讲的唐朝戒师道璿、波罗门僧菩提、林邑僧佛哲归化日本也是在此时。

---

① 即林邑。——原注

第6章

迁都和创立国分寺

第1节 筑紫的叛乱

一、藤原氏繁荣的基础

天平九年，疫疮流行，右大臣藤原武智麻吕兄弟四人去世。这对藤原氏来说是个大的惨祸。虽然藤原宫子、光明皇后还在，但藤原氏四家的男主人都死了。圣武天皇将高市皇子的儿子铃鹿王从参议提拔到知太政官事，将光明皇后的同母兄橘诸兄从参议提拔到大纳言，任命参议多治比广成为中纳言，任命藤原武智麻吕的长子藤原丰成为参议，共同处理朝政。因此，藤原氏在朝廷的势力依然如故。由此可知，藤原家族谋士很多。此后，藤原氏进入第四代。直到本年，藤原氏南家、北家、式家、京家四家的儿子才叙位。藤原丰成为从四位下，藤原房前的长子藤原鸟养、藤原丰成的弟弟藤原仲麻吕、藤原仲麻吕的弟弟藤原乙麻吕、藤原宇合的长子藤原广嗣授从五位下。在本年的女性叙位中，藤原家族中有二人都是正三位，县犬养广刀自、橘古那可智都是从三位，藤原吉日为从五位下。女性叙位中的藤原夫人分别是藤原武智麻吕和藤原房前的女儿，名为藤原尚侍和藤原尚藏。藤原吉日是藤原式家的女儿。足见藤原氏在宫廷后妃、女官中的势力。当时橘诸兄五十四岁，藤原丰成三十四岁。藤原仲麻吕比藤原丰成小两岁。藤原鸟养和藤原仲麻吕年龄相仿。从弟弟藤原宿奈麻吕的岁数来推算，藤原广嗣应该是二十三四岁。藤原氏从此换代。随着子弟逐年成长，藤原氏在朝廷枝繁叶茂，从天平年间的苗圃中成长起来。

天平九年，圣武天皇将大倭改为大养德。天平十年，橘诸兄任右大臣，藤原广嗣任大养德守。天平十年十二月，高桥安麻吕任太宰大贰，藤原广嗣转任少贰。藤原广嗣从大国并且是京国之守任相当于次阶的外官。这实质上属于贬官。这说明藤原氏内部发生了变故。天平十一年，中纳言多治比广成去世。大养德守大野东人、民部卿巨势奈氏麻吕、摄津大夫大伴牛养、式部大辅县犬养石次四人任参议。大野东人是壬申之乱的功臣大野果安之子，在奥羽地区建立功勋。大野东人一边担任其职一边担任京国之守，替代弱年的藤原广嗣。这个人事变动值得注意。这时，圣武天皇将入唐的硕学吉备真备由皇后宫亮提拔为右卫士督。吉备真备身兼文武职务是因为精通兵法，并且为光明皇后提供咨询服务。在内道场，僧人玄昉深得藤原宫子和光明皇后的信任。宫中权势貌似藤原家的囊中之物。但当时正值藤原氏换代，导致藤原氏权势削弱的原因是圣武天皇任用了吉备真备和玄昉两个人。

二、藤原氏和其他权门

这时与藤原氏的大臣门第相匹配的是多治比、石上、阿倍、石川、大伴等家族。藤原朝的左大臣多治比岛的儿子多治比池守、多治比县守、多治比广成都有学问造诣，作为耆老参政。天平十一年，左大臣石上麻吕的儿子石上乙麻吕与久米若女通奸，被圣武天皇发配土佐。久米若女被发配下总，当时石上乙麻吕作和歌道："石上振有事，弱女感我起。手执马缰绳，肉物自弓矢。大君怒目斥，离京去边鄙。群山着古衣，还来是何日。"石上乙麻吕还有一首和歌写道："挂卷都恐惧，荒人神住吉。赐牛吐船舳，崎岖岛依赐。荒浪拍崎矶，草长风不疾，速归本国赐。"石上乙麻吕后升任中纳言，胜宝二年去世。石上乙麻吕之子石上宅嗣复归物部大朝臣姓。石上宅嗣是名臣。阿倍家族文学名卿颇多，和石川家族一道，与藤原氏联姻。石川家族没有显赫一时的人物，但参议左大辨石川石足的长子石川年足通晓治体，从天平末年开始出人头地。其他如巨势、平群等家族都落入第二流。就大伴家族而言，大伴旅人的后人依然参与大政。在宫廷后妃、女官中，藤原氏的势力如上所述。天平十年的官符中写道："中宫职准备御供之物来供奉，崇祀兴福寺，在御笠森林祭祀春日社。"光明皇后、中宫及藤原氏南家和北家都设抄经所，供奉先考先妣的冥助。这在正仓院华严经的注解书中都可以看到。

三、京师贵族的贫富

从奈良迁都以来，京师贵族竞相举办宴会，逐年盛行。京师贵族采集诗歌、舞乐等种种娱乐之具，连诸大夫家族都有宅邸庄园，相互集会。天平八年，歌舞所诸王臣子等齐聚葛井广成家里饮宴，在和歌的前言中称："比来古舞盛典，古岁渐晚，理宜共尽古情，同唱此歌，故拟此趣，辄献古曲二节云云。"和歌如下："我家梅花开，告众心开怀。花开又似谢，春去春又来。莺歌把春怀。"葛井广成招待的客人们应该是在藤原氏执事的富豪、诸大夫。天平九年正月，橘少卿及诸大夫等聚集到弹正尹门部王家饮宴时，主人门部王①作诗："久闻君要来，宿门珠铺开。"虽说如此，自臣、连、国造、伴造衰落以来，在这一时期，京师贵族的贫富盛衰比较明显。诸王家中不堪竞争荣华的家族也不少。据《日本灵异记》记载，"圣武天皇时期，王宗二十三人同心相连，准备酒食宴乐。有一贫穷女王，虽入其列，尚未设酒食，非常不便，为因自己贫穷带来的冷遇而羞耻。这个贫穷女王到左京服部堂，对着吉祥天女像哭诉'我先世种下贫穷之因。我赴宴，人家有吃有喝，而我没有。但愿赐我财物'。这时，这个女王的儿子跑来说'故乡备食来'。女王过去一看，是哺育儿子的乳母。乳母无法讲究饮食之美，所用器皿都是碗。运行李的有三十人，歌舞奇异，如钩天乐。这时，有人给女王送钱、绢、布、绵。女王不胜欢喜，将得到的衣裳让乳母穿上。然后，女王参堂拜尊像，尊像穿着乳母穿的衣裳"。这是一个奇异的传说，讲的是京师贵族贫富差异很大，有的穷到不堪赴宴。

四、神武天皇立皇太女

天平十年正月初一，圣武天皇在中宫赐宴侍臣。天平十年正月十二日，圣武天皇立皇女阿倍内亲王为皇太女。古来没有皇女任储位的先例。关于皇女继承大统、外戚产生权势一事，笔者已经论述过了。阿倍内亲王是圣武天皇和光明皇

---

① 后赐大源真人姓。——原注

后所生。皇女继承大统，而外戚又是古来的宰相家庭，当时权势很大，但圣武天皇已经立后，对将储位留给光明皇后所生皇女这一点没有质疑的余地。当时，圣武天皇的夫人县犬养广刀自已经生有皇子，而安积亲王已经十岁。如果要立皇子为太子的话，圣武天皇应该立县犬养广刀自所生安积亲王，那么县犬养氏就会成为外戚，而藤原、橘、中臣三家抱团，可以作威作福，朝廷政局就会更加浑浊。然而，当时门阀阶层很严，王公贵族不允许僭越。舍去皇子立皇后所生的皇女为储君虽然史无前例，但应该没有对此有异议者。当时，皇太女阿倍内亲王年二十一岁，这就是后来的孝谦天皇。

数年后，吉备真备任东宫学士。当时汉唐文学正在盛行。妇女也读汉籍、写汉文。关于这一点，《万叶集》便是明证。在吉备真备任右大臣时的宣命诏中如下写道："朕从当太子时起，吉备真备作为老师谆谆教导。"吉备真备教授圣武天皇《礼记》《汉书》。

五、京师的昌盛

天平十年七月，圣武天皇在大藏省观看相扑，晚上在西池宫指着殿前的梅花说："朕去年春天就想赏玩梅花，但未及赏玩，花已经凋谢，非常可惜。"圣武天皇让吉备真备以下的文人三十人写春意，咏梅树，赐絁。天平十一年春，圣武天皇和元正太上皇一起行幸甕原离宫，又游猎高园野。天平十二年二月，圣武天皇任命铃鹿王、藤原丰成为留守，行幸难波宫。天平十二年五月，圣武天皇行幸橘右府的相乐别业，宴饮酣畅，授右府之子奈良麻吕从五位下。这就是恭仁迁都的起源。京师一派歌舞升平的气象。这时，一阵旋风在镇西刮起。

六、藤原广嗣

就当时太宰府的官员而言，大贰是高桥安麻吕，少贰是多治比伯、藤原广嗣二人。多治比伯和藤原广嗣是否在太宰府尚不清楚。藤原广嗣是藤原式家的嫡子，父亲藤原宇合是节度使、太宰帅。藤原式家在镇西的势头很盛。就藤原广嗣的西任，诏书称"乱亲族"。这是出自对藤原广嗣的惩戒，不免引起藤原广嗣的不满，而此时隼人疆界新定，正在处置过程中。虽然圣武天皇停止了征讨新罗的计划，但因为与藩国交往不顺，镇西人心动摇。因此，不满之徒以藤原广嗣的西下

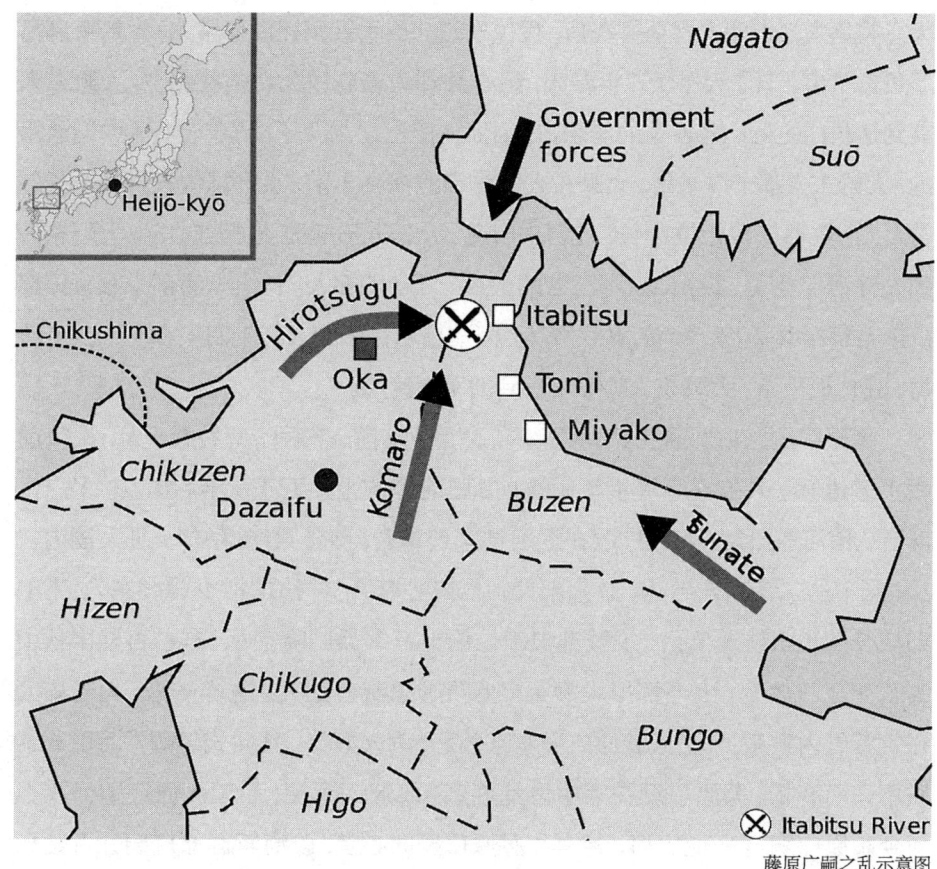

藤原广嗣之乱示意图

为导火索，爆发叛乱。天平十二年八月二十九日，少贰藤原广嗣上表，陈述时政得失、天地的灾异，请求除掉僧正玄昉、吉备真备。天平十二年九月，藤原广嗣终于起兵造反①。结合后来的敕书文考虑可以发现：大野东人任大养德守。朝廷将藤原广嗣贬谪西面必然得到玄昉、吉备真备的支持。与此相反，在藤原氏的一部分人中，有嫉恨玄昉、吉备真备这两人的一派。在他们的煽动下，终于发生叛乱。

七、官军的征讨

于是，圣武天皇下诏任命大野东人为大将军，任命纪饭麻吕为副将军，征发东海、东山、山阴、山阳、南海五道之兵一万五千人持节征讨藤原广嗣。圣武

---

① 就此表文而言，收录于《松浦社本缘起》的属于赝品，不足采纳。——原注

天皇将隼人二十四人召至御在所，授位发遣。圣武天皇让佐伯常人、阿倍虫麻吕等负责军事工作。天平十二年春天，纪必登作为遣新罗大使前往新罗。大野东人等到达长门之际，纪必登的船来泊，因而将船上之物藏于国府。一行人中能录用的，大野东人都予以录用。大野东人的先锋渡海到丰前，京都郡镇长斩获小长谷常人、企救郡郡板柜镇小长、凡河内田道。大长三田盐笼受箭伤逃窜。大野东人的先锋活捉登美、板柜、京都三营的士兵一千七百多人。长门丰浦郡少领额田部广麻吕率精兵渡海。接着，佐伯常人、阿倍虫麻吕率隼人二十四人和军士四千渡海，驻扎板柜营。大野东人等要率后到的军士渡海。

　　藤原广嗣亲自部署士兵，率大隅、萨摩、筑前、丰后的士兵五千人，从筑前鞍手道进兵。弟弟藤原纲手率领筑前、肥前等的士兵五千从丰后出发。多户古麻吕从田河道出发。藤原广嗣在远珂郡家造军营，储备兵弩，举烽火征发国内之兵。剩下的二军尚未到达。京都郡大领楉田势麻吕、仲津郡拟少领膳东人、下毛郡拟少领勇山伎美麻吕、筑城郡拟领佐伯丰石率兵归降官军。丰前百姓丰秋山等杀死三田盐笼。上毛郡拟大领纪宇麻吕等杀贼首四人。这样一来，大野东人在筑紫管内宣敕："逆人藤原广嗣本来凶恶，为人奸诈，其父式部卿常想除弃，朕不许而庇护。藤原广嗣在京中逸乱族亲，故贬谪远国，希望藤原广嗣悔改。而今藤原广嗣行狂逆之事，若有和藤原广嗣同心者，改悔斩藤原广嗣让百姓息事，赐位。本人被杀者，赐位其子孙。大军继续攻击，应识时务。"天平十二年十月，圣武天皇命大野东人向八幡神祈祷。藤原广嗣率兵一万左右到达板柜河①。藤原广嗣亲率隼人之兵为前锋，要编木做船渡河。佐伯常人、阿倍虫麻吕发弩射藤原广嗣。藤原广嗣兵众后退到河西。佐伯常人等在河东列阵，让隼人喊话。跟随藤原广嗣抗拒官军的人害怕罪责连累亲属。藤原广嗣率领的隼人和士兵听到这些都不敢放箭。佐伯常人等叫了十遍藤原广嗣。很长时间后，藤原广嗣骑马出来，问敕使是谁。官军回答道："敕使是卫门督佐伯大夫、式部少辅阿倍大夫。"藤原广嗣闻言下马，再拜两次，称不敢违抗朝廷命令，只请求清君侧，清除乱人二人。佐伯常人等说："圣武天皇赐敕符，召唤太宰典以上，为何发兵而来？"藤

---

① 今小仓川。——原注

原广嗣不能答，骑马退去。之后，三个隼人游泳过河来降。接着，曾君多理志佐等三十人降服，藤原广嗣兵众十余人也来归顺，缴纳器械。这是天平十二年十月上旬的事情，应该是藤原广嗣兵众十余人也来归顺这一消息传到京师之后。天平十二年十月十九日，大野东人接到造伊势国行宫司的命令。天平十二年十月二十六日，圣武天皇向大野东人等下诏："从月末开始暂时到关东，否则事情不能结束，请勿觉得奇怪。"圣武天皇行幸伊势大概是为了迁都恭仁。这一点笔者以后再讲。

八、藤原广嗣伏诛和镇西府

藤原广嗣从丰前退走，要逃亡新罗。他从秋浦郡值嘉岛出船，顺着东风行船，四天可到达耽罗岛①。然而，在东风足足刮了一昼夜后，突然刮起西风。藤原广嗣漂流到远值嘉的色都岛。天平十二年十月二十三日，藤原广嗣在值嘉岛的长野村被捕。天平十二年十一月一日，藤原广嗣、藤原纲手被斩首。余党被拘禁在太宰府。值嘉就是"近"。《释纪》中引用《风土记》写道："此岛虽远犹见如近，因曰值嘉岛，或有一百余近岛，或有八十余近岛。"这大概是今天的平户以西大小五个岛屿的总称。平户岛离陆地很近，因此以此名来总称。天平十三年正月，朝廷处断参与藤原广嗣叛乱者，二十六人死罪，五人没官，四十七人流放，三十二人徒刑，一百七十七人杖刑。天平十四年正月，圣武天皇废除太宰府，遣右大辨纪饭麻吕等将官府官物附于筑前国司。朝廷废边防军，又废安房、能登二国，也废了太宰府。这是藤原广嗣率九州之兵反叛一事造成的。天平十五年十二月，圣武天皇在筑紫设镇西府，任从四位下石川加美为将军，任大伴百世为副将军，设判官、主典各二人。然而，与奥羽的镇守府相比，筑紫边防任务更重，并且长久以来已经形成积习。到了天平十七年六月，朝廷恢复了太宰府。石川加美被任命为大贰。此后，隼人渐渐驯化。只有九州作为太宰的管辖区接受特别统治，作为京师显贵的势力范围而永存。

---

① 今济州岛。——原注

第2节 恭仁京和紫香乐京

一、贵族的处刑

虽然朝廷没有讨论藤原广嗣批判吉备真备、僧人玄昉扰乱朝政的是与非，但这一事实一定是存在的。迄今为止，人们轻信《松浦社本缘起》的妄诞之说，没有对此有不同论调者。天平十年左右，京都人士沉迷于宴会娱乐中。贵族等触犯刑律者颇多，往往连累妇女，并且这些事情散见于史书。令人觉得可疑。日本国史只是摘录文书，并不推测事情的原因及内容。这些事情似乎与藤原广嗣起兵一事相比事体较小，但实际未必如此。石上左府的嫡子石上乙麻吕与久米若女通奸被发配一事前面已经讲过。久米若女不久被召还。宝龟初年，久米若女晋升从四位下。久米若女是个颇有势力的女官。曾经是遣唐副使的中臣名代被圣武天皇任命为神祇伯，而中臣名代也曾被流放。天平十二年，就在藤原广嗣反叛那年，圣武天皇让中臣名代和其他被流放之人穗积老、多治比祖人、名负东人、久米若女五人一起入京。大原采女、膳部鸟女被送回本乡。小野弟姬、石上乙麻吕、牟礼大野、中臣宅守、饱海古良比未被赦免。在朝廷处理藤原广嗣余党时，中臣名代、盐屋吉麻吕、大养德小东人等三十四人被发配。天平十三年三月，中臣名代等人被下到平城监狱，在东西两市各被杖责五十后流放伊豆三岛。其中有抗旨的，有冒犯宫廷后妃、女官的。藤原广嗣之所以将"乱朝政"这一词作为举兵的口实也是他相信这样可以博得社会的同情。小野东人后来参与橘奈良麻吕的阴谋，而这一祸端早在十七年前就萌发了。

二、关于迁都的讨论

天平十二年，圣武天皇将太极殿迁到相乐郡，开始营建恭仁官。因此，这一计划早在藤原广嗣反叛前就定下了。朝廷掀起了迁都的争论。本来京官犯罪情况就多，因此镇西才发生批判乱政的事情。其原因就是从唐朝回来的吉备真备带来的"礼物"。直到后世，大内和内官的营建都是在吉备真备等博学者的建议下进行的。这一事实便是明证。这样一来，尽管镇西正在用兵，但圣武天皇还是要行幸伊势，任命造行宫司。天平十二年十月二十九日，圣武天皇任命铃鹿王、藤原丰成为留守，从京师出发。这样，迁都一事就定了下来。天平十二年十月三十日，圣武天皇车驾到了伊贺名张郡，天平十二年十一月一日，到了安保顿宫。由于大雨，人马行在泥泞中。圣武天皇等疲惫不堪，天平十二年十一月二日驻跸伊势国壹志郡的河口顿宫。圣武天皇派少纳言大井王等奉币大神宫。内舍人大伴家持有和歌道："河口野边庐，夜深思妹手。"这时，镇西捷报传来。天平十二年十一月十二日，圣武天皇的车驾从河口出发，天平十二年十一月十四日，到达铃鹿郡的赤坂顿宫。圣武天皇赐予陪从的文官骑兵爵位，给橘诸兄等群臣叙位。天平十二年十一月二十三日，圣武天皇到达朝明郡，天平十二年十一月二十五日，到达桑名郡石占顿宫。圣武天皇的御制和歌写道："俯瞰松原恋吾妹，田鹤鸣渡潮涸泻。"吾松原在三重郡。圣武天皇歌咏的是从朝明到桑名之间的海边的景色。天平十二年十一月二十六日，圣武天皇抵达美浓国的当伎郡。那里有养老泉。大伴东人歌道："往昔人言有老人，泷濑之水负盛名。"天平十二年十二月一日，圣武天皇抵达不破顿宫，行幸宫处寺及曳常泉，巡览国城，奏新罗乐飞骑乐。天平十三年六月，圣武天皇到达近江国坂田郡横川顿宫。橘右府从不破关先出发，经略拟建新都的山背国相乐郡的恭仁乡。天平十三年六月三日，圣武天皇车驾抵达犬上郡的顿宫，天平十三年六月九日下榻蒲生郡。天平十三年六月十一日，圣武天皇抵达志贺郡禾津顿宫，在志贺山寺礼佛。天平十三年六月十四日，圣武天皇抵达山背国相乐的御井顿宫，天平十三年六月十五日，行幸恭仁宫，开始营建京都。元正太上皇和光明皇后一起随后赶到。

三、恭仁京的经略

天平十三年正月一日，恭仁宫垣尚未完工。人们环绕帷帐为内宫。圣武天皇接受朝贺，赐宴五位以上官员。天平十三年十月，圣武天皇遣使到伊势大神宫七道各神社，告迁新宫一事。天平十三年闰三月，圣武天皇下诏留守官："五位以上者不许任意住在平城，有事而从新京退归者报告官府，许之。在平城者今月内催发，在外地者也要追催。"天平十三年七月，元正太上皇迁到新宫。圣武天皇迎至河头。之后，圣武天皇在新宫大宴群臣，奏女乐、高丽乐。天平十三年九月，圣武天皇征发大养德、河内、摄津、山背四国的役夫一千五百人，营建宫殿，遣木工头智努王、民部卿藤原仲麻吕等分配京都百姓宅地，以贺世山西道为界，以东为左京，以西为右京，在东河上架桥，称新都为大养德恭仁大宫。

四、圣武天皇赐宴群臣

天平十四年正月一日，太极殿尚未竣工。人们临时建造四阿殿。圣武天皇接受朝贺。天平十四年正月二十七日，圣武天皇在城北苑饮宴，赏造宫卿智努王，赐东絁六十匹，棉三百斤。天平十四年二月十六日，圣武天皇在大安殿宴请群臣。在五节舞、田舞结束后，圣武天皇让年少童女踏歌，赐宴天下有位之人。六位以下的人们鼓琴歌道："新年伊始兮，侍奉王万代。"女踏歌始于此时。就踏歌而言，从持统朝开始，汉人奏吴乐伴奏。吉备真备等回国后，将唐都上元的风俗介绍到日本。从这一年开始，诸国每年进贡采女一人。日本逐渐倾向于养兵。当时征发女子较多是因为王公、贵族对妇女的需求增加。天平十四年二月开始，朝廷在京师的东北修路，与近江国甲贺郡相通。到了天平十四年秋天，在宫城以南的大路西头和甕原宫的东头之间架设大桥。朝廷让诸国司缴纳一贯到十贯的钱来充用度。这时朝廷已经开始计划迁都甲贺的紫香乐。

五、圣武天皇行幸紫香乐

天平十四年八月，圣武天皇称要行幸近江国甲贺郡紫香乐村，任命造宫卿智努王等为造离宫司，任命铃鹿王、巨势奈氏麻宫、纪饭麻吕为留守，任命大伴牛养、藤原仲麻吕为平城留守，行幸紫香乐宫。天平十四年九月一日，圣武天皇行幸刺松原。天平十四年九月四日，圣武天皇回到恭仁。天平十四年十月，圣武天皇将盐烧王及妇女四人下狱平城。盐烧王被发配伊豆三岛，妇女被发配到上总、佐渡、隐岐、土佐。发配的原因不清楚。此四人大概是因为盐烧王在选太子时受到牵连，终于获罪。天平十四年十二月，圣武天皇行幸紫香乐宫。天平十五年正月一日，圣武天皇派右大臣橘诸兄先行。天平十五年正月二日，圣武天皇回到恭仁。天平十五年正月三日，圣武天皇在太极殿接受朝贺。天平十五年四月，圣武天皇再次行幸紫香乐。当时，紫香乐、恭仁、平城称作三都。天平十五年五月，圣武天皇在恭仁内宫大宴群臣。皇太女阿倍内亲王亲自舞五节。右大臣奉诏奏元正太上皇："礼乐并行很久，始赐此舞乐，皇太女学舞，可喜可贺。"元正

吉备真备

太上皇用御制之歌回复道:"空见大养德,国神人尊贺,此舞献天神,御孙尊而乐,此丰御酒喝,我君平八隅,丰御酒来喝。"圣武天皇下诏:"东宫官人晋升一位,其中博士吉备真备晋升二位,叙从四位下,任命橘诸兄为右大臣。任命藤原丰成、巨势奈氏麻吕为中纳言,任命藤原仲麻吕、纪麻吕为参议,任命藤原许势麻吕为中宫亮,任命吉备真备为春宫大夫,背奈王福信为亮,藤原清河为大养德守。"自此迁都恭仁成功。

六、关于迁都难波的讨论

天平十五年七月,圣武天皇任命橘诸兄、奈氏麻吕为留守,行幸紫香乐宫,流连四个多月后回到恭仁。天平十五年十二月,圣武天皇将平城的器械收藏在恭仁。恭仁宫的营建终于完成。朝廷进而营建紫香乐宫。起初,圣武天皇将平城的太极殿及步廊迁至恭仁,经过四年营建,终于竣工。用度不可胜数。然而,此后圣武天皇在紫香乐铸造大佛,砍伐山林,准备迁都紫香乐。天平十六年,圣武天皇要行幸难波。天平十六年闰正月,圣武天皇将百官聚集朝堂,问他们是定都恭仁还是定都难波。认为恭仁便利的有一百八十人,认为难波便利的有一百五十三人。圣武天皇又让巨势奈氏麻吕、藤原仲麻吕问市井之人。市井之人都说恭仁方便。希望在难波或平城定都的分别有一人。接着,圣武天皇行幸难波宫。天平十六年二月,圣武天皇任命铃鹿王、大伴牛养留守恭仁,任命纪清人留守平城,收了铃印,又将恭仁十五个大盾运到难波宫,由水路运送兵库的器械,允许恭仁京的百姓随意回到难波。天平十六年二月月底,圣武天皇将橘诸兄留在难波,走三岛路行幸紫香乐宫。橘诸兄宣敕定难波为皇都,两都的百姓任意往来。当时有恭仁、紫香乐、平城、难波四宫。紫香乐的造宫、造佛工程进行到一半,圣武天皇又决定迁都难波,貌似不合情理。大概朝廷是以紫香乐为新京,以难波为皇都,以恭仁、平城为离宫。京师定为东西两京。

七、营建紫香乐京

天平十六年三月,紫香乐宫西北的山中起火。城下的男女数千人都前去伐树、灭火。圣武天皇予以嘉奖,赐给每个人布。就紫香乐宫的营建而言,百官尚未建成,朝廷拆借每个司一千贯钱,交割时取利息充作公用。天平十六年八月,圣武天皇还幸难波宫。近江国蒲生郡大领佐佐贵山君亲人、神前郡大领佐佐贵山足人砍伐紫香乐宫边的山木,进位,赐予絁布。天平十六年十一月,圣武天皇亲临甲贺寺,建大佛骨柱。元正太上皇也行幸甲贺宫。天平十七年正月一日,圣武天皇突然回到新京,伐山开地,营造宫室。因为宫墙未成,环绕帷帐,大伴牛养、佐伯常人竖起枪和大盾作为御在所。圣武天皇大宴五位以上官僚。天平十七年四月,市场西面的山上起火,还有伊贺的真木山起火。火烧了三四天都没有灭。火势蔓延数百余町，圣武天皇命令山背、伊智、近江等三国灭火。之后，宫城东面的山上起火，连日不灭。首都的男女竞相到河边埋东西。圣武天皇备驾行幸大丘野，但当夜下了小雨，火最终灭了。第二天，圣武天皇召盐烧王入京。盐烧王是新田部亲王的嫡子。后来，盐烧王被发配。虽然其原因史书上没有记载，但在盐烧王被发配后朝廷才营建甲贺。等盐烧王回来后，工程已经竣工。可见，发配盐烧王与此有关。

八、平城复都

天平十七年五月，日本频繁发生地震。圣武天皇召来太政官官员，询问定都何处。大家都说平城最好。之后，圣武天皇派栗栖王到药师寺问众僧。众僧都回答定都平城。地震日夜不停，圣武天皇终于任命纪麻吕为留守，从紫香乐还幸恭仁。当时百姓在道左拜谒，高呼万岁。接着，圣武天皇派右大辨纪饭麻吕打扫平城。由于过分高兴，各寺僧率领净人童子和百姓们一起都走出门来，万人空巷。但当时正值农忙时节。圣武天皇慰问他们几句后，让他们回去了。这时，恭仁京人争先恐后迁往平城，络绎不绝。地震依然持续。甲贺宫边山上起火。这时，甲贺宫空无一人，盗贼充斥，而火还未灭。圣武天皇让诸司卫府收好官物。之后，圣武天皇行幸平城，以中宫苑为御在所，以旧皇后宫为宫寺。诸司各归本曹。之后，圣武天皇亲临松林仓廪，赐予陪从的人谷物。这个月地震异常，往往发生地裂泉涌。营建恭仁宫四年后，圣武天皇迁到甲贺。营造甲贺两年后，圣武天皇又回到原来的平城。这一复都和山火这一人为因素有关。地震这一异变更加剧了人心惶惶的氛围。

九、平城京荒废的状况

迁都恭仁宫后，平城京荒废。就此，某个歌人写道："世上本无常，而今才知详。平城迁都日，古都变换常，道边野草长。"歌人又称赞新京道："鹿背之山代，山际宫柱台。布当宫耸立，河近湍音骇，水清山近岱。秋去山朦胧，左男鹿呼妻。春去冈边苔，花谢花又开。"又有人歌道："泉川往濑水绝处，大宫迁处空虚虚。"这说明平城不久又荒废了。又有和歌写道："甕原久迩京，山高河濑清。人说京还在，还在我思京。故去村尚在，见国无人行。望村家荒零，为何孤伶仃。三诸见鹿脊，山际花开馨。花色入佳境，百鸟音轻盈。住吉村犹在，实难忘旧情。"又有一首歌道："甕原久迩京，荒废宫人迁。"本来奈良和久迩就隔着一个奈良坂，好比伏见和宇治的关系，这也可以理解为平城的扩张。宫人和百姓的搬迁频繁，导致平城变化很大。因此才有这种感想吧。然而，甲贺很远，隔着山路，是岗峦起伏的地方。夷平山头，伐除树石，营建新京，动机何在？假如迁都恭仁是吉备真备的计划，那么必然也有主张迁都甲贺者。紫香乐京刚开始营建，朝廷就建甲贺寺，铸造大佛。紫香乐京一废，玄昉僧正迎来末路。由此可见这就是玄昉提倡的。

十、复都后的甲贺

天平十七年，平城复都后，甲贺如同荒废一般。查阅正仓院文书可以发现，天平十七年四五月左右，民部省、木工、大炊、主殿、内藏寮、内扫部司、卫士府等为奈良、甲可、久仁、难波的仕丁、直丁、厮丁、卫士等请求公粮，存有很多凭据。与此同时，也有天平十七年十一月请求粮食的记录。下面举其中一两个例子。

（一）皇后宫职解申请仕丁等粮事；合请米十二斛六斗、盐一斗二升六合，绵四十二屯、米四斛八斗、盐四升八合、棉一十六屯。上述为甲贺仕丁八人、厮丁八人的费用。米七斛八斗、盐七升八合、棉二十六屯是奈良宫直丁三人、厮丁三人、染所仕丁十人的费用。以前十一月三十天的费用，所请如前以解。天平十七年十月十八日，正七位下行少属岐连美浓万吕、正六位上行少进出云屋麻吕。

（二）合四十三人①，应请米十一斛八斗、盐一斛三升八合。上述为直丁二十八人的费用；唐棉四十屯，上述为厮丁二十三人的费用。以前来十一月三十天的费用，粮米、盐、棉等，今记录在案，申送。天平十七年十月十八日，从七位上行少属小田臣枚妆。

---

① 直丁三人、厮丁二人、仕丁二十人、厮丁十八人。——原注

小田臣枚妆就是中宫少属。天平十七年四月十四日在中宫职解中有同署。之所以举了上述两个案例是因为当时有中宫、后宫两职。甲贺没有中宫职，证明太夫人藤原宫子在奈良。此外，甲贺宫的修建仍在继续。

造宫省移到民部省，合应请米①。请甲贺宫米三百五十一斛六斗、盐五斛八斗五升二合。上述民领二人、斐太匠十八人、厮三人、卫士五百六十三人，共计五百八十六人的费用。请奈良宫米二百二十三斛二斗、盐三斛二斗五升二合、唐棉八百三十屯。上述长上工十三人、史生八人、医师一人、省掌二人、民领二十七人、番上工六十三人、直丁三人、厮二人、斐太匠二十七人、厮九人、烧炭仕丁十九人、厮十三人、作瓦什丁三人、厮三人、卫士一百九十七人、火头三百九十七人，共计七百八十七人的费用。以前人等来十一月三十天费用粮所请如上。天平十七年十月二十一日，录从八位上岛田臣国足，辅从四位下秦伊美吉。

甲贺卫士很多是因为这里是空宫。飞骅匠也用于甲贺寺的修建，第二年后又不见了，只不过甲贺寺营建之时还在。

第3节 国分寺的修建和玄昉贬死

一、国分寺的起因

国分寺的修建和恭仁迁都几乎同时发生。这是朝廷在藤原广嗣要兴师除掉吉备真备、玄昉之际而修建的。这一点特别值得注意。圣武天皇继位初年，向诸国分发《金光明经》让诸国诵读。天平九年三月三日，圣武天皇下诏："每国造释迦佛像一尊，同时要抄写《大般若经》一部。"天平九年十月，圣武天皇让人在太极殿讲《景胜王经》，百官参加，如同元旦朝贺仪式。僧人道慈曾做讲师。这些都是创建国分寺的第一步。《续纪仁正太后传》中写道："仁慈志在救物，

---

① 此条略。——原注

创建东大寺及天下国分寺，本太后之所劝也。"据《格》记载，"天平九年三月十日，皇后的官职解添助已故，太政大臣在兴福寺的僧人很多，皇后也增加人员，让人星夜讲说，允许抽调元兴寺的摄大乘论门徒住持兴福寺。这些都足以证明皇后崇佛。"这时，僧人玄昉正住在内道场。不久，玄昉晋升僧正。自从照料太夫人藤原宫子以来，玄昉受到宫廷信任。因此，建造国分寺是在得到光明皇后的赞成后才开始启动的。由此可知，玄昉僧正在里面起到了很重要的作用。在民部省的记录上写着"圣武天皇患病，诸国各置国分寺之二所"。但史书上并未记载圣武天皇生病一事。天平十一年二月，光明皇后患病，大赦天下。天平十二年，国分寺排布就绪。光明皇后患病应该是修建国分寺的原因。

二、国分寺的修建

天平十二年六月，圣武天皇大赦天下，让天下诸国每国抄写《法华经》十部，并修建七重塔。这就是国分寺的起源。一个月后的天平十二年七月，筑紫起兵，大将军大野东人等西征。天平十二年九月，圣武天皇下诏四畿七道的诸国："因筑紫有不轨之臣，命军队讨伐。但愿依从圣祐，安稳百姓。"每国造一个高七尺的观世音菩萨像，并抄写《观世音经》十卷。圣武天皇巡幸伊势回到恭仁宫。之后，天平十三年正月，已故太政大臣家族返还食封五千户。圣武天皇命令将二千户依旧返赐已故太政大臣家族，将三千户捐赠给诸国国分寺，用作造丈六佛像的费用。见诸国分寺史的事件以此为始。《田令》规定"功封传子"。天平九年，藤原不比等诸子皆去世。经过三年，到了收回藤原不比等功封的时期，圣武天皇开始计划草创国分寺，将藤原不比等功封的五分之三用作造佛费用。这是因为建造国分寺是在光明皇后的建议下实施的。天平九年三月二十四日，圣武天皇下诏："去岁让普天下诸国各造一尊高一丈六尺的释迦牟尼佛，并抄写《大般若经》一部。今春以来风调雨顺，五谷丰登，十分应验。佛经曰，若有国土讲宣读诵，恭敬供养，流通此经王者，我等四王常来拥护，一切灾障皆使消殄。故朕让天下诸国各敬造七重塔一个，并抄写《金光明景胜王经》《妙法莲华经》各十部。朕另抄写金字《金光明景胜王经》，每塔各放一部，希望圣法兴盛，与天地永存，拥护之恩披幽明恒满。"这一敕语载入《格》中。史书记载有"前年六月每国造七重塔"是造丈六佛之误。就丈六佛而言,《后汉书·西域传》中写道:"西方有神名曰佛。其长丈六尺,面金黄色。"丈六因此成为佛像的统一尺寸。后来,北魏太祖用铜两万八千斤造丈五尺的释迦立像五个。这属于缩小尺寸的佛像。钦明天皇时期,百济圣明王为任那官家铸造的也是丈六佛像。

三、佛寺的选址

敕文如下写道:"造塔之寺乃国家精华,必然择一好地,为长久之计。国司等都应努力寻找,要择清洁之地。"国分寺、尼姑寺的所在大都在国府附近,并非选择名山胜水的宝地,而是选择严饰、洁清及集养僧尼的便利之地。附在这一敕文的诸愿条例如下:

(一)每国僧寺、尼寺各施水田十町。

(二)每国造的僧寺中僧人要有二十人。将寺院命名为金光明四天王护国之寺。尼寺为十尼,其寺名为法华灭罪之寺。其僧尼每月八日必然要转读《最胜王经》,每到月半,诵戒羯磨。

(三)在诸国设上述之寺者每月六斋日,公私不得渔猎杀生。

(四)但愿天神地祇共相和顺,福庆永恒,永护国家。

(五)但愿开辟已降,先帝尊灵长幸珠林,同游宝刹。

(六)但愿太上皇、太夫人藤原氏及皇后藤原氏、皇太女以下的亲王及正二位橘宿祢诸兄等同样受益向彼岸。

(七)但愿藤原氏先后的太政大臣及皇后的先妣从一位居太夫人的灵识,经常奉先帝而陪从净土,长久眷顾后代,经常保卫圣朝。乃至自古至今,身为大臣尽忠报国者及现在的子孙都因此获福,各继前范,严守君臣之礼,维护父祖之名,普度众生,怜惜生灵,消解烦恼,共出尘笼。

(八)但愿恶君邪臣如有违犯或者破此愿者,连其子孙必遭灾祸,世世代代生于无佛法之处。

看一下上述各条可以发现,与其说国分寺是光明皇后建议为国家而建的,倒不如说这是圣武天皇和藤原、橘两氏休戚与共而建的。建寺所花费由两家作为檀越提供。就第一条而言,《续日本纪》中写道:"对每国僧人施封五十户。"

每国五十户，六十国就是三千户，和已故太政大臣家族的功封数目相同。这应该是指这个数。

四、两寺的保护和督励营造

天平十五年正月癸丑，圣武天皇将四十九个名僧请至金光明寺，让他们转读大乘《金光明景胜王经》，为期四十九天，断谷生及杂食。读经完毕，圣武天皇派右大臣橘诸兄等慰劳众僧。此时正值恭仁迁都，但读经是在大养德的金光明寺，即后来的东大寺举行的。可见，为了国家平安，当时圣武天皇很重视诵读《金光明景胜王经》。天平十六年七月，圣武天皇下诏："让四畿七道的诸国每国拿出正税四万束，给国分寺的僧、尼两寺各两万束，每年出举，其利息永远用作造寺。"此后，国分寺费用中加入利稻这一项。天平十九年十一月，圣武天皇下诏："永固国家，长修宪法，让每国造金光明寺、法华寺。"然而，国司怠缓不执行，或寺院所处位置不便，或尚未开基。因此，圣武天皇命石川年足、阿倍小岛、布势宅主等分道前往选定寺地，视察工程进展情况。国司、使者及国师一起选定胜地，开工建设。圣武天皇又任命能够办理诸事的能干的郡司专门主管这项业务，三年以内造完塔、金堂、僧房。如果郡司能够按照诏令修建寺院的话，其子孙能世袭郡司之职。而对于僧尼二寺的水田，除了前面所讲的布施外，圣武天皇进而给僧寺加九十町，给尼寺加四十町。这部分田由有关部门开垦予以布施。然而，在圣武天皇发布这一诏令后，国分寺修建是否如期完工颇令人怀疑。国分寺建成不会早于天平宝字年间。这反而产生了国司、郡司消费布施物的弊端。

五、造寺和射利

伴随着寺院的修建，贪婪的僧俗也开始热衷于争夺建设费用和寺领的捐赠。接着，僧俗争夺的是管理财务的住僧的职位。国分寺的五十封户、田四十町收入甚微，不足以支付一国一宇僧、尼寺院所需费用。不久，朝廷就增加到百町以上。这是必然的趋势。而此时诸国占有垦田，互争利益，其风正盛。国分寺领必然会找到占有垦田的口实。天平十八年三月，圣武天皇严禁寺院买地。原因是寺院囤积土地过多。京畿限制更严。天平十八年五月，圣武天皇禁止诸寺百姓竞相购买垦田及园池并永久将此作为寺地。国分寺创建之初是竞买最盛之时。寺塔营建缓慢，垦田已经买光。前面引用的诏书中写道"有关部门垦田应予以捐赠"。言外之意是说豪族牟利方便。

就国分寺僧而言，天平十四年五月的官符中称："取精进练行、有资产者来度之。其符合条件者不得及时来度，必要等数年之间，观察其志性始终不变，允许出家。"诸国寺院僧众和檀越勾结牟取私利。这一弊端自和铜、灵龟之际已经很明显了。所谓的"取精进练行者"却导致国司把关不严，而僧人贪婪，妄自剃度已经成为习惯。这样一来，很难说从修建国分寺之初诸国就取得了很好的效果。

六、玄昉僧正的左迁

铸造丈六佛像、建造七重塔和铸造大佛是不同的事情，没有相互关联。但圣武天皇从筑紫发生叛乱之时就开始讨论铸造大佛的事情。这就是从恭仁宫迁都紫香乐宫的原因。铸造大佛的时期正好是僧人玄昉最受信任的时期，因此大佛必然是在他建议下铸造的。到了具体实施铸造时，僧人行基德高望重，起到了关键作用。正如后面所讲的那样，行基被任命为大僧正。于是，信任玄昉的热度降温，甲贺宫被废。天平十七年十一月，玄昉法师受命前往筑紫修建观世音寺。很明显，玄昉此时已经被罢免了僧正之职。玄昉所封之物被收回更说明他西下属于左迁。这件事和下述的僧人道镜被任命为造下野药师寺别当事件有关系。观世音寺是镇西的名刹，是天智天皇草创。大宝元年，朝廷建了观世音寺和筑紫尼寺，对其所封从那年开始，五年期限。和铜二年二月的诏书中称："筑紫观世音寺是为了满足淡海大津宫天皇的后裔冈本宫天皇的誓愿而开基的，虽修建多年依然未成。太宰府经过忖度安排了驱使丁五十人，差发服劳役者早早修建，草创四十多年后尚未竣工。"之后，养老七年二月，朝廷让僧人满誓修建筑紫的观世音寺。天平十年，朝廷以五年为限捐赠观世音寺食封百户。至此，圣武天皇又遣玄昉前往，旨在督促业务。大体而言，寺塔要选择美地，建成一个堪称国家精华的建筑物。在外国使者辐辏的要冲，营造大刹不应如此怠慢。工程如此怠慢大概是因为要将太宰府修建的大刹作为官方修建的。

七、玄昉死于筑紫

天平十八年六月十八日，玄昉离世。圣武天皇追封玄昉僧正。自从被托付内道场以来，玄昉荣宠日盛，逐渐背离沙门之行，时人恶之，于是死于贬谪之所。世传玄昉为藤原广嗣之灵所害。《续日本纪》中就是这样说的。玄昉死后五十年左右，这本书成书。因为当时盛行宣扬神怪不可思议的东西，所以才出现上述虚妄之说。这不足为怪。不过，玄昉西徙是因为有悖沙门之行，被世人憎恨。利用僧人的地位胡作非为者也并非玄昉一人，但玄昉在宫内受宠，荣华富贵，依附于藤原氏的权势做了很多为沙门不齿的污浊之事。然而，后人将此看作淫乱宫闱，称玄昉与太夫人藤原宫子和光明皇后私通，这是《今昔物语》《源平盛衰记》的虚妄之谈，纯属捕风捉影之事。就玄昉被藤原广嗣之灵所害一事而言，《扶桑略记》中写道："流俗相传曰玄昉法师在太宰府观世音供奉之日做讲师，玄昉乘腰舆供奉之时，大虚捕捉其身。玄昉忽然消失。后日玄昉的首级落于兴福寺的唐院。"这是后人的捏造之谈。首级不可能经过一年从大和的空中落下。或许是很早就憎恨玄昉的九州的藤原广嗣一党刺杀玄昉后假托藤原广嗣的灵所为。《今昔物语》中写道："恶灵着赤衣戴帽子而来，俄顷抓住玄昉，破之抛却，其弟子们收集尸骨而埋葬。之后恶灵消停无事。圣武天皇十分恐惧，说吉备真备大臣是藤原广嗣之师，速去彼墓可安稳之。吉备真备准备奉宣旨西去，向藤原广嗣之墓陈情，其灵几乎将吉备真备吹倒，吉备真备颇通阴阳道，以阴阳之术勉强保身，进而抚慰其灵，其灵才止。之后，藤原广嗣成为灵神，在该地称作镜明神。彼玄昉之墓传说在奈良。"本来这就是捏造的故事，但在《续日本纪》的《吉备真备传》中写道："藤原广嗣起兵反，以讨玄昉及吉备真备为名，虽兵败伏诛，逆魂未息，胜宝二年左降筑前守。"吉备真备的西任也与藤原广嗣的灵魂有关系。这一点早就广为流传。吉备真备、玄昉是奈良盛时的儒学者和僧人中的佼佼者，和藤原氏独掌朝权关系密切。吉备真备、玄昉是值得研究的人物。迄今为止的读史者妄信空洞肤浅的小说。整个天平年间充满了笑话怪谈，将皇室兴替的过渡期抛到黑暗中，令人惋惜。

第4节 垦田私有、郡司世袭和出举增加

一、进献国郡图

国郡制度是随着国造、伴造的衰退而逐渐形成的。虽说如此,回顾地方的实际情况可以发现,郡乡豪族和京师贵族忙于竞争垦田。《养老垦田令》之后,此风日盛。权门和神社、寺院勾结占有其利。修建国分寺只不过是追逐私利的手段。这样说绝不为过。圣武天皇的诏令称:"尽管将国司称作股肱,遵守条章的国司也就一两人而已,诸国政治从源头上就浑浊不堪。"天平十年,圣武天皇让天下诸国制作国郡图进献,又派巡察使探访国宰的政绩和黎民的疾苦。圣武天皇虽然屡屡派出巡察使,但究竟对政绩改善有无效果令人怀疑。京师贵族巡察地方肯定会收受礼物。进献国郡图尚属首次,地图的勘查、制作并非易事。虽说如此,迄今为止,实行国郡制的地方必然要有地图。土地授受以版图为基础,因此地图由来已久。正仓院文书天平神护三年二月民部省牒中写道:"右田以天平二十年、胜宝六年计田,国司等不详查,天平二年、十一年合二岁图,为百姓垦田也。"由此可知,田地授受要在确实的地图上标上面积和界限。

二、垦田私有

天平十四年九月,圣武天皇派巡察使到七道诸国,又任命了左右京、畿内班田使。巡察使带有班田的任务。班田使有检查田地的权力。当时正值发布了百万町垦田的命令之后,可以推测贵族、大寺和地方百姓正在竞争垦田。这需要看一下实际情况。天平十五年五月,朝廷下诏:"垦田依照养老七年之规定,满期之后,依例收回而授,因此百姓倦怠,开垦后,田地又荒,自今以后可作为私人财产。不再论三世一身,永远不收回土地。其国司在任之日,垦田一如以前规定。但垦田占地者,需向国之有司申请,然后开垦。不得申请占有百姓开垦之地。若受地之后,到了三年,本主也不开垦者,允许他人开垦。"在养老七年的《格》和文中都看不到这一诏书,但朝廷对垦田设年限,期满之后,朝廷将垦田收回。不过,天平十五年四月辛亥,太政官奏道:"顷者百姓渐多,田地狭窄,希望在天下勘察开垦田畴,如有新造沟池、经营开垦者,不论多少可传三世,利用旧沟池者

终身耕种。"三世一身大概说的就是这个意思。就因为不开垦而回收垦田的例子而言，在正仓院文书天平神护二年十月越前国司解一条中写道："申报垦田共计四十一町六段五十步，天平三年七月二十六日，经实际检查发现，拥有荒地的人不是为了开垦，是为了占有牟利。"这是个恰当的例子。占有垦田的人年期已满，朝廷收归公田。这虽然是个很难执行的法律，但这时允许垦田予以开放，变成私有财产，这样做也有失偏颇。迄今为止，未闻曾有法律规定丈量自古以来的权门、势家、神社、寺院作为私田而领有的地并登记田籍、予以征租。于是，京师贵族与土豪相勾结，公然成为庄园的领主、地头，最终开启相互争斗之端。直到天平神护初年，日本朝廷才取消了天平十五年的规定。但为时已晚，藤原氏的势力已经尾大不掉。

三、限制私田

天平十五年五月的诏书中规定："亲王一品及一位分给水田五百町，二品二位分给水田四百町，三四品三位分给水田三百町，四位分给水田二百町，五位分给一百町，六位以下八位以上分给五十町，初位以下乃至庶人分给十町，在郡司层面，少领分给三十町，主政主帐分给十町。如果先分的地超过这个数的部分就要归还朝廷。奸诈欺瞒者获罪，依法处置。"就封户而言，和铜末年，五亲王全部给予封租。这还是首次。从天平十一年开始，各家族的封户全部赐予全租，不过运输时所费的口粮要从其租子中扣除。此外，朝廷禁止各寺院垦田、拍卖。但到了胜宝元年，朝廷捐给大寺垦田各百町。不久，朝廷规定了各寺院的垦田数目。东大寺为四千町，各国分寺达千町之多。国分寺的地成为天下的争利场所。

四、国司的贪污

天平十五年五月二十八日，即下达不收垦田诏书的第二天，圣武天皇禁止诸国司等不住旧馆，另造新舍。① 另外，国司到任之时，朝廷给予了花销费用，不允许国司各设小金库，牟取钱财。天平十六年十一月，圣武天皇下诏："长年来，国司多娶所管辖地的女子为妻妾，自今以后，全部禁止。即便隔着一个国也不能

---

① 《格》卷七中称国司任意改造馆舍，如一人病死，忌讳此地，不肯住。自今以后除了记入国图献上之外，不准擅自移造，房屋坏了需要修补即可。而诸国官吏不遵守此法，另造新舍。——原注

娶。如果百姓嫁给郡司，要按照解任罪来论处。不过，允许国司带去家眷。"在民部式中规定新上任的国司到任者皆给予花销费用，以徭来支付这笔费用。不过，太宰府以下傔仗①以上以调庸中的男子的作物来支付。支付之后不应对国司再次赏赐。《杂式》规定国司不得各设资养郡，而在此之前国司各设资养郡。就馆舍改造一事而言，弘仁以来，朝廷让诸国国司提交明细账，如果肆意更改会犯抗旨罪。这件事和资养性质相同，是新任国司强求其所在国提供花销的项目。二十年前，笔者航行在艺备海时，备前儿岛的商人从朝鲜回来，与笔者同船，朝着艺备海的山岛驶去。因为朝鲜也有这样的山，所以京官在赴任其州县时修建住宅，征发民夫。锯木头的木匠要负责截断木材，石工雕琢石头，近村居民都被调来搬运石头。在营建新住宅之余，国司的随从也中饱私囊。官员一任或者中途就调到别处是常有的事情。这样一来，迎送国司带来的负担相当沉重。据说山光秃秃的、石头取尽了是古代国司在赴任之地修建馆舍造成的。这一行为现在也在持续。京师贵族赴任诸国，娶土豪之女为妻妾。这是上古以来的习俗。然而，现在朝廷予以禁止是为了防止国司、郡司及土豪等政治联姻牟私利、侵害百姓。然而，京师贵族的婚姻并不规范，良贱混杂，户籍法变得混乱。考虑到这些，这一禁令是否能得到执行令人怀疑。后来，藤原秀乡称自己是藤原鱼名的后裔，从下野兴起佐藤氏，任近江的田园庄司，在奥羽获取垦田，家族兴旺。结合这一家谱可以发现，下野史生是和藤原北家任国司者通婚的苗裔。京师贵族赴任地方，或奉诏巡查，收揽其肥沃土地，家族繁衍。后来，源、平、藤、橘、江、中、清、善等姓氏遍布天下。这都是由于京师贵族和地方民通婚而生出的私生子造成的。日本朝廷的这一禁令最终成为一纸空文。

五、国司费用的实际案例

查一下存于正仓院的诸国的种种正税账可以大致了解国司使用租税支付官员往来费用的情况。下面笔者举一个例子进行说明。这个文书的接缝处的背面写着从七位下行目坂上忌寸人麻吕，上面盖满了但马国印。

---

① 官职名。

旧盐十八斛二斗四升九合，旧酒二十五斛四斗九升二合、糟八斛。

依天平九年五月十九日恩敕赈给高年及鳏寡孤独之徒，合一千二百一十八人，谷四百八十八斛四斗。其中九十岁十人，各八斗；八十岁以下一千二百零一人，各四斗。杂用颖稻二万七千七十二束八把，酒一十斛三斗二升六合，糟八斛，酱二升五合六勺上供用，酱五升一合六勺上供用，盐四斛八合一勺，年料舂白米三百斛，充稻六千束，副庸进舂米一百斛，充稻二千束。依民部省天平九年二月十日符，进上岛宫奴婢食米三十斛，充稻六百束。依民部省天平九年十一月十二日符，进上官奴婢食米三十斛，充稻六百束，酱豆二十六斛，充稻二百八十六束，每斛十一束，御履牛皮二张，充直稻一百九十束。番匠丁粮米一百零六斛四斗，充稻二千一百二十八束。造难波宫司雇民食料杂鲊五斛，充稻一百五十束。正月十四日读经供养料，充稻五十二束九把。读经二部，《金刚经》八卷，《景胜王经》十卷。读僧十八口，佛圣僧二座，合二十座供养料。饭料米四斗，充稻八束，粥料米六升，充稻一束二把，檀料米一升，充稻一束二把，大豆饼四十枚，料米八升，每升得五枚，充稻一束八把。小豆饼四十枚，料米八升，每升得五枚，充稻一束六把。依令元日设宴，充稻五束二把，酒二斗四升。年料修理器仗料杂用充稻一千一百四十四束，买立传马一十二匹，直稻三千三百五十束。当国所遣驿传使并一十人，将从一十五人，合二十五人经国单一百零七日，充稻三十六束一把，盐一升八合五撮，酒四斗。经过上下传使四十七人，从一十七人，合六十四人，单一百四十日，充稻五十三束四把，盐二升六合七勺，酒一斛二升。中宫职捉稻使国单二百四十五日，充稻一百七十一束五把，酒二斛四斗五升。朝集杂掌二人，单三百九十四日，给食稻一百一十八束二把，盐五升九合一勺。新任国司一人，比及秋收给食料，稻三百一十三束六把。国司巡行所管辖一十一度，官员三十八人，将从五十九人，合九十七人，轻单一千七百九十五日，充稻六百零八束五把，酒六斛一斗九升六合，盐三斗四合二勺五撮。春秋二度出举官稻巡行官员，单三百六十日，为观风俗并问伯姓消息巡行官员，单一百九十八日，领催伯姓产业巡行官员，单一百二十六日，责记账手巡行官员，单二百四十七日，检校田租巡行官员，单一百二十六日，为谷类稻巡行官员，单一百一十二日，检校庸物巡行官员，单二百三十一日，收纳当年官稻巡行官员，单一百八十九日。以下略。

六、郡司处理国郡事务

"目以上"指的就是国司的职位，说的是守、介、掾，也包括医师。从上面的实际例子可以看出，国司巡行时多与收租、出举稻有关。国厅税账的支付和旅馆的结账单类似。其忙碌程度可以想象。然而，实际上只是在厅发布命令，现物多由郡司给付，在税账上只是换算成充稻、直稻来加减。大体上，国郡事务经郡司之手来办理，出纳现物，进行承包核算，在其手中收取实际利益。天平以来，朝廷在选任郡司时是终身还是世袭，其中的利害关系如何，这些问题十分令人头疼。

七、郡司的世袭

郡司只限于终身，不得世袭。这是和铜六年的规定。从神龟五年四月开始，朝廷规定转任少领任命大领出缺，要等待合适的新人，改为暂时转任。此后转任、新任都要到朝廷述职。这样就产生了收税和贡调方面的问题。天平七年五月的官符中规定："除了国命之外，选任了大化以来的世袭郡司四十五人，如果没有合适人选的话允许副手新任，禁止一郡并用同姓的郡司，在其他姓中没有合适的人选的情况下，允许同姓为少领以上，此外的职位予以中止。"天平十年四月的官符中规定："因为勤劳有政绩而被任命的终身郡司不得加入世袭之列。"天平十一年，圣武天皇下诏规定："为政不善者不得任终身。"这个法律旨在除去为证不善的郡司。终身官容易为子孙世袭打下基础。因此，两代以上的世袭郡司应该逐代增多。总而言之，郡司从地方豪族中选出是由自古以来的国造、伴造、县主、稻置等变化而来的。当不上郡司的会被任命为里长、牧长等诸长，就是在乡村有威望的所谓长者。对当时的国郡制进行推测可以发现，郡司相当于后世的武家的守护职。幕府有时会任命新人做守护，大体上任命当地的大名，很多是世袭。在守护更迭之时，由当地名望与之匹敌的人来代替。这样做往往会产生矛盾，最终发生争乱。推测地方的情形可知，从天平时期开始，郡司的世袭、新任屡屡需要借助敕令官符。这一事实与武士时代的守护相似。

八、改革郡司制度

天平十一年五月，圣武天皇下诏："诸国司、郡司人员徒增，任用无益，侵损百姓为害的事情实际上非常严重。因此，要减少旧员，大郡设大领、少领、主政各一人，主帐二人，上郡设大领、少领、主政、主帐各一人，中郡设大领、少领、主帐各一人，下郡相同。小郡改为领、主帐各一人。其后，郡司要督促营造国分寺。认真修造国分寺的郡司的子孙不断地被任命为郡领、郡司，以示奖赏。"天平二十一年，圣武天皇下诏："顷年补任郡领，国司首先按照世袭的优劣、才能的有无、舅甥长幼之序来挑选，在报请式部之后选任。但此中千头万绪，门族繁多，滥诉无序。以后改为简定立郡以来世袭最悠久的家族，嫡嫡相继，不得用旁亲。如嫡子罪疾或不堪用者，依令替换。"立郡以来说的是大化以后，至今已经经过了百年的风雨。终身任用变为世袭，允许嫡嫡世袭，逐渐成为重要的家族。直到以下的坊长、郡长之类，很多形成门阀。这一点从上述敕命中可以看出。本来门阀经过三百年必然盛衰转换。从延喜时期开始就出现武门、武家也是因为这个原因。

九、庄园的增加和公稻的出举

庄园的称呼来源于后来垦田的私有，本来叫田庄或者田所，和官府的官家、屯仓相同，讲的是由京师的领主派出的管理其领地的人的馆宅，也就是庄衙。当时，随着占有的垦田增加，领主的代理人的数量也有所增加。领主的代理人也成为地方的豪族。延喜二年三月的官符中称："院宫、王臣家族在诸国内部有田地，自立庄园，或新占山野，谋求土地利益，借民私宅、积聚稻谷等，妨碍公务。国司的力量不能制衡领主的代理人，不能够自由地收纳稻谷、出举稻谷，原因就在于此。天平九年九月二十一日及天平胜宝三年九月四日之格。"其中的天平九年之格是指笔者前文引用的禁止大臣私租、出举的诏书。胜宝三年的格是指与禁止钱财借贷有关的事宜。当时朝廷的公田的租子很轻，尚未让私田缴税，出举稻逐渐兴盛。朝廷以此作为分辨官私收纳以及费用的办法。笔者在前面引用的正仓院文书的税账讲的也是这件事情。

十、公廨和税稻出举

公廨分为给田和费用两种。庆云元年，朝廷将公廨之禄支付式部省、大学、散位寮。这是公廨制度的起源。公廨也就是京官的俸禄。养老五年六月的《格》中称："朝廷支付按察使公廨田六町，支付记事二町。"这是朝廷给外任官的田，如同职田。朝廷支付国守公廨田二町。笔者在前面所列举的税账中注有"新任国司比及秋收给食料"，这与国司的公廨田二町收获的稻子相等，每日二束八把。由此可知国司收纳的实数。天平十四年八月，大隅、萨摩及三岛的国司的公廨用任地附近所产之稻支付。就公廨费而言，到天平十七年十一月，大国为四十万束，上国为三十万束，中等国为二十万束——只有萨摩、大隅为四万束，下国为十万束。如果正税少的话，未必能够完成上述任务。朝廷赋税未纳足的以此来填补。此后，国司以公廨费的名义出举大量的税稻。经过十多年，在国司更替之际，贪图公廨的分配现象严重。因此，新旧国司发生争执。国分寺费用的出举也是开始于这一时期。公稻出举的条件有所增加。

十一、巡察使的任命和公廨

天平十六年，圣武天皇任命了巡察使，任命纪饭麻吕为畿内使，任命石川年足为东海道使，任命平群广成为东山道使，任命巨势岛村为南海道使，任命石上乙麻吕为西海道使，任命大养德小东人为其次官。圣武天皇颁布了敕令三十二条。国郡官员不行法令，唯利是图。公民生活年年困苦，豪族财富日增。圣武天皇让上述使者依照所颁布的法令进行考察，然后奏闻朝廷。朝廷根据国司的善恶对其本人进行奖惩。此外，圣武天皇又授口头敕命十三条和五条。这次选任巡察使比平时要重视，旨在厉行国郡之治。虽说如此，国郡之治浑浊已久，现在宛如竞争垦田的赌场。直到天平十七年，朝廷开始将公廨稻谷出举。功效不知如何。在废除太宰府、设置镇西府时，圣武天皇任命从四位下石川加美为将军，任命大伴百世为副将军，设置判官和主典各二人。将军是准从五位官，公廨田十町，副将军为八町，判官为六町，主典为六町①。不久，朝廷又恢复太宰府。天平十八年，左大臣橘诸兄兼任太宰帅，中纳言藤原丰成兼任东海道镇抚使，参议藤

---

① 只有西海道巡察使有次官。——原注

原仲麻吕兼任东山道镇抚使，中纳言巨势奈氏麻吕兼任北陆山阴道镇抚使，参议大伴牛羊任山阳、西海道镇抚使，参议纪麻吕兼任南海道镇抚使，到天平十八年末终止。朝廷依旧让诸国加强练兵。大部分地区并不需要镇抚使。为得到更多的公廨，地方官弄权跋扈。

十二、日本与渤海国和新罗的关系

这一时期正值渤海国兴盛之时。天平十一年夏，渤海王大钦茂派使臣到日本。值此之际，随行遣唐使的平群广成漂流到林邑之后回到唐朝。后来，平群广成打算从登州取道渤海国，与渤海国的大使胥要德等一起回日本。但平群广成一行又遇到风浪。渤海国大使因为所乘的船颠覆而溺死。平群广成等和遗众巳珍蒙等漂流到出羽。天平十一年十一月，巳珍蒙等人谒见圣武天皇。巳珍蒙传渤海王的话："天皇圣殿，至德遐畅，奕叶重光，泽流万姓，钦武继承祖业，每修邻好，今彼国使平群广成等飘落到此，因备行资，即为发遣，仍差若忽洲都督胥要德等令送回国云云。"巳珍蒙等人献上虎熊豹皮、人参及蜂蜜。在天平十二年元会上，渤海国代理大使巳珍蒙和新罗的学语①同列。圣武天皇在太极殿之南御览大射。当时渤海国使者也射箭。后来，圣武天皇又在中宫阙门奏渤海国之乐。渤海国使者拜辞圣武天皇，次月回国。新罗学语与天武天皇九年新罗国来使金若弼带来的通译相同。此时，日本朝廷终止了讨伐新罗的讨论。天平十二年三月，圣武天皇任命纪必登为遣新罗使，前往新罗。圣武天皇又派了遣渤海国使。然而，天平十二年秋天，藤原广嗣叛乱。遣新罗使的船在长门，而藤原广嗣兵败要逃亡新罗。这说明筑紫之乱和新罗关系密切。之后发生了恭仁甲贺迁都之事，再以后听不到国际交往的事情了。日本和新罗的交往并不顺畅。

---

① 即翻译。——原注

第7章

东大寺大佛铸造及圣武天皇出家

第1节 铸造东大寺大佛

一、本地垂迹说起源

奈良的大佛是毗卢舍那佛。卢舍那是玄应的音译,译作卢舍那,也就是"照"的意思,即佛法普照。从铸造大佛时候起,佛家的本地垂迹说开始在日本流行。本地垂迹说起源很早。在元明天皇时期,宇佐出现八幡大菩萨。早在奈良朝初期,日本人已经相信神就是佛这个观念。日本古神道的观念认为天津神保护整个世界,并非仅守护丰秋津洲——日本。在雄略天皇时期,当百济被高丽灭亡时,日本朝廷割日本官家的县给百济,让百济复兴国家。神祇官就此请求神的意见。神建议百济王请建邦神,即大国魂来守护国家的平安。这说明日本存在着神保护海外扶余人的思想。苏我稻目劝钦命天皇让诸国都要礼佛,不管佛教思想与丰秋津日本有多么不同,日本人都要崇佛。此外,日本朝廷还劝百济王子引用雄略天皇朝的先例,恢复建邦神祭,以此来拯救危难。这也是神佛不分这一观念的体现。然而,在佛法传播之初,日本还是一个蒙昧的社会,当然还没有神就是佛这一观念,也没有天津神守卫整个世界这个想法。不过,在混沌的思想界有这一思想:守护日本的天津神就在我神国日本,天津神和外国的神有所不同。直到佛教、神道、儒教各自主张自己的教义,神佛才开始分开。这才出现神道家。然而，佛教学说部分消退后，对日本人来说不再神秘。人们这才从神就是佛的角度宣扬大日如来。

二、铸造大佛的起源

本地垂迹说在日本历史上体现最明显的是铸造大佛。就铸造大佛的起源而言，僧人玄昉住在内道场，当上了僧正。之后，玄昉受到圣武天皇、太夫人藤原宫子和光明皇后的宠爱和信任。由此可知，大肆鼓吹本地垂迹说的应该是玄昉。就铸造大佛的起源而言，胜宝元年十二月的诰中写道："去辰年，河内国大县郡礼奉知识寺卢舍那佛，则朕欲奉造云云。"辰年是藤原广嗣反叛的天平十二年，国分寺也是在这一年企划修建的。据《河内志》记载，智慧寺的原界限到安堂、大平二村。大日堂今仅存安堂村。此寺是在何人的"许愿"下，如何早日铸成卢舍那大佛的？河内大县主是天津彦根命的后裔，以前是豪族。雄略天皇的皇后草香幡梭姬皇女从草香到河内时，矶城大县主让人在山上用坚鱼木建造房屋。这个房屋颇似天皇宫殿。因此，草香幡梭姬皇女命人烧掉这个房屋。奈良时期大县是谁的领地？圣武天皇在知识寺礼拜大佛，必然是开始铸造大佛时的上供仪式。后来，圣武天皇行幸礼佛，捐赠食封。由此看出，这属于官方建造的寺院。在知识寺铸佛请天皇行幸、从中进行谋划的必然是玄昉。也有人说这是在良辨的劝说下实施的。但这一说法不能确定。藤原氏也应该参与了创立国分寺的计划。将大佛作为天照大神的正体而宣扬本地垂迹说，进而将神祇罩在佛教上，这绝非易事。天平十二年，藤原广嗣以玄昉乱世为名举兵造反。就这件事而言，之后，玄昉有悖沙门之行，受到僧、俗的疏远。受到圣武天皇宠信的行基取代了玄昉。由这件事可以了解当时的情况。

三、讨论造佛像

天平十四年二月，朝廷开通恭仁京东北的道路，直通近江甲贺郡。天平十四年秋天，圣武天皇行幸紫香乐，以此为日本铸造大佛之始。据《元亨释书》卷十八记载，圣武天皇想要建东大寺，但国家历代信奉神道，今经营佛寺有恐违背神意，故先进行尝试。天平十三年，圣武天皇授行基法师舍利一枚，让行基到势州献给皇太神宫。行基前往势州，将橹绑于内宫南门大杉下，七日持念，传达圣武天皇的意思。第七日神殿自开，神大声唱道："实相真如日之轮照，却生死之长夜，本有常住之月轮，破烦恼之迷云，我今逢难遭大愿，如得渡船，又受难得宝珠，如暗得炬。法师持舍利，藏埋饭高乡，以赖邦家。"行基听到后，捧舍利藏在彼饭高乡回奏。圣武天皇大悦，任命行基为庙使，协助朝廷典礼。天平十四年十一月三日，圣武天皇又派右仆射橘诸兄到势州。天平十四年十一月十五日，橘诸兄复命。当夜，梦中大神告圣武天皇："日轮乃毗卢舍那也，圣武天皇得此意可兴建。"言毕现日轮之相，其光赫赫。圣武天皇醒来，感激涕零。因此，东大寺大佛高十六丈大概是模拟毗卢而建，并非丈六佛。不知这些内容是根据的哪本书。本来这就是牵强附会之说，不足信。右大臣伊势奉币是国家大事，但没有证据表明这一年有这样的事情。不过，讨论铸造大佛是在天平十四年进行的这一点毫无疑问。

四、造像诏书

天平十五年七月，圣武天皇行幸紫香乐宫，橘诸兄留守恭仁宫。天平十五年十月，圣武天皇下诏："天平十五年十月十五日，菩萨发下大愿，造卢舍那佛金刚像一尊，倾尽国之铜镕像，开凿大山，以建佛堂，广及法界，以为朕之知识，最终得到利益，恭敬菩萨。有天下之财富者乃朕也，有天下之势者乃朕也。以此财富势力来造尊像，事易成心至难，但唯恐劳民伤财，不能遂朕愿，或生诽谤，反而堕入罪孽。故有知识者至诚介福，应每日三次拜卢舍那大佛，自己存念各造卢舍那佛，若人人资助一把草、一把土来造佛像的话，朕许之。国司、郡司不应因此事侵扰百姓。"这段话的意思是说通过君民合作来造佛像。圣武天皇将此布告天下。这是第一次造佛像的诏书。天平十五年十月十九日，圣武天皇驾临紫香乐宫，为造卢舍那佛像开始开拓寺地。于是，行基法师率领弟子劝诱众庶。朝廷停止营造恭仁宫，专门营造紫香乐宫。

五、行基和铸造大佛

前面笔者已经讲过行基的行化。有一个古老的传说讲，养老元年，日本朝廷禁止行化，抓住行基禁锢在枳林。朝廷将行基藏于内部，行基的魂魄在外游荡，朝廷禁止行基行化。关于役行者也有这样的传说。这一传说属于不可思议之谈,不足信。在养老年间,行基并非被捉、被禁锢,之后行基也继续行化。天平三年,圣武天皇允许追随行基的老年信徒得度。行基逐渐受到重视。行基劝说圣武天皇铸造大佛时已经七十四岁。虽然都是义渊的门徒,但行基要比玄昉年长很多。《续记》中写道:"和尚真粹天挺,德范夙彰,周游都鄙,教化众生。所到之处听说行基和尚要来,万人空巷,争相来礼拜。因材施教,让其向善。"以此可以看出行基具备非凡的感化力,进而教化公众。行基受到圣武天皇敬重应该是在玄昉当上僧正之后,大概是甲贺开始铸造大佛之时。如诏文所说,当时皇室拥有天下的财富和权势,达到隆盛的顶峰。在这样的时期,铸造大佛很容易。虽说如此,也需要国民心甘情愿。如果不劳民伤财就不能够铸造大佛的话,就违背了铸造卢舍那大佛的宗旨。因此,圣武天皇决定不用玄昉的才学,而用行基的德化。否则这件事情是不会成功的。玄昉失去宠信的开端也在于此。此外,律师道慈、神睿二人被推举为释门之秀,而道慈、神睿二人工艺精湛,结构、形制与其规模相适应,所有工匠无不叹服。这也有助于大佛铸造工程的进展。天平十六年冬,道慈在七十余岁时圆寂。

六、铸造奈良大佛

天平十六年十一月,朝廷才开始在甲贺寺建造卢舍那大佛的佛像骨架。圣武天皇亲自拉绳子。四大寺之僧聚集在一起,召开种种会议。天平十六年十二月,朝廷度百人,在金钟寺和朱雀路点灯万盏。金钟寺也称金鹫寺,现在被东大寺围了起来。然而迄今为止,圣武天皇没有造佛像的企图。天平十七年,圣武天皇任命行基为大僧正,让四百人出家。大概是因为行基是玄昉的前辈才有此任命。大僧正始于此时。时人因为行基所说多有灵验,称行基为行基菩萨。天平十七年八月,圣武天皇行幸难波宫,患病。天平十七年九月,圣武天皇下诏天下:"三年内禁止一切杀生,放掉鹰和鸬鹚,让三千八百人出家,行药师悔过之法。"这大概都是行基所教。行基又作为平城、恭仁留守警备官中,收缴平城宫印章,将王孙全部集中在难波宫。据佐伯全成的口供讲,后来,在兴起橘氏之狱时,宫室群卿之间出现了阴谋决定储位的兆头。于是,圣武天皇又还都平城。甲贺宫空空如也。玄昉被迫上缴封赏之物,被贬到西部。天平十七年八月,圣武天皇开始在奈良铸造大佛。天平十八年八月，圣武天皇将恭仁京的太极殿划归国分寺所有。天平十八年十月，圣武天皇、元正太上皇、光明皇后行幸金钟寺，供奉卢舍那大佛。佛前后点灯一万五千余盏。数千僧人举着脂烛，唱着赞歌，围着佛像绕三圈。到了三更迁宫。国分寺就是大养德国的金光明寺，即后来的东大寺。圣武天皇等行幸金钟寺时供奉大佛的地方应该在国分寺近旁，因此被圈入国分寺里面，成为法华堂。天平十九年，圣武天皇将大养德的国号恢复成大倭。天平二十年四月，元正太上皇驾崩。天平二十一年二月，大僧正行基也圆寂了，享年八十岁。

七、大僧正行基的德望

天平十三年，行基和门徒们开始劝众庶铸造大佛，大概经过了六年。起初，行基计划在甲贺建大佛，但后来半途而废，改在奈良铸造。天平十八年，行基才开始铸造大佛。天平十九年九月，河内的河股连人麻吕向卢舍那大佛献上一千贯钱，越中的砺波臣志留志献上米三千石。他们因此被朝廷授予外从五位下。行基的硕德一时间被世人仰望、推崇。元兴寺僧人智光、礼光二人得到《三论》的奥秘。其中智光做了《盂兰盆经》《般若心经》等的注疏。智光听说行基做了大僧正，曾心生嫉妒而诽谤，此时已经后悔，拜访行基而忏悔道："我心生嫉妒，智光是古德大僧，行基是浅识的沙弥，何故圣武天皇抬举行基而舍弃我。因为我说了这些话而获罪，梦中阎王召我，让我抱铁铜柱九日，以罚我诽谤之罪。恐怕余罪要留到后生。"因此，智光惭愧不已，自己吐露真情，希望免罪。行基听到后，良久才说："祸从口出，舌头是剪除善事的斧钺。"此后，智光才知道行基菩萨是圣人。天平二十一年二月二日，行基被葬于法仪生岛。智光弘扬佛法，传播教义。在白壁王时期，智光离开日本进入不知之界。以上是《日本灵异记》中的说法。智光是行基的晚辈，比行基小二十几岁，何况行基晚年做了大僧正，岂是小僧能够嘲笑的？因此这一说法本来就是编造的。借这一名僧的名字来彰显行基的高德。这足以证明行基在奈良朝受到世人的敬仰。宝龟四年，圣武天皇下诏："行基修行之处有四十个寺院，并无捐赠的田园。精舍荒废的大和的菩提、登美、生马三院，河内的石凝、山崎二院，以及和泉的高渚院有田二三町。"也还算兴盛。

八、陆奥国献黄金

在大佛铸造完毕后,涂金不足。天平二十一年二月,陆奥国通过驿站献上该国产的黄金。圣武天皇派人向畿内七道的各神社奉币而告。天平二十一年四月一日,圣武天皇行幸东大寺。北面卢舍那佛的前殿也有佛像,光明皇后、皇太女阿倍内亲王一起陪着,群臣百僚、士庶列于后殿。圣武天皇让左大臣橘诸兄对佛说:"圣武天皇称自己将以三宝之奴的身份侍奉大佛,将圣武天皇的这层含义置于前面而奏。我等认为大倭开天辟地以来没有黄金,外国来献黄金。陆奥国守百济王敬福称管辖内的少田郡有黄金而献上,令人惊悦。这是卢舍那的慈悲之赐,圣武天皇率百官礼拜。"天平二十一年四月二十二日,陆奥献黄金九百两。圣武天皇破格赐百济敬福从三位,赐陆奥介佐伯全成、镇守判官大野横力从五位上,赐大掾金足人、获得黄金的上总人丈部大麻吕从五位下,赐冶金人左京之户净山为大初位上,赐产黄金的山神主日下部深渊外少初位下。圣武天皇将天平改元咸宝。天平二十一年七月,皇太女内亲王受禅,史称"孝谦天皇"。孝谦天皇将咸宝改元胜宝。天平二十一年十月,孝谦天皇行幸河内知识寺,赐予河内国中六十六寺的僧尼絁、绵。

九、卢舍那佛像铸成

天平胜宝四年四月九日,卢舍那大佛像铸成。孝谦天皇首次举行开光仪式。孝谦天皇行幸东大寺,率领文武百官设斋并请来万名僧人举行大会。仪式与元旦相同。雅乐寮及各寺院带来各种音乐。王臣诸氏表演五节、久米、盾伏、踏歌、袍袴等歌舞。王臣诸氏在东西两个院子表演。自从佛法传播日本以来,朝廷还未举行过如此盛大的斋会仪式。孝谦天皇将大纳言藤原仲麻吕的宅邸作为御在所。《东大寺大佛记》中写道:"天平十五年十月十五日,圣武天皇在近江国信乐京开始铸造佛像,到巳日而止。进而于天平十七年八月二十二日,圣武天皇在大倭国添上郡铸造该佛像。圣武天皇用袖子装土运到御座上,然后王臣诸氏运土动工。天平十九年九月二十九日,圣武天皇才开始铸造大佛。天平胜宝元年十月二十四日,大佛铸造结束。总共花费十一年时间铸造完毕。天平胜宝四年三月十四日,才开始涂金。天平胜宝四年四月九日,孝谦天皇行大会和开光仪式。"

也就是说，天平胜宝四年的大会是在涂金之后举行的开光仪式。参与铸造的有大佛师从四位下国中公麻吕、大铸师从五位下高市大国、高市真麻吕、高市柿本男玉。国中公麻吕是百济灭亡时归化来的德率骨富之孙。大佛巨大，当时的人们不敢轻易动手，经过国中公麻吕精妙的设计，终于成功。因此，国中公麻吕后来晋升为造东大寺次官，获赐国中连姓，住在葛下郡国中村。

十、大佛的尺寸和后世的补铸

据《行寺筑立障子记》记载，"金铜卢舍那佛像一尊，结跏趺坐，高五丈三尺五寸，面长一丈七尺，颐长一尺六寸，耳长八尺五寸，颈长二尺六寸五分，肩径长二丈八尺七寸，胸长一丈八尺，腹长一丈五尺，臂长一丈九尺，肘至腕长一丈五尺，掌长五尺六寸，中指长五尺，胫长二丈三尺八寸五分，膝前胫三丈九尺，膝厚七尺，足下一丈三尺，螺形九百六十六个，高各一尺，径各六寸，铜座高一丈径六丈八尺，上周二十一丈四尺，广九丈六尺，石座高八尺，上周三十四丈五尺，基周三十九丈五尺，圆光一座高十一丈四尺，宽九丈六尺。用熟铜七十三万九千五百六十斤，白铁一万二千六百一十八斤，炼金一万四百三十六两，铜五万八千六百两，炭一万六千三百五十六斛。大佛殿一宇二重十一间，高十二丈六尺，东西长二十九丈，宽十七丈，基砌高七尺，东西砌长三十二丈七尺，南北砌长二十丈六尺，柱子八十四根，殿门十六间云云。木匠是从五位下猪名部百世，从五位下益田绳手。"在治承之乱中，这个大佛像烧毁于平重衡的兵火中。寿永二年，宋人陈和卿铸造佛头。此外，在永禄年间，佛像烧毁于松永久秀的兵火中。元禄五年，人们补铸佛头及其他。因此，在现在的奈良大佛中，保持天平时期原样的只有胴体大部和莲花座的葩十余枚。右手是寿永年间铸造的。可见大佛是经过数次补铸而拼凑在一起的，并非一个完整的佛像。

十一、菩提和良辨

通过行基的劝说，大佛终于铸造成功，但工程还未结束，行基就圆寂了。继承行基衣钵的是婆罗门僧菩提及良辨等。天平胜宝三年四月，孝谦天皇任命菩提为僧正，任命良辨为少僧都，任命道詹、隆尊为律师[①]。天平胜宝四年，在大佛开

---

① 一种僧职。

光仪式上,菩提僧正等担任导师。在婆罗门僧菩提投奔归化日本时,行基前往迎接。当时正值天平八年。道詹是唐朝都城大福寺的僧人。由于日本缺乏戒学的人才,道詹和吉备真备、玄昉等一起来到日本,住在大安寺的西唐院,当上了戒师。这些都是从外国迎请的高僧。良辨和行基都是义渊的门人,但良辨比行基年少。据《扶桑略记》记载,"良辨相模国人也,住东大寺华严宗。"但良辨应该是近江志贺人。就华严宗而言,玄昉的徒弟慈训入唐,受教于贤首之后回国,华严宗从此在日本兴起。《元亨释书》中写道:"日本慈训、审详都受教于贤首,到良辨活动时期非常兴盛。今天所说的华严宗都是来自良辨的学说。"良辨住在东大寺之后,从天平宝字年间开始,华严宗在日本传播。宝龟四年,良辨圆寂。宝龟八年,慈训圆寂。《神皇正统记》记载道:"又有很多高僧从外国来到日本。南天竺的婆罗门僧正、林邑的佛哲、唐朝的鉴真和尚都属于这种情况。真言宗的祖师,中天竺的善无畏三藏也来到日本,但称还不熟悉密机就回国了。日本本国也有行基、菩提、良辨僧正等权化之人。圣武天皇、波罗门、行基、良辨被称为四圣。"

据正仓院文书所写,天平二十年二十八日的署名是寺堂司牒僧良辨;天平胜宝三年,寺牒造寺司政所奉请《成实论》以及《章疏》之事,论二十四卷、章二十三卷、疏十六;天平胜宝三年九月十八日,维那僧贤融、大学头法师光晓、少学头僧憬宠、寺主向庄都维那、少僧都良辨依旨行之,次官佐伯宿祢今毛人、判官上野君真人。又天平胜宝八岁八月十四日,造东大寺司在兴福寺三纲务所的署名如下①:大僧都良辨。

天平胜宝八年五月,圣武太上皇驾崩。由于照顾圣武太上皇,良辨被任命为大僧都。因此可以证明天平胜宝四年良辨被任命为僧正的说法是错误的。

第2节 天皇出家、八幡大神入京和佛寺兴隆

一、元正太上皇驾崩

天平十八年冬天,圣武天皇祭祀卢舍那大佛。天平十九年冬天,为了促进国

---

① 天平胜宝八岁八月十四日造东大寺司牒。——原注

分寺的修建，圣武天皇增加寺院的土地。天平十九年十二月，因为元正太上皇患病，朝廷进行大赦，圣武天皇当日下诏，允许诸国百姓请愿造塔，并且一定立于伽蓝院内。天平二十年四月，元正太上皇驾崩，享年六十九岁。大葬第三日在大安寺诵经，大葬第五日在山科寺诵经。第七日在飞鸟寺诵经。之后，每日在京下的寺院诵经。大葬第八日，元正太上皇在佐保山陵火葬。天平二十年五月丁丑，即大葬第十八日，圣武天皇下令天下诸国每七日国司斋戒，将各寺院的僧尼集中在一个寺院，让他们敬礼诵经。每七天诵经的习俗始于此时。天平二十年六月癸卯，即大葬第四十五日，圣武天皇让百官诸国穿释服，奉写《法华经》千部。天平二十一年正月一日废朝。圣武天皇让天下各寺院悔过七天，转读《金光明经》。圣武天皇下令天下禁止杀生，这属于大丧。《扶桑略记》引用《行基传》写道，"这一月十四日[①]，孝谦天皇在平城中岛宫请大僧正行基作戒师，圣武太上皇受菩萨戒，取法名胜满。中宫[②]、皇后[③]受戒，取法名万福、德太[④]，即日改大僧正为大菩萨。"这段文字很奇怪。行基死后，圣武天皇依然在位。改行基的大僧正为菩萨号纯属不实之词。当时戒法尚不完善，胜满这一法名并非行基所授。

二、圣武太上皇的出家和布施诸寺

如前所述，天平二十一年，陆奥献上黄金，圣武太上皇在向卢舍那大佛宣告的文中称三宝奴。接着，圣武天皇来到卢舍那佛前殿，百官、士庶都参加这个仪式。圣武天皇授左大臣橘诸兄正一位，任命大纳言藤原丰成为右大臣，给多纪内亲王以下男女叙位，改元感宝。圣武天皇将大佛殿看作大庙，举行三宝奴的仪式。之后，圣武天皇让位，做了太上皇。天平二十一年闰五月九日，圣武太上皇在宫中度千人。天平二十一年闰五月十日，因身体欠佳，圣武太上皇大赦天下。天平二十一年闰五月二十日，圣武太上皇捐赠大安寺、药师寺、元兴寺、兴福寺、东大寺五个寺絁、绵、布、稻、垦田地。当时赐予大安寺的敕书存于远江国相良[⑤]：

---

① 天平二十一年正月。——原注
② 指藤原宫子。——原注
③ 指光明皇后。——原注
④ 藤原宫子法名万福，光明皇后法名德太。——原注
⑤ 篠原郡。——原注

絁五百匹、绵一千吞、布一千端①；稻十万束，垦田地一百町。奉上上面物品，以《华严经》为本，一切大乘小乘经、律、论、抄疏章等必为转读讲说，悉令尽竟，远限日月，穷未来际，敬纳彼寺，永为学分，依此发愿。太上天皇沙弥胜满，诸佛拥护，法药薰质，万病消除，寿命延长，一切所愿，皆使满足，令法久住拔济群生，天下太平，兆民快乐，法界有情，共成佛道。复誓：其后代有不道之主、邪贼之臣。

敕：天平感宝元年闰五月二十日，正一位行左大臣兼太宰帅橘宿祢诸兄、右大臣从二位藤原朝臣丰成、大僧都法师行信。

东大寺的敕书是用铜版诏书模刻而成。敕书中有"太上天皇沙弥胜满"字样，可见是在圣武太上皇剃发之后，并且还盖了孝谦天皇的玉玺。当时圣武太上皇身体欠安，为了消病延寿而出家。天平二十一年闰五月二十三日，圣武太上皇将药师寺作为御行在所。这是仙洞的起源。《神皇正统记》称光明皇太后也同样出家，但这一点尚不确定。朝廷又规定了诸寺的垦田地，分别给大安寺、药师寺、兴福寺、法华寺、国分金光明寺等千町垦田地，给大倭的国分金光明寺四千町垦田地，给元兴寺两千町垦田地，给弘福寺、法隆寺、四天王寺、崇福寺、新药师寺、建兴寺、下野药师寺、筑紫观世音寺各五百町垦田地，给诸国法华寺四百町垦田地，给其他定额寺各一百町垦田地。养老年间开垦的百万町田而今归寺院所有的达到十分之一以上。

三、宇佐八幡和藤原氏

日本朝廷将天照大神作为大日如来的垂迹，铸造大佛，修建了被认为是本地垂迹说前兆的宇佐八幡神社。八幡大神入京颇值得人思考。称宇佐出现八幡神的时期是钦命天皇时期是一个错误，正确的应该是元明天皇朝。这一点笔者前面已经讲过。在古史上对宇佐追根溯源可以发现神武天皇将宇佐津媛赐予藤原氏之祖天种子命这件事情。但看一下正仓院文书大宝二年筑前国岛郡的户籍就可以发现，其中记载了很多中臣部、卜部。今津是唐朝和朝鲜的船停泊之

---

① 上面都有天皇御赏印章。——原注

处。据《饰抄》记载，就毛车而言，执柄家礼的人使用槟榔毛。下注有槟榔是前关白近卫领志麻吕庄的土产。因此，中臣部、卜部等很早就住在筑紫的岛郡。到了天平年间，藤原宇合被任命为西海道镇抚使及太宰帅。之后藤原宇合之子藤原广嗣起兵造反。筑紫贸易落到藤原氏手中。考虑到这些情况，可以认为八幡神出现在宇佐与藤原氏的权势关系密切。天平十二年十月壬戌，朝廷征讨藤原广嗣时，圣武天皇下诏大将军大野东人向八幡神祈祷。在大军征讨时，朝廷祈祷降伏对手是个重大的典礼。之后朝廷必然有恩赏。而筑紫有香椎、宗像等大神社。特别给宇佐八幡神社下诏祈请一事应引起重视。此外，这一年正是大佛铸造的萌芽时期，也应引起重视。

四、八幡大神入京

天平二十年八月，东大寺正在铸造大佛，圣武天皇授八幡大神的祝部、大神宅女、大神社女外从五位下。天平胜宝元年十一月，圣武天皇赐八幡大神的祢宜大神社女、神司大神田麻吕二人大神朝臣之姓。有了朝臣姓就进入了贵族行列。祢宜大神社女、神司大神田麻吕禀奏八幡神的神谕。《扶桑略记》引用某一记录道："为了购买东大寺大佛用料黄金，圣武天皇打算派遣唐使，而宇佐神官的神谕称必出此地者。"这一说法相当奇怪。也有人说在大佛铸造结束的天平二十年七月二十四日，宇佐官的命妇大倭裳利女按照行幸的仪式上京执行任务。祝部大神社女是将八幡神和大佛连接在一起的关键人物。天平二十年十一月己酉，八幡大神宣称要去京都。因此，天平二十年十一月甲寅，圣武天皇派参议石川年足、侍从藤原通名为迎神使，在沿路各国差遣士兵百人以上，驱逐前后闲杂人等，所到之处严禁杀生，对从人的供给不用酒肉。天平二十年十二月戊寅，圣武天皇派五位官十人、散位官二十人、六位舍人二十人到平群郡迎接八幡大神入京。之后，圣武天皇在宫南的梨原宫造新殿作为神宫，请僧人四十人悔过七日。

五、神位阶之始

天平胜宝元年十二月二十七日，八幡大神之祢宜大神朝臣社女拜东大寺。孝谦天皇、圣武太上皇、光明皇太后也都行幸这里。百官诸氏都聚集于此。孝谦天皇请来五千僧人礼佛读经，作大唐乐、渤海乐，跳五节舞、田舞、久米舞，奉八幡大神为一品，比咩神为二品。神位阶始于此时。左大臣橘诸兄代圣武太上皇在神前说："去辰年①朕也想造卢舍那佛，不得为之。此时，丰前国宇佐郡的八幡大神敕命，'神如果不率领我天神地祇的话，万事不成，以铜汤为水，将我身混于草土木，会顺利成事'。赐敕命后而成。皆大欢喜，献御冠。"孝谦天皇向东大寺布施，封四千户，奴婢各百人，授予社女从四位下，授予主神大神朝臣田麻吕外从五位下。天平胜宝二年二月，孝谦天皇从大郡宫迁到药师寺宫，给大倭金光明寺增封三千五百户，算上前面的共计五千户，又给一品八幡大神封八百户、位田八十町，给二品比咩神封六百户、位田六十町。神位阶也就是授予位田的等级。《田令》中写道："位田一品八十町，二品六十町。"将前一年奉的位阶再进一步，增加封田。这时已经不用"奉"字。天平胜宝二年三月，孝谦天皇任命多治比国人、藤原乙麻吕二人为太宰少贰。天平胜宝二年十月，朝廷称八幡大神有教，叙藤原乙麻吕为从三位，任太宰帅。藤原乙麻吕是藤原南家藤原武智麻吕的三儿子、藤原仲麻吕的弟弟。天平年间以来，藤原氏将太宰府作为藤原氏的福田，而宇佐神谕频奏、增加神领等都是值得注目的事情。

六、僧人行信和大神多麻吕等的发配

天平二十一年左右，人们在朝廷路头屡屡投匿名信。天平二十一年二月，朝廷下诏告诫百官及大学生徒将来不许再犯。匿名信的内容尚不知晓，大概是因为铸造大佛、圣武天皇出家、八幡神谕等并起之故。到了天平胜宝六年十一月，药师寺僧人行信、八幡神宫主神大神多麻吕等都因为厌魅被有关部门查办，判流放远方。中纳言多治比广足到药师寺宣诏，将行信发配到下野的药师寺②，除名大神社女、大神多麻吕，恢复本姓，将社女发配日向，将多麻吕发配多祢岛，进而补神宫的袮宜、祝。其封户、位田及杂物让太宰管理。天平胜宝七年三月，八幡大神谕宣："神不愿矫谕神命，请取封一千四百户，田一百四十町，本无所需，如弃山野，希望返还朝廷，仅留常用神田足矣。"于是，朝廷依照神宣而行。神明佛陀之地不得再归人间。这是国家制定的宗教大法。直到室町时代，日本人都严

---

① 天平十二年。——原注
② 僧尼令称犯百日苦使三度，发配外国寺。——原注

格遵守这一规定。此法的起源必定是从佛法兴隆之初制定的成文法。社女、多麻吕谎称神宣一事败露，但给神的封赏不能再次收回，最终因为得到神宣这才还给人间。就铸造大佛而言，八幡大神的神宣从一开始就不合情理。本居宣长认为从这一年将他们发配这一事实可以看出大神谕宣上京是社女、多麻吕编造的谎言。往年，社女上奏神宣受到破格的赏赐，又因为厌魅，即押胜而被流放。功罪变换如梦幻。这里无法判别其中的真伪是非。不过，建造大佛的背后与藤原氏关系密切。或许是作为一时的策略，在宇佐地区让女巫宣扬神谕，事成之后，他们作为权谋的工具而被处理而已。这一故事多次被编成剧本。

七、圣武天皇和藤原氏

圣武之圣是神圣的"圣"，并非圣贤的"圣"。《神皇正统记》将圣武天皇列为四圣之一。天子的神圣在史学评论之外，不敢评论其圣明还是暗愚。比较历史事实可以发现，天子享尽人间富贵。在诏文中说："用天下的富贵来铸造佛像。"足以看出人的欲望是永远无法满足的。圣武天皇在佛像前称愿意作为奴才侍奉大佛，愿意舍去荣华富贵做一个沙弥。圣武天皇的这个心思是凡夫俗子无法理解的。然而，圣武天皇创立国分寺、铸造大佛、劝请八幡大神，这背后有藤原氏的影子。因此，不得不怀疑圣武天皇让位是否出自本心。花山天皇退位后，由于过分伤悼女御，脱履出宫，来到寺里，想在寺中悔过。但神器已经归属他人，这个愿望无法实现。藤原兼家实现了摄政的愿望。参考这一史实，我们可以认为，圣武天皇的背后潜伏着权势消长的作用。圣武天皇在位二十五年，给奈良带来了盛运，的确是个明君。但后来圣武天皇诛杀长屋王，册立光明皇后，导致藤原氏权势熏天。果真这都是出自圣武天皇的想法吗？在国郡之治上，圣武天皇殚精竭虑，但治理效果从初年到晚年并不好。这果真与圣武天皇的圣裁的正误有关吗？在国分寺、大佛、八幡大神兴隆的背后，存有疑问。因此，很难相信圣武天皇出家是出自本心。笔者不敢对圣武天皇的史实妄加评论，但对门阀时期的君主来说，所谓的人生不如意十有八九这句话不应忘掉。日本天皇让位，成为法皇，居住仙洞始于此时。圣武天皇谥号中圣武的圣就是因此而选定的。然而，太上皇听政的例子并非始于此时，而是后面的孝谦天皇让位、当上尼姑之后才开启了太上皇听政的先例。因此，迎来八幡大神之后的朝廷政治实权完全转移到了藤原氏手上。这样说恐怕不是没有道理。

第3节 紫薇中台及藤原仲麻吕受宠

一、皇位禅受情况

在《续日本记》中，圣武天皇、孝谦天皇禅受皇位之际的历史没有记载，或许有因为忌讳而被删除的地方。圣武太上皇剃发，改称胜满，由行基授戒。如果此事是真的话，必定是在胜宝元年二月以前发生的。然而，此说证据不足，不足凭信。而戒法是律师道詹在西唐院兴起的，当时还没有戒坛。给天子授戒的法式尚未定下来。

天平胜宝元年四月，在大佛前的宣诏中写道："圣武天皇愿为三宝之奴而侍奉。"从天平胜宝元年五月开始，圣武太上皇身体欠佳。天平胜宝元年闰五月的诏书中写道："太上天皇沙弥胜满虽然已经剃发，仍行天子之事，不久迁至药师寺。"天平胜宝元年七月，皇太女阿倍内亲王受禅，在太极殿即位，宣命诏称："将继承平城宫御宇天皇在近江宫制定常典之业，授予御子王。"这二十三个月间的大权由谁掌握不得而知。天平胜宝元年四月以来，孝谦天皇在大佛前举行续任大典。由此观之，药师寺宫是临时的听政场所。但笔者认为当时的皇位已经如弁毛。实权人物盖玉玺而行使权力。在上面举的敕文中将圣武太上皇称作沙弥胜满，盖着天皇玉玺，由此谜团越来越深。

二、内廷的权势

圣武天皇将皇女立为储君。皇女即位天皇，孝谦天皇还是第一个，史无前例。当时，孝谦天皇年方二十三岁。经历了持统天皇、元明天皇、元正天皇三朝，宫中权势达到顶峰，出现了县犬养连三千代之类的妇女。孝谦天皇以县犬养连三千代外孙的身份而被拥立。天平胜宝元年四月，有人报告大佛中发现黄金，之后中务卿石上麻吕的宣诰中写道："又三国真人、石川朝臣、鸭朝臣、伊势大鹿首部是朝政之能臣，又县犬养橘夫人在天皇御世，以明净心侍奉，毫无懈怠，辅佐朝政。加之，祖父大臣兢兢业业把守殿门。这一点不能忘却。孙等一、二辅佐朝政，也有当上大臣的儿子等。男子根据仕奉状辅佐朝政，而女子未执掌朝政，试想只有男子继承父业，而女子被忽视了，极不合理。为了不让家门衰落荒废，女子也要执掌朝政，统治汝等。如大伴佐伯宿祢所说，天皇执掌朝政，不分性别云云。"正三位橘夫人、藤原吉日及远比良女等进位。县犬养橘夫人就是指县犬养连三千代。女性叙位自古有之，但诏书中宣扬了依靠县犬养连三千代的功勋将荫子法适用于女性、男女平等执掌朝政的道理。可见，在孝谦天皇朝宫廷后妃、女官势力非常强势。牝鸡司晨的倾向越来越严重。

三、设置紫薇中台

孝谦天皇受禅之后，将皇后官职改为紫薇中台，选择勋贤任职台司和中务省。大纳言藤原仲麻吕兼任紫薇令，参议大伴兄麻吕、式部卿石川足年任大弼，百济孝忠、式部大辅堺麻吕、中卫少将背奈福信任少弼，阿倍虫麻吕、伊豫守佐伯今毛人、左兵卫帅鸭角足、多治比土作任大忠，出云臣屋麻吕、卫门佐中臣丸张弓、吉田兄人、葛木户王任小忠。藤原纲麻吕任侍从，御方大野任图书头，三原王①任中务卿，安宿王任大辅，葛井广成、藤原真从任少辅。这是藤原仲麻吕任内相的开端，其实是一种奇异的现象。孝谦天皇的父亲成为沙弥，住在寺院，母后之官成为紫微台，比拟弹正，位列台司，而一直以来，后宫、中宫并列设置，妹妹在后宫的权势凌驾于身为太后的姐姐之上，而今紫薇反而支配着中务，官廷后妃、女官左右大政，圣武太上皇无异于过着幽居的生活。

四、光明太后摄政

在皇位更迭之际由太后称制始于神功皇后。宣化天皇、敏达天皇、舒明天皇、孝德天皇、天智天皇、天武天皇驾崩后，朝廷都承袭了这个先例。这导致女天皇登基案例连续不断。紫薇中台的实质就是太后称制的代名词。这么说也不为过。正仓院文书中如下记录道：

紫薇中台牒东大寺司、摩登我经二卷，右依小田采女宣奉请如件。天

---

① 舍人亲王之子。——原注

平胜宝四年七月二十二日从六位下守大疏川原藏人凡。以同日奉请已讫，印，判官大藏伊美吉、阿倍朝臣。以二十三日奉返已讫，检校他田水主。

　　这是小田采女宣读光明太后旨意的内容。这一旨意称作令旨。在公式令的《变奏式》中写道："皇太子监国亦准此式，以奉敕代启令。"此外，皇太子令旨式中写道："三后亦准此式。"太子监国时，以其宣而奉行，也是用启令代替奏敕之法。紫薇中台的皇太后的"宣"也是令旨，应该与皇后旨无异。将隶属中务省的官职改称台，将侍奉太后的命妇、采女等的宣旨同样叫作令旨，但与太子监国的令旨相比，太后的令旨有着与摄政同样的权力。改为紫微台之后仍然称令旨。该文书内容如下：

　　造东寺司牒，大安寺法宣大德房下，奉请起信论疏一部三卷。牒今依令旨可写件疏，此求他所，都无所得，承闻在大德房中，仍差舍人阿刀月足充使令向，乞察此趣，须臾之间分付此使，今具状牒。天平胜宝三年六月十五日主典从七位下纪朝臣池主。

玄蕃头正五位下

　　令旨是从紫微台光明皇太后那里发出的。分付是官府用的术语，意思是"分发"。

五、藤原时代的开始

　　天平元年，藤原光明子被册立为皇后。在藤原光明子之母县犬养连三千代把持朝政二十年间，尽管藤原氏的四个公卿都几乎在同时去世了，但在外廷，在县犬养连三千代的活动下，橘诸兄被推举为大臣，在内廷，县犬养连三千代以辅助光明皇后的名义总揽宫中、府中大权。县犬养连三千代在日本各地修建寺院，占据垦田，西从隼人占据的地方，东到与虾夷接壤的地方，培植自己的势力，扩张权力。这已经成为日本历史上一个显著的现象。因此，直到这时都属于藤原氏擅权时期。史学界一般认为摄关政治开始于冷泉天皇之后，但实际上藤原氏把持朝政已久，天皇早就有名无实了。天平时期以后已经是藤原氏擅权的时期了。截止到天平胜宝、天平宝字时期，位列朝班者还有中臣镰足的曾孙、玄孙。在男子中，有在天平胜宝六年被授予从五位下的藤原武良志，还有在天平宝字元年同样被授予从五位下的藤原执弓；女子中有在天平宝字九年被授予爵位的藤原吉日和在天平胜宝元年被授予爵位的藤原袁比良女、藤原骏河古、弟兄、家臣等。这些人是谁的子女还有待考证。

六、藤原氏四支的势力消长

藤原不比等的四个儿子分为南、北、式、京四家。这四人都是在天平九年去世的。这四人的儿子大致又分为二十家。当时，藤原式家的家长藤原宇合的儿子藤原百川刚六岁，藤原藏下麻吕刚四岁。到了天平胜宝初年，藤原百川二十五岁，藤原藏下麻吕二十三岁。南家的藤原丰成在三十四岁时继承家业，北家的藤原鸟养在天平元年被授予五位爵位，南家的藤原仲麻吕在天平六年也被授予五位爵位。南家的藤原乙麻吕、北家的藤原永丰、式家的藤原广嗣都在各自的父亲去世那年，即天平九年已经被授予五位爵位。这样一来，他们长幼参差不齐。过了三年，藤原广嗣发动叛乱。这意味着藤原氏开始分裂。在藤原丰成、藤原仲麻吕兄弟之间必有隐情。当时被授予五位以上者除了上述人之外，只有南家的藤原巨势麻吕，北家的藤原真楯、藤原清河，式家的藤原宿奈麻吕，也就是说共计十人。这时，朝廷中没有和藤原氏相抗衡的公卿。不久，藤原氏的兄弟阋于墙。原因在于背后有世世代代侍奉藤原氏的家奴的操纵。起初，藤原房前想超过哥哥藤原武智麻吕。藤原宇合性格很要强，曾在日本东部和西部边陲任职，在地方上财力雄厚。藤原宇合死后不久，其儿子藤原广嗣就发动叛乱。其祸根就是藤原氏的内乱。而后，式家财富不断积累，政治权势不断膨胀。这都是世世代代跟随式家的家奴做出的贡献。自藤原房前以来，北家非常平静，这也是家奴造成的。在藤原广嗣、藤原纲手被诛杀时，藤原宇合的二儿子藤原宿奈麻吕年二十三岁，受到连坐，被流放伊豆。一年多以后，藤原宿奈麻吕被赦免，历任少判事、越前太守、上总太守。天平胜宝四年，藤原宿奈麻吕转任相模太守。在藤原广嗣、藤原纲手被诛杀时，藤原宇合的另外一个儿子藤原田麻吕年十七岁，也受到连坐，被流放隐岐。藤原田麻吕在得到赦免后隐居蜷渊山。这样一来，一段时期京师的式家无人撑起门户。

七、南家藤原仲麻吕一党

铸造了大佛后，圣武天皇逊位，朝廷设置紫微台。在此期间，有投匿名信的人，暗潮涌动。在朝廷上，橘诸兄任左大臣。藤原丰成本来是中卫大将，这时和八旬的巨势奈氏麻吕一起升任中纳言。仅过了五年，藤原丰成就晋升大纳言。藤原仲麻吕、藤原真楯、大伴牛养、石上麻吕、纪麻吕、多治比广足和石川年足等一起任七参议。天平感宝元年四月，藤原丰成任右大臣，巨势奈氏麻吕任大纳言，大伴牛养任中纳言。这些年迈功高的贵族都屈居年仅四十六岁的藤原丰成之下。由此可以看出，藤原氏的地位远远凌驾于其他家族之上。在孝谦天皇继位当天，藤原仲麻吕不经中纳言这个职位，直接升任大纳言。藤原乙麻吕、纪麻吕、多治比广足任中纳言。第二个月，即天平胜宝元年七月，藤原仲麻吕兼任紫微令。这一破格的补任是圣武天皇禅让之后出现的怪异事。在藤原仲麻吕的传中写道："藤原仲麻吕独掌枢机之政，由是豪宗右族皆妒其势。"这是后来追记的内容。其实，早在天平末期，朝臣中就私下议论橘氏阴谋。虽然藤原仲麻吕一党人数到底有多少还搞不清楚，但只要关注一下当时入选紫微台的人就可见端倪。天平三年，紫微大弼大伴兄麻吕任从五位下，天平十九年，即孝谦天皇继位前一年就晋升为正四位下，天平胜宝元年任参议①。紫微大弼石川年足是左大臣苏我连②的曾孙，是石川石足的长子。天平四年，石川年足被授予从五位下爵位，在天平十九年，六十二岁时被授予从四位下，任参议。据称石川年足资性廉洁，颇通政务。天平十九年冬天，八幡大神入京。石川年足和三十五岁的藤原真楯一起任迎神使者。从孝谦天皇三年开始，石川年足任左大辨兼太宰帅。藤原仲麻吕将具体政务交给石川年足打理。石川年足是个老练的官吏。紫微大忠阿倍虫麻吕在镇压藤原广嗣反叛时任征讨使，立下战功。

---

① 后任左大辨，受造犯罪连坐被免官。——原注
② 藤原武智麻吕等人的外祖父。——原注

八、贵族多沦为二流家族

大伴、苏我、阿倍等家族自古以来都是公卿。在中臣镰足打倒苏我入鹿后，首推阿倍、苏我做左右两大臣，而中臣镰足自己屈居内大臣之职。这是因为中臣镰足很清楚东汉以来的历史掌故，知道尚书、中书的权力归于门下，因此决定身居门下，和天皇谋划机密事情。中臣镰足的孙子藤原房前终身任内大臣。如今，藤原仲麻吕也进入紫微台，性质与内大臣相同。官中的权势必然能够压过府中。这是门阀家族政治的定数。而今，阿倍、石川①、石上②、多治比、纪、巨势等家族皆位于藤原氏之下，做到大纳言的位置就已经到了极限，沦为第二流家族。天平胜宝三年，雀部真人等上奏朝廷：在继体天皇、安闲天皇在位时，雀部男人被任命为大臣，受到后世子孙供奉。后来，不知什么原因，误写为巨势。巨势男柄宿祢有三个儿子，星川麻吕是雀部之祖，伊刀宿祢是轻部之祖，乎利宿祢是巨势之祖。雀部真人是雀部男人大臣之祖，在净御原朝被赐予雀部之姓。雀部虽然和巨势同祖，但姓了不同的姓后被任命为大臣，因此请求天皇允许自己改为雀部大臣姓。巨势奈氏麻吕就这一点做了证明。于是，朝廷下令治部进行修改。天平胜宝三年正月，橘诸兄也请求孝谦天皇允许自己将宿祢姓改为朝臣姓。橘是继承母亲县犬养连三千代的姓。在县犬养连三千代和藤原不比等一起把持官中府中权力时，县犬养筑紫被任命为造官卿，县犬养石次任弹正弼、卫士佐。县犬养广刀自入宫，和圣武天皇生下安积亲王，天平九年和古那智一起被授予正三位爵位。县犬养石次从少纳言升任参议，成为政要人物。虽然家谱信息不太详细，但县犬养石次应该是县犬养连三千代的兄弟或子侄，但门第并不高贵。天平十四年，县犬养石次去世。接着，安積亲王去世。县犬养连三千代家族中开始有人就任大臣。县犬养家族的权势虽然没有得到进一步发展，但县犬养连三千代的权势还是很大。当时橘左大臣及大纳言藤原仲麻吕、藤原夫人家族等贵族家族的组织结构和官府颇有相似之处。藤原武智麻吕之女藤原南殿是圣武天皇的从三位夫人。

---

① 苏我。——原注
② 物部。——原注

九、圣武太上皇御体欠安和光明太后过世

天平胜宝三年冬，圣武太上皇身体欠安，将四十九个僧人请到药师寺行续命之法，并设斋，大赦天下。天平胜宝四年，圣武太上皇身体还是没有痊愈，未能参加大佛开光仪式。由此可知，处理政事的权限已经转移到紫微台。实权掌握在藤原仲麻吕手中。圣武太上皇已经不再参与政事。天平胜宝五年三月，圣武太上皇在东大寺设百高座，诵《仁王经》，但台风骤起，只好作罢。天平胜宝五年四月，光明太后身体欠安。孝谦天皇下令大赦天下。天平胜宝六年正月，孝谦天皇行幸东大寺，点两万盏灯。天平胜宝六年七月，光明太后再次身体欠安。朝廷剃度僧人百人、尼姑七人，大赦天下。然而，光明太后病情依然不见好转。不久，光明太后过世，谥号"高知天宫姬尊"，在左保山火葬。天平胜宝七年正月，朝廷因国丧废朝。光明太后是藤原武智麻吕的姐姐，由此可以推算，光明太后此时已经七十六岁或七十七岁了。

第4节　京师社会的生活状态

一、藤原氏和叙位法

自朝廷制定《养老令》以来，时间还不长。因此，日本还没有形成世袭官位的制度。藤原氏垄断朝纲的状况跟后世有些不同。如果对古今进行比较的话，藤原氏和橘家族这两个家族垄断大臣的职位与后世摄关家族的情况类似。其他大纳言、中纳言、参议、各省卿及大辨与后世的清华大臣家族类似。此外，从五位下以上与后世从三位以上的公卿类似。选叙令中的荫子法规定如下：亲王之子为从四位下，诸王之子为从五位下，五代王为从五位下，五代王之子降一级，庶子又降一级。以上为皇亲。爵位为一位的人的嫡子为从五位下，与诸王子相同，庶子为正六位上；爵位为二位的人的嫡子为正六位下；爵位为二位的人的庶子及爵位为三位的嫡子为从六位上；爵位为三位的人的庶子为从六位下；爵位为正四位的人的嫡子为正七位下；爵位为正四位的人的庶子及爵位为从四位的人的嫡子为从七位上；爵位为从四位的人的庶子为从七位下；爵位为正五位的人的嫡子

为正八位上；爵位为正五位的人的庶子及爵位为从五位的人的嫡子为从八位下；爵位为三位以上的人可以荫至孙子，儿子爵位降一级。到了后世，六位以下没有叙位。公卿子弟初次叙位为五位大夫，和古代的八位同格。因此，奈良朝的五位大夫相当于后世的三位公卿。在奈良朝，除了藤原氏外，五位以上的家族都是门第很高的豪族，相当于后世的清华家族、大臣家族。实际上，不是各家族的资格下降了，而是藤原氏的荫子待遇和晋升速度超乎寻常。

二、良民贱民的变动

爵位在五位的荫子在初次叙位时，是八位。因此，没有荫子资格的是真人、朝臣、宿祢姓。没有资格接受初次叙位的很多。人们将这样没有爵位的良家称作庶人。这些庶人从事的职业有舍人、帐内资人或使丁、直丁，或者当贡人。升迁之途与出身关系密切。姓氏卑贱的公民称作白丁。在白丁中，住在地方的人中有豪族。在良家子弟中，住在京畿的小门小户的居多。天平四年，朝廷将巫部宿祢、贺茂朝臣贬为官奴，分别赐名镰取、根取。这说明自古以来的姓氏和贵贱民的变动很大。在正仓院的文书中记录着天平胜宝时期士人的情况和住在京畿的居民的状况。正仓院文书中还记录了下述情况：在将八幡大神迎入东大寺之后，朝廷为了褒奖建造东大寺的功劳，给官员以下优婆塞等分别赐予三阶、二阶、一阶的爵位。在六百七十一人中，二百九十三人是卫士[①]，负责人最后将剩余的赏赐物品交回兵部。

三、京畿居民生活富裕

京师及近畿地区百姓的人口不断增加，导致人稠地窄现象越来越突出。贵族有资格走向仕途，享受荣华富贵，而一般百姓贫困者越来越多。在天平胜宝年间以前，百姓的生活还很富足。官府雇佣百姓劳动，支付给他们工资。据正仓院天平胜宝二年十月二十日的文书记载："官府请工人、经师抄写《大般若经》等，支付工钱、粮食、食盐、酱、醋、海藻、芥子、油、大豆、小豆等吃的东西，以及布匹、薄绢等布料，还有小刀、磨刀石、毛笔、纸张等抄经用的物品。"由此可见，不仅工人得钱，手工艺人也有生意做。支付的食物和衣料要分等级。当时，

---

① 兵丁属于士，而不是卒。——原注

造佛、建造寺院、抄经很兴盛。各个贵族家族竞相攀比。其中藤原氏最积极。所需的卷轴、经盒的装饰、金粉、金箔、颜料等逐年递增，价格也不菲。因此，穷苦人家的人们受雇佣，挣工钱、口粮，以此度日。据一份资料显示，从天平胜宝四年的正月到四月，在抄经所申请零工的人数达到一千二百六十二人。其中书生有二百一十六人，校对人员二十九人，负责装裱的有六十一人，画师有三百六十四人，负责涂色。此外，舍人有四百四十五人。当时还有饭票，用来到食堂吃饭。在抄写《大般若经》时，朝廷还供给副食，有海藻、酱、酒糟、生菜、瓜、茄子、生姜、葱、咸菜等，还有粮食杂物账单。食物都是素食。东大寺里面有装裱的地方，还负责造纸，按照各衙门的要求将纸张送去。当时的纸基本上都是麻纸。

四、衣食住和佛教

当时，京师的贵族豪族在修建寺、塔的同时，还竞相修建豪宅别墅。豪宅别墅里有花木泉石，非常精美。住宅建筑艺术不好雕刻、涂色，崇尚自然之美。朝廷很早就奖励织布、裁缝工艺，因此贵族的服饰华美。与此相比，餐饮业发展缓慢。《日本灵异记》中描写道："住在右京殖槻寺旁的人们，还有邻居的乳母，在容器中盛放百味美食，美味馥郁。容器都是碗和碟子。"言下之意是百味之馔古来有之。然而，看一下《赋役令》的"调物"可以发现，寿司、海藻类较多。而随着佛教的流行，朝廷禁止狩猎食肉。烹饪鲜肉的技术发展较慢。食谱食材接近素食。佛殿装饰庄严华丽，自然促进了各种容器制造工艺的进步。随着改革措施的推进，京畿周围的铁工、铜工及制作五金、甲胄、弓箭、矛、盾、马鞍、伞等的杂户，即手工业者不再从事本业，回到原籍，恢复了天平十五年以前的籍贯。这些回到原籍的杂户回到原籍后成为"有姓之家"，依然从事各类手工业。当时人们要用燃灯供奉大佛，数燃灯的数时称作"几杯"。燃灯主要有蜡烛、松明之类，但燃灯并非裸露的，而是由工艺师装了套子。日常生活中照明的灯具发展则很缓慢。由此可以推断，用于宴会的器具也不甚精巧。日本的工艺优先用于佛具、武器。这一倾向未必是武士时期的遗风。这一点可以从前面所讲的杂户种类之多上得到佐证。

五、双六的流行

当时流行双六这种游戏。博彩双六在藤原朝屡屡被禁止。双六是指天竺国的波罗塞戏。起初，波罗塞戏未必是赌博。其详细情况虽然说不清楚，但《雅经》中记载道："世上盛行双六，十又五的石头数。"双六又名六采。现在人们使用的色子就是摇出双六之数。因为这种游戏过于有伤大雅，所以镰仓时期予以禁止。天平时期，双六非常流行。官民不畏惧法律，私下聚众赌博，玩物丧志。儿子不听父亲劝说，导致倾家荡产。这些现象屡屡发生。天平胜宝六年十月，官员禀奏朝廷。朝廷下令禁止人们玩双六游戏。爵位在六位以下无论男女一经发现杖责一百；五位以上官员免职，夺去爵位、俸禄；爵位在四位以上者停止封户。如果举报二十人以上者，没有官位的授予位阶，有官位者赐布帛。赌博资财全部没收。京师的奢华导致官员、百姓穷困潦倒，因而导致赌博流行。

六、钱谷出举利息

《杂令》中规定："财物的借贷每六十天的利息不得超过八分之一，即便过了四百八十天，也不得超过本钱的一倍。家财全部丧失者以劳役折算金钱，不得以利息做本钱。"保存在正仓院中的文书上讲了下面一件事情：天平胜宝二年五月，山道真人、息长真人等三人生死同心[①]借的债八个月的利息是半倍，四百八十天为一倍的利息。这还算在《杂令》的规定范围内。可见利息是多么高。真人宿祢属于姓氏之家，仅仅借了几百文钱，结果因为利息很高，导致家境衰落。借贷稻谷的利息一年为半倍，而钱的利息为八个月半倍。相比之下稻谷的利息还算低利。当时，京畿地区的出举利息很高，甚至贵族家庭也逐年贫困。

第5节 地方人民的生活状况

一、债务及借贷的减免

关于天平胜宝年间日本各地的政务，历史记载很少，只有下面一条记载：天平胜宝二年十月，孝谦天皇行幸河内时，下令免去志纪、大县、安宿三郡的百姓所负担的正税的本息，其他地方仅免去利息。天平胜宝三年十一月，孝谦天皇下

[①] 即负连带责任。——原注

旨在天平胜宝元年以前公私债务没有偿还者全部免除，借贷者亡故者也按照此法办理。免除负债和借贷的措施在此以前也应该有过。以前的措施和这次措施的区别尚不清楚，但当时的官府、领主在出举稻上都有规定的办法，带有收缴租税的性质。官府将此称作公私负债者，过了年后免除宿债。《杂令》中写道："借贷依据私人契约，官方不予受理。"《义解》中写道："凡是借贷物品收取利息者，即便是官方物品，不必经过官方来受理，签订私人契约来借贷得到利息，官方不予受理。"因此，官方不能免除私人契约的借贷。不过，负债超过出举稻以上的部分称作借贷，而《杂令》中所说的私人契约完全是个人相互之间的借贷。

二、公廨米和年料舂米

出举的利稻要登记在税务账本上，有一定的收支记录。往年，公廨米的出举额也有一定的规定。如果这些都免除的话，会计上会出现很大的混乱。因此，上面所说的天皇圣旨中所说的免除仅限于两年前的未纳者。与出举稻钱有关的记载在史书上非常简略，很难了解详细情况。

舂米一事由来已久。在上古时期，大春日家族①有米饼②捣大使主命，物部氏中有舂米宿祢。在仁德天皇在位时期，朝廷设立了舂米部，以此来为官吏提供每天的口粮。舂米分为舂米和租舂米两类。年料舂米要上缴大炊寮。《田令》中写道："从正月开始运舂米，在八月三十日以前缴纳完毕。"这说的就是年料舂米。《民部式》中规定："运年料舂米的有二十二国，米的总数为一万七千石以上。"据《大炊式》记载，"年料舂米用来供应祭祀、法会、节会及中务宫内官吏、大学生等的每日口粮。此外，还有糯米三百石。"当然，糯米是用来做年糕的。距离京师近的"近国"在三月缴纳完毕，距离京师远的备中、备后、安艺、伊豫、土佐等在八月三十日前缴纳完毕。运送年料租舂米③的有十八个国，一接到中央下达的"省符"就开始运输。年料租舂米总数为两万石，供各省、有关部门作每天的口粮用。

---

① 孝昭天皇之后。——原注
② 意思是年糕。——原注
③ 年料舂米是指日本律令制度中规定的诸国每年将一定量的舂米向中央政府进贡。年料租舂米是指根据太政官符，让诸国将田租稻谷加工成精米，向中央政府进贡。

为了运输春米等官方物品，由缴纳租税的农户出脚力。负责管理脚力的人称作"宰领"或"纲领"。运输米的量超过三百石以上者由国司派史生以上作纲领，如果不满三百石者由郡司及子弟或殷实的百姓来作纲领。如果有损失的话，依法在公廨补齐。天平八年的官符中规定："损失的五分之三让纲领来赔偿，五分之二让脚力来赔偿。"从天平胜宝八年十月开始，孝谦天皇允许山阳、南海各国的米走海路运输。之所以允许走海路是因为朝廷已经平定了隼人的叛乱，追捕海盗非常方便。海上运输的风险大大降低了。尽管如此，设立海上警察也十分困难。山阳、南海等国在运输时要提防海盗。此外，在出纳官物之际，诸司贪婪，刁难脚力。脚力等竞相逃回。于是，天平胜宝八年十一月，孝谦天皇下诏，让弹正，即巡查官巡查督促。此外，人们将大豆、小豆、麦、高粱、小米等称作杂米。这些也要上交大炊寮，用于各种用途。人们以三成面粉、一成米的比例进行混合，做饼来食用。佃农在有收成以前缴纳的地租称作地子，有收成之后缴纳的地租称作卖值。公廨米是指用于公廨的收入。上述列举的不全是公廨的出举利稻，不过由此可以类推，出举的利稻根据法律分配有一定的比率、定数，如果不是未纳的负债，是很难免除的，更何况免除私人契约的借贷是非法的。由此可知尽管天平胜宝三年十一月孝谦天皇下诏免除借贷，但只是免除了类似于这一利稻的出举的宿债。

　　三、国司的贪污及白丁的富裕生活

　　因为税赋较薄，所以民有余粮。这为地方官员聚敛财物提供了条件。汉学中主张的仁政的弊端也在于此。到了奈良朝，出举利稻不断增加也是因为这个原因。天平胜宝六年八月，孝谦天皇下诏："各国国司贪图利益，税赋不实，出举和税负颇多欺诈。因此，无论百姓正仓是否空虚，京畿及诸国旧税全部上缴，正税利息十分之三。此外，天平七年的《格》中禁止国司等无限制地进行贸易。尽管如此，各国国司贪得无厌，阳奉阴违，不肯执行。朕之股肱不应如此，而今可以依法治罪。"和铜年间，朝廷制定了国郡制度，到了天平年间，已经过了二三十年。国司被天皇当作自己的股肱，却很少有遵照法律、章法行事的。在天皇下发给诸国的敕语，即圣旨中，常用到"贪浊"二字。贵公子们在京师过惯了骄奢淫逸的生活，而今离开京师，来到了富庶的地方任国司、郡司等官职。而贵公子们周围都是为五斗米折腰的资人、使丁，怎么能够指望他们清廉呢？因此，天平胜宝六年，孝谦天皇任命了众多巡察使，派池田王到畿内巡察，派纪小松到东海巡察，派石川丰成到东山巡察，派多治比木人到南海巡察，派纪饭麻吕到西海巡察，派藤原武良志到北陆巡察，派大伴家持到山阴巡察，派阿倍毛人到山阳巡察。朝廷派巡察使到地方巡察已经成为惯例。整治国司贪浊之风不知道是否奏效。京官位高权重，福利很好，成为人们竞相钻营的对象。此外，天平宝字元年正月，孝谦天皇下诏："以前郡领、军毅任用白丁。庶民居家而求官，从不知无功不受禄之礼。"因此，天皇命令有司，除了有爵位者，其他人等一律通过考试选拔，不合格者不准为官。军毅要从六卫中挑选。当时，京畿的士族、庶民生活困窘，为了能吃皇粮，使出浑身解数，而各国白丁在本地求官。这些就是后来的"地头""御家人"，后来进一步演变为武士，逐渐凌驾于京师官员之上。

四、垦田①买卖及竞争情况

天平时期是各国竞相占有垦田的时期。在建造国分寺时，堂塔还未竣工寺院就开始购买垦田。天平十八年，圣武天皇下旨禁止寺院购买垦田。天平十九年，朝廷增加了国分寺的田亩，并让有关部门负责开垦新田之后捐赠给寺院。然而，迄今为止，各国很多寺院尚未开基。有垦田的人将垦田卖给寺院，并取得卖地凭证。敢安麻吕是阿拜郡的少领，不属于贫穷人家，却将七段垦田卖给元兴寺，并和元兴寺签订契约，规定一年后收取直米四斛。这一做法事实上和收取佃农的地租类似。地租相当高。天平胜宝元年四月，圣武天皇下诏：大佛开光前向寺院奉上垦田，要求人们尊重僧纲、僧尼。天平胜宝元年闰五月二十日，圣武天皇下诏向东大寺及其他寺院捐赠垦田。圣武天皇下这道圣旨的背景是：豪族、地头和僧徒密谋早日将垦田捐赠各大寺，实际上是卖给各大寺，签订收取地租或者卖地的合同，以此牟利。

官民共同逐利是社会的通病，特别是在门阀专制政治下。贪浊之风盛行也不足为怪。越前国丹生郡的佐味公入麻吕不开垦垦田。国司粟田奈势麻吕等根

---

① 指新开垦的田地。——原注

据天平感宝元年四月一日的诏书将佐味公入麻吕的垦田判归东大寺所有。由此可见,虽然国分寺塔的开基十分缓慢,但圣武天皇下令向寺院捐赠垦田则十分迅速。这种现象也是理所当然的。在敏达天皇在位期间,达率日罗建议敏达天皇:"百姓依然穷困,应该采取轻税赋、徭役的悦民政策。"在大化时期,孝德天皇下诏:"园池水陆之利与百姓共享。"《杂令》中也强调了这一点,此外还要求"开垦闲地,无力开垦者,只能收为官有"。乡下人与京官不熟,因此没有势力者严格执行上述规定。垦田事业名不副实之处较多。被没收为官有的土地有的捐赠给了东大寺。不能排除官员从中牟利的可能性。各国竞相争夺垦田,优胜劣汰,十分激烈。在通过将垦田捐赠给寺院来表示崇敬佛法的背后,藤原氏的影子若隐若现。藤原氏和寺院、垦田之间有着复杂的联系。东大寺贪得无厌,假借各国国分寺的名义占有垦田。在竞争垦田过程中,东大寺和国分寺建了起来。不久,藤原氏的庄园也遍布天下。

五、牧场与豪族的关系

牧场是指拟开荒的土地以外的地。就牧场之长牧长而言,《厩牧令》规定:"驿户内殷实之家,能够办事者任牧长。一旦接受任命,长期任职。如牧长死亡、年老、生病、家贫不堪任者,予以替换。"由此可见,牧长虽然不是终身制,但也带有终身制的性质。后世也称地方上的富豪为长者,说的就是牧长之类。大概是因为武藏国的牧场多的缘故吧,牧场的首长御牧的下面设有牧监别当,最终发展为豪族七党。奈良朝的垦田竞争与牧场关系密切,需要进行简述。在天智天皇初年,朝廷在近江设立了很多"收"[①]。文武天皇四年,朝廷规定在牧场放牧牛马。庆云四年,朝廷规定在牲畜身上打上烙印,让伊势等二十三国给马驹、牛犊打上烙印。《延喜式》中规定在二十国放牧牛马,此外有规定四个国专门放牧御马,共计二十个国放牧。但由于竞争垦田,牧场数目有减无增。

六、地方豪族生活富庶

各国以郡领为首的豪族很多。和铜年间,朝廷鼓励使用钱币。积蓄钱币多的可以得到爵位。在铸造大佛之际,朝廷向全国筹集钱粮,河股、砺波二氏被授予

---

① 管理牧场的机构。——原注

爵位。陆奥太守百济敬福献上黄金九百两，还有其他四人各献上千贯钱。此外，上野、尾张、伊豫等给该国的国分寺献上钱物，分别被朝廷授予从五位下的爵位。骏河太守楢原造东人等献上黄金若干。这样一来，在各国的土地上，不仅产稻谷，还产黄金。从这一时期开始。京官竞相寻找外放的机会，贪污成风。五位以上的贵族被任命为巡察使到各地巡视就是因为这个原因。和铜五年九月，板持真钓献上百万钱，被朝廷授予外从五位下。由此开始，贡献金钱得到爵位之风盛行。葛木户主根据敕令收养京中孤儿，抚养九男一女成人，编入户籍，建立父子关系。由此可见在竞相开垦的时代，人口就是宝贝。也可以看出当时地方豪族是多么富庶。

第6节　藩国朝献、遣唐使及唐僧鉴真

一、太宰府和藩国

天平十四年，新罗王承庆，即孝成王过世，轩英继承王位，史称"景德王"。天平十四年，朝廷废除太宰府，设置镇西府。日本朝廷这样做并非是放松了对新罗的戒备，而是因为隼人已经降服朝廷，筑紫的叛乱已经平定。西海诸道实行了统一的制度，西部边陲已经和东部边陲一样稳定了。但几年后，朝廷又恢复了太宰府。这并非因为新罗的形势发生了变化，而是因为很久以来西海一直受太宰府管辖，实施特殊的行政，突然废除了太宰府后给西海带来了行政上的不便和混乱。笔者认为，西海其实是不需要太宰府这个重镇的。废除太宰府是合时宜的一项举措。新罗的形势和太宰府的兴旺或衰落没有直接关系。新罗人轻率暴躁，心情易变。不过，在景德王轩英在位期间，新罗对日本的态度稍微和顺。在筑紫叛乱平定之后，隼人也开始归附朝廷。天平胜宝元年八月，大隅、萨摩两国的隼人进贡御调，还表演了隼人歌舞。设立紫微台也是在天平胜宝元年八月。这时参议藤原真楯兼任太宰帅。往年，藤原广嗣打出诛杀吉备真备、僧人玄昉的旗号发动叛乱。僧人玄昉被贬后死于非命，吉备真备则左迁左京大夫。天平胜宝二年正月，吉备真备又被降职为筑前太守。紫微台令藤原仲麻吕开始弄权。传言藤原广

嗣的怨灵作祟。由此可见，藤原仲麻吕和藤原广嗣二人关系密切。天平胜宝二年三月，多治比国人、藤原乙麻吕升任太宰少贰。到了天平胜宝二年冬天，朝廷称有神谕，将藤原乙麻吕提拔为太宰帅。吉备真备突然被调任肥前太守也应该是在这个时候。社会上盛传，虽然藤原广嗣的怨灵不停地作祟，但吉备真备颇通阴阳之道，护住自己的身体，镇住了藤原广嗣的怨灵。这时，神谕也频频出现。当时世上盛行祥瑞之风。灵怪怨灵之谈令世人震惊。在太宰府废除、重设前后，太宰帅一职一直由藤原氏把持。太宰府到朝鲜、唐朝交通便利，贸易活动频仍，财源滚滚，一直到后世都是京官的福地。天平胜宝三年，藤原乙麻吕回到京师任职。参议石川年足兼任太宰帅。也就是说，石川年足由紫微大忠升任太宰帅。此后，虽然太宰帅由其他家族来担任，但这些家族也是藤原氏一党。

二、遣唐使和留学僧

在多治比广成陪着吉备真备回到日本后，朝廷已经有二十年不派遣唐使了。遣唐使和在规定的年份向唐朝派出调贡使不同，主要目的是派留学生和留学僧。在多治比广成前往唐朝时，留学僧荣睿、普照等一同前往。唐朝每年向留学生支付绢二十五匹和四季的服装。当时，留学生拜谒唐朝皇帝并陪唐朝皇帝游玩的风气很盛行。当时唐朝盛行佛教。僧徒都重视戒律，以此作为入佛门的正业，否则就不配做僧徒。那个时候，日本懂戒学的人才很缺乏。日本朝廷派荣睿等到洛阳请道璿法师和遣唐副使中臣名代一起到日本。在古代，遣唐使的往来以朝鲜为中继地。到了大化时期，人们开辟了南岛航线，从吴地溯江而上到达南京，有时候为了利用风向还绕道宁波。唐朝开元二十一年，即天平五年，唐朝政府设置明州，下辖四个县。这就是钱塘江口的余姚郡。此后，明州港成为从日本往来天台山的重要港口。

三、荣睿、普照和鉴真

当时唐朝的吴、越等地佛教兴盛。扬州建有龙兴寺，明州建有阿育王寺，台州有天台山国清寺等名刹。唐朝景龙年间，龙兴寺僧人鉴真游南京，受具足戒。回到江南后，鉴真开始给别人授戒。在唐朝新设明州那年，即开元二十一年，鉴真四十六岁，在江南地区声名鹊起，被人尊称授戒大师。日本留学僧荣睿、普照在唐朝逗留十几年，不想等日本遣唐使来接了，想提前回日本。通过长安的僧人道航、澄观，以及洛阳的僧人德斋等人，荣睿、普照拜托宰相李林甫的哥哥李宗之写一封信给扬州仓曹李凑，让李凑办理船粮事宜。天宝元年①十月，荣睿、普照和日本留学僧玄朗、玄洪一起下扬州。当时，鉴真正在大明寺讲戒律。荣睿、普照请鉴真到日本传授佛法。鉴真召集僧众，劝他们一起去日本，说道："日本自圣德太子以来，三宝兴隆，而长屋王曾经向唐国僧众捐赠千件袈裟。虽山川异域，但风月同天，寄诸佛子，共结来缘。仔细思量，日本佛法兴隆，与唐朝有缘。"然而，众僧担心路途遥远，有生命危险，默然不语。鉴真进而说道："为了弘扬佛法，身家性命又何足惜！我去日本。"闻听此言，高徒祥彦也请求同往。与鉴真一起前往日本的僧人有二十一人。天平十五年，鉴真一行筹办船粮准备出发，但受到唐朝朝廷阻拦，未能成行。

四、鉴真东渡

这一时期，明州以南的台州、温州海边海盗猖獗，船路阻塞。鉴真和荣睿、普照乘仓曹的船出长江，前往天台山上供。僧人道航称去他国传戒者应该是德高望重之人，如海等人学问肤浅，不准同行。如海大怒，裹头到采访厅告密："道航等人和海盗勾结，要进城抢劫。"淮南采访使大惊，将如海下狱，搜查寺院，抓住道航、荣睿、普照、玄朗、玄洪等人进行拷问，查明如海诬告一事。淮南采访使让京城鸿胪寺调查日本四个僧人，结果查明四人是来唐朝留学的日本僧人。到了天平十五年八月，淮南采访使让四名日本僧人回日本。荣睿、普照坚持要带着鉴真一起回日本，来到鉴真之处。鉴真也说要去日本，出八十贯钱买岭南采访使的船。天平十五年十二月，鉴真一行出海，但遇到狂风大浪，漂流到明州，被迎接到阿育王寺。鉴真在阿育王寺讲戒法。越州的僧众听说鉴真要东渡日本，到州官告密："鉴真受到荣睿蛊惑才想东渡。"荣睿因此戴上枷锁，后来装死才逃脱，又来到鉴真处。鉴真被荣睿的坚强意志打动了，非常高兴。于是，鉴真一面传授戒律，一面来到福州筹备船粮。经过商议，扬州各寺的僧纲等决定告官，打算通过官方力量阻挠鉴真冒险东渡。于是，江东杭采访使严加防备。鉴真一行不

---

① 即天平十四年。——原注

鉴真第六次东渡

能如愿东渡，白白浪费了几年时间。天平二十年，即唐天宝七年，鉴真等人得到机会买了船，从扬州东下出海，结果又遇到强风，后来漂流到越州。稍事休整后，鉴真一行人再次出海，在海上断水数日，只能靠雨水解渴，吃尽苦头，最终向西南漂流到了雷州。鉴真一行所到之处都受到欢迎，从梧州又前往广州。途中，荣睿在端州病死。鉴真因为炎热而患了眼病，最终失明，但仍然没有抵达日本。鉴真一行从广州到桂江，翻越大庾岭，经过江西，回到扬州。此时已经是天平胜宝二年，即天宝九年。自从在江淮授戒以来，在十三年间，鉴真授戒超过四万人，捐出敬田、悲田无数，治病、救人、济贫无数。鉴真还抄写经书一万一千卷，有很多高徒。鉴真一直没有放弃东渡日本的念头，而普照一直在为东渡一事筹划。玄朗、玄洪被从扬州放还后是否回到了日本已经无从得知了。吴越和日本舟船往来，那么普照和鉴真打算东渡之事自然也传到了日本。阿倍仲麻吕也希望回日本。自天平胜宝年间以来，藤原仲麻吕掌握紫微台实权，得到光明太后的信任，全心全意处理政务。藤原仲麻吕率性聪明，博览群书，师从阿倍宿奈麻吕学习算术，非常精通。因此，在藤原氏中，藤原仲麻吕在学术上造诣最深。

五、任命遣唐使

天平胜宝二年九月，朝廷承袭以前的惯例，任命参议藤原清河为遣唐大使，任命大伴古麻吕为副使。天平胜宝三年四月，朝廷派石川年足到伊势神宫奉币上供，还派奉币使到畿内七道的各神社上供，来祈祷遣唐使的平安。藤原清河是藤原真楯的异母弟，当时三十岁左右，在北家的兄弟中学问做得最好。这时，朝廷召回被左迁至西国的吉备真备，任命吉备真备为遣唐副使。天平胜宝四年闰三月，遣唐大使、副使进宫，接受节刀。这时，藤原仲麻吕的儿子藤原刷雄二十七岁，也在遣唐使节团中。重野博士认为吉备真备被任命为副使是因为接到圣旨，劝鉴真在日本修筑戒坛。鉴真早就动身前往日本。这时藤原清河及藤原刷雄同往唐朝，而阿倍仲麻吕也要回日本。这次朝廷排除党派纷争、任命熟悉唐朝长安情况的吉备真备为副使，动机应该不止一个。天平胜宝四年四月，遣唐使乘坐四条船出发。此后，遣唐使团有一名大使、两名副使，乘四艘船成为惯例。

六、日本和新罗及渤海国的外交

新罗长期不向日本进贡。天平胜宝四年正月，山口忌寸人麻吕被任命为遣新罗使，向新罗问罪。天平胜宝四年闰三月，山口忌寸人麻吕尚未出发，新罗王子金泰廉任进贡大使率领七百余人乘七艘船来到筑紫。太宰府立刻向朝廷汇报此事。经朝廷批准，天平胜宝四年六月，金泰廉等一行来日本京师朝见，献上贡品。金泰廉解释称："自古以来，新罗一直向日本进贡。这次本来国王要亲自来，但国家不可一日无主，因此派金泰廉代表国王进贡。"孝谦天皇在朝堂上宴请新罗使者，并下诏称："长期以来，新罗是日本的藩屏，承庆王在礼节上怠慢日本，不来进贡。朝廷行将遣使问罪。而今轩英王悔改，因国政繁忙不能亲自来朝，派王子代为进贡。朕甚心悦。"金泰廉等到东大寺礼佛，之后从难波回新罗。天平胜宝五年二月，朝廷任命小田野守为遣新罗大使，但新罗王因小田野守无礼轻慢，不见小田野守。小田野守回到日本。之后，新罗的使者和朝贡又断了。在金泰廉回新罗后，朝廷任命百济敬福为检习西海道兵使。大概是因为百济敬福对藤原氏不满，所以被贬谪。天平胜宝四年九月，渤海王钦茂的使者辅国大将军慕施蒙等抵达越后的佐渡岛。朝廷派左大史坂上老人前去迎接招待。天平胜宝五年，慕施蒙进京。天平胜宝五年五月，慕施蒙拜谒孝谦天皇，献上信物后禀奏道："十余年来未曾出使日本国，而今遣使禀奏原委。"天平胜宝五年六月，孝谦天皇赐予国书，嘉奖渤海国的一片丹心。不过，渤海国国书中未称臣。就此事，《高丽旧记》中记载道："渤海国上表文中说渤海、日本亲如兄弟，义如君臣。朝廷怪罪说上次赐予敕书，为何此次没有上表之文。渤海王要深思之。"在渤海国文王时期，渤海国扩张领土。文王在位时间长，渤海国进入全盛时期。当时，唐朝范阳节度使安禄山打算联合东胡反叛唐朝。因此，东方各国对日本顿生轻慢之心，不再表示恭顺。渤海国的进贡逐渐断绝。

七、大伴古麻吕争席次

遣唐使藤原清河经扬州抵达唐朝都城长安是在天平胜宝五年的秋天。天宝十二年①正月一日，唐玄宗在蓬莱宫含元殿宴请外国使臣。执掌礼仪的官员让日本使者坐在西畔第二个席位，在吐蕃之下，而让新罗使者坐在大食国之上，在东畔第一个席位。当时，大伴古麻吕说："一直以来，新罗都向日本上贡，席位反而在日本之上，岂有此理！"大伴古麻吕据理力争，不肯让步。于是，将军吴怀实调换了日本和新罗的席位。日本使者坐在东畔第一个席位。唐玄宗赞赏藤原清河、吉备真备等的仪容，称日本是礼仪君子国，让阿倍仲麻吕接待日本使者，让日本使者参观府库及三教殿。君子国这一称呼并非首次出现。庆云年间，遣唐使粟田真人也被唐朝人称赞"海东有大倭国，堪称君子国"。其实，早在汉代就有君子国之称。当时，阿倍仲麻吕请求唐玄宗允许他回日本省亲。唐玄宗不好挽留，命他作为送使官员和日本遣唐使一起回日本。

八、遣唐使归途遭难

藤原清河奏请唐玄宗允许带鉴真及其五个徒弟到日本授戒。唐玄宗希望遣唐使带着道士回日本，没有批准藤原清河的奏请。藤原清河让春桃原等四人留下来学习道教，率领其他遣唐使团成员踏上归途。天平胜宝五年十月，藤原清河等人抵达扬州，并到延光寺看望鉴真，告诉鉴真唐玄宗没有批准奏请。藤原清河恳请鉴真整装出发一起去日本，鉴真答应了。然而，扬州僧俗不愿鉴真到日本，

---

① 即天平胜宝五年。——原注

看护甚严。天平胜宝五年十月二十九日，鉴真悄悄出了龙兴寺，乘船到苏州。藤原清河等人分成四艘船出发，被广陵郡官员发觉。广陵郡官员让船上所有和尚下船。天平胜宝五年十一月十四日，鉴真和僧众乘副使大伴古麻吕的船，而普照也从明州赶来，乘吉备真备的船。藤原清河与阿倍仲麻吕乘同一艘船。天平胜宝五年十一月十六日，遣唐使的四艘船同时出发。天平胜宝五年十二月六日，南风大作，藤原清河的船搁浅，与第二艘船也失去了联系。副使大伴古麻吕乘坐的第二艘船漂流到萨摩阿多郡，吉备真备乘坐的第三艘船漂流到纪伊的牟娄崎。天平胜宝六年，判官布势人主等乘坐的第四艘船漂流到了萨摩的石篱浦。唐朝京城的人们认为藤原清河、晁衡的船沉没了，十分悲痛。然而，藤原清河和晁衡漂流到了安南。天平胜宝六年，他们回到长安。

九、鉴真来到日本

天平胜宝六年正月，副使大伴古麻吕从萨摩经陆路来到太宰府，带着鉴真、法道等八人回朝。鉴真一行来到难波。一路上，朝廷派高官来迎接。天平胜宝六年正月四日，鉴真一行入京。朝廷命安宿王为敕使到罗城门外迎接，将鉴真一行迎入东大寺。天平胜宝六年正月五日，僧正波罗门菩提等来看望鉴真一行，大纳言以下官员也前来拜访。朝廷任命吉备真备为宣诏使，负责授戒传律，授予僧都良辨传灯大法师之职。天平胜宝六年四月，朝廷任命吉备真备为太宰大贰。接着，判官布势人主等回朝。只有大使藤原清河未归。当时唐朝发生安史之乱。鉴真发誓在日本传戒，历经磨难，矢志不渝，第六次才东渡成功。鉴真受到日本欢迎，不久移居戒坛。鉴真带来了大量佛像、经论、药物。里面包括《天台止观玄义》。当时华严宗非常流行，天台宗尚未流行。

第8章

惠美押胜擅权

第1节 建造戒坛和圣武太上皇驾崩

一、宫中的权势和藤原氏

圣武太上皇出家后一直住在药师寺,光明太后开始在紫微台掌握实权,将圣武太上皇排挤出权力中心。县犬养连三千代在宫中的势力根深蒂固,让藤原武智麻吕和藤原房前兄弟执掌内外实权。这一做法是宫廷的惯例,不足为怪。当时佛教盛行,僧侣获得了政治顾问的地位。玄昉由于受到光明皇太后宠信,也不断干预朝政。僧人道镜正在获得权力的过程中。圣武太上皇的法号是胜满,自称沙弥,住在药师寺。僧都良辨颇受圣武太上皇信任,在外国沙门菩提、道璿的协助下兴隆三宝。圣武太上皇出家是因为有僧徒劝诱。僧徒的目的是提高佛僧的政治地位。佛僧还鼓动圣武太上皇与紫微台争权,牵制贵族的势力。这样就形成了宫中、府中、佛僧这三股势力,互相争权夺利。这也是日本历史上的惯例。在圣武天皇继位前,日本连续由女天皇执政,导致女性在宫中的权力膨胀。佛僧称颂圣武天皇是与圣德太子比肩的圣主,而藤原氏盛赞光明皇后是圣武天皇的贤内助。然而,实际上我们找不到圣武天皇曾经掌握过实权的任何强有力的证据。但也不能因此就下结论圣武天皇的朝纲受到藤原氏左右。这一时期,宗室势力屡遭横祸,藤原氏内部争权夺势,其他公卿之间也互相倾轧。有鉴于此,说藤原氏仗着光明皇后的势力擅权也是不妥当的。实际上官中的权势很大。之所以这样说原因如下：舍人亲王、新田部亲王借助自己是皇叔的身份诛杀了长屋王，就连长屋王的妃子吉备内亲王母子也未能免去死罪，但藤原不比等的女儿母子都免去死罪，而藤原光明子还被册立为皇后。乍一看藤原氏似乎凌驾于皇族之上，但其实是因为内命妇县犬养连三千代在宫中势力很大，将自己和藤原不比等生的女儿藤原光明子扶持为皇后。也就是说，实际上县犬养连三千代处于争权夺势的旋风中心。之后，县犬养氏一族男的在朝廷做官，女的当上内侍侍奉皇子，颇有势力。光明皇后的同母兄葛城王、佐为王等放弃皇族身份，姓母亲的橘姓，形成了新的橘姓势力。之后，橘诸兄，即葛城王升任右大臣，代表着藤原氏的势力，同时也是县犬养橘宿祢的新势力。之后，宗室和公卿互相倾轧，险象环生。王公竞相蓄养兵马。圣武太上皇与卫府的坂上犬养、鸭虫麻吕等关系密切。按照自古的惯例，大伴、佐伯二氏掌握着宿卫之兵，德高望重。天武天皇的功臣大伴吹负之孙大伴牛养任大纳言，死于天平胜宝元年。综合上述情况来看，圣武太上皇出家，退出政界，朝廷新设紫微台。这样一来，孝谦天皇也没有实权，藤原氏打着光明太后的旗号擅权。但其实这只不过是表面现象而已，实际上还是宫中掌握着实权。宗室、藤原氏、公卿党派林立，互相倾轧。其实这些都是以裙带关系为基础的相互倾轧，惨祸频仍。

二、设立戒坛、太上皇受戒

圣武太上皇出家后很少插手政治，但在建戒坛时，圣武太上皇亲临现场，还从东大寺请来鉴真，让鉴真负责传戒。天平胜宝六年四月，圣武太上皇命人在卢舍那佛殿前设立戒坛。圣武太上皇第一个登上戒坛，受菩萨戒。之后，光明皇太后、孝谦天皇也受戒，接着沙弥等四百四十余人受戒。在日本受戒一事并非始自这一时期。早在用明天皇驾崩后不久，苏我马子就向百济僧人请教受戒之法。当时被苏我马子聘请的应该是聆听高僧或者令威高僧。当时最早受戒的是司马多须奈、大伴善德尼。之后过了一百五十年，日本戒律还不发达。授戒的僧人匮乏。因此，日本从唐朝请来道璿来授戒。受戒的是七十三岁的老僧。这次鉴真授戒时，有八十余人反复受戒。之后，当朝廷在大佛殿西面另建戒坛院时，圣武太上皇、孝谦天皇亲自运土，还命令林邑国的僧人佛哲跳本国的舞。天平宝字五年，朝廷下令在东山道下野的药师寺、西海道筑紫的观世音寺设立戒坛。这样一来，日本全国有三个戒坛。荣睿为鉴真的东渡竭尽全力，死在唐朝，只有普照回到日本，留在东大寺学习戒学。此外，从唐朝来的如实等也协助授戒。日本的法进和尚师从鉴真学习授戒方法，一直到宝龟年间都给别人授戒。弘仁初年，如实圆寂。这样一来，日本在东、中、西设立三座戒坛，授戒六十余年。到了弘仁末期，日本僧人最澄在比睿山建大乘戒坛。空海在平安京建东寺。之后，东西戒坛一直不振。随着新京平安京戒坛的修建，东大寺的戒坛逐渐衰落。

在设立戒坛后，圣武太上皇和光明太后驾崩。孝谦天皇下旨将天平胜宝七年改称七岁。朝廷从遣唐使口中得知唐朝将年改称岁，因而进行了模仿。不久，朝廷也改变了尊号、官名的称呼。

在圣武太上皇和光明皇太后驾崩前，藤原仲麻吕依仗光明皇太后的势力在紫微台掌握实权。僧正波罗门菩提、少僧都良辨在药师寺依靠圣武太上皇的权势。如今唐僧道璿又任律师，鉴真和尚又任戒师。僧纲和宫中两股势力能够对抗府中。天平胜宝七年，左大臣橘诸兄七十二岁。藤原仲麻吕的宗兄藤原丰成任右大臣，纪麻吕和七十五岁的多治比广成任中纳言。这就是府中的势力。虽说府中势力，即政府势力老成持重，但受到宫中势力的掣肘。诸国对此不满，也对藤原仲麻吕掌权表示嫉恨。之所以宫中、府中、僧纲三种势力达到均衡是因为圣武太上皇在药师寺出家。

三、藤原氏和储位

当时宗室认为藤原氏是第二个苏我氏，对此忧心忡忡。在用明天皇驾崩后，苏我马子利用外戚关系把持朝纲四十余年，一直到苏我虾夷时期。而藤原不比等利用自己是圣武天皇外祖父的关系，势力一直持续到孙子藤原丰成、藤原仲麻吕这一代，也把持朝纲达四十余年。这时，多治比、阿倍、石上等家族尚未衰落，一直谋求权力的平衡。这种势力消长为夹在中间的皇室宗亲遭殃埋下了伏笔。孝谦天皇无子，在位六七年储位未定。藤原氏和橘氏都想将自家女儿所生子立为太子，维持外戚地位。其他家族表示反对。而具有皇储资格的是孝谦天皇的两个妹妹，一个是白壁王①的妃子井上内亲王，另一个是盐烧王的妃子不破内亲王。在天武天皇的皇子中，还在世的有舍人亲王和新田部亲王。舍人亲王之子三原王已经过世，船王、池田王、大炊王还在世。新田部亲王是藤原不比等妹妹的儿子。新田部亲王的长子盐烧王因获罪被流放伊豆，次子是道祖王，二人都与藤原氏有血缘关系，被寄予厚望。舍人亲王和新田部亲王的兄长长亲王的长子已死，次子珍努王被赐文室真人姓。高市皇子的长子长屋王自杀，次子铃鹿王死于天平十七年。长屋王与吉备内亲王所生的膳夫王、桑田王、葛木王、钩取王等被赐死，只有安宿王、黄文王、山背王因是长屋王与藤原氏的女儿所生，得以幸免。藤原氏希望他们成为储君。可以说，藤原氏是皇室的毒瘤，其毒害毫不亚于苏我家族。

四、圣武太上皇驾崩及丧期的人事调动

天平胜宝七年十月，圣武太上皇病体欠安，大赦天下，禁止杀生。之后，圣武太上皇病情稍有好转。到了天平胜宝八年四月，圣武太上皇病情再次加重。当时如果患病，与医药相比，人们更重视通过祈祷来治病。于是，圣武太上皇请包括良辨、慈训、安觉在内的百余名僧人念咒、祈祷，又将禅师法荣叫来祈祷，不用药，结果病情越来越重。天平胜宝八年五月，圣武太上皇派大伴古麻吕及中臣忌部到伊势神宫奉币，当天驾崩，享年五十六岁，留下遗诏立道祖王为皇太子。天平胜宝八年五月十八日，孝谦天皇将圣武太上皇葬于奈保山陵。葬礼按照佛教仪式来进行。

卫门督大伴古慈斐被贬为出云太守后，郁郁寡欢。圣武太上皇初七辰，紫薇令藤原仲麻吕以诽谤朝廷为由将大伴古慈斐再贬为土佐太守，并催促大伴古慈斐上任。在圣武太上皇的三七辰，因对圣武太上皇感恩，左卫士、右兵卫请求侍奉山陵。孝谦天皇深受感动，准许其请并赐爵。

孝谦天皇还免除为圣武太上皇祈祷看病的百余禅师的赋税，另外加封鉴真、良辨为大僧都。看病禅师法荣深感圣武太上皇的知遇之恩，前去侍奉圣武太上皇的山陵。孝谦天皇嘉奖法荣厌世归真的高风亮节，恢复了法荣出生的郡的建制。此外，太政官将给圣武太上皇上供的米、盐之类赏赐给鉴真和法荣二人。

---

① 后来的光仁天皇。——原注

大倭离海很远。由于朝廷严禁食肉，大倭人都是素餐。但在生病期间，药饵中需要有动物肉的成分。因此，在生病时，圣武太上皇很可能食用了鲜肉。然而，在圣武太上皇五七辰时，孝谦天皇下令，直到来年五月三十日，禁止天下杀生。在七七四十九天时，朝廷在兴福寺为僧人、沙弥千余人设斋。孝谦天皇还派使臣到七道催促加紧丈六大佛的铸造，要在来年圣武太上皇的忌日前完工。不过，孝谦天皇强调佛法慈悲为怀，不要因此加重百姓的负担。天平胜宝八年年末，孝谦天皇下诏，命令皇太子道祖王和巨势堺麻吕到东大寺，又派其他人分别前往大安寺、外岛坊、药师寺、元兴寺、善阶寺，讲解《梵网经》，并规定由六十二名讲师来讲。天平胜宝九年正月一日，因为大丧不上朝。孝谦天皇命令高僧剃度八百人，让他们出家，又下诏各国在天平胜宝九年四月十五日至五月二日讲《梵网经》。由于鉴真失明，戒坛一事委托给法进。在唐朝时，鉴真三次抄写《大藏经》。由于日本《大藏经》中错误甚多，孝谦天皇下诏让鉴真校对。天平时期的佛教以波罗门僧正和鉴真为学术的栋梁，十分兴盛。

第2节　皇太子的废立和橘氏的大狱

一、出现天下太平瑞字和储位的变动

天平胜宝正月，前左大臣橘诸兄过世，享年七十四岁。孝谦天皇派纪饭麻吕、石川丰成负责治丧事宜。天平宝字元年三月二十日，孝谦天皇的寝殿后面出现"天下太平"四个祥瑞之字。孝谦天皇命诸王前来观看。早在天平元年，龟背上出现七个祥瑞之字，圣武天皇因此册立藤原光明子为皇后。而今又出现了四个祥瑞之字，孝谦天皇决定改立储位。在迷信祥瑞的时代，朝廷经常借机进行人事变动。

以前，推古天皇驾崩时，朝廷没有确定储君。大臣苏我虾夷顺从群卿之意，抛弃自己的婚姻，杀掉自己的叔父，拥立了舒明天皇。这种做法还是比较重视公论。而今，孝谦天皇在位已经七年还没有立储君，而是在圣武太上皇驾崩之际突然定下了储君。这份遗诏是否能让群卿心悦诚服？在圣武太上皇驾崩、宣读遗诏之际，只有光明太后、孝谦天皇及位于群卿之首的右大臣藤原丰成、紫薇令藤原仲麻吕在场。据《日本灵异记》记载："圣武太上皇令阿倍内亲王①与道祖王二人共治天下"。然而，道祖王在大丧期间有淫乐行径，孝谦天皇屡屡下敕命教训，但道祖王不听。瑞字出现后，孝谦天皇将遗诏遍示群卿，询问可否废掉道祖王的太子之位。右大臣以下都说不敢违抗顾命的遗诏。尽管如此，孝谦天皇还是决定废黜道祖王，将皇太子道祖王贬为王子，回家待罪。天平宝字元年四月四日，孝谦天皇下诏命令群卿讨论再立皇太子之事。右大臣藤原丰成、中务卿藤原永手等主张立盐烧王，而文室珍努、左大辨大伴古麻吕等主张立池田王。大纳言仲麻吕主张此事应该由孝谦天皇来定。于是，孝谦天皇下诏："宗室中大炊王虽然年幼，但未曾听说有过错和恶行，应立此王为太子。先帝遗诏立道祖王为太子，然大丧期间，与侍童私通，不合沮丧之礼。朕请三宝裁断废立之事，适逢现天下太平瑞字，乃前代未闻之事，故顺应天命，立大炊王。"右大臣以下都上奏遵旨。圣旨当天生效。于是，道祖王搬出东宫，夜里一个人回到家里。之后，孝谦天皇大赦天下，称孝是百行之本，让天下每家藏《孝经》一本并习诵，如有不孝者发配奥羽。天平宝字元年五月，在圣武太上皇周忌时，朝廷请一千五百名僧人在东大寺设斋。此外，孝谦天皇设立紫微台内相一人，掌管内外诸兵事，地位与大臣相等。藤原仲麻吕任内相，藤原永手任中纳言。

奈良时期文风很盛，但王公贵族尚武之风未衰。公私盛行习武、教习兵马之风。朝廷担心会引起变乱，因此制定新的制度，限制王臣养兵马的数量，预防内乱的发生。此外，朝廷还规定伊势神宫的奉币使专门由中臣家族担任。藤原仲麻吕专横跋扈，被贵族群卿嫉恨已久。他在圣武太上皇、橘诸兄左大臣去世后更加无所忌惮，在宫中得到孝谦天皇、光明太后的信任，很容易得到圣旨、懿旨，为所欲为。藤原仲麻吕自比霍光，玩弄阴谋，称两宫之意就是神佛之意，废掉了道祖王的太子之位。

二、清除藤原仲麻吕的阴谋

基于上述原因，想除掉藤原仲麻吕的谋划由来已久。有人告密说橘诸兄左

---

① 即孝谦天皇。

大臣在背后诋毁光明太后、孝谦天皇,因而致仕。于是,孝谦天皇下诏让藤原仲麻吕问越前太守佐伯美浓麻吕。佐伯美浓麻吕称不知此事,让问别人。光明太后唯恐牵扯人太多,停止调查。此外,山背王和橘诸兄之子橘奈良麻吕共谋包围田村宫。有人向藤原仲麻吕告密说大伴古麻吕知道此事但装作不知。因事情涉及宗亲,事关重大,藤原仲麻吕暂时未动,只是禀告了光明太后与孝谦天皇。天平宝字元年七月二日,孝谦天皇下诏:"王臣中竟有人包围宫殿,欲行不轨,如若查实,国法不容。"光明太后也将右大臣以下群臣召来训话,说道:"群臣都是我的近侍辈,先皇临终嘱托你们好好辅佐我和陛下,而今出现这样的丑事,情何以堪?"

然而,又有中卫舍人吉备上道斐太都向藤原仲麻吕告密:"今日未时,小野东人叫我联络黄文王、安宿王、橘奈良麻吕、大伴古麻吕等杀害内相。计划用精兵四百包围田村宫,让大伴将军封锁关隘。"于是,藤原仲麻吕将这一情况禀奏孝谦天皇和光明太后。孝谦天皇下诏警卫各城门,又派高丽福信率兵追捕小野东人等。高丽福信将小野东人等关押在左卫士府,又派兵包围道祖王的右京宅邸。天平宝字元年七月三日,孝谦天皇下诏让右大臣藤原丰成等九人拷问小野东人等,但得到回复称并无此事。天平宝字元年七月三日傍晚,藤原仲麻吕传光明太后懿旨,召盐烧王、黄文王、安宿王、橘奈良麻吕、大伴古麻吕等问话,对他们说:"有人告你们五人谋反。但你们都是我的亲朋好友,不可能怨恨我。这次暂不治你等之罪,下不为例。"五人退到南门外,稽首谢恩。这一阴谋终于没有成功。

天平宝字元年七月四日,孝谦天皇命藤原永手等拷问小野东人等。这次小野东人等终于说出实情:"在同年六月他们密谋三次,参与的人有安宿王、黄文王、橘奈良麻吕、大伴古麻吕等人,他们冲天发誓,打算在八月二日月黑之夜发兵杀死内相藤原仲麻吕,之后包围太子宫、太后宫,召来右大臣发出废黜天皇的号令,从四个王中选一个为天皇。"于是,孝谦天皇下诏抓捕被告人并分别进行拷问。安宿王招供道:"我承认和一干人等曾经对天盟誓,但是在不知情的情况下被骗去的。"黄文王、橘奈良麻吕、大伴古麻吕等人的供词大致相同,承认谋反一事。橘奈良麻吕说："内相藤原仲麻吕行政上多行不义，造东大寺，使人民痛苦不堪，群臣十分忧虑。"同时，佐伯古比奈又招认出贺茂角足。贺茂角足及其党羽也被捕下狱。孝谦天皇又派百济敬福、船王等五人拷问黄文王、道祖王、橘奈良麻吕、大伴古麻吕、贺茂角足、小野东人等。这些人都在杖下毙命。其党羽多死在狱中。安宿王和妻儿一同被发配佐渡。其中唯独首谋橘奈良麻吕下落不明，也没有处罚的记录。仁明天皇十年，橘奈良麻吕被追赠从三位和太政大臣封号。天平宝字元年七月五日，告密人山背王、佐味宫守等人被授爵。朝野人心惶惶，都传言谋反者冤魂作祟。朝廷下令："传播谣言者无论轻重同罪，百姓中如有参与谋反者，住在京畿者十日内、住在远国者三十日内自首，可以免罪。"右大臣藤原丰成之子藤原乙绳也参与谋反。藤原乙绳被贬为员外郎。藤原丰成嫉恨藤原仲麻吕，虽然对谋反一事知情也不密奏，也不处置，因此被贬谪为太宰员外帅。孝谦天皇在南院召集各政府部门和京畿百姓的村长以上人员，作如下训示："恶逆一干人等计划谋杀内相、围宫行废立之事。幸好有人告密，这才化险为夷，惩办了恶贼。"孝谦天皇赐山背王藤原朝臣姓，名为藤原弟贞。中纳言多治比广足年迈、力不从心，不好好教育子侄，导致他们参与谋反。因此，孝谦天皇命多治比广足辞官回家。

三、橘氏阴谋和藤原氏的内讧

陆奥国守佐伯全成也被牵扯到造反阴谋中，被捕后他供述道："橘奈良麻吕拉拢我起事，立黄文王为帝，以安百姓之心。大伴、佐伯一族参与此事的话，定会成功。我并未答应此事。橘奈良麻吕叮嘱我不要外泄此事。后来在大尝祭时，橘奈良麻吕又来劝我，我也没有答应。后来大伴古麻吕劝我说，'藤原丰成、藤原仲麻吕擅权胡为，我等其他家族没有出头之日，希望助我们一臂之力。'我也没有答应"。审问完毕后，佐伯全成自缢而亡。上述谋反之事由来已久。自藤原广嗣在筑紫叛乱后，藤原氏和橘氏两个家族独揽大权，排斥其他家族。这时，藤原氏凭借外戚身份掌权，但权势尚不巩固，害怕光明太后、孝谦天皇过世后皇位和实权会落到其他家族手中，导致藤原氏重蹈苏我氏覆辙。因此，在藤原氏的撺掇下，圣武太上皇、孝谦天皇实施迁都、造寺、造佛等一系列措施，导致怨声载道。橘奈良麻吕的阴谋早在玄昉被贬谪时就露出端倪。光明太后在懿旨中称："大伴是我一族。"这说的就是光明太后与大伴古慈斐的关系。大伴古慈斐参与了这一阴谋，而自己的家族还联络多治比氏，打算立藤原氏的外孙黄文王，以此来巩固藤原氏和橘氏的根基。藤原仲麻吕家族的内讧并非始于此时。大伴古麻吕想乘藤原丰成和藤原仲麻吕内讧来从中渔利。兄长藤原丰成对弟弟藤原仲麻吕权势超过自己非常嫉恨。橘奈良麻吕的阴谋的目的是和被废的太子道祖王联手，扳倒失去人心的藤原仲麻吕，依靠右大臣藤原丰成巩固橘氏和藤原氏的根基，凌驾在其他家族之上。实际上，橘氏和藤原氏都想立与自己家族渊源很深的皇族子弟为天皇，以确保自己家族的权势。

四、光明太后的仁慈与谋反大狱

长屋王死后，圣武天皇册封了光明皇后。同样，孝谦天皇杀死道祖王后立了淳仁天皇。权臣为了维持权势，会让人做出牺牲的。这样的事情在苏我入鹿时期也发生过。迄今为止，光明太后的仁慈有口皆碑。她创建国分寺，设立悲田、施药两院。后世传扬光明太后为千人洗垢，其中就包括菩萨的化身。这些其实都是藤原氏进行了添枝加叶的宣传。施药院、悲田院是为了消除百姓对造寺、造佛的怨恨而修建的，只不过是为藤原氏赚取好名声而已。笔者认为光明太后的慈悲表现在对橘奈良麻吕谋反事件的处理中。按理说，参与谋反的人应该处以死刑，然而，橘奈良麻吕得到豁免，其余都罪减一等，发配远方。但光明太后将废太子道祖王等主要人物杀害了，只有外侄橘奈良麻吕得到豁免①。与其说这是光明太后的慈悲，不如说是徇私情。光明太后仁慈的光辉大打折扣。但还有一种说法认为，光明太后仁慈，本来不想将包括主谋在内的参与谋反者处以死刑，当天藤原永手在拷问中也相当宽容，然而藤原仲麻吕暗示百济敬福、船王杖毙重要人犯。百济敬福是百济禅广王之孙，是酒色之徒，见利忘义。船王是舍人亲王之子，后来任太宰帅，是硕学之士，然而也染指残杀谋反亲王一事，令人十分不解。

---

① 虽然不知下落，但橘奈良麻吕应该是被发配远方了。——原注

第3节 宝字符号和惠美押胜擅权

一、改元天平宝字和孝谦天皇让位

天平胜宝九年八月，骏河国益头郡人金刺舍人麻吕献上蚕宝。蚕宝形成以下文字：开下帝释标知天皇命百年。于是，天平胜宝九年八月十八日，孝谦天皇改元为天平宝字元年。蚕宝成字一事非常蹊跷，以此当作神谕而改元纯属迷信之举。献上祥瑞的白丁金刺舍人麻吕被赐爵从六位上，还获得布帛、稻米等大量赏赐。据《天平龟文之例》记载，参与此次祥瑞造假的还有佛僧。由此可以推断，是藤原氏在背后指使此事。

宝字虽然是改元的原因之一，但在太平盛世出现神佑也是贤良的王公尽心辅佐的结果。天平宝字元年闰八月，紫微台内相藤原仲麻吕上奏："天智天皇时期制定了功田百町章程，规定功田可以世袭，但功田被捐赠给了山阶寺，让山阶寺再兴维摩会。希望将这一制度推广到全国各地。"天平宝字二年二月，大和太守大伴稻公在大和神山发现奇形怪状的藤。为了奉承藤原仲麻吕，大伴稻公让人在上面刻了"王大则并天下人此内人太平臣守旻命"十六个字，上奏并献给孝谦天皇。孝谦天皇让博士解读字意。博士解释如下："王有覆载、兼并天下之德，圣上应举贤任用此人，以报旻天之德，这样才能天下太平。"此外，发现此藤的地方在大和神山，而藤暗示着当今内相藤原仲麻吕，处处应验，毫无怀疑的余地。于是，孝谦天皇下诏书："朕继承皇位，唯恐德不配位，笃信神教，今有人献祥瑞之物，可喜可贺，重赏该人。"这样一来，祥瑞文字变成现实。藤原仲麻吕的野心得到满足。

天平宝字元年五月，孝谦天皇下诏："百姓姓名使用天皇、皇后、已故内大臣中臣镰足、太政大臣藤原不比等的名字的属于犯罪行为，予以惩罚。"天平宝字二年七月，光明太后御体欠安，下懿旨规定："直到年内十二月底不得杀生，让公众奴婢恢复良民身份。为了祈祷天下太平，让僧尼抄写经卷。"天平宝字二年八月一日，孝谦天皇让位，皇太子大炊王继位，史称"淳仁天皇"。百官僧纲来到朝堂上表，要求给退位的孝谦天皇①上尊号"宝字称德孝谦皇帝"，称光明皇太

---

① 以下称孝谦太上皇，重祚后称称德天皇。

后为"天平应真仁政皇太后"。孝谦太上皇下诏:"天意、众人之意难违,大赦天下,以示庆贺。"天平宝字二年九月,孝谦太上皇下诏:"为了实现先帝遗愿,铸造大佛,希望天下臣民做出贡献。"之后,孝谦太上皇给圣武太上皇上谥号"胜宝感神圣武皇帝"。不仅如此,孝谦太上皇下诏称:"内相藤原仲麻吕自其祖父以来辅佐皇室,历经十帝百年,海内生平,且仲麻吕内相本人劳苦功高,封为太保。"孝谦太上皇让群卿、博士讨论给藤原仲麻吕赐美姓,最后赐姓惠美,改名为押胜,封三千户,功田百町,永远世袭,允许藤原氏铸钱、借贷稻谷生利时使用惠美家印。如此封赏堪称滥赏,简直将朝廷作为为自己家族牟利的工具。奇藤上的怪文在藤原仲麻吕,即惠美押胜①身上一一应验,但其实质是惠美押胜用祥瑞文字的把戏欺瞒光明太后和孝谦太上皇,结果获得大量封赏和权力。可以看出,孝谦太上皇是将惠美押胜残杀诸王、诸卿看作为国家建立大功,并且将这个功劳和中臣镰足、佐伯仲麻吕等诛杀苏我入鹿的功勋相媲美。

二、改易官号和念诵布告

此后,在惠美押胜的建议下,孝谦太上皇下令改易官号,譬如称太政大臣为太师,称左大臣为太傅,称右大臣为太保,称大纳言为御史大夫,称紫微中台为坤宫官,称中务官为信部省,称式部省为文部省,称民部省为仁部省,称刑部为义部省,称宫内省为智部省。当时惠美押胜五十三岁,石川年足七十一岁,兼任文部卿神祇伯。改易官号和将年改称岁一样,是为了粉饰太平,做文字游戏而已,在官吏制度上并没有任何变化。

在给圣武太上皇上谥号的当月,太史根据《九宫经》上奏:"来年己亥恰逢三合,必有水旱瘟疫之灾。"于是,朝廷向诸国发出布告,命令念诵"摩诃般若波罗蜜多"。天子、文武百官、庶人、男女老少每日诵读。可以推测,这一布告的颁布与良辨等人关系密切。僧人中有诽谤这一举措的就被发配到佐渡岛。而上述官号的改易也是在念诵经文期间实施的。这和祥瑞文字的出现都是有关系的,都是为了粉饰太平。

---

① 以下称惠美押胜。

三、惠美押胜的荣华富贵

天平宝字三年五月，朝廷下诏追谥舍人亲王为崇道尽敬皇帝，夫人称太夫人。舍人亲王的兄弟姐妹都称亲王。淳仁天皇下内旨要称太保惠美押胜为父，惠美押胜之妻藤原郎子娘为母。惠美押胜坚辞不受。于是淳仁天皇下诏给惠美押胜一门叙位，都上调一级。此外，唐朝僧人昙静上书要求诸国设置放生田，禁止捕鱼，朝廷同意。

天平宝字四年正月一日，淳仁天皇在太极殿接受百官朝贺，大排筵席，招待五位以上官员。天平宝字四年正月二日，淳仁天皇行幸惠美押胜府邸，将太保惠美押胜升任太师，即太政大臣。惠美押胜位极人臣。淳仁天皇还允许惠美押胜增加带刀护卫。惠美押胜还有权用家印铸钱、借贷稻谷牟利。就在同一天，淳仁天皇还将石川年足升任御史大夫，即大纳言。实际上，朝廷的庶政由石川年足负责。此外，朝廷任命藤原真楯为太宰帅，给惠美押胜的女婿巨势广足叙位从五位下。藤原宇比良古叙位正三位。

这时日本私钱铸造过滥，物价飞涨，但如果禁止铸造私钱会引起混乱。因此，朝廷下令铸造新钱，称铜为万年通货，将银称为太平元宝。一枚银钱兑换十文新钱。

四、僧侣位阶和追封藤原不比等

天平宝字四年春，光明皇太后御体欠安，让各神社的祝部祭祀神祇，祈祷痊愈。光明皇太后见自己已无望痊愈，于是将各种药品捐赠给各大寺院。天平宝字四年六月，光明皇太后驾薨，享年六十岁。船亲王、藤原永手、池田亲王、白壁王等人组成治丧委员会，天下举哀三日。天平宝字四年七月，朝廷将光明皇太后葬于佐伯山陵。光明皇太后七七忌在东大寺举行，在京师各寺设斋。诸国都要造阿弥陀净土画像，抄写《净土经》，并在国分寺礼拜供奉。

在藤原宫子生下圣武天皇的大宝元年，县犬养连三千代和藤原不比等生下藤原光明子。在圣武天皇被定为储君的日子，藤原光明子在十六岁上当上太子妃，之后开创了人臣做皇后的先例。之后仅三十年，藤原氏成为自苏我氏以来新的外戚，权倾朝野。群卿无人能够与藤原氏对抗。在圣武天皇禅让后，光明皇太后任用侄子惠美押胜为紫微中台内相。藤原氏一门起了内讧，兴起大狱，最终惠美押胜在十年间巩固了藤原氏的权力基础。自光明皇太后驾薨后，更无人约束位极人臣的惠美押胜了。皇室被藤原氏掌控。日本历史上称颂光明皇太后的颇多，但这些都是溢美之词。

天平宝字四年七月，大僧都良辨上奏："因缺乏奖惩机制，僧尼怠惰，善恶观念薄弱，佛教事业难以广大，故建议制定僧侣四位十三阶，从三学六宗中选拔品学兼优者授予三色师位、大法师位。"淳仁天皇准奏。三学是指戒、定、慧；六宗是指俱舍、三论、成实、法相、华严及律。三色是指传灯、修行、诵持，加上大法师，称四位。以修行、诵持为一色，分为三级。

在光明皇太后在时，惠美押胜虽然也很得宠，专横跋扈，但还对光明皇太后有所忌惮。光明皇太后七七忌日刚过，惠美押胜就开始肆无忌惮地牟取私利。

天平宝字四年八月，淳仁天皇下诏："前朝太政大臣藤原不比等功高盖世，还是皇家外戚，以近江国十二郡追封不比等，称淡海公。"天平宝字四年十二月，太皇太后、皇太后的墓地都称山陵。藤原氏无限风光。

第4节 唐朝大乱和筑紫奥羽的筑城

一、修筑怡土城、边防军的情况及高丽使者入京

范阳节度使安禄山趁着长安空虚起兵造反。从辽东的渤海国到朝鲜半岛都受到了这次叛乱的影响。新罗也是因为这个原因中断了向日本进贡。日本朝廷认为，唐朝实力雄厚，安禄山最终不会灭亡唐朝，而是很有可能挥师东向，威胁到日本的安全。

天平胜宝六年，遣唐副使吉备真备被朝廷任命为太宰大贰。到任后，吉备真备建议朝廷在筑前国修筑怡土城。其背景是：在圣武太上皇驾崩的前一年，即天平胜宝七年，安禄山率兵攻占洛阳，唐朝大乱。人们纷纷传言安禄山可能乘势东攻日本。因此，这个建议得到朝廷批准，并由吉备真备来专门负责这项工程。怡土城位于怡土郡的东山，在志摩郡的南面。在圣武太上皇驾崩后的第二个月，

即天平胜宝八年六月开始动工修建。然而，因为日本京师发生藤原氏内讧等原因，工程直到神护、庆云年间才竣工。吉备真备为此做出了重大贡献。

当时，奥羽地区也在修筑城堡。天平宝字元年，因为出现瑞字而废立太子时，朝廷下令将不守孝恭友顺之徒发配到陆奥、出羽地区守边。朝廷任命大伴古麻吕兼任陆奥镇守府将军，佐伯全成为副将军。在大伴古麻吕和佐伯全成正要走马上任时，谋反之事败露，二人皆死于非命。之后，朝廷任命惠美押胜的儿子藤原朝狩为陆奥太守。天平宝字元年闰八月，朝廷下令坂东诸国士兵到太宰府守边。山川阻隔，千里迢迢，不仅士兵受罪，由于一路上所需都由沿路国供应，百姓也苦不堪言。奈良朝不断征讨隼人，有的隼人归附朝廷，对朝廷的威胁减小。如今，朝廷可以用西海的强兵来镇守西边了。因此，朝廷规定以后西海道七国各派士兵千人归边防军司管辖，守卫西部边陲。此外，朝廷还派筑紫人驻守壹岐、对马。

天平宝字元年五月，船王叙位从三位，任太宰帅。当时新罗不向日本上贡，和日本交往的只有渤海国。天平宝字二年年初，朝廷派小野田太守、高桥老麻吕出使渤海国。天平宝字二年六月，陆奥国上奏："去年以来降服朝廷的蛮夷男女共一千六百九十余人，有的愿意离开本土归顺朝廷，有的在战场上与贼徒结怨。这些人都来到陆奥国。蛮夷狼性多疑。我等按照天保十年的敕令给他们种子，让他们耕种，希望他们永为皇民，充作边防军。"在淳仁天皇继位后，出使渤海国的小野田太守等和渤海国的使者杨承庆一起来到越前国。当时，朝廷还征发坂东的骑兵、苦力、俘虏的蛮夷、陆奥的流浪人口修筑桃生城，恢复对当地调庸的征收，还修筑小胜栅。

天平宝字三年正月一日，淳仁天皇在太极殿接受朝贺。高丽即渤海国使者杨承庆等献上方物，并上奏道："高丽国王大钦茂听说日本圣明皇帝登极，谨表祝贺。"淳仁天皇授予杨承庆以下十九人正三位下，在朝堂设宴招待，并赐给杨承庆一行内宫的女乐及大量棉花。太保惠美押胜也在田村第宴请使者。文学之士赋诗，为高丽使者饯行。天平宝字三年二月，朝廷致函高丽王，并赐给棉、丝、锦、彩帛等。

二、西部边陲及陆奥形势

天平宝字三年三月,太宰府上奏:"希望朝廷在博多、大津等要害之处配备百艘以上船以防不测。太宰府三面环海,自从中止由各国派边防军来这里守边以来,防务松懈,一旦发生不测事态,将无法应对。因此,希望让太宰府管辖区内的边防军停止筑城,而要练习武艺和战阵,加强作战能力。天平四年下诏士兵全免调庸,白丁免调但要交庸。当时休养生息,兵强马壮,而今管辖区内百姓贫困者居多,无力负担赋税,影响边防防务。"于是,朝廷下诏:"通过征收公粮、徭役造船。东国不宜派边防军到太宰府。太宰府要采取合理的行政措施,自然民富兵强。"天平宝字三年六月,朝廷任命船王为三品亲王,准备征讨新罗,命令太宰府做好战备工作。朝廷还下令各国造船五百艘。

天平宝字三年九月,朝廷下令从各地抽调军兵八千一百八十人加强陆奥的桃生、出羽的雄胜的防务。此外,朝廷还让坂东八国、三越、能登四国的流浪者两千人做熊胜的栅户。天平宝字四年正月,朝廷任命惠美押胜的三儿子藤原朝狩任陆奥按察使兼镇守府将军,负责教导蛮夷。藤原朝狩未经战斗就避开虾夷骚扰,修建了雄胜城,还修建了桃生城,吓破贼胆,因此被叙从四位下。

此外,朝廷还从各国抽调部分武器等军需物资储藏在雄胜、桃生二城,加强雄胜、桃生的防务。

为了加强治安和防务,朝廷还设置了押领使等官职。这些官职后世演变为总追捕使或检非违使,由武士专任。但《职员令》和《官职诸抄》上都没有相关记录。在征服隼人、开拓虾夷地之际,隼人、虾夷经常和流浪者、土匪勾结作乱。与蛮夷接壤的各国劫盗颇多。押领使这一官职负责追捕劫盗,非常重要。

第5节 迎入唐使和准备征讨新罗

一、迎入唐者大使及唐朝向日本请求军需

圣武天皇驾崩时恰逢唐玄宗逃到四川的前一个月。孝谦天皇胜宝年间相当于杨贵妃得宠、杨国忠擅权时代。在日本遣唐使逗留唐朝期间,唐朝内乱的时机

已经成熟。755年,安禄山发动叛乱。当时,惠美押胜在日本国内专横跋扈,比唐朝的李林甫、杨国忠有过之而无不及。在镇压了橘奈良麻吕的阴谋后,惠美押胜居功自傲,以朝廷的柱石自居。惠美押胜被封为太师,位极人臣,掌握日本全国的兵权,想要征讨新罗。

　　天平宝字三年二月,迎藤原清河等遣唐使回日本的高元度、判官内藏全成等人和高丽使者杨承庆等人一起前往渤海国,再辗转前往唐朝。内藏全成所乘船遇到大风破损,和高元度等人失散。天平宝字三年十月,内藏全成漂流到渤海国,搭乘正要出使日本的渤海国的辅国大将军高南申的船到日本,途中遇到狂风暴雨,漂流到了对马。这时,内藏全成才得知和自己失散的迎遣唐使大使高元度等九十九人到了大唐,迎接藤原清河等回日本。这时,朝廷从太宰府将高丽使者高南申请入京城。天平宝字正月一日,高南申参加太极殿的朝贺,进献方物。

　　高元度和渤海国的贺正使杨方庆等人一起前往唐朝,请求唐朝让藤原清河等遣唐使回日本。然而,唐朝回复称:"安史乱贼残党尚未肃清,一路上危险颇多,藤原清河先不回日本。故希望高元度取道南路先回日本复命。"于是,唐朝派谢诗和陪着高元度前往扬子江口的苏州。在接见高元度时,唐朝皇帝①说:"在安史之乱中,唐军失去很多武器。造弓需要牛角,听说日本牛角很多,回国后多加收集,让遣唐使带来。"在高元度回日本时,唐朝赐给高元度甲胄一具、刀枪各一把、箭二支。谢诗和与苏州刺史命人打造大船,送高元度上船。天平宝字五年,高元度等一行三十人来到太宰府,之后又来到京师,告知朝廷唐朝的请求。于是,朝廷命令东海、东山、北陆等地准备牛角七千八百个,任命仲石伴②为遣唐使,任命石上宅嗣为副使,前往唐朝送牛角。朝廷又任命武藏介高丽大山为遣高丽使前往高丽。

　　二、准备征讨新罗及征讨新罗计划的受挫

　　天平宝字四年九月,新罗国遣使到日本进贡。朝廷派陆奥按察使藤原朝狩问新罗来使的来意。新罗使者级飡金贞卷称:"新罗久未向日本进贡,奉国王命

---

① 指唐肃宗。
② 后来换成藤原田麻吕。——原注

令前来进贡。"藤原朝狩责备级飡金贞卷："新罗言而无信，不向日本进贡，舍本求末。这是日本国最不满之处。新罗王子泰廉承诺在与日本交往时遵循古礼，然而日本派小野田太守出使新罗时，新罗国王十分无礼，结果日本使者未完成使命就回国了。"级飡金贞卷回答道："小野田太守来时，外宫贱人接待小野田，不知情况，有所怠慢。"于是，藤原朝狩赏了新罗使者级飡金贞卷，以级别不高为由将级飡金贞卷打发回国报信。

从天平宝字三年开始，太宰府就准备征讨新罗。惠美押胜虽然为了功名跃跃欲试，让太宰府做征讨新罗准备，但是否真有勇气征讨新罗还是未知数。天平宝字四年十一月，惠美押胜派手下的授刀护卫到太宰府向吉备真备学习诸葛亮的八阵图和《孙子兵法》的"九地"。天平宝字五年正月，惠美押胜派美浓、武藏两国的少年各二十人学习新罗语。这也是在为征讨新罗做准备。由此可以看出，美浓、武藏两国居住着很多新罗的移民。早在小野田太守出使渤海国回国时，惠美押胜就筹划征讨新罗一事，本来打算三年事成，如今却还未做好准备。

这时，太宰府才开始设置弩军。天平宝字四年十一月，朝廷派藤原巨势麻吕到香椎神社祭祀、奉币。与此同时，朝廷下令让征讨新罗的军队进行操练，并遣使将弓箭供奉天下的神祇。天平宝字四年十二月，朝廷任命太宰帅藤原真楯为中纳言兼信部卿。后来，朝廷又让惠美押胜的二儿子藤原真光接替藤原真楯。这时，藤原真光的兄长藤原久须麻吕和弟弟藤原朝狩被任命为参议。当时，朝廷口口声声要征讨新罗，但雷声大雨点小。惠美押胜父子将心腹安插到东海道、南海道、西海道执掌兵权，以便在朝廷擅权。因此，惠美押胜到底是否真心征讨新罗令人怀疑。这时高丽使者来到日本，征新罗一事暂且搁置。

三、设置节度使及惠美押胜的荣华富贵

天平宝字四年十一月，朝廷设置节度使，任命藤原朝狩为东海道节度使，任命百济敬福为南海道节度使，任命吉备真备为西海道节度使。天平宝字七年，南海道、西海道的节度使撤销了，唯独留下了东海道节度使。这大概是为了在奥羽地区立威。天平宝字七年七月，藤原田麻吕被任命为奥羽按察使。也是在这个时期，日本开始按照高元度从唐朝带回的兵器、制服式样制造兵器、制服。惠美押胜的心腹百济敬福一开始镇守东面，如今调任西海道检讨兵使。惠美押胜采取这一系列措施的目的是向新罗、唐朝炫耀武力和国威。

天平宝字七年二月，惠美押胜被授予正一位，官位达到顶峰。不仅如此，淳仁天皇还允许惠美押胜从伊势、近江、美浓、越前四国的郡司的子弟及百姓中挑选二十岁至四十岁的健儿练习弓马。这四国实际上成了藤原氏的封国，而这些健儿是为了保护藤原氏的私产而被挑选的。不仅如此，淳仁天皇还给惠美押胜增加了六十个带刀护卫。当时，淳仁天皇和孝谦太上皇不和。七十五岁的御史大夫石川年足去世后，朝廷再无牵制惠美押胜的势力。惠美押胜的权势达到了顶峰。但物极而衰，也就是从这时起，危险也在向惠美押胜迫近。

四、遣唐使、高丽使和新罗使

天平宝字四年四月，朝廷在安艺造好了遣唐使用的船。在快要行驶到难波江口时，一艘船因海浪拍打而船尾破裂，浮不起来。因此，其他船也不能出发去唐朝。经过商量，朝廷决定派两艘船出使唐朝，任命判官中臣鹰主为大使，在出发去唐朝时顺便将在太宰府的唐人一起送回去。一行人待机而发。

天平宝字六年十月，朝廷遣高丽使高丽大山出海，结果死于佐利翼津。伊吉益麻吕等和高丽国使者王子新福等一起从渤海国来到日本。天平宝字七年正月一日，高丽使者等一行参加朝贺。天平宝字七年正月三日，高丽使者献上方物。高丽王子新福禀奏淳仁天皇："唐朝太上皇、少帝①都已驾崩。广平王②摄政，饥馑流行。史思明自称圣武皇帝，仁恕之名在外，归附者颇众，兵强马壮，已经占领襄阳。苏州虽然还在唐朝手里，但往来不便。"于是，朝廷下令太宰府："唐国两氏争雄，形势不明，遣唐使的派遣事宜很难实施，要优待沈维岳等唐人，如有思乡心切者，备船让他们自己回国。"起初，朝廷认为安史之乱不会长久。惠美押胜打算征伐新罗，助唐朝一臂之力。如今，听了高丽使者之言，了解了真实情况，日本不再计划援助唐朝。天平宝字七年二月，惠美押胜款待高丽使者之后，让他们回国了。天平宝字七年二月，新罗朝贡使级飡、金体信等来到太宰府。朝廷派

---

① 指唐肃宗。——原注
② 至唐代宗。——原注

少帝（唐肃宗）

人责问天平宝字四年九月级飡金贞卷承诺之事。新罗使者只是回答说："奉国王之命来进贡，其他事情一概不知。"于是，朝廷将新罗使者叫到京城，让他给新罗国王带话"今后要派王子或者执政大夫级别的使者来日本"，之后将新罗使者打发回国。

在高丽使者回国时，朝廷命平群虫麻吕送高丽使者回国。当平群虫麻吕完成使命回国时，在高丽留学的高内弓及其妻儿以及到唐朝留学的戒融优婆塞也一同回到日本。戒融优婆塞每餐只吃数粒米而不饿。人们都觉着奇怪。这时海上起风，船迷失了方向。船上的镰束等人都说是戒融优婆塞及高内弓的妻子带来的祸端，将他们投入了海中。后来船漂泊到隐岐。天平宝字七年十月，日本朝廷将镰束逮捕下狱。天平宝字八年正月，惠美押胜让佐伯今毛人替代吉备真备作太宰府大贰，并且负责修建怡土城。吉备真备回京。

第6节　对惠美押胜政治的正面观察

一、新令及振兴文武事业的措施

天平宝字时代，惠美押胜以外戚身份独揽朝纲。一方面，政治腐败，金玉其外，败絮其中，国司和郡司竞相贪污。另一方面，当时朝廷还有一些举措对日本当时的文化、技艺的振兴起到了积极作用。天平胜宝九年五月，朝廷下令仅以年龄资格任用官吏是不合适的，应该根据新令实施。这大概是中纳言石川年足提出的建议。

天平胜宝九年八月，朝廷下令："中央政府各部门的长官劳逸不同，俸禄相应有所区别。内舍人、大神宫主、神祇宫主、金银铜工的头目、造玉、胡粉工等根据令的规定领取俸禄，伎乐、舞蹈师等准从八位官。"此外，为了振兴文化和武备事业，朝廷设置公廨田，支持大学寮、雅乐寮、阴阳寮、内药司等的文化建设。朝廷还设置骑射田，分别分配给中卫府、卫门府、左右卫士府等，加强士兵的战斗力。可以说，这些措施都可圈可点。

天平胜宝九年闰八月，惠美押胜等奏请将中臣镰足的功田百町捐赠给兴福寺维摩会。天平宝字元年十月，朝廷下令："各国运送调庸的脚夫在回乡路上病饿缠身，苦不堪言。兹令京师各相关衙门支给脚夫粮、药，助其顺利返乡。"

二、年俸年官制度与地方官职位的竞争

地方政府财政混乱，尤其是在国司新旧交替之际，公廨稻出租的账目出现混乱。天平宝字元年十月，太政官下令新到任的国司首先将前面未收回的生利稻谷账目填平，以后再进行新的出租稻谷业务。

国司有权处理公廨田的税收、出举稻等，每年有税收，交给中央政府大部分，留一小部分用于财政支出。此外，出借公廨的稻谷生的利息一部分也用于财政支出，将剩余部分利润作为年俸进行分配。也就是说，年俸年官制度是指在官员到地方赴任之后根据官位将公廨收入的一部分充作俸禄。由此可以看出，早在奈良朝就有了年俸年官制度。

值得注意的是，有些国司根本不去地方上任，只是领来自公廨的分配收入。这类国司逐年增多，还任命了员外官。卖官鬻爵现象不断，弊端丛生。在奈良朝，国司等地方官找出种种借口将公稻出借给百姓，取三分利，可谓暴利。这是弊端难以根除的主要原因。

不仅如此，在选任各地国司以下地方官方面也有诸多弊端。各地的博士、医师并无才能，求授业恩师等走门路谋得官职。在上任之后，这些博士和医师将第一年的俸禄作为答谢送给授业恩师。因此，社会上对教师这一行业刮目相看。受教育者人数增多，教育得到了发展。但同时，这一行业成为卖官鬻爵的温床，对地方行政和百姓都有害无利。

当时畿内人垄断仕途的特权被打破。首都和地方的人都有资格进入仕途，但事实上仅限于距离京师较近的近江、伊势等地。后来，由于竞争垦田，京官收入越来越少，外任地方官的收入越来越多。京官竞相到外地做官，竞争越来越激烈。为了给京官留出外任地方官的位子，朝廷禁止白丁阶层任郡领、武官等职。

由于社会上饮酒闹事，甚至醉酒后在大庭广众下毁谤朝廷，天平宝字二年二月，朝廷下诏王公以下除了上供、祭祀、治病外不得饮酒。这里的饮酒指的是聚众饮酒。如果有红白喜事、亲朋好友聚会时，应该先到官府汇报，得到允许后方能饮酒。违者杖责八十。

天平宝字二年十二月，朝廷下令更定官员、爵位的定额，规定有爵位而无官职的散位为四百人，兵部的散位二百人，其他为二百人。如果是定额外的散位，在缴纳一定金钱后，无论是在京师还是在地方，都能在官衙执勤，执勤期满后再缴纳一定数额的金钱就可以继续执勤。

三、矫正国司贪污和发敕语教育官员

天平宝字二年正月，为了调查民间疾苦，体恤百姓，朝廷遣使到八道，称作问民苦使。经过巡察，了解了民间疾苦后，各地使者禀奏朝廷建议将中男正丁加一岁，将六十岁以上者定为老丁，将六十五岁以上者定为耆老。朝廷一一准奏。

天平宝字二年九月，朝廷命明法博士讨论国司更迭的日期，结果将规定的更迭日期选在交接仓库和文案之月。天平宝字二年十月，朝廷下诏："将国司任期四年改为六年，每三年朝廷派巡察使考核政绩，根据具体情况进行奖惩。"将国司的四年任期改为六年任期是惠美押胜立淳仁天皇、任太保时的新政。

为了减轻黎民百姓的痛苦，避免国司对百姓的剥削和压榨，朝廷从公廨田中拨出一部分田建立当平仓，以出借稻谷获的利来救济百姓的疾苦。天平宝字三年五月，朝廷下诏设立左右平准署和义仓，加大救济贫民的力度。但负责此事的是惠美押胜的心腹百济敬福。百济敬福利用这一制度牟取私利，导致好的制度没有起到好的作用。天平宝字四年，朝廷下诏发行万年通货，但钱币质量很差，导致物价上涨。究其原因，出借公稻和铸钱用的都是惠美押胜的家印。

天平三年六月，朝廷下诏："治国的关键在于选拔德才兼备的人才，要修身养性，恪守仁义礼智信，惩戒贪嗔淫盗，对上尽忠，对下仁慈，体恤民间疾苦，不滥杀生，根除各种邪恶，多行善事。此外，官员要为人正派，不做非分之想，不贪不义之财。"这些言辞不纯是儒家的价值观，还夹杂了佛教的思想。可见这都是惠美押胜和僧人良辨、玄昉、道镜等人炮制的。惠美押胜位极人臣，又采取上述一系列措施粉饰太平，营造盛世的氛围。这样一来，惠美押胜不仅完全掌控了京师的实权，志得意满，还以加强国防为借口调兵遣将，安插心腹，掌握了天下的兵权。不仅如此，天平宝字五年八月，朝廷下旨："据七道巡察使汇报，不少国司以下地方官牟取私利，以所谓的圣德太子的宪法为根据藐视皇室权威，着令有这些行径者免官回家务农。"然而，密告橘氏谋反的上道斐太都上任国司后，贪得无厌，压榨百姓，惠美押胜却对他视而不见，并不惩处。上述一系列诏书的起草、决策其实都是按照惠美押胜的意图下达的。很多政策表面上看是很好的措施，但需要进行深层次考察才能下定论。

四、对天平宝字之政的深层观察

惠美押胜擅权与时代背景关系密切。后世史学家对天平年间的政治多有诟病，原因如下：（一）竞争抢占垦田、良田；（二）财政弊端重重；（三）任用心腹、党羽，导致忠奸易地；（四）大兴土木、劳民伤财。前三点前文已经讲过，这里不再赘述。下面就第四点大兴土木、劳民伤财进行论述。

在天平年间，朝廷营建恭仁宫、甲贺宫，搞得民生疲敝。而自天武天皇以来，朝廷在两三处设立都城，骄奢淫逸。到了天平宝字年间，惠美押胜将大炊王迎接到自己的田村第。天平宝字元年四月，惠美押胜将大炊王迎立为太子。天平宝字元年五月，孝谦天皇搬到田村宫，翻修宫殿。天平宝字二年，孝谦天皇将皇位禅让给太子大炊王。天平宝字三年，孝谦命令营建保良宫。保良宫位于近江国滋贺郡保良庄园的石山寺附近。石山寺是良辨修建的。天平宝字四年十月，朝廷迁都保良。之后，朝廷又下令将保良作为北京，同时改造平城，又将难波定为西京，实行三都制，最后三个首都都未曾长久使用，又修建了平安京。可想而知这些举措多么劳民伤财。

此外，朝廷还修建了西大寺和唐招提寺。早在天平胜宝时期，西大寺已经开始修建。在圣武天皇驾崩后，朝廷曾在西大寺讲《梵网经》。唐招提寺原来是新田部亲王的宅邸。圣武天皇将它赠给鉴真和尚作为戒院。天平宝字二年，朝廷开始为鉴真将这里扩建成唐招提寺。里面供奉着丈六卢舍那大佛。由此可见，造寺与造佛、抄经是不可分割的。朝廷规定每个国分寺要铸造丈六大佛。从天平十九年到天平宝字四年的十四年里，有六十二国铸造了丈六大佛。铸造佛像需要铜，但日本连铸钱的铜都不够用。因此，朝廷只能一方面让人勘探铜矿，一方面在铜里掺和锡来铸造大佛。

志贺是奈良朝的旧都，有奈良朝的铃鹿、不破、爱发三座险关拱卫，十分安全，并且湖泊、港口颇多，运输方便，物资的吞吐量很大。在志贺附近有橘诸兄的别墅。如今惠美押胜及其女婿藤原御楯也在志贺附近建了别墅。惠美押胜将近江作为自己的封国，还在甲贺、高岛、浅井郡等地拥有铁矿。在朝廷造宫、建寺时，藤原氏从中获得巨额利润。

本来以前修建东大寺和国分寺就搞得中央、地方民生疲敝，而今更是雪上加霜。

圣武天皇建造大寺、铸造大佛消耗了国家财政一半的收入。在天平胜宝、天平宝字年间，造寺、造佛的弊端才显露出来。这一时期正好和惠美押胜擅权时期相重叠。在国运昌盛时，积极作为、大兴土木或追求奢华是不可避免的。黎民百姓对这一事情的感受也有所不同。有的百姓负担沉重，怨声载道。而与此同时，从事宫殿、大寺、大佛工程的人则可以得到运费、工钱，不如说对此是持欢迎态度的。因此，对大兴土木一事也不能全盘否定。然而，铸造佛像消耗的铜数额巨大，远远超出日本的产铜量，因此造成铜钱质量很差，致使物价高涨。无论上层社会还是下层社会都受到了巨大影响。

第9章

惠美押胜伏诛和道镜擅权

第1节 道镜受宠及孝谦太上皇出家

惠美押胜位极人臣，肆意妄为。在橘氏造反时，惠美押胜残害皇亲骨肉，手段毒辣。自从藤原仲麻吕改名为惠美押胜后，惠美押胜广受贵族和地方豪族的嫉恨。早在天平胜宝年间以前惠美押胜受到圣武天皇宠信时，嫉恨惠美押胜的人就可以分为三四派：（一）嫉恨惠美押胜本人及依靠外戚关系专横跋扈的藤原氏一族的其他贵族势力；（二）藤原氏一族内部也有嫉恨惠美押胜擅权的；（三）也有人出于正义，痛恨权臣危害皇权；（四）在僧徒中，也有人憎恨与惠美押胜狼狈为奸、专横跋扈的僧纲。

一、藤原氏擅权

橘氏造反案表面上是上述第二派人策划的阴谋，实质上属于藤原氏一族的内讧。在橘氏造反案中，惠美押胜的哥哥藤原丰成失势，橘氏一蹶不振，皇族多数受到牵连。惠美押胜在朝野树敌很多。

在日本历史上，权臣专横跋扈、伤害皇族的例子有葛城氏、苏我氏及藤原氏。从这一点上看，可以说历史是重复的。安康天皇、崇峻天皇和道祖王都是死于外戚之手。道祖王是被惠美押胜废掉后被杀的。可以说藤原氏是第二个苏我氏，垄断大臣位达四五十年。在此期间，多治比、阿倍、石川、纪、大伴等贵族没有能力和藤原氏竞争。阿倍、石川、大伴这三个家族也都是有权有势的家族。大宝年间，名臣大纳言大伴御行过世。当时的左大臣是多治比岛，右大臣是阿倍御主人。之后，石上麻吕任左大臣，位置也在藤原不比等之上。由此可知，在藤原氏之外，也有其他有权有势的家族。藤原氏和阿倍氏、石川氏、大伴氏联姻。大伴氏和佐伯氏掌握着内卫的兵权，而大伴和佐伯两家联姻，如同一家。关于这一点，在橘氏大狱中可见一斑。天平末年，石上乙麻吕被判处流放，儿子石上宅嗣也受到株连。多治比的子侄也参与了橘氏的阴谋。除此之外，还有其他大族也想削弱藤原氏的势力。

对藤原氏来说，身为天皇外祖、外舅也是一时的。在圣武天皇、光明皇后离世后，只剩下孝谦太上皇和藤原氏有血缘关系了。如果储君之位落到其他皇子手里，藤原氏的外戚地位自然就消失了。

二、僧侣专横跋扈

在藤原氏擅权的同时，僧侣也成为撼动时局的一大势力。自从佛教在日本传播以来，僧侣不断干预政治。僧侣并没有负责具体的政务，而是通过宗教信仰、佛教学问来左右政治。倡导法相宗的义渊僧正是天智天皇养在官中的贵僧。在奈良朝初期，义渊成为佛教界的栋梁。义渊的门下有玄昉、行基、良辨、道镜。义渊的这些徒弟相继成为僧正、僧都，自天平以来不断干预政治。其中，藤原广嗣就是以玄昉的胡作非为为借口发动叛乱的。行基虽然热心于传教事业，广受民众喜爱，但对政治也很热心。行基利用自己的名望蛊惑圣武天皇铸造大佛，也是为了扬名，结果搞得民不聊生。良辨和玄昉一样，都不断干预政治。良辨和惠美押胜属于同一时代。修建东大寺、国分寺与藤原氏和僧侣都有着密切关系。

在良辨之后，道镜受到宠信。也就是说，良辨是介于玄昉和道镜之间的僧人。有的史书称道镜是河内国人、弓削氏、天智天皇之孙的第六子。这种说法很不靠谱。道镜精通梵学，又在葛木山修行如意轮法、宿耀秘法等，精通医术。天平宝字四年六月，光明皇太后一周忌结束后，孝谦太上皇在保良宫患病。天平宝字五年，道镜被召入宫中看病、用药。孝谦太上皇痊愈。这就是道镜发迹的契机。在进入宫中内道场后，道镜一面给孝谦太上皇治病，一面讲解佛经，得到孝谦太上皇的宠信。天平宝字七年九月,孝谦太上皇遣使免去慈训的少僧都职务,改任道镜为少僧都。慈训博学多才,曾教授良辨等华严宗。道镜得到孝谦太上皇宠信,而他背后一定有高人指点。这些是惠美押胜后来失败的主要原因。

惠美押胜在自己的田村第拥立淳仁天皇即位。淳仁天皇对惠美押胜言听计从。孝谦太上皇是个妇人。自从进入紫微台后,惠美押胜就培植掌握宫中实权的势力,不让其他有实力的贵族接近孝谦太上皇。值此之际,只有道镜能接近孝谦太上皇并得到宠信。在营建保良、改建平城京的同时,惠美押胜将太宰府的实权掌握在自己手中,并准备征讨新罗,掌握兵政大权。因此,笔者将惠美押胜称作第二个苏我入鹿。

因为上述原因,孝谦太上皇和淳仁天皇不和。天平宝字六年五月,回到平城京后,孝谦太上皇住在法华寺,淳仁天皇住在中宫院。天平宝字六年六月三日,孝谦太上皇将爵位在五位以上的官员召至朝堂,下诏称:"当今天皇对朕不恭顺,言行举止有失天皇的身份。因此,朕和天皇分开居住。朕有菩萨心肠,今后出家,甘愿做一名佛家弟子。但国家大事、赏罚二事由朕掌管,小事归天皇掌管。"惠美押胜担心受到孝谦太上皇宠信的道镜会揭露自己的丑事,决定离间淳仁天皇与道镜的关系,不断在淳仁天皇跟前讲道镜的坏话。然而,在孝谦太上皇出家后,依仗孝谦太上皇的宠信,道镜的势力越来越大。这样一来,惠美押胜的权势被夺走了一部分。而孝谦太上皇因为出家,不可能再将现任天皇废掉重新登上天皇宝座。因此,惠美押胜进一步结党营私、扩充权力。这更招致其他贵族的嫉恨。其他贵族和道镜联手,不断劝孝谦太上皇重新登上天皇宝座。

孝谦天皇是以未婚的内亲王①身份登上天皇宝座的。藤原氏以外戚身份把持朝纲,导致惠美押胜和道镜不和。坊间曾传闻玄昉给藤原宫子看病,得到藤原宫子宠信,并生下私生子善珠僧人。如今,坊间又传闻道镜给孝谦太上皇看病,得到宠信后,二人也有染。这纯属捕风捉影之谈。两三百年后,小说物语之类流行,将坊间这一传闻写了进去,于是后世才有道镜与孝谦皇太后的不雅传闻。后世人将文学和史实混为一谈。

---

① 相当于公主。

第2节 惠美氏被诛灭与废帝

在道镜到保良宫侍奉孝谦太上皇之前，我们看不到惠美押胜对道镜进行猜忌的迹象。在保良宫为孝谦太上皇看病后，道镜深得宠爱。惠美押胜对此非常担忧，惴惴不安。于是，惠美押胜加快培植姻亲势力的步伐。天平宝字四年，惠美押胜升任太师，而两个儿子当上了参议，还有三个儿子或在卫府任职或到地方任国司。太宰帅、近江国守等其余显要官职都是藤原氏一族的姻亲占据。不仅如此，惠美押胜自己还任都督，掌握了五畿、三关、近江、丹波、播磨国的兵权。这样一来，惠美押胜以兵力威压中央政府，独揽朝纲。这招致其他贵族及僧侣势力的嫉恨。藤原氏一门是否是将道镜引荐给孝谦太上皇的主谋尚存疑问，但藤原氏一门没有帮助惠美押胜这一点是显而易见的。天平宝字元年之后，藤原仲麻吕改称惠美姓。这样一来，藤原氏一族就分为惠美、南、北、式、京。南家有三家，嫡长子是前右大臣藤原丰成，惠美押胜就是南家的次子。藤原丰成为人宽宏大量，很有威望。然而，在橘氏一案中，因为儿子藤原乙绳参与谋反，藤原丰成也受牵连，遭到惠美押胜的排挤。之后，藤原丰成称病闲居。藤原北家的藤原房前任内臣，和县犬养连三千代一起，在宫中有很大的势力。大概是受藤原房前影响，藤原房前的几个儿子颇有城府。利用道镜和惠美押胜作对的应该就是藤原北家。藤原永手是藤原北家的次子，在天平宝字元年任从三位中纳言一职，后来又兼任兵部卿。在惠美押胜阴谋败露后，藤原永手的官位得到提升。因此，操纵道镜扳倒惠美押胜的主谋应该就是藤原永手。

藤原真楯是藤原北家的三儿子，比惠美押胜小九岁。天平宝字六年，藤原真楯升任中纳言，聪明干练，颇受圣武太上皇宠信。得知堂兄惠美押胜嫉妒自己的才能后，藤原真楯就称病待在家里。藤原真楯城府极深，十余年后又任中纳言。在惠美押胜阴谋败露向北逃窜后，藤原真楯和白壁王一同升官晋爵，在藤原氏的再兴中起了重要作用。

在藤原氏的式家这一支中，藤原宇合天资聪明，在兄弟当中最突出。值得一提的是式家这一支中还出了一个藤原广嗣。藤原广嗣是式家长子，与整个藤原氏不和，在筑紫发动叛乱。式家的二儿子藤原宿奈麻吕没有受到兄长藤原广嗣的株连，但和佐伯今毛人等参与谋害惠美押胜后被捕下狱。式家中还有一个人物是藤原田麻吕，是式家的第五子，曾任遣唐使。藤原藏下麻吕是式家的第九子，参与了追杀惠美押胜。

藤原氏京家的藤原浜成比藤原田麻吕小两岁。藤原浜成诛杀了惠美押胜，在凯旋之日被授予从五位上。

在藤原氏的南家、北家、式家、京家中，援助道镜打倒惠美押胜的是藤原永手、藤原宿奈麻吕、藤原藏下麻吕和藤原绳麻吕。或许在藤原氏以外另有主谋扳倒惠美押胜进而削弱藤原氏的人。在诸王群臣中，有一派势力想拥立新天皇、压制藤原一族。然而，橘氏想扳倒惠美押胜结果以失败告终。这一派势力不想重蹈覆辙。其中吉备真备博学多才，颇通兵法，屡建功勋，德高望重，应该是扳倒惠美押胜的主谋之一。

自橘氏之狱以来，想打倒权臣惠美押胜的势力暗流涌动。对反惠美押胜势力来说，圣武太上皇到法华寺出家和道镜在宫内道场讲佛法是转折点。然而，惠美押胜不仅在宫中势力根深蒂固，还因创设东大寺戒坛深受僧众爱戴。京师歌舞升平，外国使者来到京师也由惠美押胜主持接待，惠美押胜的荣华富贵达到了顶点。

天平宝字七年八月，池田亲王上表，因家人中有人参与谋反，请求降为臣籍。朝廷准奏，赐池田亲王姓御长真人。在废掉道祖王时，大伴古麻吕曾推举池田亲王作储君。如今，池田亲王也成为惠美押胜一党。

天平宝字八年正月，惠美押胜的两个儿子被任命为国守。天平宝字八年七月，朝廷赐给道镜的弟弟弓削连净人宿祢姓，自此弓削一族开始参与朝政。惠美押胜对此颇感忧虑。天平宝字八年九月二日，惠美押胜自己兼任畿内、三关、近江、丹波、播磨等地都督使，每日练兵。之后，惠美押胜擅自增加兵员人数，并让军队只认太政大臣官印，打算在危机时用兵废黜淳仁天皇，另立新天皇。估计这是道镜等人给惠美押胜设的圈套。天平宝字八年九月八日，高丘比良麻吕向朝廷密奏，称惠美押胜要造反。天平宝字八年九月十一日，孝谦太上皇派少纳言山村王收缴中宫院的大印。惠美押胜要用中宫院大印起兵，派藤原训儒麻吕去夺大印。孝谦太上皇派授刀少尉坂上刈田麻吕将藤原训儒麻吕射杀。惠美押胜又派中卫将监矢田部老劫持钦差。结果，中卫将监矢田部老被孝谦太上皇派来的授刀纪船守射杀。

天平宝字八年九月十一日，孝谦太上皇下诏："惠美押胜及其子孙起兵造反，大逆不道。罢免惠美押胜一族的官位，不得再姓惠美和藤原。"孝谦太上皇派人没收惠美押胜一族的田宅，并派使者固守三关。之后，朝廷论功行赏。藤原永手晋升正三位，吉备真备晋升从三位，藤原绳麻吕晋升从四位下。这时惠美押胜依然在逃。于是，朝廷下诏："惠美押胜心存侥幸，盗取官印逃走，鼓动愚民继续顽抗。若有勇士剪除惠美押胜余党者，朝廷必然重赏。"在这道诏令发出后，惠美押胜的太政官官印在北陆各国不再通用。

天平宝字八年九月十一日夜，惠美押胜带着一帮党羽从宇治出逃，占据近江。山背守日下部子麻吕、卫门少将佐伯伊多智等奉吉备真备之命追击并烧毁了势多桥。惠美押胜等人见桥已被烧，大惊失色，仓皇北逃，在高岛郡的前少领角足家中落脚。佐伯伊多智骑马飞奔到越前，杀死惠美押胜的儿子藤原辛加知。惠美押胜并不了解这一情况，拥立道祖王的哥哥盐烧王为天皇。接着，惠美押胜起草诏书，盖上太政官大印，向全国公布"以这次的诏书为准，前面的诏书是假诏书"，以混淆视听。之后，惠美押胜派精兵前往爱发关，想要关闭三关。惠美押胜的手下被授刀物部广成等拦了回来。惠美押胜进退失据，乘船前往浅井郡盐津，被顶头风吹了回来。迫不得已，惠美押胜走山路直奔爱发关。藤原宿奈麻吕、少纳言藤原藏下麻吕等人从京师率兵讨伐惠美押胜。在爱发关前，惠美押胜遭到佐伯伊多智等人的顽强抵抗。惠美押胜的手下中八九十人被射死。惠美押胜退到高岛郡的三尾崎，和佐伯三野等官军拼死力战。在官军快要支撑不住时，藤原藏下麻吕等人及时赶到，打败了惠美押胜。看到大势已去，惠美押胜乘船逃命。官军水陆并进，而惠美押胜隔着胜野鬼江拼力死战。惠美押胜寡不敌众，带着妻儿乘船又逃，结果被藤原浜成和石村石盾抓住并杀死。惠美押胜死时五十九岁。他的妻儿及随从三十四人也被在江头杀死。惠美押胜的六儿子藤原刷雄年幼时就修行禅宗，免去死罪，被流放到隐岐国。天平宝字八年九月十一日，阴谋败露后，惠美押胜连夜逃到近江，之后仅七天就以失败告终。天平宝字八年九月十八日，惠美押胜的首级被送到京师。惠美押胜的党羽盐烧王、藤原巨势麻吕、仲石伴、石川氏人、大伴古萨、阿倍小路和越前少领存过岛主都被杀死。

天平宝字八年十月七日，孝谦太上皇派兵部卿和气王、左兵卫督山村王、外卫大将百济敬福等率兵数百包围中宫院。由于贴身侍从都已逃遁，淳仁天皇来不及穿好衣服、鞋子就在使者催促下和两三个家人离开中宫院，步行至图书寮的西北面。这时，山村王宣布孝谦太上皇诏书："天皇无德无能，不配帝位。且天皇和惠美押胜共谋发兵谋害朕的性命。而今逆贼惠美押胜已经伏诛。因此，朕罢黜你的帝位，贬为亲王，号淡路国公。"于是，藤原藏下麻吕押送废帝淡路国公①及其母亲到流放之地，将他们关押在一个院子里。淡路国的税收归淡路国公一家人使用。此外，船亲王也因和惠美押胜合谋被流放到隐岐。池田亲王也因与惠美押胜关系密切被流放到土佐。在惠美押胜伏诛后，受连累者达三百七十五人之多。然而，所幸的是法均尼②菩萨心肠，向孝谦太上皇求情，将其中很多被判死刑者减刑为流放远岛。

此前，孝谦太上皇一直在法华寺处理政务。在淳仁天皇被废后，孝谦太上皇回到大内登基，史称"称德天皇"。然而，因为称德天皇没有举行登基典礼，所以史书上没有明确记载。此外，称德天皇身着袈裟处理国政，与国政和佛法不合。进入天平时期以来，众多王臣发生变故，储君一直没有定下来。惠美押胜被诛后一个月，淳仁天皇被废黜。由于这些变故，京师人心惶惶。于是，称德天皇下诏："按理说，只有立了太子国家才能安稳。然而眼下没有合适的太子人选，只能等待天赐良机。朕并非贪恋权位。"

在将淳仁天皇贬为淡路国公后，佐伯助被朝廷任命为淡路国守。朝廷听到密奏称"发配到淡路国的罪犯逃亡的较多，而也有很多人诈称商人混入淡路国

---

① 即淳仁天皇，以下称淡路国公。
② 俗名和气广虫。

的"。于是，朝廷命令佐伯助加强防范，随时禀奏淡路国的动静。朝廷又将授刀卫改称近卫府，设置大将、中将、少将各一人，任命藤原藏下麻吕为大将，任命牡鹿岛足为员外中将，任命弓削牛养为少将，任命藤原田麻吕为外卫大将，任命石上宅嗣为中卫中将。

　　自古以来，尽管朝廷设立了卫府，但大伴、佐伯、秦氏一族、汉氏一族、隼人、国司等都拥有兵力供各王臣私用。这是王臣造反的主要原因。为了避免重蹈惠美押胜起兵造反的覆辙，朝廷禁止王臣私自储藏兵器，鼓励王臣子弟为官，禁止三关及其他地区百姓充当王臣的私人护卫，将兵马集中于卫府。

　　由于称德天皇不立太子，导致人心不稳。和气王野心勃勃想当太子，在用财物笼络巫女益女的同时，又和近卫中将粟田道麻吕、兵部大辅大津大浦、式部少辅石川永年等三人秘密往来。和气王和这三个人都是扳倒惠美押胜的主谋，由于密告惠美押胜谋反而加官晋爵，却得陇望蜀，在和气王的祖先灵前密谋起事。结果事情败露，和气王逃到率川神社后被捕。和气王被判处流放伊豆，在途中的山背国相乐郡被绞杀。巫女益女也被绞杀。粟田道麻吕等三人被降职后软禁起来。粟田道麻吕夫妇被幽禁在一个院子里一月之后愤懑而死。几年后，石川永年也上吊自杀。

　　天平宝字八年十月，废帝淡路国公从流放地淡路国的幽禁之处跳墙逃跑。淡路国守佐伯助率兵又将淡路国公抓了回来。天平宝字八年十一月，淡路国公过世，年仅三十二岁。到了明治初年，淡路国公才被追赠谥号淳仁天皇。这样一来，很多宗室皇亲或死或被流放。太子之位一直定不下来。这使道镜和尚野心膨胀，觊觎皇太子之位。

第3节　道镜和藤原氏的官厅组织

　　在惠美押胜造反后，藤原永手被任命为大纳言。山村王、吉备真备、粟田道麻吕、弓削净人等人任参议，在吉备真备的指挥下讨伐惠美押胜。白壁王、藤原真楯任中纳言。藤原丰成官复原职任右大臣。藤原宿奈麻吕、藤原藏下麻吕去追讨惠美押胜。藤原丰成的儿子藤原继绳任越前守。藤原绳麻吕得到称德天皇的信任。由此可见，惠美押胜伏诛后藤原一族的势力尚未衰落。

道镜侍奉称德天皇，称德天皇穿着袈裟处理政务，还对群臣说："佛经上说国王在位时可以接受菩萨的净戒，故帝王出家处理国政毫无妨碍。而世上也应该有出家的大臣，兹授予道镜大臣禅师之位。俸禄、赏赐田地与大臣相同"。道镜从浩瀚的经文中找到牵强附会的材料，以此为根据让已经出家的称德天皇处理国政，自己也成为出家的大臣。对日本皇室来说，可谓前门打虎，后门迎狼。但僧人干涉政务遭到群臣反对。过了十天，道镜上表坚辞不受。后来，称德天皇决定："道镜的大臣禅师只是一个待遇，而不赋予实权。这也是为了弘扬佛法，让道镜法师有权威。"称德天皇的实际动机是让寺院势力牵制右大臣藤原丰成和大纳言藤原永手等藤原氏的政厅势力。此外，道镜的弟弟弓削净人任参议，增加了道镜寺院一方的势力。

天平宝字九年正月一日，称德天皇从法华寺回到平城京的皇宫大内，在西宫前殿接受百官朝贺，举行了重新登基仪式。天平宝字九年正月七日，称德天皇改元天平神护。改元诏书中称："瘟疫流行，累年歉收，贼臣包藏祸心，人神共怒，所幸神灵护国，贼臣伏诛。"

天平神护元年九月，称德天皇要视察纪伊地区，遣使到大和、河内、和泉各地兴建行宫。此外，称德天皇任命藤原永手、吉备真备为装束司长官。天平神护元年十月，称德天皇遣使巩固三关防务。天平神护元年十月十三日，称德天皇又任命白壁王为御前次第司长官，任命藤原绳麻吕为御前骑兵将军，任命百济敬福为御后骑兵将军，任命藤原大藏麻吕为副将军。称德天皇一行一路上经过高市郡、大原长冈，天平神护元年十月十八日来到玉津岛。天平神护元年十月二十九日，称德天皇一行来到弓削行宫，并到弓削寺礼佛，赏赐弓削寺大量钱物和五十户食封。天平神护元年十一月二日，称德天皇授予大臣禅师道镜太政大臣禅师之位，让文武百官拜贺道镜。此时，道镜位极人臣，到达人生的顶点，十分得意。

淳仁天皇被废后，称德天皇重登皇位。天平神护元年十一月，为了实施大尝祭，称德天皇遣使到各地修建神社，并赐神祇伯大中臣清麻吕从三位。称德天皇笃信佛教，身着袈裟，如今却在神社的神祇面前举行大尝祭，真是不伦不类。在丰明节会上，称德天皇下旨："朕乃佛门弟子，曾接受菩萨戒，今日适逢丰明节会，特向天社、国社众神供奉三宝。希望神灵赐予供奉神灵的亲王、臣、百官、人民于恩惠和慈悲。群臣认为神灵厌恶三宝，但经书上说诸神都尊重佛法，故出家人穿神道白衣供奉神道神灵并无大碍。"这样一来，称德天皇让僧尼也参加丰明节会，不过僧尼在饮宴时并没有吃鱼禽之类。称德天皇又下诏："人必然有父母，亲王和藤原朝臣都是朕的至亲。"称德天皇赐给藤原氏美酒和祭祀用的钱币，给予外戚藤原氏特殊待遇。

天平神护元年十一月，右大臣藤原丰成去世，享年六十二岁。天平神护二年正月，称德天皇任命藤原永手为右大臣，任命白壁王和藤原真楯为大纳言，任命吉备真备为中纳言。之后，称德天皇到藤原永手家做客，授予藤原永手正二位爵位。天平神护二年三月，大纳言藤原真楯去世，享年五十二岁。朝廷以大臣之礼举行葬礼。吉备真备晋升大纳言。至此，外戚藤原氏的嫡系已经传至第四代。和称德天皇属于堂姐弟、堂兄妹关系的有藤原氏北家的藤原永手、宫内卿藤原鱼名、右兵卫督藤原枫麻吕，藤原氏式家的太宰大贰藤原宿奈麻吕、右中辨卫藤原田麻吕、近卫大将藤原藏下麻吕、从五位下的藤原百川，藤原氏京家的从四位下藤原滨足。这样算来，三位以上的公卿只有藤原永手和藤原藏下麻吕二人。藤原氏的荣华富贵每况愈下，与其他各大臣家族的差距越来越小，而其他家族正在等待排斥藤原氏的机会。

如今，道镜虽然得到称德天皇的宠信，但势力还没有扩展到政府部门。称德天皇的父亲一方的至亲是亲王们，母亲一方的至亲是藤原氏。藤原氏南家的藤原绳麻吕任圣旨起草侍从，受到称德天皇重用，其他内卫、外卫将领也多是藤原氏的人。藤原氏的势力远远超过道镜。吉备真备是帝师，德高望重，但并非道镜一党。当时的女官中有道镜的弓削家族的人，也有吉备家族的人，而藤原氏的人更多。尽管如此，道镜却平步青云，扶摇直上，令人不解。这大概是因为其他家族、群臣想压制藤原氏的权势而支持道镜的缘故吧。按理说，道镜是僧人，不善世俗的事情，也不懂权谋。但道镜贪恋权势，施展反间计，让藤原氏同室操戈，而自己却渔翁得利。

天平神护二年七月，称德天皇遣使让伊势的大神宫寺铸造丈六佛像。史书上没有记载大神宫寺创建于哪一年。如果说天照大神是卢舍那佛的权化的话，那么建造神宫寺也不足为怪。大神宫寺很有可能是道镜修建的。天平神护二年十月，从胁寺的毗沙门佛像中出现三粒舍利子。僧人们将舍利子献给法华寺。称德天皇让文武百官前去法华寺礼拜佛舍利，并下诏："这都是太政大臣禅师道镜教导有方才出现如此灵验之事，故授予道镜法王之位，还授予大法师圆兴禅师法臣之位，授予基真禅师法参议之位。晋升右大臣藤原永手为左大臣，晋升大纳言吉备真备为右大臣，晋升道镜之弟弓削净人为正三位中纳言。"此后，法王道镜的物资供应比照天皇。这样一来，道镜可以在官厅外独立建一座宫殿办公和居住。圆兴和基真都是道镜的心腹。基真是山阶寺的僧人，心性无常，好旁门左道。上述三粒舍利子就是基真的鬼把戏。制造祥瑞谋取富贵本来是藤原氏的拿手好戏，而今道镜也学了这一手，凭此佛舍利的祥瑞登上法王宝座，接受群臣拜贺，地位和活佛一样。基真因此得到官位和大量赏赐，为所欲为，连卿大夫都不放在眼里。最终，基真和圆兴发生冲突，被贬到飞驒。

天平神护三年正月，称德天皇下诏畿内七道各地请大法师在国分寺光明寺讲《金光明最胜王经》，举行吉祥天悔过仪式。之后，这成为每年正月的惯例。这都是在道镜建议下实施的。天平神护三年六月十六日申时，称德天皇和侍从都看到东南角升起奇怪的七色彩云。天平神护三年六月十七日，伊势太守安倍东人等上奏称五色瑞云罩在丰受宫上。因此，称德天皇称这都是因为法师们修行吉祥天悔过，群臣勤于政事，以及三宝、各神灵显灵所致。因此，称德天皇下诏改元神护景云。神护景云元年九月一日，又起五色彩云。其实景云也好，彩云也罢都是因空气的状况导致光线呈七色变化，本来不足为怪。

神护景云元年九月，称德天皇命人建造八幡比咩神宫寺，又任命中臣习宜阿曾麻吕为丰前介，并规定让八幡比咩神崇敬女天皇。具体负责建造八幡比咩神宫寺的是道镜。这时，道镜和骗子大神田麻吕及中臣习宜阿曾麻吕开始勾结起来。

第4节 天平宝字以后经济的衰敝和道镜的政绩

在和铜、养老年间，朝廷征服西蛮东夷，在全国普及国郡制度。因此，奈良朝出现了盛世景象。然而，随着时间的推移，奢靡浪费之风日益严重，经济增长已经达到极限。朝廷无法找到新的财源。到了宝龟年间，经济萧条，财政困难。在很大程度上，这是道镜大兴土木、建造佛寺造成的。造佛需要大量铜，导致通货质量粗劣。还有一个原因是惠美押胜有私铸钱币特权，为了牟取私利，铸造的钱币质量也很差。这导致物价飞涨。此外，当时经常连年旱灾，粮食歉收，导致百姓民不聊生。举一个例子来说，天平宝字八年，日本各地歉收。淡路国没有种子，向纪伊国借种子。京师的东市、西市乞丐人头攒动。土师岛村村民拿出积蓄的粮食向十几个饥民捐赠粥喝，得到朝廷的嘉奖。

天平神护元年三月，称德天皇下诏："天平十五年规定垦田属于私财，三世不缴租税。因此，天下人等竞相垦田。有权有势者驱使百姓垦田。贫穷的百姓无法生存。今后，朝廷禁止私自垦田。"之后过了一段时期，为了扩大自己的庄园，橘氏、藤原氏，尤其是惠美押胜，又开始允许垦田。不仅如此，惠美押胜还利用自己的特权找借口没收垦田，除了一小部分充公外，绝大部分归藤原氏庄园所有。

日本各地豪族将自己的垦田捐赠给寺院，这个数目也相当可观。当然，豪族这么做有的是出于对佛教的虔诚信仰，但大多数情况下并非如此。由于惠美押胜等制定政策，规定禁止垦田私有，而将他们认为不合法的垦田收公，因此，拥有大量垦田的地主表面上将自己的垦田捐赠给大型寺院，实际上是给寺院一些好处，将垦田置于寺院的保护下，这样就不用担心会被政府没收。也就是说，禁止垦田私有这一制度有很多漏洞。上有政策下有对策。

为了糊口，贫穷百姓要将空闲的荒地开垦为水田的话，就需要修路、修排水沟，而这些工作需要数额不小的资金。百姓没有这部分钱，只有依靠国司来提供贷款。然而，国司从中索要好处，而百姓难以承受这一负担，只好罢手。而能够通过自己力量垦田的就只有有权有势的家族、国司、贵族、高官、寺院等。普通百姓和无地的佃户只能通过为这些人垦田才能勉强糊口。

神护景云年间，征得称德天皇的同意后，道镜在京师营建西大寺、西隆尼寺及法华寺。与此同时，道镜还敦促各地修理国分寺。在这一时期，向寺院捐赠垦田的做法很流行。神护景云元年三月，一个叫利波志留的人将自己的百町垦田捐赠给东大寺，被朝廷赐从五位上爵位。家境殷实的百姓中也有向寺院捐赠稻米的，也受到朝廷嘉奖。

天平神护二年，称德天皇下令各地国司给当地神社中供奉的神灵授予爵位和封地。爵位是与封地相伴随的，并非单纯的名义。各地闻风而动。伊豫国国守授予伊曾乃神、大山积神从四位下，封地若干。

各亲王、群臣、寺院及各地的郡领和有势力的百姓等都占有庄园、垦田，通过出举稻和出租稻子牟取私利。天下土地再多也是不够用的。理论上讲，普天之下莫非王土，率土之滨莫非王臣，但事实上在日本并非如此。全国的税收是用于治理国家的，并非供皇室使用。皇室必须有自己名下的土地、垦田、收入，否则使用起来非常不方便。譬如，天皇的"敕旨田"就属于皇室私有的田，也称"天子的垦田"。在奈良时期，天皇将敕旨田委托给各地郡领来雇佣佃农耕作、运营。然而，各地郡领经常将自己的田地谎称敕旨田，交给皇室一定的租子后，逃脱其他租税。

道镜的末路是无法用常理说明的。究其原因，大体而言，道镜随着境遇的不断转好，骄奢之心也慢慢膨胀，最终导致身败名裂。在惠美押胜伏诛后，道镜才做到太政大臣之位。在此之前，道镜的内心深处即便已经有了非分之想的胚胎，也还需要在宗教界和政界博得一个好名声，颇类似于"王莽谦下士之时"。然而，在位极人臣时，道镜就原形毕露了。

从僧正义渊时期开始，本地垂迹说兴起。人们相信日本的神灵就是如来的化身，称大日如来，然后迎来了铸造大佛时期。到了道镜所处时期，本地垂迹说更加兴盛。佛教与神道开始融合在一起。这与道镜作为大臣禅师对尼姑称德天皇进行熏陶关系密切。而在背后鼓动道镜这样做的应该是圆兴。道镜尽管剃发、着袈裟，但还使用自己的俗姓弓削，自称弓削禅师，后来身居太政大臣禅师之位，佛俗混为一体。不仅如此，道镜在伊势修建伊势神宫寺的同时还修建了国分寺。在举行神道中的大尝会和丰明节会时，道镜还派僧人参加，结果导致神佛合一。

在当上太政大臣禅师后，道镜接受文武百官拜贺。他在弓削为自己营造行宫，还在皇宫的东院为自己建造玉殿。在荒年，道镜不顾百姓的死活，依然修建西大寺和西隆寺，让百姓捐赠寺院垦田和粮食，充作工程费用。既然有了东大寺，建造西大寺也无可厚非，但时机不对。这让本来就衣不蔽体、食不果腹的百姓的生活雪上加霜。民不聊生，怨声载道。

天平神护二年，称德天皇下诏给八幡姬神增加封地，并铸造伊势大神宫寺的佛像。这些想必是称德天皇在道镜的劝说下下的旨意。干旱一直持续了五六年，还不下雨。这时，天边出现庆云。这属于祥瑞之兆。为了图个吉利，早日结束旱情，称德天皇下诏改元神护景云。之后，在道镜的建议下，称德天皇视察各地寺院并礼佛求雨。

神护景云元年十月，称德天皇在太极殿请六百僧人转读《大般若经》，让教坊表演唐乐、高丽乐和踏歌。称德天皇给四天王寺的奴婢三十二人赐爵。在称德天皇视察各寺前，道镜必定让各寺修缮寺院，之后必然给予赏赐。因此，各大寺兴隆起来。神护景云二年，旱情依然持续。神护景云二年五月，称德天皇命人到畿内各神社为神灵奉上神币。神护景云二年九月，在征得称德天皇同意后，道镜开始修建八幡比咩神宫寺。在这一时期，京师也在修建西大寺等其他寺院。据《扶桑略记》记载，神护元年，在道镜的建议下，称德天皇开始修建西大寺，准备铸造七尺金铜四天王像。其中三尊的铸造非常顺利，唯有最后一尊七次都铸造失败。于是，称德天皇发誓："如果这一尊佛像也铸造成功的话，哪怕朕将手放入融化的铜中也心甘情愿，那么朕就会功德圆满，永远不再是女子。如果铸造不成功的话，朕宁愿烧伤手也在所不惜。"最后，第四尊天王像终于铸造成功。

此外，京师和各地的国分寺一直在修理寺院的金堂和佛塔。在道镜的建议下，称德天皇采取优待僧尼的政策。称德天皇不仅视察各寺院，还视察大学寮，举办曲水流觞宴，附庸风雅。同时，称德天皇依然尊重神社神灵，厚待神职人员。如果不是吹毛求疵的话，道镜的这些政策虽然算不上良政，但也不能算作恶政。

在奈良朝，经过义渊、玄昉、行基、良辨、道镜等人的不断完善，神佛习合、神佛一致的学说逐渐成为一个体系。具体体现这一宗教思想的神社有伊势神宫、八幡神社和春日神社等三大神社。在胜宝年间，日本人将天照大神称作大日如来，在东大寺大佛铸造成功之日将八幡大神算作伽蓝神之一，在春日神社祭祀时还请来了伽蓝神。春日神社的记录中记载道："神护景云元年六月二十一日，鹿岛神为了护持法相，以鹿为马，以柿子树枝为拐杖，现身于伊贺国名张郡真身乡。"神护景云二年正月九日，大倭添上郡三笠山出现佛光。在修建兴福寺时期，人们在三笠的森林中将鹿岛社作为春日神社来祭祀，并将当地的神作为藤原氏的氏神。

僧人道镜迷恋俗世和权力，最终被贬谪，身败名裂而死。这可以说是日本国史上的污点。起初，道镜在葛城山修行，后来参与打倒惠美押胜，登上法王的宝座。然而，人心不足蛇吞象，道镜还不满意，还想通过宇佐神托梦的把戏当天皇，最终落入地狱。从道镜发迹的历程来看，道镜劝说称德天皇出家为尼，而尼姑天皇自然需要僧人大臣。于是，道镜虽然是出家人，却还使用自己俗家的姓氏，称弓削禅师，经过大臣禅师、太政大臣禅师，一直爬到法王位置。太政大臣禅师和法王不仅仅是名誉，还伴随着田地、财物等大量赏赐。道镜不断干政，搅乱了宗教界和政界。即便不窥伺帝位，道镜的罪过也不小。

藤原永手、藤原真楯虽然势力很大，但仍然不能与道镜抗衡。称德天皇赐道镜的弟弟弓削净人朝臣姓。弓削一族分为三支。其中的嫡系一支最尊贵，属于朝臣姓，即弓削御净朝臣。家主是弓削宿祢。这一支称作弓削连。尽管如此，弓削家族实力还很弱，与根深蒂固的代代都是外戚的藤原氏不可同日而语。道镜的权势主要是凭着蛊惑称德天皇而获取的。无论官中、府中，他的势力远不及藤原氏。在惠美押胜伏诛后，藤原藏下麻吕因为讨伐惠美押胜立下首功。此外，藤原氏还有数人任外卫大将、兵卫、卫士、卫门都督，还有任国守的，掌握兵权。而道镜的弓削家族中虽然也有从军的，但没有掌握兵权的。而军队中也没有心甘情愿为道镜作爪牙的。政府部门的官僚们也没有对道镜心悦诚服的。道镜认为只要扳倒了惠美押胜、得到称德天皇的宠信就能将朝廷当作傀儡玩弄于股掌之间，但其实这种想法大错特错。因而，道镜身败名裂是必然的。

坊间传闻道镜觊觎皇位，玩弄阴谋诡计，在称德天皇面前进谗言谋害皇室成员。事实并非完全如此。在惠美押胜伏诛后，曾经与惠美押胜关系密切的船亲王、池田亲王都被流放。这是必然的，未必是道镜所为。其中受到惠美押胜连累的道麻吕、大浦长年等性格倔强，素与道镜不和，因此遭到道镜的陷害。这是不争的事实。而在淳仁天皇，即淡路国公被废后，在道镜的建议下，称德天皇迟迟不立太子。这也是不争的事实。当时，外廷中掌握实权的有藤原永手和与藤原氏关系密切的宗室白壁王。藤原氏看到有望成为皇位继承人的人越来越少，为了保住自己的外戚地位，秘密谋划拥立在府中供职的天智天皇的皇孙白壁王为天皇。当时，在文武百官中，因为讨伐惠美押胜而立有战功者颇多，根本不将道镜放在眼里。道镜能够做到法王的位置，除了称德天皇的竭力提拔外，主要是因为藤原氏考虑到为了不让道镜参与政府的决策，让道镜做法王来架空道镜。道镜在保良宫为称德天皇看病，使称德天皇笃信佛教，自己也从此平步青云。但只要道镜不触动藤原氏的核心利益的话，藤原永手等人也会表面上对法王道镜表示恭顺的。

天平神护二年四月，石上朝臣志斐所生的男子称自己是圣武天皇的皇子。经过严刑拷打，人们发现这个男子在撒谎。这个男子最终获罪，被流放到远岛。这件事情不仅没有让道镜引以为戒，反倒让道镜有了想谋取皇位的非分之想。

天平神护元年七月，奈良朝首次设置内竖省。道镜一族的中纳言卫门督弓削净人任内竖省卿。藤原是公任大辅，藤原雄依任少辅。天平神护二年二月，弓削净人升任大纳言，藤原鱼名任参议。天平神护元年十一月，弓削净人兼任太宰帅，而藤原田麻吕任太宰大贰。弓削净人兼任检校兵库将军，藤原百川任副将。由此可见，道镜的弓削家族虽然任要职，但都被藤原氏的人作为副手而监视着。弓削一族在外廷的势力远不如藤原氏。法参议基真专横跋扈，在法王宫遭到排挤。于是，基真将自己在佛舍利上造假让道镜当上法王一事公之于众。

八幡比咩神宫的神职人员太宰主神中臣习宜阿曾麻吕、宇佐大神田麻吕上奏大神托梦一事。为了结交神社势力，道镜建议称德天皇给这两个人授以爵位。为了讨好道镜，中臣习宜阿曾麻吕谎称听到大神托梦，禀奏称德天皇："如果陛下将皇位让于道镜的话就会天下太平。"但事前中臣习宜阿曾麻吕并没有和道镜商量。听说此事后,道镜信以为真,也动了觊觎神器的念头。通过和气清麻吕的姐姐法均尼,中臣习宜阿曾麻吕将大神托梦一事禀奏称德天皇。称德天皇听完禀奏后又惊又怕。有一天晚上,称德天皇做了一个梦,梦见八幡神的使者来到皇宫这里说"大神请天皇前去禀奏事情"。于是称德天皇请来法均尼说:"朕身体虚弱,走不了远路,你让你弟弟和气清麻吕替朕走一趟看看大神有什么吩咐。"之后,称德天皇从梦中惊醒。第二天,称德天皇派法均尼的弟弟和气清麻吕到八幡神社去听神的命令。这时,道镜的老师路丰永对和气清麻吕说:"如果道镜做了天皇的话,我有什么脸面做道镜的臣子。我会带着我的几个儿子仿照伯夷的先例来行事。"听完路丰永的话,和气清麻吕觉着有理。之后,和气清麻吕前往宇佐去听神命。道镜得知此事后,叫来和气清麻吕说道:"你去听完神命后告诉称德天皇说'大神希望称德天皇将皇位让给我',如果事成,我让你做大臣。"说完这番话,道镜又重赏了和气清麻吕。其实道镜是受中臣习宜阿曾麻吕的诓骗才在国史上留下了觊觎神器的骂名。向称德天皇奏大神托梦是通过和气清麻吕的姐姐,赞同道镜老师路丰永话的也是和气清麻吕,而和气清麻吕向称德天皇复命后,道镜的皇位就化为乌有。导演这场闹剧的人不止一个,和气清麻吕也在其中。

　　和气清麻吕到达丰前宇佐应该是天平神护二年八月末。在那个时代,大神托梦是国家大事。到了神宫后,和气清麻吕向神祈祷,请求指示。据和气清麻吕说:"神忽然出现了,高有三丈左右,脸色如满月。我吓得魂飞魄散,不敢仰视。神对我说,一个国家君臣有别,十分严格。道镜觊觎神器,实属不本分之举。我等神灵震怒,绝不能允许此种事情发生。你回去禀奏称德天皇,皇太子必须立嫡系正统皇室成员,尽早铲除道镜这种无道之人。'"于是,和气清麻吕将大神的命令禀奏称德天皇。天平神护二年九月二十三日,和气清麻吕因"假托大神,妄言国事",和姐姐法均尼分别被流放到大隅和备后。在去流放地的路上,和气清麻吕被道镜派出的人追杀,因为雷雨才捡了一条命。这时,朝廷钦差来了,和气清麻吕因而安全抵达流放地大隅。参议藤原百川敬佩和气清麻吕忠烈,将自己食封的一部分归和气清麻吕享用。道镜在称德天皇面前恶人先告状，称和气清麻吕编造神命一事诬陷自己。和气清麻吕这才遭殃。道镜所恨的并非没有能当上天皇，而是自己贿赂和气清麻吕一事会曝光，因此才派人追杀和气清麻吕。道镜应该怪罪的是习宜阿曾麻吕，而非禀奏情况的和气清麻吕。

这样一来，尽管道镜野心毕露，但称德天皇和大臣们也没有除掉道镜。并非因为道镜势力很大，尾大不掉，而是因为如果没有道镜念经和开出汤药，称德天皇的病情会不断加重。称德天皇对道镜讲的佛法笃信不疑。无论从病情上还是精神上，称德天皇都离不开道镜。说白了，藤原氏和大臣们这时不扳倒道镜就是因为投鼠忌器。加之称德天皇虽然在这件事上对道镜已经产生怀疑，但道镜毕竟没有像惠美押胜那样举兵造反，也没有造成严重后果，因此就忍了下来。

称德天皇身体状况依然不好。于是，道镜建议称德天皇到各地巡游散心，有利于病情好转。孝德天皇采纳了这个建议，带着道镜等一干人到处游览。当称德天皇一行巡游至弓削宫时，藤原百川负责接待工作。回到京师后，称德天皇病情愈发沉重，百余天没有处理政务，也不接见群臣。典藏吉备由利出入孝德天皇卧室传达旨意。此外，藤原百能是尚侍，协助吉备由利的工作。神护景云三年八月四日，称德天皇在西宫寝殿驾崩，享年五十二岁。在称德天皇大丧期间，朝廷在三关加派兵力把好关口，还从近江国抽调两百士兵守卫朝廷。朝廷任命藤原宿奈麻吕为骑兵司长官。近江是藤原氏的封国。朝廷以此加强军备严防内乱，但这样做其实并不是害怕道镜有不轨行动。

第 10 章

光仁天皇整顿朝政

第1节 光仁天皇继位和新政

奈良时期，宫中、府中暗流涌动，明争暗斗。这是僧人道镜狂悖不羁的时代背景。当时，皇室中最有声望的是前大纳言文室净三，七十八岁，居家养老。文室净三的弟弟文室大市六十九岁，任参议。这弟兄二人都是天武天皇的皇孙。皇室中还有一个令人瞩目的人物就是大纳言白壁王，六十二岁，长期在朝为官。自天平胜宝年间以来，白壁王一直是储君的最佳人选。但白壁王城府很深，为了避免流血斗争，深居简出，饮酒作乐，因此躲过多次灾祸。在道镜飞扬跋扈时，藤原永手和吉备真备隐忍不发，一直等待机会拥立白壁王。在孝谦太上皇，即称德天皇驾崩当天，左大臣藤原永手、右大臣吉备真备、藤原藏下麻吕等人在宫中开会，决定立白壁王为皇太子。藤原永手宣读遗诏："白壁王年长，在先帝在时立有战功。故立为皇太子。"于是，全国举哀。二十七天后，称德天皇被葬于高野山陵，也称高野姬天皇。

神护景云三年八月十七日，朝廷将称德天皇大葬。皇太子白壁王留在宫中。道镜奉梓官到山陵，并留在山陵守灵。过了不久，近卫少将坂上刈田麻吕告发道镜阴谋。神护景云三年八月二十一日，皇太子白壁王发下令旨："传闻道镜法师包藏祸心日久，陵土未干，奸谋暴露。然而，念及先帝对道镜的厚恩，不能依法入刑，故发遣任造下野国药师寺别当，让藤原枫麻吕等一路护送。"中臣习宜阿曾麻吕也受道镜连累，被贬一级。神护景云三年八月二十二日，道镜的弟弟弓削净人及弓削净人的儿子被发配到土佐国。宝龟三年四月，道镜死于下野，以庶人身份下葬。

　　神护景云三年乙丑，白壁王在太极殿登基，史称"光仁天皇"。这样一来，皇位又回到天智天皇这一支。此前，神护景云三年八月五日和神护景云三年八月十七日，肥后国的两个地方先后献上白龟。这属于祥瑞。祥瑞和神命一样，对安抚社会人心至关重要。因此，光仁天皇决定改元宝龟。登基当天，光仁天皇加封藤原永手为正一位，任命大中臣清麻吕为大纳言，任命文室大市为中纳言。藤原鱼名等五人晋升为正三位。

　　先帝孝谦天皇的妹妹井上内亲王是光仁天皇的妃子，生下他户亲王。宝龟元年十一月六日，光仁天皇称自己的父亲春日宫皇子，即志贵皇子为田原天皇，追封母亲纪橡姬为皇后，封井上内亲王为皇后，封诸王子为亲王。宝龟二年正月，光仁天皇立他户亲王为皇太子。

　　宝龟二年二月，藤原永手去世，享年五十八岁。光仁天皇追封藤原永手为太政大臣。吉备真备因年事已高、身体多病而辞职。宝龟二年六月一日，在橘氏之狱时期被判刑、流放的四百四十三人中的二百六十二人因罪行较轻免除罪行编到原籍，但不准进入京师。到了宝龟二年十一月，光仁天皇下令赦免逆党。愿意留在发配地的自便；因贫困没有盘缠回家的，政府提供饮食、马匹。这样一来，在天平宝字元年的橘氏之狱中的连坐者、天平宝字八年的惠美押胜的连坐者、道镜祸害的人及道镜倒台时受连累者等都逐次逐批得到昭雪，或恢复原来的姓氏，或官复原职。在战乱后，连年饥荒、瘟疫流行，很多人家将孩子抛弃在野外。法均尼将这些孩子捡回来收养。总人数达八十三人之多。后来，这些弃儿都获得葛木首之姓，成为正式百姓。

　　宝龟二年九月至宝龟三年二月，光仁天皇裁撤了惠美押胜创设的左右平准署、内竖省及外卫府。这些都是因人设岗式的机构，都属于多余的。此外，宫中的事情涉及宗室、男女皇位继承权的问题。在光仁天皇以前，有好几代都是女天皇。内亲王和皇后也有权继承皇位。有些大小规章制度不适合男天皇,能否建立只有男子才有继承皇位的权力制度?这些都是亟待解决的问题。因为皇位继承权问题混乱,才导致连没有血缘关系的僧人道镜也生出觊觎皇位的野心。从皇统上来看,迄今为止的几代天皇都是天武天皇这一支的,而今光仁天皇属于天智天皇一支。以后皇统是否还会有变化?

大中臣清麻吕的衙门制度是对藤原永手时期的制度的继承,继续进行昭雪平反工作。在得到昭雪的人中,有清原王、乙训王、船王等。他们都官复原职。宝龟二年十一月,光仁天皇举行大尝祭,任命石上宅嗣为中纳言,任命藤原百川为参议。宝龟三年二月,大纳言文室大市年老病弱,恳请辞官。光仁天皇进行挽留,又造访他的府邸以示关怀。宝龟三年六月,光仁天皇任命中臣习宜阿曾麻吕为大隅守。宝龟三年七月,光仁天皇让惠美刷雄①等二十一人改回藤原姓。宝龟三年八月,风雨大作,将树木拔起,令房屋倒塌。经过占卜,神职人员断定这是伊势月读神在作祟,建议朝廷"将伊势月读神当作荒神来对待,每年九月用马来祭祀,将道镜修建的神宫寺迁到饭高郡,让乃吕志比良麻吕恢复贺茂朝臣的本姓"。此外,光仁天皇派土师和麻吕将废帝淳仁天皇改葬在淡路,让六十个僧人设斋超度。之后,光仁天皇让高僧剃度六个年轻人,让这些年轻人在淳仁天皇的墓侧结庐守灵。到了宝龟九年,朝廷又将废帝淳仁天皇的坟墓称作山陵。

因为废黜了皇太子他户亲王,所以光仁天皇又立山部亲王为太子。此前的宝龟三年三月二日,他户亲王的母亲皇后井上内亲王因为巫蛊事件被废。在处理这件事的诏书中,光仁天皇说:"皇后厌魅大逆,裳咋足岛主谋处斩,其余参与者免于死刑,流放到远岛。"皇后井上内亲王虽然参与了巫蛊,但只是被废而已。井上内亲王的儿子他户亲王自然也受到牵连被废。井上内亲王和他户亲王被幽禁在宇智郡的宅子里。宝龟六年四月的同一天里,井上内亲王和他户亲王死去。世人颇觉怪异。据《类聚国史》记载:"右兵卫是光仁天皇的旧臣,非常忠于山部亲王,看到他户亲王骄慢并对山部亲王无礼,因此暗中辅佐山部亲王。井上内亲王和他户亲王看到右兵卫很受光仁天皇器重,心存嫉妒。因此发生了巫

---

① 即藤原刷雄。

蛊事件。右兵卫调查此事。巫蛊事件终于曝光。"后世史家认为其中可疑之处颇多。皇后井上内亲王的巫蛊事件属于冤狱。也有人认为这场巫蛊事件是藤原百川搞的阴谋。藤原百川诬告皇后井上内亲王,说道:"皇后不仅诅咒光仁天皇,还诅咒藤原百川。"

宝龟四年,光仁天皇立山部亲王为皇太子。山部亲王是光仁天皇和宫人御笠所生,身份卑微,但他是光仁天皇的第一个儿子。就拥立山部亲王为皇太子一事,也有其他说法。据《水镜》记载:"宝龟四年正月十四日,中务卿山部亲王被立为皇太子。藤原百川为此事出了很大力气。藤原百川先让山部亲王住在百川梵寺,等待机会登上皇太子位。大臣及以下文武百官建议光仁天皇'尽快立太子以巩固国本'。光仁天皇问:'该立谁为皇子?'藤原百川回答:'应该立山部亲王。'光仁天皇说:'山部是个无礼的人。对朕虽不曾冒犯,冒犯过皇后这一点是不争的事实。'藤原百川说道:'山部亲王不是那种人。'藤原浜成顺着光仁天皇的意思说:'山部亲王的母亲身份低贱,山部亲王如何能够立为皇太子?'光仁天皇说:'此言甚是。那么立酒人内亲王①为皇太子吧。'藤原浜成说道:'依臣之见,应该立第二皇子,他母亲身份也不低贱。'藤原百川大怒拔刀,怒骂藤原浜成:'选皇太子怎能凭候选人的母亲的身份贵贱来决定?山部亲王高风亮节,为世人景仰。你所说的是一派胡言。我对皇室一片忠心,不惜身家性命也要建议陛下立山部亲王为太子。'光仁天皇对藤原百川的话不置可否,进入内宫。藤原百川为了让光仁天皇立山部亲王,私下联络群臣。光仁天皇拗不过藤原百川,最终宣布立山部亲王为皇太子。光仁天皇的宣布还未结束,朝堂上响起一片掌声。"据《续后记》记载:"山部亲王晚年一边落泪一边对藤原百川的儿子藤原绪继②说:'如果不是你父亲尽力,我是得不到皇位的。'"由上述可知,在山部亲王被立为皇太子这件事情上,藤原百川出了很大力气。

朝野上下传言井上内亲王的巫蛊事件是冤狱,井上内亲王母子被毒杀了。有传言流行大概是因为人们害怕井上内亲王母子冤魂作祟,因此为他们鸣不平。据

---

① 光仁天皇皇女。
② 此处可能系作者笔误,应为藤原绪嗣。

《续日本纪》记载，在井上内亲王母子死后，旱灾一直持续，京师落下陨石，还有狐狸和狼出没，并且瘟疫流行。宝龟八年十一月，光仁天皇患病。宝龟八年十二月，皇太子山部亲王也患病。宝龟九年正月，光仁天皇没有举行朝贺，而是派石川垣守改葬井上内亲王。皇太子山部亲王自宝龟八年十二月患病后一直没有治好。于是，宝龟九年三月，光仁天皇下令大赦天下，并让佛教大师剃度三十人，还命人到伊势神宫等神社向各神灵献上神币，并在畿内祭祀瘟神。到了宝龟九年十月，山部亲王的病逐渐痊愈，亲自到伊势神宫参拜，表示对神灵的感谢。在光仁天皇生病期间，藤原百川求医求药，并为光仁天皇祈祷，期盼光仁天皇早日痊愈，可谓尽心尽力。宝龟十年六月，咒防郡人奴男公自称他户太子，诓骗百姓，被流放到伊豆。宝龟十年，藤原百川去世。由于对这些灾害、异变感到恐惧，日本朝野都纷纷传扬这是他户亲王作祟造成的。在山部亲王被定为储君后，立女子做天皇的惯例才终止。之后，皇位转变为兄弟相承，兄终弟及。宗室中不再出现死于非命的悲剧。与此同时，京师贵族尚武之风也逐渐衰落。

宝龟初年，随着京畿地区富裕起来，骄奢之风渐长。朝廷财源枯竭，公私凋敝。凋敝的主要表现之一就是滥发钱币。由于铸造质量低劣，新钱的质量要比旧钱差很多，导致物价飞涨，百姓生活困苦。因此，有的百姓铤而走险，用巧妙的办法在各国司、郡司放火，趁火打劫。因为查不出失火原因，所以人们称这些火为神火。宝龟十年十月，光仁天皇下诏："以后如有此类所谓'神火'发生，无论是主犯还是从犯都要问斩，即便有恩赦或者大赦，这类人不列为被赦免的对象。"

宝龟三年，光仁天皇下诏："百姓又称苍生、黎民，是指住在地方上的士族，由官府出面新垦的田地要和百姓共享。"然而，由于京师再也没有新增田地，贵族、有势力的僧侣开始竞相将垦田作为新的财源。这严重侵犯了地方士族的利益。地方士族联合起来，以"新垦田地与百姓共享"这一光仁天皇的诏书为根据，与京师贵族、僧侣展开斗争。到了后来，地方的豪族、武士和住在京师的土地所有人签订契约，明确相互的权力。这导致藤原一族在京师擅权，而源氏一族和平氏一族掌握了分配天下土地的权力。

垦田是财富的来源。光仁天皇不允许京师贵族肆意占有垦田。这样一来，供贵族骄奢淫逸的财源逐渐枯竭。于是，京师贵族争相走向仕途。光仁天皇下诏："令外官导致人浮于事，冗员过多，今后除了必要的人员外，予以裁撤。"为了寻求新的财源，京师贵族和地方士族都竞相放高利贷来牟利，导致举债者负担过重。光仁天皇下诏规定年利不得超过一倍。各地不断开垦新田成为新的财源。这样一来，在地方为官就可以拥有大量财富。而京官越来越贫困。京师贵族争相到地方做官。国司的政治地位要比京官低很多，但过着锦衣玉食的生活。这令很多京师贵族的贵公子寡廉鲜耻地来任国司一职，在一定程度上破坏了贵族制度。尤其是在讨逆中立下功勋的京师贵族中，到地方上做国司的人很多，甚至有人官居大纳言高位，为了贪图地方财富，依然兼任地方国司职务。由于京师贵族争相到地方做官，地方上任员外官的人逐年增多，导致官员过多过滥。由于积重难返，对这一弊端，光仁天皇并未找到有效的解决方法。

在孝谦天皇执政初期，朝廷提倡俭约。然而，自道镜专权后，朝廷大兴土木，搞得国库空虚，民不聊生。光仁天皇继位后，又开始提倡俭约。然而，这只是停留在口号上而已。承平日久，经济又开始恢复起来后，朝廷即便要求诸事节俭，还是无法阻止奢靡之风。光仁天皇害怕重蹈孝谦天皇时的覆辙，加紧了监管力度。这时任右大臣的是大中臣清麻吕——大中臣清麻吕在天应元年八十岁时退休。宝龟八年，任内臣的藤原良继去世，享年六十二岁。接替藤原良继的是藤原鱼名。这个时期藤原氏的很多顶梁柱已经去世，而子侄辈还没有在政坛上崭露头角。皇室和其他大臣家族协助光仁天皇处理朝政。

宝龟六年十月十三日是光仁天皇的生日。光仁天皇赏赐百官酒宴，开怀畅饮，以示庆祝。光仁天皇下诏，全国各地寺院的僧侣在每年这一天转经行道，日本国内不准屠杀兽类，并将这一天命名为天长节。这个节日一直延续到后世。

当时连年发生瘟疫、干旱，人们不断传言有妖怪出没。宝龟七年，光仁天皇效仿天平宝字二年的措施，下诏建议"天下老少在日常生活中的起坐行步都要念诵摩诃般若波罗蜜多，让数百僧人在宫中和朝堂诵读《大般若经》，让人祭祀瘟神"。宝龟七年四月，光仁天皇听说全国各地的神社人畜粪便处理不力，春季和秋季的祭祀也多有怠慢，认为这是灾难频仍的主要原因。宝龟七年八月，光仁天皇遣使到全国各神社督促以后要做好卫生和祭祀工作，撤换了怠慢这些工作的神职人员。

宝龟十年八月，光仁天皇下诏："而今地方已经成为京师贵族渔利的场所，地方国司等官员或称病或以其他缘由滞留京城，导致地方奸诈之民规避税收，给财政带来损失。滞留京城的地方官要回到地方上任，否则任国司的不再支付俸禄，任郡司的即刻免职。"

京官俸禄少，而地方国司、郡司等收入多。为了牟利，国司将官仓的稻谷借给百姓，收取高额利息。然而，在歉收时，百姓无法偿还债务，只能卖房子卖地，逃往他乡。因此，宝龟十年十一月，光仁天皇批准太政官的奏折，规定国司等官员向百姓出借官仓稻谷牟取暴利的行为属于犯罪行为，坚决予以取缔。宝龟十一年三月的官报中指出："冗官很多，人浮于事，耗费国家税收，在荒年，百姓面露菜色。今后每个政府部门都要裁减冗员。"

第2节　日本征服虾夷

宝龟五年七月，光仁天皇任命河内守纪广纯兼任镇守副将军，又向镇守将军骏河麻吕下令："前日，就征讨虾夷事宜，汝上奏折说'虾夷可以讨伐，虾夷不可以讨伐'，这岂不是自相矛盾？朕体恤百姓疾苦，希望以怀柔方式解决虾夷问题。将军说'虾夷野性不改，屡犯边境，抗拒王命，迫不得已，应早日发兵讨灭虾夷'。而今，住在海道的虾夷造反，烧毁桥梁，阻塞道路，人员不能往来。不仅如此，虾夷还攻破西郭城，围攻桃生城。镇守桃生城的士兵寡不敌众，行将城破。国司兴兵讨伐虾夷。然而，由于国司不谙兵法，士兵被虾夷杀伤者颇多。"

宝龟五年八月，光仁天皇命令坂东八国："如果陆奥地区告急，根据国的规模，需要派遣两千人以下、五百人以上的士兵前去救援。"在朝廷下达讨伐虾夷的诏令后，陆奥国上奏："虾夷贼寇都是鼠辈，虽然时常侵扰劫掠，也无大碍。如果在草木茂盛之际讨伐虾夷的话，困难较大。"光仁天皇斥责陆奥国："上书言事。前后矛盾，妄谈军事。"虾夷败兵以险要的远山村为根据地，不断侵扰陆奥国。镇守陆奥的历任将军都没有追讨这股残敌。大伴骏河麻吕等率军径直前往远山村追缴这股虾夷残敌，端了他们的巢穴。虾夷残敌部分向北逃窜，余者投降大伴骏河麻吕，人数颇多。宝龟五年十月，光仁天皇遣使慰问大伴骏河麻吕等人，赐给大量衣服布帛。这时有人禀奏"只有太宰府有记录时刻的漏刻，而陆奥没有漏刻，作战十分不便"。于是，光仁天皇遣使到陆奥设置漏刻，配备守辰丁六人。这六人都免除调役。宝龟六年，虾夷又来侵扰边界，从夏天一直持续到秋天，不仅道路不通，因民众都去守边，还导致田地荒芜。

宝龟七年二月，陆奥国上奏光仁天皇："希望朝廷在四月上旬之前发兵两万讨伐山道、海道的虾夷贼寇。"于是，光仁天皇下诏命令出羽国发兵四千从雄胜出发，讨伐出羽国西面的虾夷。住在深奥志波村的虾夷反叛朝廷，和出羽国官军作战，结果官军战事不利，撤退了。之后，光仁天皇下诏命下总、下野、常陆各国派出骑兵讨伐虾夷。同时，光仁天皇命近江介佐伯久良麻吕兼任陆奥镇守副将军，镇守出羽国，任命上毛野马长为出羽守，命安房、上总、下总、常陆四国造船五十艘配置在陆奥，以备不时之需。宝龟七年十一月，光仁天皇命陆奥国发兵三千讨伐熊泽的虾夷贼寇。出羽国将三百五十八个虾夷俘虏押送到太宰府管辖内的讚岐。宝龟八年三月，陆奥的虾夷来降。从宝龟八年四月开始，日本动员全国兵力讨伐山道和海道的虾夷。宝龟八年五月，光仁天皇下诏命相模、武藏、下总、下野、越后等国为出羽国的守边士兵送去甲胄两百套及其他军需用品。

由于朝廷在海道上的防守十分森严，虾夷没有可乘之机。然而，山道的虾夷罔顾朝廷恩义，蠢蠢欲动，寻找犯边机会。为了堵住虾夷侵犯边境的要路，并择机进行讨伐，宝龟十一年二月，光仁天皇任命镇守副将军纪广纯为按察使参议，率领三千士兵渡河修建防御设施。伊治呰麻吕本来是虾夷人，对纪广纯阳奉阴违。但伊治呰麻吕比较信任伊治呰麻吕。然而，纪广纯的手下道岛大盾将伊治呰麻吕当虾夷俘虏来对待。伊治呰麻吕痛恨道岛大盾，为虾夷做内应，将虾夷放进城来。伊治呰麻吕先杀死道岛大盾，接着率领虾夷将按察使参议纪广纯包围在伊治城里，破城后杀死纪广纯。城破时，大伴真纲冲出重围后逃入多贺城。

虾夷弓手

长年来，多贺城是国司办公场所，兵器、粮食不计其数。城下的百姓想入城坚守，但大伴真纲和部下偷偷从后门逃走。百姓看见主将逃走，都作鸟兽散了。不出数日，虾夷进入多贺城，将东西劫掠一空后放火烧了多贺城。

宝龟十一年三月月底，光仁天皇任命中纳言藤原继绳为征东大使，同时命令全国各地整顿兵马、军械，为征讨虾夷做准备。宝龟十二年正月，光仁天皇改元天应，大赦天下，跟随伊治呰麻吕一起造反的百姓如果能够抛弃伊治呰麻吕归降的话，一律赦免罪行；在陆奥、出羽服兵役的各国百姓回家种田的免一年田租。光仁天皇又命征东大使小黑麻吕兼任陆奥按察使。天应元年五月，征东大使小黑麻吕向光仁天皇禀奏虾夷的实际情况："虾夷贼寇狡诈，官军进攻的话，虾夷就逃到山林中，如果官军置之不理的话，虾夷就侵扰、劫掠城寨。伊佐西古、诸绞、八十岛、乙代等人是虾夷的首魁，英勇善战，以一当千。然而，官军势大，虾夷贼寇也不敢轻举妄动。"光仁天皇回复道："虾夷贼寇有四千余人，然而将军仅斩首七十余人。虾夷残余势力依然很大，你本人不必急着到京城报捷，可派副将来京城说明情况，之后的事情等待朝廷命令。"

天应元年八月，陆奥守按察使小黑麻吕结束征伐虾夷任务，班师回朝。光仁天皇授予小黑麻吕正三位，任命征东副使内藏全成为陆奥守。其他相关人等也有不同程度的封赏。

第3节　西部边陲的巩固及日本与唐朝等国的往来

位于西部边陲的太宰府怡土城大致是与陆奥的桃生城、出羽的雄胜城同一年动工兴建的。然而，由于虾夷侵扰和朝廷的各种变故，到了神护景云二年二月，怡土城才竣工。怡土城是日本与唐朝、新罗等国进行交流的门户，也是朝廷用于镇压西蛮隼人的根据地。从吉备真备任太宰帅时期开始，朝廷一直对隼人采取软硬兼施的措施，收效显著。从光仁天皇宝龟二年开始，西蛮隼人归顺朝廷。隼人开始被内地人同化。朝廷开始给予隼人内地良民的待遇。

神护景云四年十一月，新罗大使金初正率领一百八十多人来到日本。在向日本进贡的同时，新罗大使送来由在唐朝的藤原清河、晁衡等拜托捎回日本的大量书籍。宝龟元年三月，光仁天皇派左大史坚部人主对金初正说："你这次没有提到上次新罗使者级飡金贞卷向日本承诺的事情，我们认为你们是为私事而来，因此这次朝廷不打算用正式的外交礼节来接待你们，等你们兑现了以前承诺的事情之后，再用外交礼节接待你们。希望你回国后将这件事告诉你们国王。不过，你给我们带来了唐朝的消息，又替我们捎回了日本遣唐使的东西，朝廷命太宰府宴请你们。"朝廷还赏赐新罗国王和金初正等大量丝绸等物。之后，金初正等一行人回新罗复命。宝龟五年三月，新罗使者金三玄等二百五十人抵达太宰府，称奉国王之命来和日本修好。金三玄带来新罗国的信物和住在唐朝的藤原清河的书信。纪广纯建议光仁天皇:"这个使者不懂礼数,给他们路费,打发他们回去算了。"

宝龟二年六月,渤海国使者青绶大夫壹万福等三百二十五人乘十七艘船抵达出羽国港口。出羽国将渤海国使者一行安排到常陆国住下,供给食宿等。宝龟二年十二月,壹万福等渤海国使者一行入京。宝龟三年正月,壹万福等渤海国使者参加朝贺,谒见光仁天皇,行礼之后,献上贡品。光仁天皇斥责渤海国使者道:"渤海国不按规定的时间向日本进贡,实属无礼之举。你们的国书朕也不想看。"壹万福闻言,匍匐在地,哭诉道:"如果陛下不拆信封的话,臣等有辱使命,回国之后必然获罪。"即便如此,光仁天皇还是接受了国书,交换了信物。不过,在宝龟三年二月,光仁天皇还是在朝堂宴请壹万福等渤海国使者,五品以上官员陪席。壹万福再次感谢光仁天皇接受国书、交换信物。宴会后,光仁天皇赏赐渤海国王及壹万福等大量丝绢制品。当时,渤海王大钦茂继承王位已经三十八年了,年事已高,老迈昏庸,在外交上怠慢了日本。光仁天皇回信道:"渤海的前身高丽时期,高丽王与日本情如兄弟,义如君臣,年年向日本进贡。高丽灭亡后,和日本音信不通。神龟四年,现在的渤海王的父亲渤海郡王遣使到日本进贡,日本隆重款待来使。现在的渤海王很长时间没有与日本修好,好在这次总算来日本进贡了,朕既往不咎。"之后,壹万福一行离开日本回国。

宝龟四年六月,渤海国使者乌须弗一行四十人乘一艘船抵达能登,对当地国司说壹万福大使等出使日本后一直没有回国,他们奉国王之命来问问情况。因为乌须弗带来的国书不符合礼数,所以当地国司没有接受国书,并告诉他们以后渤海国使者要到筑紫而不是能登。但乌须弗一行毕竟远途涉海而来,因此当地国司赐给乌须弗等大量粮食和物资后让他们回国了。宝龟七年十二月,渤海国使者史都蒙等在越前的加贺郡登陆,来告知日本渤海王妃过世。当地国司指责他们为何不到筑紫。来使回答道:"在去对马的途中遭遇恶风,漂流至此。"

宝龟六年六日,光仁天皇任命左大弁佐伯今毛人为遣唐使,命安艺国造四艘大船。然而,因为要等信风等原因,迟迟未能发船。宝龟八年四月,遣唐使左大弁佐伯今毛人患病不能前往唐朝。光仁天皇下令遣唐副使小野石根持节率领四艘船先出发。宝龟八年七月,日本遣唐使团抵达扬州海陵县,被安置在大都督府。唐朝一方负责遣唐使一行的食宿。在安史之乱后,唐朝馆驿凋敝。入京的日本使团人数减为八十五人。因为路途上车马缺乏,入京的日本使团人数又减为四十三人。宝龟九年正月十三日,日本使团抵达长安,受到唐朝热情款待。宝龟九年三月二十四日,唐朝皇帝在延英殿接见日本使团一行,并按照等级赏赐了一行人。在两国交换了信物后,遣唐使一行辞行。这时,前遣唐使藤原清河已经去世。宝龟九年九月九日,遣唐使一行等来了顺风,带着藤原清河的女儿藤原喜娘和日本留学生启航回日本。然而,在回日本的路上,风大浪急,他们历尽艰险。第三条船漂到了日本肥前松浦郡橘浦。第四条船漂到了济州岛,遭到岛上人的劫掠,后来逃至萨摩。第二条船漂到了萨摩的出水郡。第一条船在风浪中受损,勉强前行,费尽周折,宝龟九年十一月十三日漂到天草郡仲岛。光仁天皇派人厚赏唐朝派来的送使赵宝英等一行人。于宝龟十年二月,光仁天皇追赠已故前遣唐使藤原清河从二位,授予副使小野石根从四位下。阿倍仲麻吕还在唐朝为官,其在日本的家人一贫如洗。光仁天皇赐给阿倍仲麻吕家人大量布帛、丝绵。宝龟十年五月,赵宝英等唐朝送使来到日本京师,将信物和大量图书献给光仁天皇,之后辞行。光仁天皇任命布势清直为送唐客使,宝龟十年五月二十八日启航回唐朝。

第 11 章

奈良朝末期

第1节 桓武天皇继位

宝龟十二年正月一日，光仁天皇下诏："伊势神宫的斋宫出现美丽的彩云，堪称祥瑞，故改元天应。"之后，光仁天皇身体不适。天应元年三月，光仁天皇下诏大赦天下。天应元年四月一日，光仁天皇派固关使巩固边关。做好这项工作后，天应元年四月三日，光仁天皇将皇位让予皇太子山部亲王。当天，山部亲王登基，史称"桓武天皇"。天应元年四月四日，桓武天皇立弟弟早良亲王为皇太弟。桓武天皇还没有立皇后，就急着立皇太弟。其中必有隐情。中纳言藤原田麻吕兼任东宫师傅。宝龟九年，桓武天皇和皇太弟早良亲王的母亲御笠改姓高野，授从三位，称夫人，史称"高野新笠"。如今，由于儿子是桓武天皇，高野新笠因此被尊称为皇太夫人。桓武天皇授予母亲高野新笠正三位爵位。天应元年四月十一日，桓武天皇在太政官院举行大尝会，让艺人表演日本式歌舞。由于光仁太上皇久治不愈，天应元年十二月，桓武天皇大赦天下，但光仁太上皇的病情依然不见好转。天应元年十二月二十二日，光仁太上皇驾崩，享年七十三岁。桓武天皇号啕痛哭，全国举哀。光仁太上皇被葬于广冈山陵，谥号天宗高绍天皇。

光仁天皇生于迁都平城的前一年，在迁都平安京的四年前驾崩，大致和奈良朝的寿命相同。当时，日本国运正值鼎盛时期。京师尚武风气未衰。为了竞争皇位，宗室同室操戈，惨祸不断。光仁天皇属于天智天皇一支，在竞争皇位上并不占优势，又受到橘氏、惠美押胜、道镜等权臣的排挤。然而，光仁天皇城府很深，韬光养晦，免遭杀身之祸，龙潜日久，磨炼了政治智慧，年过花甲终于成为九五之尊。光仁天皇能够得到皇位既是自己的禀赋所致，也有天助神佑的成分。继位后，光仁天皇恩威并重，为冤狱昭雪平反，提倡节俭，反对奢靡，减轻税赋，裁撤冗员，改革官府国郡制度，征讨虾夷，开拓东北，积极开展外交活动，让渤海国、新罗宾服。光仁天皇虽然仅仅在位十一年，但政绩辉煌，开启了平安朝的盛世。这绝非溢美之词。

奈良朝有好几代女天皇，导致女王、内亲王、命妇、内宫女官势力膨胀，冗员很多。藤原氏、多治比家族、阿倍家族、石川家族、百济家族都纷纷将女儿送入宫中做女官。她们有的成为皇后、妃子。妇女干预政治非常普遍，导致天平末期以来为了争夺储君之位，皇室宗亲惨祸不断。内宫势力盘根错节，积重难返。这是光仁天皇这一代人无法根除的。

宫廷里的贵妇人大都出自大臣家族。其中藤原氏的贵妇人最多，几乎和藤原氏在外廷的势力旗鼓相当。到了光仁天皇时期，藤原氏的南家、北家的男子很多已经作古，藤原氏中的式家开始掌握朝廷要职，和藤原氏的南家、北家势力旗鼓相当。这时，藤原氏的京家位列朝廷的男子只有藤原浜成一人，但藤原浜成的姐姐藤原百能在宫中很有势力，被授予二位，是自县犬养连三千代以来较尊贵的命妇。藤原氏的京家依仗藤原百能的势力与藤原式家并驾齐驱。桓武天皇继位后，任命藤原浜成为太宰帅。在光仁天皇将皇位让给桓武天皇时，宫中府中的各个派系互相倾轧。这是不争的事实。藤原氏式家的藤原田麻吕、藤原氏京家的藤原浜成、藤原氏北家的左大臣藤原鱼名呈三足鼎立之势。藤原继绳是藤原氏南家的代表人物，势力不如藤原氏其他三家。

天武天皇之孙盐烧王和不破内亲王生下冰上志计麻吕、冰上川继兄弟。冰上志继麻吕因巫蛊事件受连累，被流放到土佐。在井上内亲王母子死后，圣武天皇的皇孙只剩下冰上川继。冰上川继娶了藤原浜成之女藤原法壹，天应元年叙从五位下，在延历元年正月任因幡守。然而，延历正月，冰上川继的手下大和乙人带杖闯入宫中被捕。大和乙人招供称："冰上川继计划在本月十日夜结党从北门入宫，颠覆朝廷。冰上川继让我联系其党羽宇治王来见面谋划。"于是，桓武天皇命人召来冰上川继。冰上川继偷偷从北门逃走。于是，桓武天皇下令三关和京畿各地搜捕冰上川继。冰上川继最终在葛上郡被捕。冰上川继本来罪当处死，但有人求情。最后，冰上川继和妻子藤原法壹一起被流放到伊豆三岛。不破内亲王及其姐妹被流放到淡路。桓武天皇下诏免去藤原浜成的参议兼侍从职务。这样一来，圣武天皇的皇孙中有望夺取皇位的人都不在了。

天应元年六月十四日，左大臣兼太宰帅藤原鱼名受到牵连，被桓武天皇免去大臣之职。桓武天皇任命藤原氏式家的大纳言藤原田麻吕为右大臣，任命藤原氏南家的中纳言藤原是公为大纳言。天应元年八月，桓武天皇改元延历。延历二年二月，桓武天皇追封藤原氏式家的藤原百川为右大臣，授予嫔藤原曹子正三位，授予藤原乙牟漏从三位。延历二年三月，藤原田麻吕去世，享年六十二岁。藤原田麻吕为人谦恭，与世无争，修行佛法。延历二年四月，桓武天皇册立夫人藤原乙牟漏为皇后。延历二年七月，藤原鱼名去世，享年六十三岁。虽然藤原鱼名受牵连一事详情不明，但冰上川继之变和藤原乙牟漏被册立皇后说明藤原氏式家志得意满。这说明藤原鱼名很可能是受到藤原氏式家的陷害。天平时期以来，藤原氏将宫中的权势集中在一家，而藤原氏内部同室操戈，最终藤原氏式家得势，迎来了奈良时代的结束。

第2节　桓武天皇迁都平安京

在藤原氏式家右大臣藤原田麻吕去世后，桓武天皇任命藤原氏南家大纳言藤原是公为右大臣，任命藤原氏南家中纳言藤原继绳为大纳言，任命参议大伴家持为中纳言，任命藤原氏北家藤原小黑麻吕、藤原家依、藤原氏式家藤原种继为参议。不久，藤原鱼名也去世了。藤原不比等的孙子中只剩下藤原氏京家的藤原浜成一人。藤原氏开始进入藤原不比等的曾孙一代。自藤原不比等和四个儿子一起从藤原京迁到奈良新京以来，如今藤原不比等的曾孙已经有三十三人。藤原氏经过三代，分成四十家。在短暂的一段时期里失去外戚的地位后，藤原氏的权力和其他贵族的权力取得均衡。如今，藤原氏式家的藤原良继之女藤原乙牟漏被桓武天皇立为皇后。藤原氏又获得了外戚的地位。

一般来讲，皇室律法规定：亲王经过五代后，与皇室的亲缘关系就中断了。皇室会赐给这支家族姓，身份列为臣。如今，亲王过了三代后就与皇室断绝亲缘关系，被皇室赐姓。因此，竞争皇位的人数减少了。藤原氏的外戚地位也是这个道理。在天平十年以后，藤原氏就到了光明皇后的侄子辈。如今，光明皇后的侄子辈也都去世了。再加上天智天皇一支的光仁天皇继位，而光仁天皇与光明皇后没有血缘关系。因此，藤原氏的四十余家成为普通公卿。在藤原氏成为外戚之前，葛城氏以女儿仁德天皇皇后磐之媛命为后盾把持朝纲，结果葛城氏被允恭天皇压制下去，最终因为受到眉轮王的牵连而被雄略天皇诛杀。之后，葛城氏的武内宿祢八腹等依然活跃在朝堂上。到了苏我马子这一代，葛城氏成为外戚，获得权势。然而，葛城氏的后代苏我氏仅持续三代就被天智天皇、天武天皇压制下去。如今，苏我氏演变为石川氏，再也没有把持朝纲。对比苏我氏和藤原氏，我们能够发现很多有用的知识。苏我入鹿杀害山背王与惠美押胜杀害道祖王相似。苏我石川麻吕和天智天皇一起诛杀苏我入鹿与藤原永手诛杀惠美押胜相似。藤原氏的藤原鱼名、藤原宿奈麻吕和苏我赤兄也有一比。苏我入鹿以后的苏我氏一门虽然在朝中还有大臣家族的名望，但已经没有往年的势力。拥立光仁天皇之后的藤原氏也与此道理相同。这也是自然的运数。值得注意的是，桓武天皇剪除了圣武天皇的内亲王，将藤原氏式家之女藤原乙牟漏纳入宫中。藤原氏再次获得外戚地位。

藤原良继成为内臣后即开始排挤皇后井上内亲王和太子他户亲王，建议光仁天皇立山部亲王，即后来的桓武天皇为太子。因此，桓武天皇继位后立藤原良继的女儿藤原乙牟漏为皇后。在皇后井上内亲王被废的第二年，即宝龟四年，藤原乙牟漏就生下安殿亲王，即后来的平城天皇。而在藤原百川死后，藤原百川的女儿藤原旅子才生下大伴亲王，即后来的淳和天皇。桓武天皇和藤原氏的关系与天武天皇和苏我氏的关系可有一比。

桓武天皇四十六岁登基，正值年富力强之时。他任命宿老之臣藤原田麻吕、藤原是公为外廷大臣，任命心腹藤原种继等为内臣，处理机密事宜。延历元年四月，桓武天皇下诏："国家百姓经济凋敝，令人担忧，故不宜再修建宫殿、佛庙，不宜再铸造钱币，万事以俭约为本。"延历三年，桓武天皇下诏："京师贵族、各国国司行政有诸多弊端，通过占有垦田、出租稻谷等手段绞尽脑汁压榨百姓，今后一律在法定范围内实施，不得贪得无厌。如有非法占有山林、庄园者尽早退还。今后将派巡察使巡查，如有犯者严惩不贷。"

延历二年十一月，桓武天皇下诏："朝野上下迷信福祸之说，僧尼不守本分，趁机蛊惑民众，为害不浅。京师盗贼增多，打家劫舍，拦路抢劫，还有纵火劫掠者。朝廷对这些作奸犯科者将严惩不贷，绝不姑息。"以此为契机，桓武天皇和群臣都萌生了迁都的念头。

延历二年十月，桓武天皇到河内的郊野放鹰游猎。河内的郊野有百济氏的住宅。桓武天皇赐予百济利善、百济武镜等六人爵位，三天后回京。可以推测，桓武天皇这次游猎的目的是为迁都选址。延历三年五月，桓武天皇又派藤原小黑麻吕等人视察山背的长冈，看当地是否可以作为迁都之地。与此同时，桓武天皇还派船守到贺茂神社奉上神币，向大神汇报迁都之事。为了修建新京住宅，桓武天皇将诸国税收六十八万束稻谷分赐给右大臣以下、参议以上及内亲王夫人。新宫殿如果占了百姓的住宅，朝廷予以相应补偿。延历三年十月，桓武天皇任命左右镇京使留守京师。延历三年十一月十一日，桓武天皇移驾长冈宫。延历三年十一月二十三日，中宫皇后藤原乙牟漏也前往长冈宫。延历四年正月一日，桓武天皇在太极殿接受百官朝贺。之后，奈良的大内也迁到长冈京。

下面再简单讲一下东征的事情。延历三年二月，桓武天皇任命中纳言大伴家持为持节东征将军，任命文室与伎为副将军，东征虾夷。延历四年八月，到伊势神宫祭祀途中，桓武天皇在平城宫逗留。这时，大伴家持去世。在留守长冈京期间，藤原种继被人刺杀。因此，桓武天皇迅速返回长冈京调查此事，结果发现此事与大伴家持和皇太弟早良亲王有关。大伴家持已经去世,不再追究。桓武天皇废掉皇太弟早良亲王,又将首都从长冈京迁到平安京。征讨虾夷一事成为桓武天皇迁都平安京后第一件要处理的事情。